U0134214

全本全注全译丛书

中华经典名著

刘立夫 魏建中 胡 勇◎译注

弘明集 下

中华书局

卷第八

辩惑论

【题解】

本篇由南朝梁代释玄光法师所撰。他针对道教批评佛教的"三破"之说，将道教之罪归纳成"五逆"、"六极"。在作者看来，"五逆"、"六极"是指张鲁、张角、孙恩、卢循等道教领袖人物利用道教方术率众造反闹事、危害社会的罪行。所谓"五逆"，即禁经上价一逆、妄称真道二逆、合气释罪三逆、侠道作乱四逆、章书代德五逆。所谓"六极"，即畏鬼带符妖法之极一，制民科输欺巧之极二，解厨墓门不仁之极三，度厄苦生虚妄之极四，梦中作罪顽痴之极五，轻作寒暑凶佞之极六。这些论点主题非常明确，基本上没有攻击神仙道教的长生不死的教旨，而是围绕道教以符箓斋醮等方术迷惑愚民、煽动民众造反的事实，反复申述，在一定程度上揭露了道教组织的阴暗及其方术的粗陋荒诞。这对道教的打击是很沉重的。

序

夫大千遐邈①，万化无际；尘游梦境，染惑声华；缘想增霭，奚识明政？由淳风漓薄，使众魔纷竞矣。若矫诈谋荣，必行五逆②；威强导蒙，必施六极。虫气霾满，致患非一。念东吴遭水仙之厄③，西夷载鬼卒之名④，闽薮留种民之秽⑤，汉叶感思子之歌⑥，忠贤抚叹，民治凌歇，揽地沙草，宁数其罪？涓流末学，莫知宗本；世教诐辞，诡蔽三宝⑦；老鬼民等，咏嗟盈路。皆是炎山之煨烬，河洛之渣糁，沦湑险滩⑧，余甚悼焉。聊诠往迹，庶镜未然，照迷童于玄乡，显妙趣于尘外。休风冥被，彼我情判，岂是言声所能摅写⑨？

【注释】

①遐邈：广阔浩渺。

②五逆：佛教谓五种将招致堕无间地狱报应的恶业大罪。《阿阇世王问五逆经》：“有五逆罪，若族姓子、族姓女为是五不救罪者，必入地狱无疑。云何为五？谓杀父，杀母、害阿罗汉、斗乱众僧、起恶意于如来所。”

③东吴遭水仙之厄：指孙恩、卢循之乱。《晋书》卷一百《孙恩传》：“恩穷蹙，乃赴海自沉，妖党及妓妾谓之‘水仙’，投水从死者百数。”

④西夷载鬼卒之名：指张鲁五斗米道。《后汉书》卷七十五《刘焉传》：“陵传子衡，衡传于鲁，鲁遂自号师君，其来学者，初名为鬼卒，后号祭酒。”

⑤闽薮留种民之秽：指武帝时闽地反叛事。参见《后汉书》卷六四《严助传》、卷九五《闽越王传》。

⑥汉叶感思子之歌：指汉武帝思念在巫蛊事件中自杀的太子刘据。《汉书》卷六三《戾太子传》：“上怜太子无辜，乃作思子宫，为归来望思之台于湖。”

⑦三宝：佛教徒所尊敬供养之佛宝、法宝、僧宝。又作三尊。佛，指觉悟人生之真相，而能教导他人之佛教教主，或泛指一切诸佛；法，为根据佛陀所悟而向他人宣说之教法；僧，指修学教法之佛弟子集团。以上三者，威德至高无上，永不变移，如世间之宝，故称

　　三宝。

　　⑧沦湑(lúnxǔ)：沦灭；沉没。

　　⑨摅(shū)写：抒写。

【译文】

　　大千世界广阔浩渺，万物变化无穷无尽；在红尘中游走，就如同在梦境中，被各种声色荣华污染迷惑；在各种世缘中胡思乱想，更多的乌云遮蔽了心灵的天空，怎能辨识光明正道呢？由于淳朴的民风逐渐变得浅薄，使得众妖魔竞相出现。如果用狡诈谋求荣誉，一定会犯下五逆大罪；运用威权强行领导民众，一定会使六极罪行施行。不好的气息弥漫，混浊满天，导致的灾祸不止一处。想到东吴遭受孙恩、卢循之乱，西夷有张鲁五斗米道横行，武帝时闽地百姓反叛，汉武帝思念在巫盅事件中自杀的太子刘据，忠贤之人抚胸叹息，对人民的治理停滞，满地都是沙子杂草，邪魔外道的罪过岂能全部列出来？末学之人，不知道宗教根本；世间教化言辞诡诈，遮蔽佛法僧三宝；老鬼民等外道邪徒，咏唱嗟叹满路。这些现象如同炎山的灰烬和河洛的残渣沉没在险滩，我看了特别伤心。谈论以前的各种事情，也许能帮助擦亮明镜，照亮迷失童子的道路，使其回归玄妙的心灵故乡，显示尘世之外的妙趣。放下各种偏见，超越彼我差别的境界，岂是用言语声音所能表现出来的？

禁经上价是一逆

　　夫玄籍云舒①，贯空有之美，圣贤功绩，何莫由斯！实学者之渊海②，生民之日月。所以波沦菩萨慈悲等照③，震声光于冥涂④，弭魔贼于险泽⑤，泛灵舟于信风，接浮生于苦海⑥。闻道诸经，制杂凡意，教迹邪险，是故不传。怪哉！道化空被禁锢。观今学者，不顾严科⑦，但得金帛，便与其经。贫者造之，至死不睹，贪利无慈，逆莫过此。又其方术秽浊不清，乃扣齿为天鼓，咽唾为醴泉，马屎为灵薪，老鼠为芝药；资此求道，焉能得乎？昔秦皇汉武，不获轻身，使徐福、公孙远冥云波⑧，祈候通仙，影响无陈。夫闲心祛欲，则事与道邻，岂假骤涉之劳，咽唾嗑齿者乎？

【注释】

①玄籍：此处指佛教的经籍。

②渊海：深渊和大海。多比喻事物包容深广或荟萃之处。

③波沦菩萨：菩萨名，佛经中记载此菩萨曾为听佛经卖心血髓。慈悲：慈爱众生并给与快乐，称为慈；同感其苦，怜悯众生，并拔除其苦，称为悲；二者合称为慈悲。佛陀之悲乃是以众生苦为己苦之同心同感状态，故称同体大悲。

④冥涂：冥暗的旅途。涂，同"途"，路途。

⑤弭：止，息。

⑥苦海：指各种苦难世界，亦即生死轮回之三界六道。众生沉沦于三界之苦恼中，渺茫无际，犹如沉没于大海难以出离，故以广大无边之海为喻。

⑦严科：严厉的法律。

⑧徐福：即徐市，字君房，齐地琅琊人，秦著名方士。他博学多才，通晓医学、天文、航海等知识，且同情百姓，乐于助人，故在沿海一带民众中名望颇高。后来被秦始皇派遣，出海采仙药，一去不返。公孙：指汉武帝时方士公孙卿，多次劝说武帝登山入海求仙。

【译文】

佛教典籍很多，贯通真空妙有之美，圣贤的功绩，正是依靠这些经典！这些经典是学习者的深渊大海，是老百姓的日月。因此波轮菩萨慈悲心平等照耀，在黑暗的路途中震动声音与生起光明，在险象环生的水泽中消灭魔贼，在信仰之风中浮起灵舟，在痛苦的海洋中解救众生。

听说各种经文，是为了制止凡人的杂念和妄想，而在传授过程中会有很多邪恶危险，因此不能随便流传。奇怪啊！大道教化空被禁锢。看现今的道教学者，不管严厉的戒律，只要得到金钱丝帛，便给他人经文。贫穷的人想要看，到死也看不到，贪图利益没有慈悲，没有比这更坏的逆行了。而且方士之术污秽混浊不清正，将扣齿作为天鼓，咽下的唾液作为甘泉，马屎作为灵草，老鼠作为灵芝药草，按这样求道，怎能得到呢？昔日秦皇汉武，想要获得长生，派遣徐福、公孙卿远出海采仙药，祈求能成为神仙，没有得到回应。如果使心情平静袪除欲望，则与道很接近了，岂能依靠长途跋涉的劳苦，咽唾液嗑牙齿这些邪法呢？

妄称真道是二逆

　　夫质懋纁霞者①，言神丹之功；开明净智者，必菪花之气②。虽保此为真，而未能无终。况复张陵妄称天师③，既侮慢人鬼，即身受报，汉兴平末，为蟒蛇所噏④。子衡奔寻无处，畏负清议之报讯⑤，乃假设权方，以表灵化之迹。生縻鹤足⑥，置石崖顶，谋事办毕，克期发之⑦。到建安元年遣使告曰⑧："正月七日，天师升玄都⑨。"米民山獠⑩，蚁集阃外⑪。云台治民等，稽首再拜。言："伏闻圣驾玄都，臣等长辞，荫接尸尘，方享九幽⑫。"方夜，衡入。久之，乃出诡称曰："吾旋驾辰华，尔各还所治，净心持行，存师念道。"衡便密抽游胃鹤⑬，直冲虚空。民獠愚蠢，佥言登仙⑭。贩死利生⑮，欺罔天地。

【注释】

　　①懋（mào）：美好。纁（xūn）：浅绛色。《周礼·考工记·锺氏》："三入为纁。"郑玄注："染纁者，三入而成。"

　　②菪（dàng）花：即莨（làng）菪花。多年生草本植物。多生于山野，

茎高约一米,叶互生,椭圆形,花淡紫色。根、茎和叶子可作药
用,有镇痉、止痛的功效。

③张陵:字辅汉,道教徒称之为张道陵、张天师、正一真人、祖天师
等,东汉五斗米教创立者。五斗米教本乃古之巫术,实为西南少
数民族之原始宗教,经张陵渗以老庄思想而成天师道或正一道。
因为信道者须出五斗米,故称之为五斗米教。张陵在蜀地创立
道教,以鹤鸣山为中心设二十四治,是道教最早的基层组织与活
动中心。

④噏(xī):吸。

⑤清议:社会舆论。

⑥縻(mí):原意为绳子,在此引为束缚,牵制。

⑦克:约定或限定时间。

⑧建安元年:建安为汉献帝年号(196—219),建安元年即公元196年。

⑨天师:张陵。

⑩米民山獠(liáo):泛指信从五斗米道的民众。

⑪阈(yù):本意为门槛,引申为门。

⑫九幽:极深暗的地方,指地下,也指阴间地府。

⑬罥(juàn):捕取鸟兽的网。

⑭佥(qiān):都,皆。

⑮贩:交换,交易。

【译文】

对于气质美好且面色红润的人,他们说是仙丹神药的功劳;对于开
明聪慧的人,他们认为一定有苕花之气。虽然能保证这是真的,但是不
能没有限度。何况又因为张陵妄称自己是天师,既侮辱轻慢了人与鬼
神,自己也遭受报应,在汉代兴平末年,被蟒蛇所吃掉。他的儿子张衡
到处寻找没有找到,害怕社会舆论讥讽批评,于是就假借一个临时骗
术,来表明其道术的神奇。他们用绳子束缚仙鹤的脚,放置石子在山崖

顶部，谋划事情完了，约定日期开始行动。到了建安元年派遣使者告诉信徒们说："正月七日，天师登临玄都。"平民小百姓和山里的信徒，都像蚂蚁一样聚集在都门外。在云台上的治民等，叩头拜了两拜，说："听说天师驾临玄都，我们等了很久，希望赐予福荫接引我等尸尘，才能在阴间享福。"正当夜里的时候，张衡来了。过了好一会，才出现并谎称说："我驾着早晨的阳光回来了，你们各自回到自己的地方，净化心灵，修持德行，心存天师，念诵道法。"张衡于是就偷偷释放了网中的仙鹤，直接飞入空旷的天空。平民百姓愚昧无知，都说张陵成仙了。这是通过贩卖死亡的手段来利用活人，欺骗天地。

合气释罪是其三逆

　　夫灭情去欲，则道心明真。群斯班姓，妄造黄书①，咒癞无端②，以伏轻诮③。咒曰："天道毕，三五成④，日月明。出窈窈⑤，入冥冥⑥，气入真，气通神，气布道。气行奸邪鬼贼皆消亡，视我者盲，听我者聋。感有谋图我者⑦，反系其殃，我吉而彼凶。"至甲子诏为醮录⑧，男女媟合，尊卑不别。吴陆修静复勤行此⑨。乃开命门⑩，抱真人婴儿，回戏龙虎⑪，作如此之势，用消灾散祸，其可然乎？其可然乎？汉时仪君行此为道，魁魅乱俗⑫，被斥炖煌⑬。后至孙恩，侠荡滋甚，士女涸漫⑭，不异禽兽。夫色尘易染，爱结难消，况交气丹田，延命仙穴。肆兵过玉门之禁，变态穷龙虎之势。生无忠贞之节，死有青庭之苦。诚愿明天，捡镜斯辈，物我端清，莫负冥诏⑮。

【注释】

　　①黄书：此处指道教徒编撰的房中养生等道书，常假托黄帝之名。

　　②癞：麻风病；癣疥等皮肤病。

③诮:责备,讥讽。

④三五:三所五位。《汉书·叙传》颜师古注:"……五位,谓岁、日、月、辰、星也。三所,谓逄公所凭神,周分野所在,后稷所经纬也。"

⑤窈窕:幽深。

⑥冥冥:深远之意。

⑦谋图:图谋。

⑧醮(jiào)录:此处指道士设坛念经做法事。

⑨陆修静(406—477):字符德,吴兴东迁(今浙江吴兴东)人,南朝刘宋时致力于天师道改革的著名道士。三国吴丞相陆凯的后代。笃好文籍,穷究象纬,早年弃家修道。

⑩命门:中医名词。一般指右肾。《难经·三十六难》:"左者为肾,右者为命门。命门者诸神精之所舍,原气之所系也,故男子以藏精,女子以系胞。"男为精关,女为产户。

⑪龙虎:《重阳真人授丹阳二十四诀》:丹阳又问:"何者是龙虎?"祖师答曰:"神者是龙,气者是虎,是性命也。"

⑫魁魅:此处指假扮鬼怪。

⑬炖煌:古代郡名。治所在今甘肃敦煌。

⑭涽(hùn)漫:混杂不分。

⑮冥诏:深远的教诲。冥,深远。诏,告诫,教诲。

【译文】

超越情欲,净化心灵,那么道心就能变得光明纯真。而道教的人聚在一起,胡乱颁布姓名,编造房中术等黄书,没有缘由诅咒别人发病,用来降服别人的轻视讥诮。咒说:"天道结束,三所五位形成,日月明朗清晰。出入幽深的地方,气能进入人的根本,能通神灵,也能布道。气运行则奸邪鬼贼都会灭亡,看见我的成为瞎子,听到我声音的成为聋子。能让那些想要害我的人,自己会遭受灾祸,我吉利而他会有凶险。"到了甲子时,设坛念经做法事,男女混杂在一起,没有尊贵卑贱的差别。吴国陆修静非常喜欢做这样的事情。于是打开命门,抱出真人之婴孩,像龙虎交合一样相戏,作出这样的姿势,用来消灾散祸,这样做可以吗?这样做可以吗?汉代时方士仪君把这种行为作为道,假扮鬼怪祸乱风俗,被贬斥到敦煌。后来到了孙恩时,任侠放荡,妄情不断滋长,男女混杂不分,和禽兽没什么两样。人心很容易受到外在色尘的污染,贪爱之心结难以消除。更何况交气于丹田,在仙穴延长寿命。放纵肢体超过玉门的禁令,变态穷尽龙虎的姿势。生前没有忠贞的气节,死后要遭受青庭之苦。真诚希望神明的天帝,察鉴此辈所为,辨明物我之分,不要让他们辜负深远的教诲。

侠道作乱是其四逆

夫真宗难晓,声华易惑①。缘累重渊岳②,德轻风露。如黄巾等,鸢望汉室,反易天明③,罪悉伏诛。次有子鲁复称鬼道④,神祇不佐,为野麋所突。末后孙恩复称紫道⑤,不以民贱之轻,欲图帝贵之重。作云响于幽窦⑥,发妄想于空玄⑦,水仙惑物,枉杀老稚,破国坏民,岂非凶逆⑧?是以宋武皇帝惟之慨然⑨,乃龙飞千里⑩,虎步三江⑪,掩扑群妖,不劳浃辰⑫。含识怀欢⑬,草木春光。

【注释】

①声华:美好的名声。

②缘累:牵累。

③反易:颠倒,颠覆。天明:天道。《尚书·大诰》:"用宁王遗我大宝龟,绍天明。"

④复称:复旧,光复。鬼道:鬼神邪说。《逸周书·史记》:"昔者玄都贤鬼道,废人事天,谋臣不用,龟策是从,神巫用国,哲士在外,

玄都以亡。"。

⑤紫道：东晋时孙恩所奉的道教流派。

⑥幽窦：深沉昏暗的孔穴，沟渠。

⑦空玄：幻想。

⑧凶逆：凶恶叛逆，亦指凶恶叛逆的人。

⑨宋武皇帝：刘裕（363—422），字德舆，小名寄奴，彭城县（今江苏铜山）人。杰出的政治家、军事家，南北朝时期刘宋王朝的开国皇帝。

⑩龙飞：指帝王的兴起。

⑪虎步：原形容帝王的仪态不同于一般，后也形容将军的英武姿态。

⑫浃（jiā）辰：古代以干支纪日，称自子至亥一周十二日为"浃辰"。

⑬含识：梵语 sattva，巴利语 satta。音译萨埵。意译有情、众生，即指含有心识之有情众生。指一切生物。又作含灵、含生、含类、含情、裹识。以一切众生皆有心识，故称含识。

【译文】

真正的宗旨难以知道，外在的美好名声容易使人分辨不清。事缘的牵累比高山深渊还重，品德比风露还轻。像黄巾等道徒，妄想取代汉代皇室，逆天而行，后来获罪伏法，都被诛杀。其次张鲁光复原来的旧鬼道，连天神都不会福佑他，曾被獐子撞倒。后又有孙恩又倡行紫道，不掂量自己那卑微的身份，想要图取尊贵的帝王之位。在偏僻昏暗的地方，幻想夺位之大事，迷惑世人，乱杀老人小孩，残害国家，扰乱百姓，这难道不是凶恶叛逆的人吗？因此宋武皇帝慨然兴兵，帝王大业兴盛千里，雄壮之师横行三江，一步独尊，袭取消灭反叛之人，都不用等到浃辰之时。众生欢愉，天下一片平和美好。

章书伐德是其五逆

夫至化余尘①，不可诬蔽②；诠谥灵魄，务依明德。道无真体,妄逐妖空③,辄言东行,醉酒没故。如此顽赠,宁非陋僻?
又迁达七祖④,文意浅薄,乞免担沙石,长作道鬼。夫圣智穷
微⑤,有念斯照⑥,何烦祭酒横费纸墨⑦? 若必须辞诉,然后判
者,始知道君无玄鉴之能⑧,天曹无天明之照⑨,三官疲于谨
案⑩,伺吏劳于讨捕。闻其奏章,本拟急疾,而戊辰之日,上必
不达。不达太上,则生民枉死。呜呼哀哉! 实为五逆。

【注释】

①至化:极美好的教化。余尘:后尘。比喻在他人之后。

②诬蔽:欺骗蒙蔽。

③妄逐妖空:妄图追逐迷信空虚的东西。

④七祖:常指佛教传法相承的七代。如华严宗以马鸣、龙树、杜顺、
　智俨、法藏、澄观、宗密为七祖。禅宗南宗以达摩、慧可、僧璨、道
　信、弘忍、慧能、神会为七祖。禅宗北宗以弘忍另一弟子神秀为六
　祖,普寂为七祖。此处指道教领袖神化自己的祖先给予封号。

⑤圣智:圣人智慧,聪明睿智,无所不通。亦指是有非凡的道德和
　智慧者。智,通"知"。穷微:探究精微的道理,穷尽细微琐事。

⑥有念:以具体之事物为修观之对象,称为有念。反之,体观真如
　本性,称为无念。在净土门中,以凡夫之散乱心所修之散善,称
　为有念;以将心集于一处所修之定善,称为无念。

⑦祭酒:官名。汉代有博士祭酒,为博士之首。西晋改设国子祭
　酒,隋唐以后称国子监祭酒,为国子监的主管官。此处似指汉魏
　道教中的"祭酒"一职。

⑧玄鉴:明察,洞察。

⑨天曹:道家所称天上的官署,或指仙官。天明:天赋的智慧,有时
　也指天命,天道。

⑩三官:道教所奉的神。天官,地官,水官三帝的合称。传说天官赐福,地官赦罪,水官解厄。《黄庭内景经·沐浴》:"传得可授告三官。"务成子注:"三官,天地水也。"

【译文】

极美好的教化施及给别人,不可欺骗蒙蔽他们;对死去之人的灵魂评判封赠,一定要依据其明德。修道却没有真实的本体,妄图追逐迷信空虚的东西,每每说东行追求大道,却沉沦在喝酒之中。像这样顽劣,难道不是浅陋之极吗?再之又神化封赠自己的祖先,其文章意义浅薄,乞求能免担沙石,长作道鬼。圣人智慧穷尽细微之事,都能照见妄念皆空,又何必劳烦祭酒白白浪费纸墨呢?倘若必须要用语辞诉说,然后才能判别,则一开始就知晓道教君主没有洞察是非的才能,仙官没有天赋的智慧观照,三官因详问案情而精力疲惫,伺吏因搜捕罪鬼而烦劳。听说他们的奏章,本打算快速送上去,却说在戊辰之日,所送奏章无法达到。没有达到太上神明之处,致使百姓白白枉死。悲哀啊!这确实是第五种凶恶悖逆的事。

畏鬼带符非法之极第一

夫真心履顺者,妖忭革其气。是以至圣高贤,无情于万化①,故能洞游金石,卧宿烟霞。此纯诚感通②,岂佩带使然哉!其经辞致夸慢鬼弊云:"左佩太极章③,右佩昆吾铁,指日则停晖,拟鬼千里血。"若受黄书赤章④,言即是灵仙⑤。硔屃入靖,不朝太上⑥。至于使六甲神而跪拜清厕⑦,如郭景纯亦云仙流登清度厄⑧,竟不免灾,愚痴颠倒,岂识仪节?闻其着符,昔时军标,张角黄符⑨,子鲁戴绛,卢悚紫标⑩,孙恩孤虚⑪,并矫惑王师,终灭人鬼。

【注释】

①无情:没有任何妄情。万化:万物。

②感通:此有感而通于彼,一方的行为感动对方,从而导致相应的反应。《周易·系辞上》:"《易》无思也,无为也,寂然不动,感而遂通天下之故。"

③太极章:指刻画有太极图案的道教符章。太极,古代哲学家称最原始的混沌之气。谓太极运动而分化出阴阳,由阴阳而产生四时变化,继而出现各种自然现象,是宇宙万物之源。

④赤章:道书有《赤松子章历》,后因以借指道家向天官祷告禳灾的章本。

⑤灵仙:神仙。

⑥太上:指圣人。

⑦六甲:道教神名,供天帝驱使的阳神;道士可用符箓召请以祈禳驱鬼。

⑧郭景纯:郭璞(276—324),字景纯,河东闻喜县人。东晋著名学者,既是文学家和训诂学家,又是道学术数大师和游仙诗的祖师。

⑨张角(?—184):钜鹿(今河北平乡)人,东汉末年农民起义军"黄巾军"的领袖,太平道的创始人。

⑩卢悚:彭城人,刘宋孝武帝时妖言惑众,被杀。

⑪孤虚:古代方术用语。即计日时,以十天干顺次与十二地支相配为一旬,所余的两地支称之为"孤",与孤相对者为"虚"。古时常用以推算吉凶祸福及事之成败。

【译文】

拥有真心顺应自然的人,气质清净妖邪难犯。所以圣洁高明贤能的人,在所有事物面前没有任何妄情,因此能洞游金石,闲卧在烟霞中睡觉。这是由于至纯的诚心感应和通达万物,哪里是因为所佩带的东西才会这样的！道教经文语辞中夸夸其谈："左边佩带太极章,右边佩带昆吴宝剑,指着太阳就可以让太阳停止运行,拟杀鬼怪就能千里流血。"如果授予黄书赤章,说就是神仙。穿着凡人硁然有声的木屐走来,不用听命于什么圣人。至于使用符箓召请六甲神灵来祈福消灾,而役使神将干一些粗活,如郭景纯也说用各种仙法道术能够度脱一切苦厄,最终自己竟然也没有免除灾祸,如此愚昧癫狂,怎么能识别礼法和礼节？听说他们所佩符箓,是以前的军队标志,如张角的黄符,张鲁部众戴赤符,卢悚的紫标,孙恩的孤虚之术,都以诡诈之计迷惑朝廷的军队,最终被消灭成为人鬼。

制民课输欺巧之极第二

　　夫五斗米教①,出自天师②。后生邪浊,复立米民③,世人厌畏,是以子明、杜恭俱困魔蟒④。又涂炭斋者⑤,事起张鲁⑥。氐夷难化,故制斯法。乃驴辗泥中,黄卤泥面⑦,摘头悬柳,埏埴使熟⑧。此法指在边陲,不施华夏。至义熙初⑨,有王公其次,贪宝惮苦,窃省打拍。吴陆修静甚知源僻⑩,犹泥挨额悬縻而已⑪。痴僻之极,幸勿言道。

【注释】

①五斗米教:我国最早的道教教派。由东汉张陵于西蜀鹤鸣山所创。因入教者须出五斗米,故称五斗米道,或被贬称为米贼。又因张陵自称天师,故又称天师道。奉老子为教主,以《道德经》为主要经典。

②天师:道教封号,由张陵首创,其子嗣世代沿袭此号。

③米民:五斗米道的信众。

④子明:传说中的仙人。陵阳子明好钓鱼,于旋溪钓得白龙,拜而

放之。后得白鱼，腹中有书，教以服食之法。子明食之而成仙。见汉刘向《列仙传·陵阳子明》。魔蟒：大蛇。《尔雅·释鱼》："蟒，王蛇。"郭璞注："蟒，蛇最大者，故曰王蛇。"

⑤涂炭斋：道教的一种古老的道教仪式。

⑥张鲁：字公祺，沛国丰县（今江苏丰县）人。东汉末年割据汉中的军阀，汉末群雄之一。他是西汉留侯张良的十世孙、五斗米道教祖张陵的孙子，在祖父和父亲去世后继续在汉中一带传播五斗米道，并自称为"师君"。

⑦黄卤：黄色的稀泥。

⑧埏埴（shānzhí）：埏，和泥。埴，黏土。

⑨义熙：东晋安帝司马德宗的第四个年号，405 年至 418 年。

⑩陆修静（406—477）：字符德，吴兴东迁（今浙江吴兴）人。笃好文籍，穷究象纬。早年弃家修道，好方外游，遍历云梦山、衡山、罗浮山、峨嵋山等名山胜地。元嘉末（约 453 年）"市药京邑（今南京）"。宋文帝闻其名，"慕其风"，命左仆射徐湛延请入宫讲道。他不愿囿于束缚，固辞不就，"遂诉江南"，继续周游四方布道。大明五年（461）来庐山，"爱匡阜之胜"，构筑精庐居处修道，是为太虚观。自此，以太虚观为大本营研经传道授徒长达七年之久，为庐山道教势力的发展和影响的扩大作出了极大贡献。

⑪挨（tú）：擦揩。

【译文】

五斗米道由天师张陵创建。后来五斗米道渐生邪恶污浊，故再次建立米民的制度，世人厌恶敬畏，后来信奉五斗米道的子明和杜恭都被大蛇所困。涂炭斋的仪式，兴起于张鲁。那个时候氐夷之人难以教化，所以就创制了这一套教法。这套教法是：像驴一样在泥中打滚，用黄泥涂抹面部，披头散发把自己吊在柳树上，和泥使均匀涂满。这套教法主要在边境地带实施，而并不在中原地区施行。到了义熙初年的时候，有这一派的道士王灵期贪图珠宝惮怕受苦,偷偷地减省打拍动作。吴国陆修静很熟悉这是源于边远地区的习俗,就好像在额上抹泥,头朝下把自己悬挂起来。愚痴至极,更不用说道义了。

解厨墓门不仁之极第三

夫开翙大施①,与物通美。左道余气,乃墓门解厨②。矜身奥食,怀吮班之态。昔张子鲁汉中解福,大集祭酒及诸鬼卒③。鬼卒、鬼民、鬼吏、鬼道,此是子鲁轻于氐夷,作此名也。又天师、系师、嗣师及三女师④,此是张鲁自称美也。又道男官、女官,道父、道母,神君、种民⑤,此是合气之后,赠物名也。又米民、米姓、都功、祭酒⑥,此是荒时抚化名也。又贫道、三洞法师⑦,长安僧祎作此名也。又先生、道民、仙公王⑧,袜陵县民王灵期作也⑨。又道士、蚁贼、制酒、米贼⑩,此是世人之所目也。又法师、都讲、侍经者⑪,是陆修静傍佛依世制此名也。又天公、地公及称臣妾⑫,太平之道、五斗米道、大道、紫道、鬼神师君,此作贼时,假威名也。又胶东、栾大、拜五利将军,虽有茅土而无臣节。汉武之末,不复称之也。酣进过常,遂致酱逸⑬;丑声遄布,远达岷方。刘璋教曰:"夫灵仙养命,犹节松霞而厚身,嗜味奚能尚道?"子鲁闻之愤耻,意深罚其扫路。世传道士后会举标,以防斯难,兼制厨命,酒限三升。汉末已来,谓为制酒。至王灵期削除衃目,先生道民,并其赈锡。虽有五利之贵,更为妖物之名。

【注释】

①翙(huì):鸟飞声。

②墓门:墓道之门。《诗经·陈风·墓门》:"墓门有棘,斧以斯之。"郑玄笺:"墓门,墓道之门。"解厨:五斗米道信奉者家庭成员去

世,举办"下厨",也称"解厨"。

③鬼卒:汉张鲁五斗米道初级道徒的称谓。《后汉书·刘焉传》:"鲁遂自号'师君'。其来学者,初名为'鬼卒',后号'祭酒'。"

④天师、系师、嗣师:道教由东汉张道陵创始,后世乃称张陵为"天师"或"祖师爷",其子张衡为"嗣师",其孙张鲁为"系师",被尊为"三师"。

⑤种民:道教语。指谨慎忠厚的信徒。《魏书·释老志》:"其中能修身练药,学长生之术,即为真君种民。"

⑥米民、米姓、都功、祭酒:道徒的称谓。

⑦贫道、三洞法师:僧道自称的谦辞,晋、南北朝时,朝廷定制僧人自称贫道,唐以后僧人改称贫僧,道士谦称"贫道"。三洞,道教经典分洞真、洞玄、洞神三部,合称"三洞"。

⑧先生、道民、仙公王:道徒的称谓。

⑨王灵期:东晋时期的道教徒,曾编撰若干上清派道经。

⑩蚁贼、制酒、米贼:世俗民众对五斗米道的贬称。《三国志·魏书·张鲁传》:"祖父陵,客蜀,学道鹄鸣山中,造作道书以惑百姓,从受道者出五斗米,故世号'米贼'。"

⑪法师、都讲、侍经:降妖驱邪的道士或方士。

⑫天公、地公及称臣妾:道徒聚众起义时对首领等的称谓。

⑬酗(yòng):酒后乱性的丑态。

【译文】

正道像鸟儿展翅飞翔一样普遍施行,与万物融合,共通美好。旁门左道乌烟瘴气,表现为在墓门前举办厨宴。道教徒众聚集大吃大喝,丑态百出。过去张鲁在汉中祭祀,把祭酒和诸鬼卒聚集起来。鬼卒、鬼民、鬼吏、鬼道,这是张鲁轻视氐夷,才取这些名字。至于天师、系师、嗣师及三女师,这是张子鲁对自己的赞美。又说是男官、女官、道父、道母、神君、种民,这是男女合气之后赠赐的物名。至于米民、米姓、都功、祭酒,这是饥荒时安抚教化民众的名字。而贫道、三洞法师,则是由长安的僧人祎起的名字。至于先生、道民、仙公王这些称谓则是由袜陵县的百姓王灵期所作。又有道士、蚁贼、制酒、米贼,这是世人眼里如此看待的。还有法师、都讲、侍经,是陆修静仿效佛教制造这些名字。又有天公、地公及称臣妾,太平之道、五斗米道、大道、紫道、鬼神师君,这是道徒叛乱时提振威名用的。又胶东、栾大、拜五利将军,虽然有茅土等形式但没有君臣仪节。汉武帝之末,就没有这些称谓了。当他们饮酒超过平时一般的酒量时,就放逸起来;败坏的名声远布,远达岷山一带。刘璋下达教令说:"灵仙养命,还要在松霞中节制从而保护身体,嗜好美味哪里还能崇尚天道呢?"张鲁听了他说的话很愤怒,想罚他扫大路。在世人中流传道士在后来开会时举起标志,用来防止这种问题,同时制定解厨规则命令,酒量限制为三升。从汉末到如今,叫做制酒。到了后来,教民王灵期削除以前的名称,设置先生、道民等名称,一起赈济赐予。即使有五利将军名号之贵,也只不过是妖物的名字罢了。

度厄苦生虚妄之极第四

夫质危秋蒂,命薄春冰,业风吹荡①,蓬回化境②。所以景公任于缘命,孙子记为行尸③。迷徒揪学④,不识大方,至有疾病、衰祸,妄甚。妖祟之原渊,鬼鸲以为灾⑤,渡危厄于遐川⑥,沈钓星于悬瘤⑦,雪丹章于华山,乃蹙须眉貌,诶诇冥鬼云⑧:"三官使者已送先归逝者⑨。"故然空丧辞货,斯实祭酒顽巾糈之利,蚕食百姓,公私并损。致使火宅惊于至圣⑩,归歌动于人思矣。

【注释】

①业风:恶业所感之猛风,指劫末所起的大风灾及地狱所吹

的风。

②化境:"化城之境"之缩写。化城,佛教语,一时幻化的城郭,比喻小乘所能达到的境界。出自《法华经·化城喻品》。但是,小乘并非佛家修炼的最终目的地,在化城休息完之后,还要"直诣宝山",达到大乘的境地。

③行尸:指徒具形骸,虽生犹死的人。

④迷徒:迷失正道的人。湫(jiǎo)学:指学识寡陋之人,湫,低洼,喻狭小。

⑤鸲(qú):一种鸟,或指八哥。

⑥危厄:危急困窘。

⑦沇(jué):水从洞穴中奔泻而出。

⑧误(xī)诟:侮辱;辱骂。

⑨三官:道教所奉的神。天官、地官、水官三帝的合称。传说天官赐福,地官赦罪,水官解厄。

⑩火宅:比喻迷界众生所居住之三界。火喻五浊等,宅喻三界。语出《法华经》七喻中之火宅喻。众生生存于三界中,受各种迷惑之苦,然犹不自知其置身苦中,譬如屋宅燃烧,而宅中稚儿仍不知置身火宅,依然嬉乐自得。《法华经·譬喻品》:"三界无安,犹如火宅……众苦所烧,我皆拔济。"至圣:指道德智能最高的人。《礼记·中庸》:"唯天下至圣,为能聪明睿知,足以有临也。"

【译文】

人的身体就像秋天凋落的花一样容易受到损害,生命就像春天正在融化的冰一样短暂,恶业轮回之风四处飘荡,将散乱的生命吹至化城之境界。这也就是为什么齐景公任运生命的缘分与安排,孙子记载为行尸走肉之人。迷失正道学识寡陋的人,不识宇宙大道,导致疾病、衰弱与苦难发生,因为他们一直过分胡作非为。妖邪聚集在水源及深潭,鬼鸟认为这是灾害,所以渡水躲避危险至于偏远的河流,水从洞穴中奔泻而出倒挂在悬崖上,雪折射出的光辉照耀了华山,于是做出皱缩眉头生气的样子,辱骂那些夜晚的鬼魂说:"三官使者已经将那些较早逝去的人送来了。"因此老百姓白白浪费了言辞和财物,这实际上是道教祭酒愚弄那些冥顽之人,逐渐侵占百姓的利益,公家和私人都遭受了损失。因此充满众苦的三界火宅惊动了道德智慧最高的圣人,他吟唱着解脱的歌谣,让人震撼,回归心灵故乡。

梦中作罪顽痴之极第五

夫天属化始,乃识照为原;弃舍身命,草木非数。然大地丘山,莫非我故尘;沧川潚漫①,皆是我泪血。以此而观,谁非亲友?或梦见先亡,辄云变怪②。夫人鬼虽别,生灭固同;恩爱之情,时复影响。群邪无状③,不识逆顺,召食鬼吏兵,奏章断之。割截幽灵,单心谁照④?幸愿未来,勿尚迷言,使天堂无辍食之思,冰河静灾念之声。

【注释】

①潚(xiào):水流长远貌。

②变怪:灾变怪异。《汉书·张敞传》:"月眺日蚀,昼冥宵光,地大震裂,火生地中,天文失度,祅祥变怪,不可胜记。"

③无状:谓行为失检,没有礼貌。

④单心:孤忠之心。《晋书·慕容垂载记》:"陛下单马奔臣,臣奉卫匪贰,岂陛下圣明鉴臣单心,皇天后土实亦知之。"

【译文】

天地变化之始,以寂照之光明为源头;众生抛弃生命,就像大自然的草木一样不计其数。然而大地上的山丘,没有哪一个不是我的故乡尘土;苍翠的河流四处遍布蔓延,都是由我的血与泪汇合而成。由此看来，有谁不是我们的亲戚朋友？有时梦见已经死亡了的人，总是觉得是灾变怪异。虽然人与鬼魂有别，但生存与灭亡其实是相同的；那些恩爱的感情，仍时常感受得到。那些品行不正行为失检的人，不知道所做的事情的顺逆，于是阎王召集鬼怪与吏兵来讨论，根据他们所上交的言论来处分决断那些人。割截幽灵，孤忠之心照耀谁呢？希望以后的日子，人们不要崇尚迷妄的言论，使天堂没有辍食之思，冰河寂静而没有那些遭受灾难的人们忧虑的声音。

轻作寒暑凶佞之极第六

　　夫渊默心口者①，万行之真德。而尘界众生②，率无慈爱，虓凶邪佞③，符章竞作，悬门帖户，以诳愚俗，高贤有识，未之安也。造黄神越章用持杀鬼④，又制赤章用持杀人⑤，趣悦世情，不计殃罪。阴谋怀嫉，经有旧准，死入铁钳大狱，生出鸥鸳暗痎⑥，精骸惛朽，沦离永劫。谁知斯乎？老鬼民辈道相不然，事之宜质。夫谏刺虽苦，智者甘闻，故略致言。幸试三思，能拂迹改图，即与大化同风矣⑦。良其不革，请俟明德⑧，备照声曲⑨，以晓长夜。岂是今日弱辞所陈哉！

【注释】

①渊默：沉默不言。

②众生：梵语萨埵 Sattva，新译曰有情，旧译曰众生。众生有多义：众人共生于世；由众多之法，假和合而生；经众多之生死。

③虓（xiāo）：虎吼。邪佞：奸邪小人。

④黄神：古登山者所佩印章，以避虎狼。晋葛洪《抱朴子·登涉》：“古之人入山者，皆佩黄神越章之印，其广四寸，其字一百二十，以封泥着所住之四方各百步，则虎狼不敢近其内也。”

⑤赤章:即《赤松子章历》,后因以借指道家向天官祷告禳灾的章本。《梁书·沉约传》:"乃呼道士奏赤章于天,称禅代之事,不由己出。"

⑥鸱鹅瘖痖:鸱(chī),一种凶猛的鸟,鹞子,又名鸱鹰、老鹰、莺鹰;鹅(yuè),古书上说的一种水鸟,似凫而大,赤目;瘖(yīn):不能言;痖(yǎ),古同"哑"。

⑦大化:佛教语,指佛的教化。

⑧明德:指才德兼备的人。《诗经·大雅·皇矣》:"帝迁明德,串夷载路。"

⑨声曲:音声曲调。

【译文】

那些心口宁静沉默的人,一切行为都体现为真正的道德。但是人世间一切有情识的众生万物,大都没有慈爱之心,凶恶可怕奸邪狡诈,争着去制定符箓章条,控制百姓,欺诈那些愚昧庸俗的人,那些高尚贤良有见识的人,感到很不安。他们伪造黄神越章之印去杀害鬼魂,又制定章本来祸害百姓,取悦世情,不考虑因果报应之遭殃受罪。心中怀有憎恨而暗中策划阴谋的人,其实经过旧业的核准,死亡后将进入有坚固刑具的监牢,出生后就会变成鸱鹅而不能说话,精气和身体会日渐糊涂与衰弱,在极长的时期会沦落,遭受无尽的劫难。又有谁知道这个呢?道教信徒老鬼民等都不明白这些规律,都奉行自己认为适宜的道行。虽然直言规劝会让人感到像尖利的东西扎一样痛苦,但有智慧的人会乐意听到这些,所以我大致献纳转告这些言论。希望他们三思而行,能够改变以前的行为,这也就符合佛法教化的宗旨了。如果他们认为我这些言论不好而不去改变,请等待那些德才兼备的人的教导,按照他们的话去做,用他们的真理照亮人生的漫漫长夜。对于这样的重大事情,岂是我这些薄弱的言辞所能述说清楚的呢?

灭惑论

【题解】

本篇乃刘勰（约 465—520）为驳斥某道士的《三破论》而作。所谓"三破"，即攻击佛教破国、破家、破身。刘勰一一加以驳斥。除了驳斥破国、破家、破身之说，刘勰还驳斥了《三破论》中其他一些诬蔑佛教的言论。例如《三破论》以《化胡经》之类为依据，说佛法乃老子出关教化西域而设。胡人粗犷无礼，故使其不娶不嫁，以自然断绝其种。

或造《三破论》者，义证庸近①，辞体鄙陋。虽至理定于深识，而流言惑于浅情；委巷陋说②，诚不足辩。又恐野听将谓信然，聊择其可采，略标雅致。

【注释】

①庸近：见识短浅。

②委巷：僻陋小巷。此处指见识浅陋。

【译文】

有道士作《三破论》，义理肤浅，文辞浅俗，文体拙劣。虽说至理为思想深刻者所赞赏，而流言却能迷惑那些浅薄之人，像《三破论》这样的鄙陋之说，本来不足为辩，但又担心这些议论散布到民间，会让人信以为真。姑且选择其中比较值得一说的地方，略加以剖析、驳斥，以此来标举佛教的高雅意趣。

《三破论》云："道家之教，妙在精思得一，而无死入圣；佛家之化，妙在三昧神通，无生可冀，死为泥洹。未见学死而不得死者也。"

《灭惑论》曰："二教真伪，焕然易辩。夫佛法练神，道教练形。形器必终，碍于一垣之里；神识无穷，再抚六合之外。明者资于无穷，教以胜慧；暗者恋其必终，诳以飞仙。仙术极于饵药，慧业始于观禅。禅练真识，故精妙而泥洹可冀；药驻伪器，故精思而翻腾无期。若乃弃妙宝藏，遗智养身，据理寻之，其伪可知。假使形翻天际，神暗鸢飞戾天①，宁免为鸟？夫泥洹妙果，道惟常住，学死之谈，岂析理哉？"

【注释】

①鸢飞戾天：指那些像鸢鸟一样怀着对名利的渴望极力高攀的人。

【译文】

《三破论》称："道家的教化，奇妙在于认真的思考宇宙大化之根本，追求长生不死，当做超脱凡俗的最高境界；而佛教的教化，深妙在于修习禅定以获得各种神通，追求不生不灭，把人的死亡称作涅槃，视为解脱的最高境界。但我从未见到学习死亡之教而能最终不死的人。"

《灭惑论》曰："佛道二教之真伪优劣，是很容易辩论清楚的。佛法注重精神修炼，道教注重身体修炼。有形之东西必定会毁灭，最终限定在棺椁之中。而神识不会消灭，而能覆盖到六合之外。明智的人，从无穷中获得帮助，以最高的智慧教人；而愚昧者则迷恋于必定会灭亡的形体，以各种仙术骗人。道教的仙术以服药成仙为极致，佛教的智慧始于修习禅观。禅观能锻炼真识,真识锻炼得精妙则可望证得涅槃境界。而依靠药饵驻留在因缘聚合的形体中,再精致的思考也不能让形体翻腾飞升。至于人们只关注自己的形体,而放弃精神这个妙宝藏,遗弃智慧而注重养生,从道理上来探寻,就可以知道他的虚假不真实。假使他的形体真能飞腾升天,而神明却如同鸢鸟戾天一样只知追逐欲望。难道不能成为一只鸟么? 而佛教所追求的是泥洹妙境,这种正道是常住不灭的。你竟然讥讽佛教为'学死之谈',难道剖析事理就是这样的吗?"

　　《三破论》云:"若言太子是教主,主不落发而使人剃头,主不弃妻使人断种,实可笑哉! 明知佛教是灭恶之术也,伏闻君子之德,身体发肤,受之父母,不敢毁伤,孝之始也。"

　　《灭惑论》曰:"太子弃妻落发,事显于经,而反白为黑,不亦罔乎? 夫佛家之孝所包盖远,理由乎心,无系于发。若爱发弃心,何取于孝? 昔泰伯、虞仲断发文身,夫子两称至德。中权以俗内之贤①,宜修世礼,断发让国,圣哲美谈。况般若之教,业胜中权;菩提之果,理妙克让者哉! 理妙克让,故舍发取道;业胜中权,故弃迹求心。准以两贤,无缺于孝。鉴以圣境,夫何怪乎?"

【注释】

　　①中权:合乎时宜或情势。《论语·微子》:"身中清,废中权。"此处代指儒家学说。

【译文】

　　《三破论》称:"如果说太子(即释迦牟尼)是教主,可是,教主自身不落发,却要人剃光头;教主自身曾经娶妻,却不许僧侣娶妻生子,定要让人绝后，实在是十分可笑啊！佛教只是消除恶行的方法就很明白了。在下听说君子的道德，应该如《孝经》所言：'身体发肤，受之父母，不敢毁伤，孝之始也'。"

《灭惑论》曰："释迦牟尼出家之后则弃妻落发，这在佛经上有明文记载，《三破论》的作者如此颠倒黑白，不是让人不解吗？佛家所说的孝，其所包涵是很广的，孝德的根由在心，而不能系着于头发，如果弃心而爱发，又如何谈得上真正的孝呢？过去泰伯、虞仲断发文身，孔子多次赞扬他们这种符合中道的至德之人。世俗贤人，本应该修习世俗礼教，但是断发纹身是为礼让国君之位，自然成为圣哲的美谈。更何况佛教的般若智慧，义理和功德都胜过这种合符权宜的礼让之德啊！所以，佛教劝导人们弃发出家，旨在取道求心，和孔子赞扬的二位贤德可是一样的合乎孝道，怎么就对佛教落发出家就如此大惊小怪了呢？

第一破曰："入国而破国者，讹言说伪，兴造无费，苦克百姓，使国空民穷。不助国，生人减损。况人不蚕而衣，不田而食，国灭人绝，由此为失。日用损费，无纤毫之益，五灾之害①，不复过此。"

《灭惑论》曰："大乘圆极，穷理尽妙，故明二谛以遣有，辩三空以标无；四等弘其胜心，六度振其苦业。讹言之讪，岂伤日月？夫塔寺之兴，阐扬灵教，功立一时，而道被千载。昔禹会诸侯，玉帛万国，至于战伐，存者七君。太始政卓②，民户殷盛。赤眉兵乱③，千里无烟，国灭人绝，宁此之由？亥、婴之时，石谷十万④；景武之世，积粟红腐⑤，非秦末多沙门而汉初无佛法也。验古准今，何损于政？"

【注释】

①五灾之害：学者（儒家）、言谈者（纵横家）、带剑者（游侠）、患御者（逃避兵役的人）、商工之民皆为国家的蛀虫，韩非合称之为"五蠹"。

②太始政阜：太始元年（前96）～太始4年（前93），是汉武帝在位，政治康宁。

③赤眉兵乱：指新莽末年兴起于今山东东部的一支农民起义军的活动。赤眉军是中国新莽末年起事的军队之一，因将眉毛染红，示别于政府军，故称作赤眉军。

④"亥、婴"二句：指秦末时期的物价暴涨。《史记·平准书》："米至石万钱。"

⑤"景武"二句：《史记·平准书》："太仓之粟，陈陈相因，充溢露积于外，至腐败不可食。"

【译文】

《三破论》中指责佛教的第一破是"入国而破国"，并说："佛教尽以谎言惑众，造寺建塔花费无度，使百姓受苦，国库空虚，民众贫穷，人口减少，国力衰竭。加之那些出家之僧侣都不养蚕而衣，不耕种而食，长此以往，则国灭人绝。凡此种种，都是有百害而无一利，韩非子所谓的五蠹之害，也无过于此。"

《灭惑论》曰："大乘佛教的义理通达圆融，穷理尽妙，故阐明真、俗二谛来消除人们对假有的执着，辨析我空、法空及我、法本性皆空来揭示真无的境界，以四无量心弘扬其菩萨胜心，以六度拯济众生于三界苦海。此等无知谎言的诋毁，又岂能损害如日月般光明的佛教呢？至于建寺造塔，弘扬教化，虽功在一时却可使千年之后的民众都能蒙受佛化的恩泽。过去夏禹大会诸侯，天下太平，后起战乱，仅存七国。延及汉代太始年间，政治安定，民户渐多，而一旦赤眉军起义，又导致千里无烟，国灭人绝，难道这一切也是因佛教所致不成？秦末胡亥、子婴之时，一石谷子值十万钱,而汉初景帝、武帝年间,粮食多得吃不完,并非秦末多沙门而汉初无佛教使然。察验古今历史事实,说佛教有损国治、入国而破国有什么根据呢?"

第二破曰:"入家而破家,使父子殊事,兄弟异法,遗弃二亲,孝道顿绝。忧娱各异,歌哭不同,骨血生仇,服属永弃①。悖化犯顺,无昊天之报,五逆不孝,不复过此。"

《灭惑论》曰:"夫孝理至极,道俗同贯。虽内外迹殊,而神用一揆。若命缀俗因,本修教于儒礼;运禀道果,固弘孝于梵业。是以谙亲出家,《法华》明其义②;听而后学,维摩标其例③。岂忘本哉,有由然也。彼皆照悟'神理'④,而鉴烛人世,过驷马于格言⑤,逝川伤于上哲。故知瞬息尽养,则无济幽灵;学道拔亲,则冥苦永灭。审妙感之无差,辩胜果之可必,所以轻重相权,去彼取此。若乃服制所施,事由追远;祀虽因心,抑亦沿世。昔三皇至治,尧、舜所慕,死则衣之以薪,葬之中野,封树不修⑥,苴斩无纪⑦,岂可谓三皇教民弃于孝乎? 爰及五帝,服制焕然。未闻尧、舜执礼,追责三皇。三皇无责,何独疑佛? 佛之无服,理由拔苦;三皇废丧,事沿淳朴。淳朴不疑而拔苦见尤,所谓朝三暮四而喜怒交设者也! 明知圣人之教,触感圆通,三皇以淳朴无服,五帝以沿情制丧,释迦拔苦故弃俗反真。检迹异路,而玄化同归。"

【注释】

①服属:五服内的亲族。

②"谙亲"二句:《法华经·妙庄严王本事品》:"于是二子从空中下,

到其母所,合掌白母,父王今已信解,堪任发阿耨多罗三藐三菩提心。我等为父,已作佛事,愿母见听,于彼佛所,出家修道。"

③"听而"二句:《维摩诘经·嘱累品》:"若好杂句文饰事者,当知是为新学菩萨;若于如是无染无著甚深经典,无有恐畏,能入其中,闻已心净,受持读诵,如说修行,当知是为久修道行。"

④神理:"照悟神理,鉴烛人世"是说明《法华经》和《维摩诘经》皆明洞人情物理,明白主张出家之事,必先征得家人的同意。"照悟神理"指的是这类了然生命本质和意义的极深刻感悟;这些感悟明洞人情世事。则此"神理"义,同僧祐文及《高僧传》的意义,皆指超凡深刻的悟解能力。

⑤"过驹"句:谓岁月流逝,生命短暂。《礼记·三年问》:"三年之丧,二十五月而毕,若驷之过隙。"

⑥封树:堆土为坟,植树为饰。古代士以上的葬礼。

⑦苴(zū)斩:苴,苴秸,祭祀用来盛放祭品的草席。斩,指'斩衰',旧时五种丧服中最重的一种。用粗麻布制成,左右和下边不缝。服制三年。子及未嫁女为父母,媳为公婆,承重孙为祖父母,妻妾为夫,均服斩衰。先秦诸侯为天子、臣为君亦服斩衰。

【译文】

《三破论》指责佛教的第二破是"入家而破家",并说:"佛教使得父子各自从事不同的事业,兄弟之间各有自己的人生追求;遗弃父母双亲,孝道从此断绝,导致在家者终日忧伤恸哭,出家者自得其乐,歌吟于世俗之外;骨肉之情反生仇怨,五服之亲断绝往来,可以说是背离教化,不顺天理,所谓的五逆不孝之罪,实莫过于佛教。"

《灭惑论》曰:"最高境界的孝理,是贯通道、俗的,虽然内外的表现形式不尽相同,但其神妙的功用是一样的。如果命中连接的是世俗的因缘,固然应该修习儒家礼教;如果禀受命运必须出家,就应修习出世之道。所以《法华经》中明文记载,想要出家,应该征询双亲的意见;在家修行,则《维摩诘经》提供了很好的榜样。可见,佛教并非忘本而不讲孝道,都是有根源的呀。然古之圣人皆有超凡深刻的悟解能力,而能洞察人世真谛,诸如光阴如白驹过隙的之类的格言以及'逝者如斯夫'之类的感叹,都是明了世事川流不息、万物瞬息即逝的道理。所以明白对父母虽然能尽一时之赡养,但却丝毫无济于死后的幽灵;而学习佛道并以此来提升亲人,则能使亲人永离苦海。修习佛道,就能真正明白因果报应的必然性和绝对性,因而能够权衡世俗与正道的轻重不同,于是能够抛弃那些世俗的礼仪和伦理而一心向道、皈依佛门。至于服制诸礼,亦是随着时代的变化而不断变化的。历史上许多礼制之设,虽然从根本上是以心为依据,但各代都有各代的特点且代代相互沿袭。过去三皇时代,是真正的太平治世,为尧、舜所崇仰、美慕。但那时的丧礼,亲人死了则用柴草裹着尸体,把他们埋葬在原野之中,既没有什么正规的棺椁、墓穴规模,也没有明确的祭品、丧服等级。难道可以因此责怪三皇教民抛弃孝道不成? 到了五帝时,开始有服制之设,不会听说过尧舜以五帝之时的礼制去责怪三皇时代的做法。既然三皇质朴之制未受责难,为什么独独对于佛教横加责难呢? 佛教之不讲世俗的服丧之礼,盖因佛教注重从根本上使众生拔离苦海,而三皇时代之所以没有那些复杂的丧葬祭祀之礼,则是当时沿袭以往的纯朴风俗。崇尚纯朴不加责怪,而对佛教之注重拔苦大加指责,此真所谓朝三暮四,喜怒无常啊。明明知道圣人之教是圆融通达的,三皇因纯朴而无服丧之礼,五帝则因应人情变化而设置丧礼,至于佛教,因注重拔苦而提倡弃俗反真。虽然他们对人们行为的要求不同,但其教化百姓的圣德大用却是相同的。"

　　第三破曰:"入身而破身。人生之体,一有毁伤之疾,二有髡头之苦,三有不孝之逆,四有绝种之罪,五有亡体从诫,唯学不孝。何故言哉? 诫令不跪父母,便竟从之。儿先作沙弥,其母后作阿尼,则跪其儿。不礼之教,中国绝之,何可得从？”

　　《灭惑论》曰：“夫栖形禀识，理定前业；入道居俗，事系因果。是以释迦出世，化洽天人，御国统家，并证道迹。未闻世界普同出家。良由缘感不一，故名教有二。搢绅、沙门，所以殊也，但始拔尘域，理由戒定。妻者爱累，发者形饰；爱累伤神，形饰乖道。所以澄神灭爱，修道弃饰，理出常均，教必翻俗。若乃不跪父母，道尊故也。父母礼之，尊道故也。新冠见母，其母拜之①，嘉其备德，屈尊礼卑也。介胄之士，见君不拜②，重其秉武，故尊不加也。缁弁轻冠，本无神道；介胄凶器，非有至德；然事应加恭，则以母拜子；势宜停敬，则臣不跪君。礼典世教，周、孔所制，论其变通，不由一轨，况佛道之尊，标出三界，神教妙本，群致玄宗。以此加人，实尊冠胄，冠胄及礼，古今不疑。佛道加敬，将欲何怪？”

【注释】

　　①“新冠”二句：《仪礼·士冠礼》：“冠者奠觯于荐东，降筵，北面坐取脯。降自西阶，适东壁，北面见于母。母拜受，子拜送，母又拜。”

　　②“介胄”二句：古代以拜为谒见上级的礼节。武官披甲，屈伸不便，允许不拜。《礼记·曲礼上》：“介者不拜。”贾疏：“戎容暨暨，着甲而屈拜，则损其戎威之容也。”《史记·绛侯周勃世家》：“介胄之士不拜，请以军礼见。”

【译文】

　　《三破论》指责佛教的第三破是“入身而破身”，并说：“佛教的许多做法，对于人身，一有毁伤之苦，二有剃头之罚，三有不孝之逆，四有绝种之罪，五是消亡自己的身体去服从异道的诫令，专学不孝。为什么这么说呢？例如，佛教教人不跪拜父母，僧侣们便竞相跟从。如果儿子先出家为僧，其母亲后出家为尼，则母亲应该向儿子礼拜。如此不讲礼仪之教，中国应该灭绝它，怎么还可以尊崇它呢？"

《灭惑论》说："众生之来到这个世界，是人是物，是混居世俗，还是超拔人天，一切都是由前世的业报因缘所定，所以释迦牟尼出世，圣德教化融洽人天之间，而统御国家的君王，也能弘扬正道的事业。再说，也没有听说，佛教要求世界上所有的人一同出家，有人出家，有人居俗，实在是由于因缘感应不同而已；所以教门有二，儒士和沙门的区别也因此产生。只是佛教要求信徒超脱尘俗，乃是佛教的戒令所规定的，自有道理可论的。例如，在佛教看来，妻室儿女是人生中的爱欲之累，而头发也只是形体的修饰。爱累能够伤害精神，而形饰则乖离正道。所以想要澄明精神就必须灭除爱欲，想要修习正道就应抛弃这些修饰，佛教追求澄神修道，其理超出世俗常规，教化仪轨也就必定与世俗不同。至于不跪拜父母，是把道看做最尊贵的。父母之所以尊礼修道的儿子，也是尊道的缘故。正如《仪礼》中所记，儿子成年行冠礼时拜见父母，他的母亲也要行拜礼，这是因为母亲要嘉奖儿子已经成为一个真正的社会成员了。因此才屈就尊贵，礼拜卑贱；保家卫国的武士，见了君王可以不下跪，盖因他是秉持武装为国杀敌的军人，因此君王的尊贵也不能超过他。僧服也好，儒冠也罢，都本来与神道无关，保家卫国也好，行凶作恶也罢，都不能达到至德之境。凡此皆因其时、势使然，故有母亲跪拜儿子、武士不拜君王之仪。世俗之礼教，乃周、孔所制，其尚且有如此多指变通做法，何况佛道之尊，超出三界，教化之道神妙无双，以此加在人的身上，实在是比那些儒冠和甲胄更为尊贵，僧人当然比那些儒士和武士更为高贵。这些儒士武士的礼仪尚且古今无人有疑义，而对于佛教之礼仪（指母拜子等），为什么就如此横加责难呢？"

《三破论》云："佛旧经本云'浮屠'，罗什改为'佛徒'，知其源恶故也。所以为浮屠，胡人凶恶故，老子云：‘化其始，不欲伤其形。’故髡其头，名为‘浮屠’，况屠割也。至僧祐后，改为‘佛图’。本旧经云：‘丧门丧门，由死灭之门。’云其法无生之教，名曰‘丧门’。至罗什又改为‘桑门’，僧祐又改为‘沙门①’。‘沙门’由沙汰之法，不足可称。”

《灭惑论》曰：“汉明之世，佛经始过，梵汉译言，音字未正。浮音似佛，桑音似沙，声之误也。以图为屠，字之误也。罗什语通华戎，识兼音义，改正三豕②，固其宜矣。五经世典，学不因译，而马郑注说③，音字互改。是以於穆不祀，谬师资于《周颂》④，允塞晏安，乖圣德于《尧典》⑤。至教之深，宁在两字？得意忘言，庄周所领⑥，以文害志，孟轲所讥⑦。不原大理，唯字是求，宋人申束⑧，岂复过此？”

【注释】

①沙门：梵语的音译，又作“丧门”、“桑门”。原意是“勤息，勤修戒定慧，熄灭贪嗔痴”，在古印度，是各教派出家修行者的总称，现特指佛教的僧侣。

②“识兼”二句：《吕氏春秋·察传》：“子夏之晋，过卫。有读史记者，曰，晋师三豕涉河。（意林作渡河。）子夏曰：‘非也。是己亥耳。’夫己与三相近，豕与亥相似。至于晋而问之，则曰，晋师己亥涉河也。”

③马郑注说：即马融和郑玄为儒家《五经》作注解。马融（79—166），字季长，右扶风茂陵（今陕西扶风）人。东汉名将马援的从孙，东汉儒家学者，著名经学家，尤长于古文经学。他设帐授徒，门人常有千人之多，卢植、郑玄都是其门徒。郑玄，东汉末年的经学大师，他遍注儒家经典，以毕生精力整理古代文化遗产，使经学进入了一个“小统一时代”。

④"於穆"二句：此处的"祀"当改为"似"。《文心雕龙》(詹锳义证)：
"子思论诗，於穆不已。孟仲子曰，於穆不似。"即彦和所本。"案
《弘明集》刘勰《灭惑论》云'是以於穆不祀，谬师资于周颂。'周颂
维天之命正义曰'此传虽引仲子之言，而文无不似之义，盖取其
所说，而不从其读。故王肃述毛，亦为不已，与郑同也。'殆彦和
所见毛传引孟仲子说作'不祀'欤！"

⑤"允塞"二句：《尚书·尧典》有"帝尧曰放勋，钦明文思安安"之
语，今文误作"允塞安安"。

⑥"得意"二句：《庄子·外物》："筌者所以在鱼，得鱼而忘筌；蹄者
所以在兔，得兔而忘蹄；言者所以在意，得意而忘言。"

⑦"以文"二句：《孟子·万章上》："说诗者不以文害辞，不以辞
害志。"

⑧宋人申束：《诗经·卫风·有狐》"之子无带"。郑玄笺："带所以
申束衣。"

【译文】

《三破论》称："佛，早传之佛经译为'浮屠'，至鸠摩罗什时才翻为
'佛徒'，这是因为罗什知道佛教源于去恶，才把'浮屠'改为'佛徒'。佛
徒之名为'浮屠'，盖因西域、天竺之人，本性凶恶，所以老子说：'从最根
本处开始转化他们，不是想要毁伤他们的身体形貌。'故只剃光其头发，
取名为'浮屠'，即比喻屠割恶习之意。至僧祐后，又改为'佛图'。至于
'沙门'者，旧经本译为'丧门'。'丧门'者，亦即死灭之门，表明其遵循
'无生'的教义，故名为'丧门'。至罗什又改为'桑门'，而僧祐更改为
'沙门'，盖取其淘汰世俗的义理，但这实在不足称道。"

《灭惑论》曰："汉明帝时，佛经开始传入中土，其时，读音和字形都
没有订正。'浮'字之音，与'佛'字相近，'桑'字之音，与'沙'字相近，都
是因发声之误所致。至于把'图'译为'屠'，实乃字形之误。鸠摩罗什
通汉语和西域少数民族的语言，学识兼通字的音、义，因此改正先前译

经的错讹,使译文更为准确。儒家五经,乃是世代相传的经典,古人学习不必凭借翻译,但到了马融、郑玄为五经作注解时,出现了许多互改字音的现象。因此,孟仲子把《周颂》中的'于穆不已'错听成'于穆不似',又有人把《尚书·尧典》中的'文思安安',讹写成'允塞安安'。但是大教之真义,不在于个别字的音形错误。得意忘言,此乃是庄子所提倡的;而以文害志,正是孟子的所激烈反对的。不依据大道理,而在个别字音上大做文章,实在不是通达人之所为。"

《三破论》曰:"有此三破之法,不施中国,本正西域。何言之哉?胡人无二,刚强无礼,不异禽兽,不信虚无。老子入关,故作形像之教化之。又云:胡人粗犷,欲断其恶种,故令男不娶妻,女不嫁夫。一国伏法,自然灭尽。"

《灭惑论》曰:"双树晦迹①,形像代兴,固已理积无始,而道被无穷者也。按李叟出关,运当周季;世闭贤隐,故往而忘归。接舆避世②,犹灭其迹,况适外域,孰见其踪?于是奸猾祭酒,造《化胡》之经③;理拙辞鄙,厮隶所传④。寻西胡怯弱,北狄凶炽。若老子灭恶,弃德用形,何爱凶狄而反灭弱胡?遂令猃狁横行⑤,毒流万世,豺狼当路而狐狸是诛。沦湑为酷⑥,覆载无闻,商鞅之法,未至此虐。伯阳之道⑦,岂其然哉?且未服则设像无施,信顺则挛戮可息,既服教矣,方加极刑。一言失道,众伪可见。东野之语⑧,其如理何?"

【注释】

①双树:(杂名)娑罗双树之略。佛入灭之处。《南海寄归内法传》卷一曰:"迹灭两河,人天掩望。影沦双树,龙鬼摧心。"

②接舆避世：接舆，古隐士。《论语·微子》中的记载："楚狂接舆歌
而过孔子曰：'凤兮凤兮！何德之衰？往者不可谏，来者犹可追。
已而，已而！今之从政者殆而！'孔子下，欲与之言。趋而辟之，
不得与之言。"

③"奸猾"二句：西晋惠帝时，天师道祭酒王浮每与沙门帛远争邪
正，遂造作《化胡经》一卷，记述老子入天竺变化为佛陀，教胡人
为佛教之事。后陆续增广改编为十卷，成为道教徒攻击佛教的
依据之一，借此提高道教地位于佛教之上。

④厮隶：旧称干杂事劳役的奴隶。后泛指受人驱使的奴仆。《公羊
传·宣公十二年》："厮役扈养死者数百人。"何休注："艾草为防
者曰厮；汲水浆者曰役。"

⑤猃狁（xiǎnyǔn）：即猃狁。我国古代北方少数民族。《诗经·小
雅·采薇》："靡室靡家，猃狁之故。"毛传："猃狁，北狄也。"郑玄
笺："北狄，今匈奴也。"

⑥沦湑：沦灭，沉没。南朝宋范泰《佛赞》："渺渺远神，遥遥安和，愿
言来期，免兹沦湑。"

⑦伯阳：老子的字。见《史记·老子韩非列传》。

⑧东野之语：《孟子·万章上》："此非君子之言，齐东野人之语也。"

【译文】

《三破论》称："如此三破之法，不应在中国传布，而应该立即退回西
域。为什么这么说呢？西域之人，无义无礼，凶悍刚强，与禽兽没有多
大区别，又不信虚无之学说，老子入关后，才作形像之教以转化他们。"
又说："西域人粗犷，欲断其恶种，所以才制定出男子不娶妻、女不出嫁
的仪式。如果一国之人都依从佛法，罪恶的根源自然很快就灭绝了。"

《灭惑论》曰："自从释迦牟尼佛于双树林下入灭之后，佛徒为了怀
念他，才开始出现雕塑佛像加以崇拜的事，并使佛法一代一代流传下
去。本来已经是道理精妙于无始无终的境界，由此佛道则更能感化无

穷之方的众生。至于老子出关，时间当在周朝末期，世道衰落，故贤者隐没，所以老子一去不复返，接舆避世之后，也难查询其踪迹，何况出关到外域去，又有谁能知其行踪呢？奸猾之徒——天师道祭酒王浮，伪造《老子化胡经》，道理拙劣辞句粗鄙，在那些劳隶杂役中谬相流传。实际上，西域、天竺之人，生性怯懦，而北方的少数民族，则十分凶悍。如果老子为了灭恶，要放弃德治改用刑罚，怎么却喜欢北方凶悍之族而欲灭绝西域怯弱之民呢？遂使野蛮之人横行，而使怯弱之民遭殃，豺狼当道而狐狸受诛，其沦灭残酷，是天地间闻所未闻，即便是商鞅之法，也未必如此残虐。老子之道，怎么会是这样呢？如果西域之人尚未开化，即使设立'像教'也是徒设，而如果已经信服教化，自不应当再横加杀戮。既已服教又欲加刑，一言已经背离正道，其他的言论的虚假就显露无遗了，这种鄙陋之人的言语，又有什么道理可讲呢？"

《三破论》云："盖闻三皇、五帝、三王之徒，何以学道并感应，而未闻佛教，为是九皇忽之①？为是佛教未出？若是佛教未出，则为邪伪。不复云云。"

《灭惑论》曰："神化变通，教体匪一。灵应感会，隐现无际。若缘在妙化，则菩萨弘其道；化在粗缘，则圣帝演其德。夫圣帝、菩萨，随感现应，殊教合契，未始非佛。固知三皇以来，感灭而名隐；汉明之教②，缘应而像现矣。若乃三皇德化，五帝仁教，此之谓道。似非太上、羲农敷治，未闻奏章。尧舜缉政，宁肯书符；汤武禁暴，岂当饵丹？五经典籍，不齿天师③，而求授圣帝，岂不悲哉？"

【注释】

①九皇：《史记·孝武本纪》："高世比德于九皇。"注："上古人皇者

九人也。"

②汉明之教：东汉明帝因梦见佛陀而派使者迎入佛教，被认为是佛教正式传入中国之始，事见《四十二章经序》、《牟子理惑论》、《高僧传·佛图澄传》、《魏书·释老志》等。

③天师：即当时的天师道。天师道是道教早期的重要流派。关于它的起源，学术界有两种观点：传统认为，五斗米教是张陵于公元 126—144 年（东汉顺帝时）在四川鹤鸣山创立；但当代学者任继愈主编的《中国道教史》和樊光春先生著的《陕西道教 2000年》则认为，五斗米教实际上由张修在东汉灵帝中平元年（184）之前创立于汉中。

【译文】

《三破论》称："为什么三皇、五帝乃至三王之门徒，长期以来一直崇尚并修习道术，而从来不曾听说过有关佛教感应之事？是因为佛教是一种好的教化而三皇、五帝乃至三王都忽视了它呢？抑或是其时佛教尚未产生？如果当时尚未有佛教，可知佛教乃是邪伪之教。"

《灭惑论》曰："神通变化虽然一致，但不同教化之道的根据并不相同。神灵的感应交会，也是隐匿、显现难以分别的。如果遇到可以接受精妙道理的机缘，则显现为菩萨来弘扬佛道，若遇到根机粗浅的众生，则显现为世俗的圣王来推演道德。世俗之圣帝和出世之菩萨，随感应现，虽然教名不同，但不无相互契合之处，未必一开始就名叫佛教的。可见，三皇以来，机缘未成熟所以佛教退隐不显，汉明帝之后，机缘成熟所以佛教东来中土。至于三皇的德化，五帝的仁教，这些都称作道，但也似乎并非最为远古的道。伏羲、神农之世，未曾出现奏章；而尧、舜为政清明，哪里用得着书符？汤武革命的时代，哪里见过服食丹药之术？五经典籍，根本没有提及天师道，而今道教徒竟然求授于圣帝君王来保其地位，难道不是很可悲吗？"

　　《三破论》云："道以气为宗，名为得一。寻中原人士莫不奉道，今中国有奉佛者，必是羌胡之种。若言非耶，何以奉佛？"

　　《灭惑论》曰："至道宗极，理归乎一；妙法真境，本固无二。佛之至也，则空玄无形而万象并应，寂灭无心而玄智弥照。幽数潜会，莫见其极；冥功日用，靡识其然。但言万象既生假名，遂立梵言。菩提，汉语曰道。其显迹也，则金容以表圣；应俗也，则王宫以现生。拔愚以四禅为始①，进慧以十地为阶②，总龙鬼而均诱，涵蠢动而等慈。权教无方，不以道俗乖应；妙化无外，岂以华戎阻情？是以一音演法③，殊译共解；一乘敷教，异经同归。经典由权，故孔释教殊而道契，解同由妙，故梵汉语隔而化通。但感有精粗，故教分道俗；地有东西，故国限内外。其弥纶神化，陶铸群生，无异也。用能拯拔六趣，总摄大千，道惟至极，法惟最尊。然至道虽一，歧路生迷，九十六种，俱号为道。听名则邪正莫辩，验法则真伪自分。案道家立法，厥品有三：上标老子，次述神仙，下袭张陵。太上为宗，寻柱史嘉遁④，实惟大贤，著书论道，贵在无为。理归静一，化本虚柔，然而三世不纪，慧业靡闻。斯乃导俗之良书，非出世之妙经也。若乃神仙小道，名为五通。福极生天，体尽飞腾；神通而未免有漏，寿远而不能无终；功非饵药，德沿业修。于是愚狡方士，伪托遂滋。张陵米贼，述纪升天；葛玄野竖⑤，著传仙公；愚斯惑矣，智可罔欤？

　　"今祖述李叟，则教失如彼；宪章神仙，则体劣如此。上中为妙,犹不足算,况效陵、鲁,醮事章符,设教五斗,欲拯三界,以蚊负山⑥,庸讵胜乎? 标名大道,而教甚于俗;举号太上,而法穷下愚。何故知耶? 贪寿忌夭,含识所同;故肉芝石华,谲以翻腾。好色触情,世所莫异;故黄书御女⑦,诳称地仙。肌革盈虚,群生共爱;故宝惜涕唾,以灌灵根。避灾苦病,民之恒患;故斩缚魑魅,以快愚情。凭威恃武,俗之旧风;故吏兵钩骑,以动浅心。至于消灾淫术,厌胜奸方,理秽辞辱,非可笔传。事合氓庶,故比屋归宗,是以张角、李弘毒流汉季,卢悚、孙恩乱盈晋末。余波所被,实蕃有徒。爵非通侯,而轻立民户;瑞无虎竹⑧,而滥求租税。糜费产业,蛊惑士女,运迍则蝎国,世平则蠹民,伤政萌乱,岂与佛同? 且夫涅槃大品,宁比玄妙上清? 金容妙相,何羡鬼室空屋? 降伏天魔,不慕幻邪之诈;净修戒行,岂同毕券之丑⑨? 积弘誓于方寸,孰与藏宫将于丹田? 响洪钟于梵音,岂若鸣天鼓于唇齿⑩? 校以形迹,精粗已悬;核以至理,真伪岂隐? 若以粗笑精,以伪谤真,是瞽对离朱曰⑪:我明也。"

【注释】

①四禅:佛教语。指用以治惑并生诸功德的四种根本禅定。亦即指色界中之初禅、第二禅、第三禅、第四禅,故又称色界定。

②十地:梵语意译。或译为"十住"。佛家谓菩萨修行所经历的十个境界。大乘菩萨十地为:欢喜地、离垢地、发光地、焰慧地、极难胜地、现前地、远行地、不动地、善慧地、法云地。另有三乘共十地,四乘十地,真言十地等,名目各有不同。

③一音演法:《维摩诘所说经》说:"佛以一音演说法,众生随类各

得解。"

④柱史嘉遁:指老子西出函谷关隐遁的传说,见《史记·老子韩非列传》。《周易·遁》:"九五,嘉遁,贞吉。"

⑤葛玄野竖:葛玄,字孝光,号葛仙公,见葛洪《神仙传》。野竖,村野小童。

⑥以蚊负山:《庄子·秋水》:"且夫知不知是非之竟,而犹欲观于庄子之言,是犹使蚊负山,商蚷驰河也,必不胜任矣。"

⑦黄书御女:黄书,即黄帝学说之书。御女,即当时流行的房中术之一。古人常把许多东西都附会为黄帝首创,因此打着黄帝招牌的治国术神仙术养生术颇多,传述这些学说的书籍便被统称为"黄书"。在这众多打着黄帝旗号的养生术中包括有房中术,房中术本来是教人不可纵欲,注意房事时有所禁忌的,也颇有些科学性,东晋著名道家葛洪的《抱朴子》中就有专介此术的篇章。但当时道教初创,学说尚未完全成形,良莠不分,泥沙俱下,繁杂不堪,不少人便打着道教、黄帝的幌子将房中术推向了纵欲享乐的极端,完全变成了像刘勰所说的"黄书御女,诳称地仙",而被讥为下品道。

⑧虎竹:"虎"即虎符,"竹"即竹使符,二者均是调兵之信物。"虎竹"指兵符。

⑨毕券:道教灵宝支派升玄派弟子授戒的最高层次。升玄派以信奉《太上洞玄灵宝升玄内教经》而得名。道士授升玄五戒后成为升玄内教弟子,逐次晋级,授以相应的经戒和法箓,直至升玄派最高一级的无上登天毕券。

⑩"积弘誓"四句:这两句说言皆为道教所谓炼丹气功的一般方法。藏宫将于丹田,即将五脏六腑之气凝聚于丹田之中。鸣天鼓于唇齿,即叩齿。王充《养性书》云:"……叩中央齿,名鸣天鼓。"另指我国流传已久的一种自我按摩保健方法,意即击探天鼓。该

法最早见于邱处机的《颐身集》，原书这样描述"两手掩耳，即以
第二指压中指上，用第二指弹脑后两骨做响声，谓之鸣天鼓（可
去风池邪气）"。

⑪离朱：古代著名之明目者。

【译文】

《三破论》称："道以气为宗，名为得一。中原人士，无不信奉道教。
有信佛教者，必是羌、胡等少数民族。如果不是言语不通的缘故，又为
何要来信奉佛教呢？"

《灭惑论》曰："至道与宗极，道理归于一致；妙法与真境，本来没有
差别。佛道的极致，虽然空玄无形，但能万象同时感应；虽然寂灭无心，
却能以玄妙的智慧洞察普照；虽然暗合其幽数，却见不到它的极限；虽
然日用其冥功，却不明白其中奥妙。只是森罗万象一旦生成，各种假名
就会随即树立，这个至道与宗极，在印度称为'菩提'，在汉地称为'道'。
若显现为外迹，则以金光明亮的面容赞扬圣人；若感应世俗，则让他在
王宫出生。以四禅定之法来作为拔除众生的愚昧的开始，以十地境界
作为增进众生智慧的阶次。举凡一切有情都普加教化，对于所有众生
都慈悲为怀。那些权便的教门，普对道俗二界，微妙大法，岂会因地域、
民族的差别而受阻隔。所以佛以一音演说法，虽译本不同但理解相同；
以一乘佛法布施教化，虽经典不同但旨趣相同。明白经典只是一种权
便设施，因而明白儒、释虽然教法不同，但根本的思想却是完全契合的，
领会了二者之秒意旨趣，则中土、印度虽然语言隔但教化却是可以相
通的。只是由于感应有精微粗浅之别，故教法有道、俗之分；只因地域
有东南西北之殊，故国度有内外之不同。但就其涵括一切神通变化，陶
冶群生情性方面说，则没有什么差别，所以能够拯救众生拔离六道轮
回，总摄三千大千世界。'道'之可贵者是至极，法之最可贵者是至尊。
但至道只有一个，而其他的诸如九十六外道等，则都是歧路生迷。如果
只从名称上去看，则难辨邪正；但若能验之以法，则真假自分。就道教

说，其所立法，共有三品，上标老子，次述神仙，下袭张陵。就其尊为宗祖之老子说，确实是个大贤人，其着书论道，以无为为最高境界，教理的核心在于追求虚静守一，教化的根本在于笃守虚柔。老子其人其学已好几百年默默无闻，其《道德经》虽不失为导俗之良书，但尚不是引人出世的玄妙经典。至于神仙小道，虽以五通神仙相标榜，自称幸福的极致可以羽化成仙，身体的极致可以飞升上天，但就其神通说，仍属佛教有漏境界，虽然可以寿命很长，但不能不死。而且这种神通也是修业积德所致，而非药饵之功，于是一些奸猾的道士常常假托经典，伪造经书，以欺惑民众。例如，张陵不过一个盗米贼，竟狂妄地记述升天之事，葛玄还是一个村野小童时，就为所谓的仙人作传。这些虽然能欺骗一些愚昧之徒，但聪明人是绝不会上当的。

　　"当今之道教虽以老子为宗祖，但其行为、思想却大多与老氏之学背道而驰，至于把神仙作为榜样，则多是拙劣至极。道教中之上品如老子之学，尚算不得了什么，更何况张陵张鲁等人，靠咒术、药饵、符水等，创设五斗米教，想以此来拯救三界众生，这好比要蚊蚁来背负大山，又怎么能胜任呢？号称大道，而实际上俗不可耐，自我标榜为太上之法，实际上至愚至拙。为什么这么说呢？希望长寿而惧怕夭折，这是有情众生的共同特点，道教正是利用这一点，诱以仙草灵芝之药，骗以升天长生之说；凡愚众生，无不好色恋情，所以以各种黄帝房中养生之术来纵欲，并诳称地仙。肌肤可以盈虚变化，乃是所有人的共同喜爱，所以教人珍惜涕泪唾液等人体内的津液，以此来灌溉所谓的灵根；灾祸和病苦，是民众永远的忧患，所以道教以所谓斩除魑魅之术，以此来满足那些愚昧之人的要求；凭威恃武，乃是旧俗，故诱以吏兵钩骑，以震动浮浅的民心；至于消灾淫术，各种奸方，更是污秽无比，不堪落笔。凡此等等，不一而足。所以张角、李弘，毒流汉季，卢悚、孙恩，乱于晋末。余波所及，危害无穷。不是王侯，却随意的笼络民户；不是朝廷官员，却滥征租税。靡费无度，蛊惑人心，乱世则害国，治世则蠹民，败坏政治，萌生动乱,怎能与佛教同日而语? 再者,如《涅槃》那样的妙典,岂是《上清经》之类的经书所可比拟的? 佛菩萨之庄严妙相,怎么会欣美那些鬼窟空屋? 释迦牟尼之降伏天魔,也不需要那种咒语、邪术,僧徒净修戒行,哪里与道士所谓'无上登天毕券'的丑态相同呢? 发各种宏大誓愿于自心,亦非道教将五脏六腑藏于丹田所可比附;响亮的梵呗洪钟,岂是道教所谓在唇齿之间鸣天鼓可比? 就拿这些比较表面的现象说,佛道二教之孰精孰粗已是一目了然。如若从义理方面细加比较,二者之孰真孰伪就更昭然若揭了。如果想以粗笑精,以伪谤真,则真有如瞎子在对眼睛最好的离朱说:'我的眼睛比你的眼睛更为明亮。'"

释《三破论》

【题解】

　　本篇由梁代释僧顺法师所撰。他主要是针对当时出现的《三破论》进行反驳，《三破论》是道士假托张融的名义所作，谓佛教"入国而破国，入家而破家，入身而破身"，因此，僧顺于本论中，以十九项论说批驳《三破论》的妄谬，指出道教的错误主张。关于"浮屠"、"丧门"、"沙门"、"桑门"的名称来历，僧顺认为：第一，《三破论》有意混淆图像之"图"与刑屠之"屠"的区别。第二，沙门的"沙"不是"沙汰"的意思，译文本有"息心达源"、"练神濯秽，反流归洁"的意思。第三，关于"丧门"，僧顺认为不是字面上"死灭之门"的意思，而是"灭掉尘劳，顿悟通神"的意思。第四，关于"桑门"，僧顺认为，桑当为乘字之误，乘门者，即大乘门，烦恼既灭，遇物斯乘。

　　论云：泥洹是死①，未见学死而得长生②，此灭种之化也。

　　释曰：夫生生之厚③，至于无生④，则张毅、单豹之徒是其匹矣⑤。是以儒家云："人莫不爱其死而患其生。"老氏云："及吾无身⑥，吾有何患？"庄周亦自病痛其一身。此三者，圣达之流，叵以生为患⑦。夫欲求无生，莫若泥洹。泥洹者，无为之妙称⑧。谈其迹也，则有王宫双树之文⑨；语其实也，则有常住常乐之说。子方轮回五道⑩，何由闻涅槃之要⑪？或有三盲摸象⑫，得象耳者，争云象如簸箕⑬；得象鼻者，争云象如舂杵⑭；虽获象一方，终不全象之实。子说泥洹是死，真摸象之一盲矣。

【注释】

①泥洹：涅槃，又名灭度，是灭尽烦恼和度脱生死的意思。

②长生：指道家求长生的法术。

③生生之厚：过度地养护自己生命。《老子》第五十章："人之生，动之于死地，亦十有三。夫何故？以其生生之厚。"

④无生：没有生命。

⑤张毅、单豹：《庄子·达生》："鲁有单豹者，岩居而水饮，不与民共利，行年七十而犹有婴儿之色，不幸遇饿虎，饿虎杀而食之。有张毅者，高门县薄，无不走也，行年四十而有内热之病以死。豹养其内而虎食其外，毅养其外而病攻其内，此二子者，皆不鞭其后者也。"大意是，鲁国两奇人单豹、张毅。单豹隐居于深山老林中，活了七十年，肌肤嫩得如同婴儿，可惜不幸遇到饿虎，单豹没有外力抵御，只能沦为虎食。那个叫张毅的人，为自身打造了坚不可摧的物质城堡，活到四十岁的时候却生病而死。单豹注重内在精神幸福，可是老虎却从外在吞噬了他。张毅注重外在物质幸福，可是精神疾病却从内在摧毁他。这两个人，都只知道取其长，却不懂得补其短。

⑥无身：道家语。谓没有自我的存在。《老子》第十三章："吾所以有大患者，为吾有身；及吾无身，吾有何患？"河上公注："使吾无有身体，得道，自然轻举升云，出入无间，与道通神，当有何患？"

⑦叵：此处义同"颇"，多，甚。

⑧无为：谓顺应自然，不求有所作为。

⑨王宫：这里指释迦牟尼出生在古印度王宫中。双树：娑罗双树，也称双林，为释迦牟尼入灭之处。《南海寄归内法传》："迹灭两河，人天掩望。影沦双树，龙鬼摧心。"

⑩轮回：众生由于起惑造业的影响，而在迷界流转生死。如车轮旋转，循环不已，故云。五道：为有情往来之所，故曰道。有五处：一地狱道，二饿鬼道，三畜生道，四人道，五天道。

⑪涅槃：佛教语。梵语 nirvāṇa 的音译。旧译"泥亘"、"泥洹"。意译"灭"、"灭度"、"寂灭"、"圆寂"等。是佛教全部修习所要达到的最高理想，一般指熄灭生死轮回后的境界。

⑫三盲摸象：盲人摸象。《大般涅槃经》："尔时大王，即唤众盲各各问言：'汝见象耶？'众盲各言：'我已得见。'王言：'象为何类？'其触牙者即言象形如芦菔根，其触耳者言象如箕，其触头者言象如石，其触鼻者言象如杵，其触脚者言象如木臼，其触脊者言象如床，其触腹者言象如瓮，其触尾者言象如绳。"

⑬簸箕：扬米去糠的工具。

⑭舂杵：舂米用的棒槌。

【译文】

论说：涅槃就是死亡，不见通过学习死亡之道而能获得长久永生的，这是灭亡种族的教化啊！

解释说：过度地养护自己的生命，以至于提早意外死亡，张毅、单豹属于这类人。因此儒家说："人没有不爱其死而以生命为烦劳的。"老子说："等到我达到无身的境界时，我还有什么可担心的呢？"庄周也因一副会病痛的躯体而烦恼。这三者，都是圣贤达观的人，颇把生存作为忧患。想要求得无生之境，没有比涅槃更好的方法了。涅槃，是顺应自然，无为之为的妙称。谈到它的外在表现，则有关于释迦牟尼出生在王宫涅槃于双树下面的文章；若要谈论它的究竟，那么有常住常乐的说法。你刚刚经过天、人、畜生、饿鬼、地狱这五道轮回，怎么可能领略到涅槃的要领呢？就像有三个盲人摸象，摸到象耳的人，争辩说大象长得像簸箕；摸到象鼻的人争辩说大象象舂杵；虽然都摸到象的一部分，但是终究没有获得整头象的全部信息。你说涅槃是死亡，真是像摸象的盲人之一啊！

论云：太子不废妻，使人断种①。

释曰：夫圣实湛然，迹有表应。太子纳妃于储贰者②，盖欲示人伦之道已足③，遂能弃兹大宝④，忽彼恩爱耳。至如诸天夕降⑤，白骥飞城⑥，十号之理斯在⑦，何妻子之可有哉？且世之孥孺，为累最深，饥寒则生于盗贼，饱暖则发于骄奢。是以疠妇夕产⑧，急求火照，唯恐似己⑨，复更为疠。凡夫之种，若疠产焉。经云："一切众生皆有佛性⑩。"仰寻此旨，则是佛种舍家从道弃疠⑪，就佛为乐为利，宁复是加。子迷于俗韵，滞于重惑，梦中之梦，何当晓哉？

【注释】

①断种：断了后代；绝种。

②储贰：亦作"储二"，储副，太子。

③人伦：主要道德关系以及应当遵守的道德规范。如父子有亲，君臣有义，夫妇有别，长幼有叙，朋友有信。

④大宝：王位。

⑤诸天：佛教语。指护法众天神，佛经言欲界有六天，色界之四禅有十八天，无色界之四处有四天，其他尚有日天、月天、韦驮天等诸天神，总称之曰诸天。

⑥白骥飞城：释迦太子出家时，骑白马，四方城门皆闭，诸天龙神释梵四天，皆乐导从，盖于虚空，于是城门自然便开，出门飞去。故

事可参见《修行本起经》卷下、《太子瑞应本起经》卷上。

⑦十号：佛有十种尊号：一、如来，乘如实之道来成正觉。二、应供，应受人天的供养。三、正遍知，真正遍知一切法。四、明行足，宿命明天眼明漏尽明等三明与圣行、梵行、天行、婴儿行、病行等五行悉皆具足。五、善逝，自在好去入于涅槃。六、世间解，能了解一切世间的事理。七、无上士，至高无上之士。八、调御丈夫，能调御修正道的大丈夫。九、天人师，佛是一切天、人的导师。十、佛世尊，佛是一切世人所共同尊重的人。

⑧疠（lì）：恶疮；麻风。《山海经·西山经》："英山……有鸟焉，其状如鹑，黄身而赤喙，其名曰肥遗，食之已疠。"郭璞注："疠，疫病也；或曰恶创。"

⑨"疠妇"三句：《庄子·天地》："厉之人，夜半生其子，遽取火而视之，汲汲然唯恐其似己也。"

⑩一切众生皆有佛性：《大般泥洹经》卷四："复有比丘广说如来藏经，言一切众生皆有佛性。"

⑪佛种：佛教谓成佛之因。《华严经·明法品》："复次于众生田中，下佛种子，是故能令佛种不断。"

【译文】

论说：太子自己娶妻生子，却让别人断绝后代。

解释说：那些圣人的确是很淡薄超然的，但在外在表现上有与现实生活相应的现象。太子纳妃子在东宫中，大概是为了昭示他已行人伦之道，于是可以抛弃他的王位，忽视彼此之间的夫妻恩爱。至于众天神在夜晚降临，帮助太子骑着白骥飞出城门，十种尊号的道理就在这里，怎么可以有妻子呢？况且这世上的子女、妇孺，受拖累最严重，饥寒就会导致出现盗贼，饱暖则生出骄奢淫逸。因此患了疠病的妇人夜里生产，孩子刚产下来便急忙要火来照看，生怕孩子跟自己一样，也许更加严重。大致世人凡夫的心态，都是像这样的。经书里说："一切众生都是有佛性的。"思量这句话的主旨，则是释迦牟尼佛舍弃小家依从正道舍弃杀戮的根本原因，只把觉悟成佛作为唯一的快乐和利益，没有比这更好的了。你固执地沉迷于世俗，滞留在沉重的疑惑中，是在梦中做梦啊，该怎样才能让你觉醒呢？

论云：太子不剃头，使人落发。

释曰：在家则有二亲之爱，出家则有严师之重。论其爱也，发肤为上①；称其严也，剪落为难。所以就剃除而欢若，辞父母而长往者，盖欲去此烦恼，即彼无为。发肤之恋，尚或可弃；外物之徒，有何可惜哉？不轻发肤，何以尊道？不辞天属②，何用严师？譬如丧服，出绍大宗③，则降其本生，隆其所后。将使此子，执人宗庙之重，割其归顾之情，还本政自一期，非恩之薄，所后顿伸三年，实义之厚。《礼记》云："出必降者，有受我而厚，其例矣。"经云："诸天奉刀持发。"上天不剃之谈，是何言也？子但勇于穿凿，怯于寻旨，相为慨然。

【注释】

①发肤：头发与皮肤。《孝经·开宗明义章》："身体发肤，受之父母，不敢毁伤，孝之始也。"

②天属：天性相连。《庄子·山木》："或曰：'……弃千金之璧，负赤子而趋，何也？'林回曰：'彼以利合，此以天属也。'"后因称父子、兄弟、姊妹等有血缘关系之亲属为"天属"。

③大宗：宗法社会以嫡系长房为"大宗"，馀子为"小宗"。《仪礼·丧服》："为人后者孰后？后大宗也。曷为后大宗？大宗者，尊之统也。"

【译文】

论说：太子自己不剃头，却要别人剃度出家。

解释说：在家有父母的疼爱，出家则有严师的重视。论其爱，身体发肤为第一；称它为严，是因为剪落头发颇有难度。因此，剔除头发而变得欢乐，辞别父母前往寺院的人，是想除去这些烦恼，这就叫做无为。对发肤的留恋，尚且可以抛弃；身外之物这些东西，有什么用得着吝惜的呢？不轻视发肤，怎么能尊重"道"呢？不辞别父母兄弟姐妹，如何遵从严厉的老师？例如服丧后，将是长子主持继承家业，服从本分使儿女降生，使其后人兴盛昌隆。由这个人掌管宗庙的重要礼仪，割断回归顾念之情，让本来的孝敬之心回归，不是恩泽很薄，而是通过守护三年，体现道义殷厚。《礼记》上说："出必降者，有受我而厚，其例矣。"经书上说："护法天神举刀拿着头发。"上天不剃头之说，是什么话？你只是牵强附会，没有勇气深入寻求旨意，让人感慨万分啊！

论云：子先出家，母后作尼，则敬其子，失礼之甚。

释曰：出家之人，尊师重法，弃俗从道，宁可一概而求①？且太子就学，父王致敬；汉祖善嘉命之言，以太皇为臣②；魏之高贵敬齐王于私室③，晋之储后臣厥父于公庭④。引此而判，则非疑矣。

【注释】

①宁（nìng）可：岂能，难道。

②"汉祖"二句：指刘邦以其父为臣事，事迹参《史记》卷八《高祖本纪》。

③魏之高贵敬齐王于私室：出《三国志·魏书·高贵乡公传》。曹髦（241—260）即魏高贵乡公，字彦士，魏文帝曹丕之孙，东海定王曹霖之子。

④储后:储君,太子。厥:其,他的。

【译文】

论说:儿子先出家,母亲其后削发做了尼姑,却去拜见敬仰她的孩子,实在是失礼。

解释说:出家的人,尊重师长重视法规,抛弃世俗修养道德,岂能一概而论？况且太子有学问,他的父王向其致敬;汉高祖刘邦采用别人的建议,把父亲刘太公当作大臣;魏国的高贵乡公曹髦在密室内很是尊敬齐王,晋朝的储君在宫廷上把他父亲作为臣子。引用这些来判断,那么就没有疑问了。

论云:剃头为浮图①。

释曰:经云:浮图者,圣瑞灵图,浮海而至,故云浮图也。吴中石佛泛海倏来,即其事矣。今子毁图像之图,为刑屠之屠。则泰伯端委而治②,故无惭德;仲雍剪发文身③,从俗致化。遭子今日,必罹吠声之尤事④。有似而非,非而似者。外书以仲尼为圣人⑤,内经云:尼者,女也。或有谓仲尼为女子,子岂信之哉？犹如屠、图之相类,亦何以殊？

【注释】

①浮图:又作浮头、浮屠、佛图,旧译家以为佛陀之转音。

②泰伯端委而治:《左传·哀公七年》:"泰伯端委以治周礼,仲雍嗣之,断发文身,裸以为饰,其礼也哉？有由然也。"泰伯,商末周族领袖古公亶父之长子。端委,古代礼服。

③仲雍剪发文身:仲雍,吴国第二代君主,又称虞仲、吴仲、孰哉。商末周族领袖古公亶父之次子。仲雍与兄泰伯从渭水之滨来到今无锡、常熟一带,断发文身,与民并耕,当地人民拥戴泰伯为勾

吴之主。泰伯身后无子,仲雍继位。剪发文身,古代吴越一带风
俗,截短头发,身刺花纹,以避水中蛟龙之害。

④吠声之尤事:《潜夫论·贤难》:"一犬吠形,百犬吠声。"

⑤外书:佛教徒称佛经以外的书籍为外书。南朝宋何承天《重答颜
光禄》:"所谓慈护者,谁氏之子? 若据外书报应之说,皆吾所谓
权教者耳。"又习神仙者亦以修炼以外的书为"外书"。

【译文】

论说:剃过了头发就变成了浮图。

解释说:经书上讲,浮图,圣瑞仙画,浮在海面上漂浮而至,所以说
是浮图。吴中石佛泛海倏来,就是这样的事。现如今你把这图像之图
说成是刑屠之屠。泰伯穿着礼服用周礼来治理社会,没有违背道德;仲
雍剪发文身,先与世俗一样再进行教化。你今日做这事,必定导致一犬
叫,百犬跟着叫的错事。有相似却不是,不是却相似。佛经以外的书把
仲尼看做是圣人,我们的经书说:尼,是女子。有人说仲尼是女子,你难
道会相信么? 这就像屠、图相似,又有什么特殊的呢?

论云:丧门者①,死灭之门也②。

释曰:门者,本也。明理之所出入,出入从本而兴焉。
释氏有不二法门③,老子有众妙之门④。书云:"祸福无
门⑤。"皆是会通之林薮⑥,机妙之渊宅。出家之人得其义矣。
丧者,灭也。灭尘之劳,通神之解,即丧门也。桑当为乘字
之误耳。乘门者,即大乘门也⑦。烦想既灭,遇物斯乘,故先
云灭门,末云乘门焉。且八万四千⑧,皆称法门⑨。奚独丧、
桑二门哉?

【注释】

①丧门:丧门为四柱神煞之一,与披麻、吊客,同为不吉之神。

②死灭:灭亡,死亡。

③不二法门:《维摩诘经·入不二法门品》,经载文殊师利问维摩诘:"何等是不二法门?"维摩默然不应。文殊曰:"善哉善哉!无有文字言语,是真不二法门也。"

④众妙之门:《老子》第一章:"玄之又玄,众妙之门。"

⑤祸福无门:灾祸和幸福不是注定的,都是人们自己造成的。《左传·襄公二十三》:"祸福无门,唯人所召。"

⑥林薮:比喻事物聚集的处所。

⑦大乘门:菩萨的方法,比喻能运载很多众生到达解脱彼岸的教法。

⑧八万四千:泛指众多的教法,都能成为佛法教道。

⑨法门:佛教语,指修行者入道的门径,亦泛指佛门。《法华经·序品》:"以种种法门,宣示于佛道。"

【译文】

论说:丧门,是死亡的法门。

解释说:门,是根本,是明察事理出入的地方,事理从根本出入就会兴盛。佛家有直接入道、不可言传的不二法门,老子有众妙之门。书上说:"灾祸和幸福无门,不是注定的,而是人们自己造成的。"都是会通事物的聚集之所,是产生深微奥妙的深渊宅地。出家入佛的人领悟到它的含义。所谓丧,是息灭。息灭红尘劳累,通悟神灵之道,就是丧门啊。桑应当为乘字的误用。乘门,就是大乘法门。烦恼妄想既然消灭,遇到任何事物都能装载,运载众生到达解脱彼岸,因此先说灭门,末说乘门。况且佛教八万四千方法,都称法门。难道只有丧门和桑门两个法门吗?

论云:胡人不信虚无①,老子入关,故作形像之化也。

释曰：原夫形像始立，非为教本之义，当由灭度之后②，系恋罔已。旃檀香像，亦有明文③。且仲尼既卒，三千之徒永言兴慕；以有若之貌，最似夫子，坐之讲堂之上，令其讲演，门徒谘仰，与往日不殊。曾参勃然而言曰："子起，此非子之座。"推此而谈，思仰可知也。罗什法师生自远方④，聪明渊博，善谈法相。负佛经流布关辅，诠以真俗二名⑤，验以境照双寂，振无为之高风，激玄流于未悟，所谓遣之至于无遣也。子谓胡人不信虚无，诚非笃论。君子自强，理有优劣，不系形像。子以形像而语，不亦攻乎异端⑥？

【注释】

①虚无：指代道。《庄子·刻意》："夫恬淡寂寞，虚无无为，此天地之平而道德之质也。"

②灭度：佛教语。灭烦恼，度苦海，命终证果，灭障度苦，即涅槃、圆寂、迁化之意。

③"旃檀"二句：供香的肖像，也有明确的文字记载。据《增一阿含经》卷二十八载，佛陀曾升至三十三天，为生母说法，彼时，优填王未能礼佛，忧苦愁病，群臣遂以牛头造一尊五尺佛像，王乃痊愈，此为印度造佛像之滥觞。

④罗什：鸠摩罗什（344—413），梵名 Kumārajīva。又作究摩罗什、鸠摩罗什婆、拘摩罗耆婆。略称罗什、什。意译作童寿。东晋龟兹国（今新疆疏勒）人。我国四大译经家之一。父母俱奉佛出家，素有德行。罗什自幼聪敏，七岁从母入道，游学天竺，遍参名宿，博闻强记，誉满五天竺。后归故国，王奉为师。前秦苻坚闻其德，遣将吕光率兵迎之。吕光西征既利，遂迎罗什，然于途中闻苻坚败没，遂于河西自立为王，罗什乃羁留凉州十六、七年。

直至后秦姚兴攻破吕氏，罗什始得东至长安，时为东晋隆安五年
（401）。姚兴礼为国师，居于逍遥园，与僧肇、僧严等从事译经
工作。

⑤真俗：佛教语，因缘所生之事理曰俗，不生不灭之理性曰真。

⑥攻乎异端：此处意为指责它不同的方面。《论语·为政》："攻乎
异端，斯害也已。"

【译文】

论说：北方边远西域的人们不信奉虚无之道的教化，老子进入他们
的地方，所以作各种形像来教化。

解释说：原来各种形像刚刚建立的时候，并不是把它作为教化的根
本，是释迦牟尼涅槃后，弟子们依恋怀念。供香的檀像，也有明确文字
记载。况且孔子已经逝去，众多门徒说要一直仰慕，因为有若这个人最
像孔夫子，让他坐在讲堂上，讲课演示，和平常没有区别。曾参突然说：
"你起来，这不是你的座位。"由这来推论，思念仰慕的感情可以知道了。
罗什法师生于外域，聪明敏捷见识渊博，善于谈论法相。他带着佛经流
传分布在关中三辅一带，用真俗两种名称来诠释经文，用境照双寂来检
验，振兴无为的崇高风气，弘扬佛法恩泽给未悟之人，这就是所说的运
用各种方便法门驱使他们自觉而行，你说胡人不相信虚无，实际上并非
如此，君子自强不息，靠的是道理上的优劣，而不至于运用外在形像。
你以形像来说事，不就是指责不同类的事物吗？

论云：剃头本不求佛，为服凶胡。今中国人不以正神自
训①，而取顽胡之法。

释曰：夫六戎五狄②，四夷八蛮③，不识王化，不闻佛法
者，譬如畜生，事均八难④。方今圣主隆三五之治，阐一乘之
法。天人同庆，四海欣欣。跂行喙息⑤，咸受其赖；喘蠕之

虫,自云得所。子脱不自思,厝言云云⑥,宜急缄其舌,亦何劳提耳⑦。

【注释】

①正神:正道之神。《南游记·华光闹蜻蜓观》:"百蛟曰:天王乃上界正神,何该如此?"

②六戎:我国古代西方戎族之六部:侥夷、戎央、老白、耆羌、鼻息、天刚。五狄:我国北方的五个少数民族:月支、秽貊、匈奴、单于、白屋。

③四夷:华夏族对四方少数民族的统称。含有轻蔑之意。《尚书·毕命》:"四夷左衽,罔不咸赖。"孔传:"言东夷、西戎、南蛮、北狄,被发左衽之人,无不皆恃赖三君之德。"八蛮:南方的八蛮国:天竺、咳首、僬侥、跛踵、穿胸、儋耳、狗轵、旁春。

④八难:八种见闻佛法有障碍的地方和情形,即:地狱、饿鬼、畜生、北俱卢洲、无想天、盲聋喑哑、世智辩聪、佛前佛后。

⑤跂行喙息:指各种鸟兽。

⑥厝言:进言。

⑦提耳:恳切教导。

【译文】

论说:剃头本来不是为了求佛,为的是征服蛮横的胡人。而现今的中国人不用正道之神来训诫自己,反而效法胡人。

解释说:西方犬戎民族,北方五狄,周围的四夷八蛮,不知道王道教化,没听闻佛法的人,就像是畜生,有八种障碍见闻佛法的地方和情形。如今圣明君主进行了很好的治理,传播一乘法门。天人共同庆贺,四海之人都欢欣鼓舞。各种鸟兽动物,都觉得受到照管;喘息蠕动的虫子,也认为安得其所。你不认真思考,胡乱进言,应该赶快停止乱说,又何必再劳烦你教导呢!

论云：沙门者，沙汰之谓也①。

释曰：息心达渊②，号曰沙门。此则练神濯濯，反流归洁，即沙汰之谓也。子欲毁之，而义逾美，真可谓仰之弥高，钻之弥坚者也③。

论云：入国破国④。

释曰：夫圣必缘感，无往非应。结绳以后⑤，民浇俗薄，末代王教，诞扬尧、孔。至如妙法所沾⑥，固助俗为化，不待刑戮而自淳，无假楚挞而取正⑦。石主师澄而兴国⑧，古王谘勃以隆道⑨，破国之文从何取说？

【注释】

①沙汰：淘汰，拣选。

②"息心"二句：平息内心，达到回归本源，故称它为沙门。《中本起经》卷上："一切诸法本，因缘空无主，息心达本源，故号为沙门。"《四十二章经》："佛言：辞家出家，识心达本，解无为法，名曰沙门。"

③"仰之"二句：《论语·子罕》："仰之弥高，钻之弥坚，瞻之在前，忽焉在后。夫子循循然善诱人，博我以文，约我以礼，欲罢不能，既竭吾才，如有所立卓尔。虽欲从之，末由也已。"

④入国破国：流入到国内，就使国家破亡。

⑤结绳：上古无文字，结绳以记事。《周易·系辞下》："上古结绳而治，后世圣人易之以书契。"

⑥妙法：义理深奥的佛法。晋慧远《三报论》："推此以观，则知有方外之宾，服膺妙法，洗心玄门。"

⑦楚挞：杖打。《后汉书·列女传·曹世叔妻》："夫为夫妇者，义以和亲，恩以好合，楚挞既行，何义之存？"

⑧石主师澄而兴国：石勒、石虎父子重用佛图澄。参《高僧传·佛
　图澄传》。

⑨古王谘勒以隆道：不详待考。

【译文】

论说：沙门，是淘汰的意思。

解释说：平息内心达到本源，叫做沙门。这是锻炼精神洗涤浊秽，反向流动回归高洁，就是所说的沙汰。你想摧毁它，而它的含义超乎完美，真可谓是仰之弥高，钻之弥坚啊！

论说：佛法流入国境内，使国家破亡。

解释说：圣人必定根据因缘感知，没有原因就不会有回应。在结绳记事之后诞生文字以来，社会风气浮薄，因此各种王道教化盛行，大肆颂扬尧帝、孔子的道德。至于义理深奥的佛法，具有很强的感化力量，能帮助社会，教化民众，不用依靠酷刑杀戮而能使民风自然醇厚，不用木条鞭笞却能让人们端正心态。石勒、石虎父子重用佛图澄法师而使国家兴盛，古王咨询勒来使王道更兴隆，那么使国家破亡的说法又是从哪里得到的呢？

论云：入家破家。

释曰：释氏之训，父慈子孝，兄爱弟敬，夫和妻柔，备有六睦之美，有何不善而能破家？唯闻末学道士，有赤章咒咀，发摘阴私，行坛被发，呼天引地，不问亲疏，规相厌杀，此即破家之法矣。

论云：入身破身①。

释曰：夫身之为累，甚于桎梏。老氏以形骸为粪土②，释迦以三界为火宅③。出家之士，故宜去菁华、弃名利，悟逆旅之难④，常希寂灭之为乐⑤。流俗之徒反此以求全⑥，即所谓

杀生者不死⑦,生生者不生也⑧。近代有好名道士,自云神术过人,克期轻举。白日登天,曾未数丈,横坠于地。迫而察之,正大鸟之双翼耳。真所谓不能奋飞者也。验灭亡于即事,不旋踵而受诛。汉之张陵诬罔贡高,呼曰米贼⑨,亦被夷剪。入身破身,无乃角弓乎⑩?

【注释】

①入身破身:道教说一个人相信了佛教理论,那么他的身体和灵魂就会被毁掉。

②老氏以形骸为粪土:老者把自己的身体看做粪土。《老子》第十三章:"吾所以有大患者,为吾有身,及吾无身,吾有何患?"

③三界:欲界、色界、无色界。欲界是有淫食二欲的众生所住的世界,上自六欲天,中自人畜所居的四大洲,下至无间地狱皆属之;色界是无淫食二欲但还有色相的众生所住的世界,四禅十八天皆属之;无色界是色相俱无但住心识于深妙禅定的众生所住的世界,四空天属之。火宅:佛家语,喻烦恼的俗界。《法华经·譬喻品》:"三界无安,犹如火宅,众苦充满,甚可怖畏,常有生老,病死忧患,如是等火,炽然不息。"

④逆旅:旅居,常用以喻人生匆遽短促。

⑤寂灭:指度脱生死,进入寂静无为之境地。此境地远离迷惑世界,含快乐之意。

⑥流俗:平庸粗俗。晋葛洪《抱朴子·博喻》:"英儒硕生,不饬细辩于浅近之徒;达人伟士,不变皎察于流俗之中。"

⑦杀生:佛家用以指杀害生灵。

⑧生生:养生,生活。《老子》:"人之生,动之于死地,亦十有三,夫何故?以其生生之厚。"高亨注:"生生,犹养生。"

⑨米贼:张陵造作道书以迷惑欺骗百姓,从受道者出五斗米,故世
　　号"米贼";旧时对五斗米道的贬称。

⑩角弓:以兽角为饰的硬弓。《诗经·小雅·角弓》:"骍骍角弓,翩
　　其反矣。"朱熹《集传》:"角弓,以角饰弓也。"

【译文】

论说:佛教进入到家庭,使家庭破败。

解释说:佛教的训示,要求父亲慈祥,儿子孝敬,长兄爱弟,弟弟尊
敬兄长,丈夫和气,妻子温柔,具备六方和睦之美,有什么不善而会使家
庭破败呢? 只听说水平不高的二流道士运用祷告禳灾的赤章,念诵咒
语,诅咒别人,施用刑法,私自包庇,在道坛上披着头发,高呼老天和大
地,不管血缘的亲疏关系,相互厌恶打杀,这些才是使家庭破败的法
术啊!

论说:一个人相信了佛教理论,那么他的身体和灵魂就会被毁掉。

解释说:身体劳累对人的束缚,比牢笼桎梏还厉害。老子把自己的
身体看做粪土,释迦牟尼把三界看做充满烦恼的火宅。出家之人应该
远离繁华,抛却名和利,感悟生命短促艰难,常常希望以度脱生死为乐。
凡夫俗子却不是这样,尽力保全自己的名利,即所谓杀生的人总是希望
不死,爱好养生的人不刻意追求生命。近些时候有一个追求名利的道
士,自称道术修为超过其他人,选择了一个日期说要轻轻地飞起来。在
一个白天要飞登上天,还没有飞到几丈高,就坠落下来掉在地上。走近
观察,原来是背着一只大鸟的两个翅膀,真是所谓的不能奋力飞高啊!
有些事情当下就能验证是假的,还没有转身就受到了惩罚。汉代的张
陵欺骗老百姓,被称为米贼,后来也被消灭。信仰佛教的人的身体和灵
魂会被毁掉的说法,不就是道教发出的如角弓一样尖利诬陷佛教的
话吗?

论曰:歌哭不同者。

释曰：人哭亦哭，俗内之冥迹；临丧能歌，方外之坦情①。原壤丧亲，登木而歌，孔子过而不非者②，此亦是名教之一方耳。

论云：不朝宗者。

释曰：孔子云："儒有上不臣天子，下不事公侯③。"儒者俗中之一物，尚能若此，况沙门者方外之士乎？昔伯成子高、子州支伯但希玄慕道④，以不近屑人事。

【注释】

①方外：世外。《庄子·大宗师》曰："彼游方之外者也。"

②"原壤"三句：《礼记·檀弓下》："孔子之故人曰原壤，其母死，夫子助之沐椁。原壤登木曰：'久矣予之不托于音也。'歌曰：'狸首之斑然，执女手之卷然。'夫子为弗闻也者而过之。从者曰：'子未可以已乎？'夫子曰：'丘闻之，亲者毋失其为亲也，故者毋失其为故也。'"

③"儒有"二句：《礼记·儒行》孔子对鲁哀公语。"公侯"原为"诸侯"。

④"昔伯"二句：《庄子·天地》："尧治天下，伯成子高立为诸侯。尧授舜，舜授禹，伯成子高辞为诸侯而耕。"《庄子·让王》："舜让天下于子州支伯。子州支伯曰：'予适有幽忧之病，方且治之，未暇治天下也。'故天下大器也，而不以易生，此有道者之所以异乎俗者也。"

【译文】

论说：唱歌哭泣应该在不同的场合。

解释说：别人哭自己也哭，这是一般人的行为；面对丧事而能高歌，这是世外高人的坦荡之情的表现。原壤的亲人死去了，他噔噔地敲击着棺木唱歌,孔子路过看到而没有批评他,这也体现了儒家名教一方宗师的博大胸怀啊!

论说:不朝见帝王。

解释说:孔子说:"儒生对上不称臣于天子,对下不侍奉诸侯。"儒者是俗世中的一类,尚且能够这样,何况出家的世外之人呢? 以前有伯成子高、子州支伯只希求玄学仰慕大道,所以不接近并轻屑凡俗之事。

论云:剃头犯毁伤。

释曰:发肤之解,具于前答,聊更略而陈之。凡言不敢毁伤者,正是防其非僻,触冒宪司[1],五刑所加[2],致有残缺耳。今沙门者,服膺圣师,远求十地[3],剃除须发,被服法衣,立身不乖,扬名得道,还度天属,有何不可? 而入毁伤之义,守文之徒,未达文外之旨耳。轮扁尚不移术于其儿[4],予何言哉?

【注释】

①宪司:魏晋以来御史的别称。

②五刑:五种轻重不等的刑法。《尚书·舜典》:"五刑有服。"孔传:"五刑:墨、劓、剕、宫、大辟。"

③十地:梵语意译。或译为"十住"。佛家谓菩萨修行所经历的十个境界。大乘菩萨十地为:欢喜地,离垢地,发光地,焰慧地,极难胜地,现前地,远行地,不动地,善慧地,法云地。另有三乘共十地,四乘十地,真言十地等,名目各有不同。

④轮扁尚不移术于其儿:《庄子·天道》:"桓公读书于堂上。轮扁斲轮于堂下,释椎凿而上,问桓公曰:'敢问,公之所读者何言邪?'公曰:'圣人之言也。'曰:'圣人在乎?'公曰:'已死矣。'曰:

'然则君之所读者，古人之糟魄已夫！'桓公曰：'寡人读书，轮人安得议乎！有说则可，无说则死。'轮扁曰：'臣也以臣之事观之。斲轮，徐则甘而不固，疾则苦而不入。不徐不疾，得之于手而应于心，口不能言，有数存焉于其间。臣不能以喻臣之子，臣之子亦不能受之于臣，是以行年七十而老斲轮。古之人与其不可传也死矣，然则君之所读者，古人之糟魄已夫！'"

【译文】

论说：剃头发犯了毁伤身体的罪名。

解释说：对于头发皮肤的解释，前面回答得比较具体了，这里再简单地回答一下。其实说不能毁伤头发皮肤，正是为了防止人们的不正当行为，一些人触及冒犯了刑法，五刑加身，以致身体残缺。现在出家的世外之人，对高明的师傅胸怀敬仰，在远方学习十地境界，剃掉胡须和头发，穿上僧侣衣服，行事为人不乖张，扬名四海，体悟大道，回来之后普度亲人及众生，这为什么不可以呢？而如果把它理解并归入毁伤身体的意思，这是死守语言而没有读懂文字之外的意思。轮扁尚且不能把他的技术传给他的儿子，我还能说什么呢？

论云：出家者未见君子，皆是避役。

释曰：噫唉！何子之难喻耶？左传云："言者，身之文①。"庄周云："言不广不足以明道。"余欲无言，其可得乎？夫出家之士，皆灵根宿固②，德宇渊深，湛乎斯照，确乎不拔者也。是以其神凝其心道，超然遐想，宇宙不能点其胸怀；澹尔无寄，尘垢无能搅其方寸③。割慈亲之重恩，弃房帷之欢爱④，虚室生白⑤，守玄行禅。或投陀林野，委身饿兽；或静节蔬餐，精心无怠。将勤求十力⑥，超登无上。解脱天罗，销散地网，兆百福于未萌，济苍生于万劫⑦。斯实大丈夫之宏图,非吾子所得开关也。避役之谈,是何言欤?孔子愿喙三尺者⑧,虽言出于口,终不以长舌犯人⑨。则子之喙三丈矣,何多口之为异,伤人之深哉?

【注释】

①言者,身之文:《左传·僖公二十四年》:"言,身之文也。身将隐,焉用文之?是求显也。"

②灵根:指信仰佛法的慧根。

③尘垢:世俗。《庄子·齐物论》:"无谓有谓,有谓无谓,而游乎尘垢之外。"

④房栊:房舍。

⑤虚室生白:心无任何杂念,就会悟出"道"来,生出智慧。形容清澈明朗的境界。出自《庄子·人世间》:"瞻彼阒者,虚室生白,吉祥止止。"

⑥十力:指如来所具有的十种力用:一、知觉处非处智力,即能知一切事物的道理和非道理的智力;二、知三世业报智力,即能知一切众生三世因果业报的智力;三、知诸禅解脱三昧智力,即能知各种禅定及解脱三昧等的智力;四、知诸根胜劣智力,即能知众生根性的胜劣与得果大小的智力;五、知种种解智力,即能知一切众生种种知解的智力;六、知种种界智力,即能普知众生种种境界不同的智力;七、知一切至所道智力,即能知一切众生行道因果的智力;八、知天眼无碍智力,即能以天眼见众生生死及善恶业缘而无障碍的智力;九、知宿命无漏智力,即知众生宿命及知无漏涅槃的智力;十、知永断习气智力,于一切妄惑余气,永断不生,能如实知之的智力。

⑦万劫:劫为分别世界成坏之时量名。万劫者,经世界成坏一万,言时之极长。

⑧孔子愿喙三尺:《庄子·徐无鬼》:"丘愿有喙三尺。"

⑨长舌:长长的舌头,比喻好说闲话、搬弄是非。《诗经·大雅·瞻卬》:"妇有长舌,维厉之阶。"郑玄笺:"长舌,喻多言语。"

【译文】

论说:出家的世外之人不见有君子,都是在逃脱徭役。

解释说:唉,为什么你这么难明白道理呢?左传说:"言辞是人们用来修饰外表行动举止的文饰之物。"庄周说:"话语不多不足以说明道理。"我想不说话,这样可以吗?其实出家之人,都是很早就种下了慧根,德行和修为深厚,湛然寂照,确实有坚忍不拔的意志。因此他们的精神凝集于他们心中的大道,超然物外,理想远大,宇宙也不能充满他们的胸怀;淡泊宁静,远离名利,红尘污垢也不能搅乱他们的心神。割舍了父母的养育之恩,放弃了夫妻间的欢爱,无任何杂念,生出空明的心境,坚守玄学践行禅法。有的人将自己投身荒林野地,用身体喂饱饥饿的野兽;有的人操守高洁,吃粗茶淡饭,养精蓄锐没有怠慢。将要勤修佛法以求获得十力的工夫,超然登上最高境界的解脱世界。像解开天罗地网一样,将要把很多福气赐给还没有出生的人,拯救苍生于万劫千生之中。这才是大丈夫宏伟的蓝图,不是像我们这样的人所能达到的。逃脱税役的说法,是什么话呢?孔子希望嘴有三尺长的人,即使话从嘴里说出来,最终也不要因为长舌多话而冒犯他人。那么你的嘴有三丈长,为什么有这么多怪异的话,伤害他人这么深呢?

论云:三丁二出,一何无缘者?

释曰:无缘即是缘无缘生,有缘即是缘有缘起。何以知其然耶?世有阖门入道,故曰缘有缘起;有生不识比丘者,故曰缘无缘生。十六王子,同日出家①,随父入道,是则缘之所牵,阖门顿至,何其宜出二之有哉?无缘者,自就无缘中求,反诸已而已矣。子方永坠无间,遑复论此。将不欲倒置干戈乎? 若能反迷,殊副所望。

【注释】

①"十六"二句:出自《法华经·化城喻品》,大意如下:于过去无量无边不可思议阿僧祇劫,有佛名大通智胜如来,未出家时有智积十六王子,彼成佛道后,十六王子皆出家为沙弥,从佛闻之乘教,过二万劫,闻法华经,悉皆信受。

【译文】

论说:三个男丁只有两个出家,没出家的那一个为什么无缘呢?

解释说:无缘就是缘分条件没有产生,有缘就是缘分有条件产生。怎么知道就是这样的呢? 在这世上,有全家都信仰佛教的,所以说缘分有条件产生就起作用了;有的人一生都不认识僧人,所以说缘分没有条件产生。十六个王子,同一天出家,跟随父亲学佛法,因此缘分所牵引,全家顿时都学佛了,为什么说只有两个人呢? 没有缘分的人,自己就应该在无缘中寻找原因,多反省自己。你刚刚坠落在无间地狱里,当然不用谈论这些了,难道想要倒着拿兵器伤害自己吗? 如果你能迷途知返,就正是我所希望的。

论云:道家之教,育德成国者。

释曰:道有九十六种,佛为最尊①。梵志之徒②,盖是培塿尔③。假使山川之神,能出云雨者,亦是有国有家之所祀焉。其云育德成国,不无多少,但广济无边,永拔涂炭④,我金刚一圣⑤,巍巍独雄。夫太极剖判之初也⑥,已自有佛。但于时众生因缘未动,故宜且昧名称。何以言之? 推三皇以上,何容都无《礼》《易》? 则乾坤两卦⑦,履豫二爻⑧,便当与天地俱生。虽曰俱生，而名不俱出者，良由机感不发⑨，施用未形，其理常存，其迹不著耳。中外二圣，其揆一也。故立法行云，先遣三贤，渐诱俗教，后以佛经革邪从正。李老之门，释氏之偏裨矣。经云："处处自说，名字不同。"或为儒林之宗，国师道士，或寂寞无为而作佛事。金口所说，合若符契，何为东西跳梁，不避高下耶⑩？嗟乎！外道籍我智慧⑪，资我神力⑫，遂欲挠乱我经文，虔刘我教⑬，训人之无良，一至于此也！

【注释】

①佛：梵语 buddha 之音译。全称佛陀、佛驮、休屠、浮陀、浮屠、浮图等，意译觉者、知者、觉，觉悟真理者之意。具足自觉、觉他、觉行圆满。

②梵志：通称一切外道之出家者。《大智度论》卷五十六："梵志者，是一切出家外道，若有承用其法者，亦名梵志。"

③培塿（lǒu）：比喻佛教的辅助者。

④涂炭：指陷入泥沼，坠入炭灰。比喻及其艰难困苦。

⑤金刚：金刚力士。执金刚杵的佛的侍从力士。

⑥太极剖判之初：指开天辟地之时。

⑦乾坤：乾坤是八卦中的两爻，代指天地。

⑧履豫：《易经》两个卦名。爻（yáo）：爻指组成八卦中每卦的长短横道。

⑨机感：指缘分。

⑩"何为东西"二句：《庄子·逍遥游》："子独不见狸狌乎？卑身而伏，以候敖者；东西跳梁，不避高下，中于机辟，死于罔罟。"这段话的大意是：你难道没看见过野猫吗？它们隐伏起来，伺机猎取

出来活动的小动物，东蹿西跳，不避高低；往往触到机关，死于网罗之中。后来用成语"跳梁小丑"，比喻那些品格低下或并无什么真才实学者，为了达到个人私利或不可告人的目的而极尽捣乱、破坏之能事，但终究没有什么了不得，只不过是真正地暴露了他自己的丑恶嘴脸罢了。

⑪籍：同"借"。

⑫资：凭借。

⑬虔刘：指劫掠，杀戮。《左传·成公十三年》："芟夷我农功，虔刘我边陲。"

【译文】

论说：道家的教化，能够培育道德，辅助国家。

解释说：道有九十六种，佛是最尊贵的。佛教以外的出家修道人，其实是佛教的辅助者。如果山川里的神灵可以呼风唤雨，也是因为有国有家祭祀他。所以说佛教培育高尚道德，辅助国家，功用无法计算，救济他人没有边际，使百姓永远摆脱艰难困苦，佛是金刚大圣，高大巍峨独雄天下。自开天辟地之时，就已经有佛的存在。但是由于大众与佛的缘分还不到，所以应该隐藏佛的名称。为什么这样说呢？追溯到三皇以前的年代，为什么都没有《礼》《易》？那么乾坤两卦，履豫二爻，应该与天地共生。虽然说共生，但没有为它取名，的确是因为缘分还不到，实施运用还没有成形体，它的道理已经存在，只是迹象不明显罢了。中外两位圣人，他们的宗旨是一样的。因此创立佛法，先派遣三位圣贤，用世俗的教育逐渐引导百姓，之后再用佛教帮助人们革除邪行服从正道。老子的法门，是佛教的副将。佛经说："处处自说，只是其名字各不相同。"有的成为儒林宗师，国师道士，有的清闲无为而作佛教之事。他们口里各自所说的道理，像契约一样互相契合，为何你东串西跳，不避高下呢？唉！外道借助我佛智慧，凭借我佛神力，想逐渐扰乱我佛经文，劫掠我佛教，教人做不好的事，实在是这样啊！

论云:道者气。

释曰:夫道之名,以理为用。得其理也,则于道为备。是故沙门号曰道人,阳平呼曰道士。释圣得道之宗,彭聃居道之末①。得道宗者不待言道,而道自显;居道之末者常称道,而道不足。譬如仲尼博学,不以一事成名;游夏之徒,全以四科见目②。庄周有云:"生者,气也。聚而为生,散而为死③。"就如子言,道若是气,便当有聚有散,有生有死,则子之道是生灭法,非常住也。尝闻子道又有合气之事,愿子勿言此真辱矣。庄子又云:"道在屎溺④。"此屎尿之道,得非吾子合气之道乎?

【注释】

①彭聃:彭祖与老聃。

②"游夏"二句:《论语·先进》:"从我于陈、蔡者,皆不及门也。德行:颜渊、闵子骞、冉伯牛、仲弓。言语:宰我、子贡。政事:冉有、季路。文学:子游、子夏。"

③"生者"四句:《庄子·知北游》:"人之生,气之聚也。聚则为生,散则为死。"

④道在屎溺:《庄子·知北游》:"东郭子问于庄子曰:'所谓道,恶乎在?'庄子曰:'无所不在。'东郭子曰:'期而后可。'庄子曰:'在蝼蚁。'曰:'何其下邪?'曰:'在稊稗。'曰:'何其愈下邪?'曰:'在瓦甓。'曰:'何其愈甚邪?'曰:'在屎溺。'东郭子不应。"

【译文】

论说:道是气。

解释说:道的名称,是以理为用的。得到其中的理,则于道为备。所以沙门号称道人,按照声调阳平,呼作道士。释迦牟尼佛得道之宗,彭祖、老子居道之尾。得道宗的人不用说道，而道自然显现；居于道末端的人经常说道，但道不充足。比如说孔子学问广博，不凭借一件事成名；子游、子夏这些徒弟，都各自凭借德行、言语、政事、文学四科中的一科成名。庄子说过："生存的，是气。气相聚而生，气散就死亡。"就像你说的，道如果是气，于是道就有聚有散，有生有死，那你的道是生灭之法，不是永恒不灭的东西。我曾经听说你说还有合气的事情，但愿你不要这样说而真受辱啊！庄子又说："道在屎溺中。"这样的屎尿之道，难道能得出你的合气之道吗？

卷第九

立神明成佛义记

【题解】

本篇为南朝梁武帝撰,目的是驳斥范缜之神灭说。因当时宜都太守范缜作"神灭论"一文,认为形体消失时,心神亦随之消失;心神既无存,佛自不有。武帝则主张肉体虽灭亡,然精神不灭唯因心神不灭,始可成佛。生灭与善恶,是无明与神明共有的作用,其变化仅在一时之缘而已。本记将神不灭论,作为心识问题来探讨,而由其所强调心神具有无明与神明之二面而言,可推及《大乘起信论》中阿赖耶识之思想。本记之现存本附有沈绩之序注。

沈绩序

夫神道冥默,宣尼固已绝言①;心数理妙,柱史又所未说②。圣非智不周,近情难用语远故也。是以先代玄儒,谈遗宿业,后世通辩,亦论滞来身。非夫天下之极虑,何得而详焉。故惑者闻识神不断,而全谓之常;闻心念不常,而全谓之断。云断则迷其性常,云常则惑其用断。因用疑本,谓在本可灭;因本疑用,谓在用弗移。莫能精求,互起偏执,乃使天然觉性,自没浮谈。

圣主禀以玄符③，御兹大宝，觉先天垂则，观民设化。将恐支离诡辩，构义横流，微叙繁丝，伊谁能振？释教遗文，其将丧矣！是以著斯雅论，以弘至典。绩早念身空，栖心内教，每餐法音④，用忘寝食，而暗情难晓，触理多疑，至于佛性大义，顿迷心路。既天诰远流，预同抚觌⑤，万夜获开，千昏永曙，分除之疑，朗然俱彻。窃惟事与理亨，无物不识；用随道合，奚心不辩？故行云徘徊，犹感美音之和；游鱼踊跃⑥，尚赏清丝之韵⑦；况以入神之妙，发自天衷⑧。此臣所以舞之蹈之，而不能自已者也。敢以肤受，谨为注释，岂伊锥管，用穷天奥，庶几固惑，所以释焉。

【注释】

①宣尼：即孔子。

②柱史："柱下史"的省称。代指老子。《后汉书·张衡传》："庶前训之可钻，聊朝隐乎柱史。"李贤注引应劭曰："老子为周柱下史，朝隐终身无患。"

③玄符：天符，符命，谓上天显示的瑞征。《文选·扬雄〈剧秦美新〉》："玄符灵契，黄瑞涌出。"李善注："玄符，天符也。"

④法音：说法之音声也。《无量寿经》："常以法音觉诸世间。"《法华经·譬喻品》："闻此法音，心怀踊跃。"

⑤觌(dí)：见，相见。

⑥踊跃：跳跃。《庄子·大宗师》："今大冶铸金，金踊跃曰：'我且必为镆铘。'"

⑦清丝：琴弦。

⑧天衷：天的善意。《左传·僖公二十八年》："不协之故，用昭乞盟于尔大神，以诱天衷。"

【译文】

神道十分玄奥深远，故孔子向来避而不谈；心性问题极是玄妙莫测，故老子未曾语及。不谈论它并非圣人智慧不足，是因为很难以世俗的情智去谈论、理解玄远的义理。所以以往的贤哲、圣者，很少去谈论宿世之业，后世才学之士，也不能十分通晓死后之事。若不是具有极高深智慧之人，怎么能够了达诸如神明及来世之事呢？所以有些人一听到佛教关于识神不断的义理，就认为佛教是主张常住而无变易；而另外有些人一听到佛教关于心是念念不住的，就认为佛教是主张识神也是断灭无常的。世俗之人，往往偏于一端，谈事物之断灭则不懂得其真性常住，谈真性常住则不了解其所体现的事物是变幻无常的。因为事物变幻无常而怀疑其真性常住，就认为真性也是有断灭的；因为真性之常住，则怀疑其所体现的外在事物的应用，认为世间的事物也都是恒常不变的。因为这种偏于一端的认识，执迷不悟，遂使众生之天然觉性为偏见邪说所埋没。

圣王（指梁武帝）通达儒、释、道各家之奥旨及历代贤哲圣人之垂训，善于观民设化，因担心佛法大义及古圣垂训为世俗之谬论邪说所破坏，于是撰写这篇义理深湛的论文（即《立神明成佛义记》），以弘扬佛法之大义。我沈绩很早就潜心于佛教，领悟到世事无常、五蕴皆空，每次钻研佛法时，都为其深奥义理所陶醉而废寝忘食，但对于其中的许多义理还是不十分理解。自读圣王此论后，群疑涣然冰释，迷障顿消，就好像灯照暗室，一时俱明。举凡天下之事，只要通晓其事理，能从现象与本质相统一的角度去认识事物，则没有任何事物不能认识和把握。《立神明成佛义记》此论，既义理深湛，剖析精微，又是当今圣上之力作，因此我读时竟手舞足蹈而不能自已。因为自己对其中的许多思想尚不十分明了而又极想弄懂，所以才根据自己的肤浅体会为之作注，并非企图以管窥天，妄加诠释。

义记本文并沈绩注

夫涉行本乎立信，臣绩曰：夫愚心暗识，必发大明，明不自起，起必由行。行不自修，修必由信。信者，凭师仗理，无违之心也。故五根以一信为本，四信以不违为宗①。宗信既立，万善自行，行善造果，谓之行也。信立由乎正解，臣绩曰：夫邪正不辩，将何取信？故立信之本，资乎正解。解正则外邪莫扰，臣绩曰：一心正则万邪灭矣，是知内怀正见，则外邪莫动。信立则内识无疑。臣绩曰：识者，心也。故《成实论》云：心、意、识②，体一而异名。心既信矣，将何疑乎。然信解所依，其宗有在。臣绩曰：依者，凭也。夫安心有本，则枝行自从。有本之言，显乎下句。何者？源神明以不断为精，精神必归妙果③。臣绩曰：神而有尽，宁谓神乎？故经云：吾见死者形坏，体化而神不灭。随行善恶，祸福自追，此即不灭断之义也。若化同草木，则岂精乎？以其不断，故终归妙极。凭心此地，则触理皆明。明于众理，何行不成？信解之宗，此之谓也。妙果体极常住，精神不免无常。臣绩曰：妙果，明理已足，所以体唯极常。精神涉行未满，故之不免迁变也。无常者，前灭后生，刹那不住者也。臣绩曰：刹那是天竺国音，迅速之极名也。生而即灭，宁有住乎？故《净名》叹曰：比丘即时生老灭矣④。若心用心于攀缘，前识必异后者，斯则与境俱往，谁成佛乎？臣绩曰：夫心随境动，是其外用，后虽续前，终非实论。故知神识之性湛然不移。湛然不移，故终归于妙果也。经云：心为正因，终成佛果⑤。臣绩曰：略语佛因，其义有二。一曰缘因，二曰正因。缘者，万善是也；正者，神识是也。万善有助发之功，故曰缘因。神识，是其正本,故曰正因。既云终成佛果,斯验不断明矣。

【注释】

①“五根”二句:五根,即信根、进根、念根、定根、慧根,因五法是生圣道的根本,故名五根。四信,又作四种信心,即:信根本,谓真如之法为诸佛之师,众行之本源,常信受者,得出离空有、能所等一切对待之相。信佛,谓信佛具有无量功德,常念亲近、供养恭敬诸佛,得发起善根,求一切智。信法,谓佛法能灭除悭、贪等障,常念修行诸波罗蜜,则可得大利益。信僧,谓信僧能正修行,自利利他,故应常乐亲近,以求如实之行。

②心、意、识:心,梵文 citta 之意译,指远离对象仍具有思量(缘虑)之作用者。意,梵文 manas,音译作末那,意谓“思量”,即周遍思惟之心理作用。识,梵文 vijñāna,指分析对象之后所生起的认识作用。依六识家之见,心、意、识三者同体异名。依八识家而言,心即指阿赖耶识,意指末那识,而识则指前五识(眼、耳、鼻、舌、身等识)兼及意识。

③精神:精即精魂,古人认为,人死之后,魄同肉体一起消灭,而魂则离开肉体,精魂即指不灭之灵魂;神即神明,指众生之心识。此处之精神指众生不灭之灵魂、不断之神识。

④比丘即时生老灭矣:《维摩诘经·菩萨品》:“若现在生,现在生无住,如佛所说,比丘,汝今即时亦生亦老亦灭。”

⑤“心为”二句:《大般涅槃经》卷二八《狮子吼菩萨品》:“我说二因:正因、缘因,正因者名为佛性,缘因者发菩提心,以二因缘,得阿耨多罗三藐三菩提,如石出金。”正因,主要的原因叫做正因,若是次要的助力则叫做缘因。佛果,指成佛,又作佛位、佛果位、佛果菩提。佛为万行之所成,故称佛果,即能成之万行为因,而所成之万德为果。

【译文】

人们的修行以确立信念为根本，臣沈绩说：愚心暗识，必发大明，但是明不会自己生起，必然依靠行动实践才能生起。行动实践不会自修，修必由信。所谓信，凭师仗理，没有违背的想法。因此五根以一信为根本，四信以不违为宗。宗信既立，万善自行，做善事结善果，叫做行为，而正确的信念则多是出自正确的理解。臣沈绩说：如果不辩明邪正，将怎样取信？因此立信的根本，依赖正确的见解，有了坚定、正确的见解，各种谬论邪说也就不能迷惑人们，臣沈绩说：一心正则万邪灭，所以说内怀正见，则外邪莫动，而信念确立之后，内心也就不会有各种疑惑的认识了。臣沈绩说：所谓识，就是心。《成实论》云：心、意、识，本体是一而只是名称不同。心既然信了，还怀疑什么呢？然而，坚定的信念和正确的见解，都有其依据所在。臣沈绩说：依，是凭的意思。安心有根本，那么枝末自然跟从。关于根本的解释，后面再谈。依据什么呢？即佛教所说不断灭的神明。那种今生来世前后相续不断的神明，也就是人们所说的精魂，此相续不断的精魂最终必定能成就涅槃妙果。臣沈绩说：神如果有穷尽，岂能称作神？因此经上说：吾见死者形体毁坏，体化而神不灭。随行善恶，祸福自追，这就是不灭断之义。如果化同草木，那么岂能称作精？以其不断，故终归妙极。凭心此地，则触理皆明。明悟众理，什么行动不能成功呢？信解的宗教，讲的就是这些内容。涅槃本身是体极而常住的，但作为众生的精神则是迁变无常的。臣沈绩说：妙果，明理已足，所以体唯极常。精神涉行未满，因此不免迁流变化。所谓迁变无常，也就是前灭后生，念念不住。臣沈绩说：刹那是天竺国音，迅速之极名。生而即灭，哪里有停留呢？故《净名经》叹曰：比丘每个当下就有生老灭。如果心随境动，则前后之识各不相同，既然没有一个湛然不移、常住不灭的神识，那是什么去成佛呢？臣沈绩说：心随境动，是其外用，后面的虽然与前面的连续不断，最终来说不是实在的。因此知道神识之性湛然不移，湛然不移，因此最终会归于妙果。佛经上说："心是成佛之正因，因有此正因，故最终必成佛果。"臣沈绩说：略语佛因，其义有二。一曰缘因，二曰正因。缘者，是万善；正者，是神识。万善有帮助显发神识的功用，因此说是缘因。神识，是其正本，故说是正因。既然最终会成就佛果，这就证明了神识的光明一直存在，不会断绝。

又言：若无明转，则变成明①。案此经意②，理如可求。何者？夫心为用本，本一而用殊，殊用自有兴废，一本之性不移。臣绩曰：陶汰尘秽，本识则明。明暗相易，谓之变也。若前去后来，非之谓也。一本者，即无明神明也③。臣绩曰：神明本暗，即故以无明为因。寻无明之称，非太虚之目，土石无情，岂无明之谓？臣绩曰：夫别了善恶，匪心不知；明审是非，匪情莫识。太虚无情，故不明愚智。土石无心，宁辩解惑？故知解惑存乎有心，愚智在乎有识。既谓无明，则义在矣。故知识虑应明，体不免惑，惑虑不知，故曰无明。臣绩曰：明为本性，所以应明。识染外尘，故内不免惑。惑而不了，乃谓无明。因斯致称，岂旨空也哉？而无明体上，有生有灭，生灭是其异用，无明心义不改。臣绩曰：既有其体，便有其用。语用非体，论体非用。用有兴废，体无生灭。将恐见其用异，便谓心随境灭。臣绩曰：惑者迷其体用，故不断猜。何者？夫体之与用，不离不即，离体无用，故云不离。用义非体，故云不即。见其不离，而迷其不即，迷其不即，便谓心随境灭也。故继无明名下，加以住地之目④。此显无明，即是神明，神明性不迁也。臣绩曰：无明系以住地，盖是斥其迷识。而抱惑之徒，未曾喻也。

何以知然？如前心作无间重恶⑤，后识起非想妙善，善恶之理大悬，而前后相去甚迥。斯用果无一本，安得如此相续？臣绩曰：不有一本，则用无所依。而惑者见其类续为一，故举大善，斥其相续之迷也。是知前恶自灭，惑识不移，后善虽生，暗心莫改。臣绩曰：未尝以善恶生灭亏其本也。故经言：若与烦恼诸结俱者，名为无明；若与一切善法俱者，名之为明⑥。岂非心识性一，随缘异乎？臣绩曰：若善恶互起，岂谓俱乎？而恒对其言而常迷其旨，故举此要文，以晓群惑也。故知生灭迁变，酬于往因；善恶交谢，生乎现境。臣绩曰：生灭，因于本业，非现境使之然。善恶，生于今境，非本业令其尔。而心为其本，未曾异矣。臣绩曰：虽复用由不同，其体莫异也。以其用本不断，故成佛之理皎然；随境迁谢，故生死可尽明矣。臣绩曰：成佛皎然，扶其本也。生死可尽，由其用也。若用而无本，则灭而不成。若本而无用，则成无所灭矣！

【注释】

①若无明传，则变成明：《大般涅槃经》卷八《如来性品》：“是诸众生以明无明业因缘，故生于二相，若无明转，则变成明，一切诸法，善不善等，亦复如是，无有二相。”

②案：通“按”，考察。汉王充《论衡·问孔》：“案圣贤之言，上下多相违。”

③神明：无法思惟分辨者，称为神；能照见者称为明。因此“神明”有两个意思，一指天地之诸神，诸神能明白察知善恶邪正确实无误，故有此称。二指众生之神识（灵魂，精神之主体）。这里取第二个含义。

④住地：以名生法之根本体，住者所住，地者所生之义。一切烦恼分类为五住地。即：见一处地、欲爱住地、色爱住地、有爱住地、

无明住地。

⑤无间重恶：无间乃梵名，意译作阿鼻，意为"无有间断"，即痛苦无
　　有间断之意。无间重恶，指作了会堕入无间地狱之恶业。无间
　　地狱是佛教传说中八大地狱中最下、最苦之处。

⑥若与一切善法俱者，名之为明：见《大般涅槃经》卷八《如来
　　性品》。

【译文】

经上又说："若无明转，就变成明。"根据经上所说，可以知道：心是
各种现象之根本，本体只有一个，而现象千差万别。各种心理现象虽然
自有兴废，但作为其根据的心识却是湛然不移的。臣绩曰：淘汰掉尘
秽，根本心识则变明亮。明暗相易，叫做变。若前去后来，就不是这样
了。这种作为一切现象根据的湛然不移的心识，也称为无明神明。臣
绩曰：神明本暗，因此以无明为因。所谓无明，并非指太虚、土石等无情
物，这些无心识的无情物，不能称为无明。臣绩曰：分别善恶，离不开心
灵；明审是非，离不开情识。太虚无情，因此不明愚智。土石无心，哪里
能够解答迷惑？因此知道解惑在于心灵，愚智在于有识。既然说是无
明，则有意义存在。至于有心识的有情物，其本性本应是明亮的，但因
外尘外境所染而被遮蔽，因此称为无明。臣绩曰：明为本性，所以应明。
心识被外尘污染，因此内在不免迷惑。迷惑而不能明了，因此叫做无
明。因为这样所以称呼为无明，岂是虚妄的说法吗？心识是有情众生
之体，而世间的众生是此体之用，各个有情体虽然有生有灭，但作为其
本体的心识并不会随之而消亡。臣绩曰：既然有其本体，便有其应用。
语用非体，论体非用。用有兴废，体无生灭。因为有些人看到各个有情
体都是迁变无常的，便以为心识也随之迁变生灭。臣绩曰：所谓惑，迷
其体用，因此不断猜测。为什么呢？本体与外用，不离不即，离体无用，
故说不离。用义非体，故云不即。见其不离，而迷其不即，迷其不即，便
以为心随境灭了。所以特对无明加以诠释，目的在于说明无明是属于

有心识的有情众生，此神识是不会随着现象的消失而消亡的。臣绩曰：无明是佛教所说的烦恼五住地之一。执迷不悟的人，不能理解。

　　怎么知道心识本体是不会随着现象、形体消失而消亡呢？比如有人前心作无间重恶，后念起非想妙善，此善恶之理极是悬殊，前后相去也很遥远，如果这种外在应用果真没有一个共同的依据，怎么前后会如此相续呢？臣绩曰：没有一个根本，则用无所依靠。而迷惑者见其类续为一，因此举大善，斥其相续之迷？可见先前之恶念虽然消失了，但产生此恶念的心识并没有随之消亡，而后来虽然萌生善想，但其本体仍是原先产生恶念之心识本体。臣绩曰：未尝因为善恶生灭而亏损其本体。所以佛经上说："心识为诸烦恼遮蔽者名为无明，若心识与诸善法共在，则名为明。"这岂不是说心识是一个湛然不移、恒常不变之体，而此体又随着不同的条件表现为各种各样的现象。臣绩曰：若善恶互起，岂能说一起吗？而人们经常面对这种话而不知道其宗旨，因此举此要文，以晓群惑。所以说世间万物包括有情众生形体，是随着各种条件的变化而千变万化、迁流不息的。臣绩曰：生灭，是由于根本业力，不是现境使之这样。善恶，在当下环境中生起，不是根本业力令其这样。但作为有情众生之本体的心识是从来未曾变易、失灭的。臣绩曰：虽然应用有不同，其本体没有不同。因为作为有情众生之体的心识不会消亡断灭，故众生都可以成佛的道理是不言自明的；因为心体之用是随境迁谢的，所以众生有生死轮回等变化，这道理很容易理解。臣绩曰：成佛的道理很清楚，是从其本体上说的。生死可尽，从应用上说。若只有应用而没有本体，则会消失而不能成就；若只有本体而无应用，则表现为无所生灭。

难神灭论

【题解】

　　本篇是梁萧琛（478—529）所撰。萧琛是范缜的内兄，范缜的《神灭论》一出，即首先发难。在本文中，萧琛采用逐条驳斥的办法，将责难归结为五个基本论点，即：其一，形神相即，辩而无征；其二，刃利不俱灭，形神不共亡；其三，人之质犹如木之质，人木皆有知（神）；其四，神以形为器，非以形为体；其五，形无凡圣差别。

　　内兄范子真①，著《神灭论》，以明无佛。自谓辩摧众口，日服千人。予意犹有惑焉。聊欲薄其稽疑，询其未悟。论至今，所持者形神，所讼者精理。若乃春秋孝享为之宗庙，则以为圣人神道设教，立礼防愚。杜伯关弓②，伯有被介③。复谓天地之间，自有怪物，非人死为鬼。如此便不得诘以《诗》、《书》，校以往事；唯可于形神之中，辩其离合。脱形神一体④，存灭罔异，则范子奋扬蹈厉，金汤邈然。如灵质分途，兴毁区别，则予克敌得俊，能事毕矣。又予虽明有佛，而体佛不与俗同尔。兼陈本意，系之论左焉。

【注释】

①内兄：即妻子之兄。

②杜伯：周宣王大夫，封于杜，故名。史籍记载他无罪被杀，后来周宣王在园中狩猎时见杜伯乘白马素车，朱衣冠，射杀宣王。

③伯有：春秋时郑国大夫，字良宵。他主持国政时，与贵族驷带发生争执，被杀，传说他死后变为厉鬼。

④脱：倘若，如果。

【译文】

内兄范缜著《神灭论》，主张无佛。自称辩才无碍，日服千人。我对其论却颇有疑惑，聊以质疑，并察问其未悟之理。其论所谈者是形神关系，并附以细密之理论，对于古代之祭祀等，则认为这是圣人神道设教，立礼防愚，对杜伯鬼魂弯弓射周宣王和伯有死后披甲报仇等事，则认为是天地之间另有怪异事物，并非真有鬼神的存在。既然如此，便不得不以《诗经》、《尚书》所说去诘难它，并验诸往事，才可以论证形与神的离合关系。倘若事实证明形体和精神都是基于身体的存在，因而一同存在一同消灭，那么范缜兄的观点就应该是正确的，固若金汤，先生也自可奋发昂扬。如果证明形体和灵魂是各自不同的存在，自然不会同时兴起或毁灭，这就表明我的观点战胜了对方，于是争辩也就可以停止了。我虽然明确肯定说有佛的存在，但我对佛的体认和世俗的认识还是不同的。在此，我论说兼及对佛的本真认识，附在本论之后。

或问："子云神灭，何以知其灭也？"

答曰："神即形也，形即神也。是以形存则神存，形谢则神灭也。"

问曰："形者无知之称，神者有知之明。知与无知，即事有异；神之与形，理不容一。形神相即，非所闻也。"

答曰："形者神之质，神者形之用，是则形称其质，神言其用，形之与神，不得相异也。"

难曰："今论形神合体，则应有不离之证；而直云：神即形形即神，形之与神不得相异；此辩而无征，有乖笃喻矣。子今据梦以验形神不得共体。当人寝时，其形是无知之物；而有见焉，此神游之所接也。神不孤立，必凭形器；犹人不露处，须有居室。但形器是秽暗之质，居室是蔽塞之地。神反形内，则其识微惛，惛故以见为梦。人归室中，则其神暂壅，壅故以明为昧。夫人或梦上腾玄虚，远适万里。若非神行，便是形往耶？形既不往，神又不离，复焉得如此。若谓是想所见者，及其安寐，身似僵木，气若寒灰，呼之不闻，抚之无觉，即云神与形均。则是表里俱勃①，既不外接声音，宁能内兴思想？此即形静神驰，断可知矣。又疑凡所梦者，或反中诡遇赵简子梦童子裸歌，可吴入郢②；晋小臣梦负公登天，而负公出诸厕之类是也③，或理所不容吕錡梦射月中之④；吴后梦肠出绕阊门之类是也⑤，或先觉未兆吕姜梦天，名其子曰虞⑥；曹人梦众，君子谋欲士曹之类是⑦，或假借象类蔡茂梦禾失为秩⑧；王浚梦三刀为州之类是也⑨，或即事所无胡人梦舟，越人梦骑之类是也，或乍验乍否殷宗梦得傅说⑩；汉文梦获邓通⑪；验也，否事众多，不复具载也。此皆神化茫眇，幽明不测，易以约通，难用理检。若不许以神游，必宜求诸形内。恐块尔潜灵⑫，外绝觐觎⑬，虽复扶以六梦⑭，济以想因，理亦不得然也。"

【注释】

①勌(juàn)："倦"的异体字。

②"赵简子"二句:《左传·昭公三十一年》:"十二月,辛亥,朔,日有食之,是夜也,赵简子梦童子裸而转以歌,旦占诸史墨曰:'吾梦如是,今而日食,何也?'对曰:'六年,及此月也,吴其入郢乎,终亦弗克,入郢必以庚辰,日月在辰尾,庚午之日,日始有谪,火胜金,故弗克。'"

③"晋小臣"二句:《左传·成公十年》:"六月丙午,晋侯欲麦,使甸人献麦,馈人为之。召桑田巫,示而杀之。将食,张;如厕,陷而卒。小臣有晨梦负公以登天,及日中,负晋侯出诸厕,遂以为殉。"

④"吕锜"二句:《左传·成公十六年》:"吕锜梦射月,中之,退入于泥,占之,曰:'姬姓,日也。异姓,月也,必楚王也。射而中之,退入于泥,亦必死矣。'及战,射共王,中目。"

⑤吴后梦肠出绕阊门:《吴书》曰:坚世仕吴,家于富春,葬于城东。冢上数有光怪,云气五色,上属于天,曼延数里。众皆往观视。父老相谓曰:"是非凡气,孙氏其兴矣!"及母怀妊坚,梦肠出绕吴昌门,瘠而惧之,以告邻母。邻母曰:"安知非吉征也。"《宋书·符瑞志》亦载:坚母生坚,梦肠出绕吴昌门,以告邻母,邻母曰:"安知非吉祥也。"昌门,吴郭门也。赵一清曰:昌门本日阊阖门,亦日阊门。坚生,容貌不凡,性阔达,好奇节。

⑥吕姜梦天,名其子曰虞:见《史记》卷三十二。

⑦曹人梦众,君子谋欲士曹:无考。

⑧蔡茂梦禾失为秩:见《后汉书》卷五十六:"茂初在广汉,梦坐大殿,极上有三穗禾,茂跳取之,得其中穗,辄复失之。以问主簿郭贺,贺离席庆曰:'大殿者,官府之形象也。极而有禾,人臣之上禄也。取中穗,是中台之位也。于字禾失为秩,虽曰失之,乃所

以得禄秩也。衮职有阙,君其补之。'旬月而茂征焉,乃辟贺
为掾。"

⑨王浚梦三刀为州:见《晋书》卷四十一:晋时王浚一夜梦见三刀悬
于梁上,忽又增一刀,王浚惊醒后,认为这是坏事。他的下属李
毅说:三刀是一个"州"字,加一就是"益"字,这是要升迁益州的
预兆。后来益州刺史皇甫晏被贼人所杀,果然迁王浚去益州
当官。

⑩殷宗梦得傅说:见《史记·殷本纪》。详见《明佛论》注。

⑪汉文梦获邓通:见《史记·佞幸列传》:"邓通,蜀郡南安人也,以
濯船为黄头郎。孝文帝尝梦欲上天,不能,有一黄头郎从后推之
上天,顾见其衣尻带后穿。觉而之渐台,以梦中阴目求推者郎,
见邓通,其衣后穿,梦中所见也。召问其名姓,姓邓氏,名通。文
帝说焉,尊幸之日异。通亦愿谨,不好外交,虽赐洗沐,不欲出。
于是文帝赏赐通巨万以十数,官至上大夫。"

⑫潜灵:潜灵,指幽魂,或灵怪。

⑬觌觎(dí):此处指对外在事物的感知。

⑭六梦:古代把梦分为六类,根据日月星辰以占其吉凶。《周礼·
春官·占梦》:"以日月星辰占六梦之吉凶:一曰正梦,二曰噩梦,
三曰思梦,四曰寤梦,五曰喜梦,六曰惧梦。"

【译文】

问:"您说精神会消灭,怎样知道它会消灭呢?"

答:"精神就是形体,形体就是精神,因此,形体存在,精神才存在,
形体衰亡,精神也就消灭。"

问:"无知,才叫做形体,有知,才叫做精神。有知和无知根本是两
回事,精神和形体,原则上不能混为一谈。形体和精神是一回事的说
法,不是我所能同意的。"

答:"形体是精神的质体,精神是形体的作用。所以形体是指的它

的质体,精神是指的它的作用。形体和精神不能割裂。"

　　诘难道:"说形神一体,必须有神离不开形的证据。至于说神即是形,形即是神,形之与神没有区别;这种说法就更是没有根据,而乖离深刻的比喻了。现在不妨以梦为例,证明形神并非一体而不可离。当人睡觉时,其形体是无知觉的存在,但人在梦中却经常看见许多东西,这乃是游离了形体的神所感知到的。神不孤立,必定寄托于一定的形体,此有如人不会露宿,而必须有居室一样。但形器是秽暗之质,居室是闭塞之地,神居于体内时,则其识不甚清明,故产生梦这种现象。人回到黑暗的居室中时,他的神识也会暂时受到壅塞,所以会把白天当作黑夜。当人做梦时,或上腾云霄,或日行万里,如果不是其神远游,便是其形亲往。但人睡着时,其形是不会亲往的,神又不能离开身体去远游,又怎会如此呢? 若说梦境是想象的产物,那么,当人安然入睡时,身如枯木,气息微弱,叫他听不见,触摸又没有知觉。既然说形神是同一的,此时的精神也应和身体一样感到疲倦,既然身体不能感知到在外的声音,又如何能在身体之内产生思想呢? 所谓的形体在歇息而精神却独自去远游,由此就十分明白了。又有人怀疑所有做梦的现象中,有属于违反中道而诡遇型的如赵简子梦见童子裸身歌舞,于是史墨预测吴将入郢都必败;晋国的小宦官早上梦见自己背负晋侯登天,而事实上后来果然背负晋侯上厕所而成为晋侯的陪葬者,就是这种类型,有的是常理所不容许的如吕锜梦见自己射中了月亮却退入泥中,后来果然射中楚王眼睛,但被楚王派人射中脖子而亡;吴王孙坚的母亲怀他时,梦见自己的肠子流出并环绕吴国阊门就是此种类型,有的是先觉未兆如吕姜梦天,名其子曰虞;曹人梦众,君子谋欲士曹就是此种类型,有的是假借象类如蔡茂梦禾失为秩;王浚梦三刀为州就是此种类型,有的是即事所无如胡人梦舟,越人梦骑就是此种类型,还有的是有时灵验有时不灵验如殷宗梦得傅说;汉文梦获邓通;这些都是获得了验证的梦,但存在不少不灵验的事例,在此就不全部记载了。这些都是神灵的变化,深远迷茫、幽明不测，要大致的相信容易，但难以根据事理来核实。若不赞同精神可以离开身体远游，就一定要在身体之内寻求解释的可能。即使是那些灵怪，一旦杜绝与外在事物的接触感知，即使以六梦占卜相扶助，并济之以想象，恐怕也不能明白这些道理啊。"

问曰："神故非质，形故非用，不得为异，其义安在？"

答曰："名殊而体一也。"

问曰："名既已殊，体何得一？"

答曰："神之于质，犹利之于刃；形之于用，犹刃之于利。利之名非刃也，刃之名非利也。然舍利无刃，舍刃无利。未闻刃没而利存，岂容形亡而神在？"

难曰："夫刃之有利，砥砺之功；故能水截蛟螭①，陆断兕虎②。若穷利尽用，必摧其锋锷，化成钝刃。如此则利灭而刃存，即是神亡而形在，何云舍利无刃、名殊而体一耶？刃利既不俱灭，形神则不共亡。虽能近取譬，理实乖矣！"

【注释】

①蛟螭（chī）：蛟龙。泛指水族类动物。

②兕（sì）虎：猛虎。泛指陆地类动物。

【译文】

问："精神既不是质体，形体又不是作用，但二者又不能割裂，它的理论根据在哪里？"

答："精神和形体名称不同，而实质上是一回事。"

问："精神和形体名称既然不同，如何能说实体是一样的呢？"

答："精神和身体的关系，恰如锋利和刀刃的关系一样。身体和作用的关系，恰如刀刃和锋利的关系一样。既叫做锋利，当然不是刀刃；

既叫做刀刃，当然不是锋利。但是离开了锋利就无所谓刀刃，离开了刀刃就无所谓锋利。从来没有听说过刀刃不存在而锋利单独存在的，哪能说形体死亡而精神能单独存在？"

诘难道："刀刃之所以会有锋利，盖因磨砺之功，故能水里斩蛟龙，山中杀猛虎。若砍研过度，则成为钝刀。此时，虽锋利已不复存在了，但刀刃照样存在，神亡而形在也是这样，怎能说没有了锋利，刀刃就不存在了呢？怎么能说形与神是名称相异而本体相同呢？刀刃与锋利既然不会同时消失，形体与精神也就不会同时消亡了，虽然你很善于举身边的事例作譬喻，但确实是违背常理啊。"

问曰："刃之与利，或如来说；形之于神，其义不然。何以言之？木之质无知也，人之质有知也。人既有如木之质，而有异木之知，岂非木有其一，人有其二邪？"

答曰："异哉言乎！人若有如木之质以为形，又有异木之知以为神；则可如来论也。今人之质，质有知也；木之质，质无知也。人之质，非木之质也；木之质，非人质也；安在有如木之质而复有异木之知哉？"

问曰："人之质所以异木质者，以其有知耳。人而无知，与木何异？"

答曰："人无无知之质，犹木无有知之形。"

问曰："死者之形骸，岂非无知之质也？"

答曰："是无知之质也。"

问曰："若然者，人果有如木之质，而又有异木之知矣。"

答曰："死者有如木之质，而无异木之知；生者有异木之知，而无如木之质也。"

问曰："死者之骨骼，非生者之形骸邪？"

答曰："生形之非死形，死形之非生形，区以革矣，安有生之人之形骸而有死人之骨骼哉？"

问曰："若生者之形骸非死者之骨骼，死者之骨骼则应不由生者之形骸；不由生者之形骸，则此骨骼从何而至此邪？"

答曰："是生者之形骸变为死者之骨骼也。"

问曰："生者之形骸虽变为死者之骨骼，岂不因生而有死？则知死体虽犹生体也。"

答曰："如因荣木变为枯木，枯木之质宁是荣木之体？"

问曰："荣体变为枯体，枯体即是荣体。如丝体变为缕体，缕体即是丝体。有何别焉？"

答曰："若枯即是荣，荣即是枯，则应荣时雕零，枯时结实也。又荣木不应变为枯木，以荣即是枯，无所复变也。又荣枯是一，何不先枯后荣，要先荣后枯何也？丝缕同时，不得为喻。"

问曰："生形之谢，便应豁然都尽。何故方受死形，绵历未已邪？"

答曰："生灭之体，要有其次故也。夫歘而生者必歘而灭①，渐而生者必渐而灭。歘而生者，飘骤是也②；渐而生者，动植是也③。有歘有渐，物之理也。"

难曰："论云：人之质有知也，木之质无知也。岂不以人识凉燠知痛痒，养之则生，伤之则死耶。夫木亦然矣。当春则荣，在秋则悴；树之必生，拔之必死，何谓无知？今人之质犹如木也。神留则形立，神去则形废。立也即是荣木，废也即是枯木。子何以辩此非神知，而谓质有知乎？凡万有皆以神知，无以质知者也。但草木昆虫之性，裁觉荣悴生死；生民之识，则通安危利害。何谓非有如木之质以为形，又有异木之知以为神耶？此则形神有二，居可别也。但木禀阴阳之偏气，人含一灵之精照；其识或同，其神则异矣。骨骸形骸之论，死生授受之说，义既前定，事又不经，安用曲辩哉。"

【注释】

①欻（xū）：忽然。

②飘骤：暴风雨。

③动植：动物、植物。

【译文】

问："刀刃和锋利的关系，可能像您所说的那样，但是形体和精神，它的道理却不是这样。为什么这样说呢？树木的质体是没有知觉的，人类的质体是有知觉的。人类既有相同于树木的质体，却有不同于树木的知觉。岂不是说明了树木只有一种质体，人类有两种质体吗？"

答："这话可奇怪了！人类若有以相同于树木的质体作为形体，又有以相异于树木的知觉作为精神，倒可以如你所说；事实上人类的质体，就在于它有知觉，树木的质体，就在于它没有知觉。人类的质体不是树木的质体，树木的质体也不是人类的质体。人类怎么可能既有同于树木的质体，又有异于树木的知觉呢？"

问："人类的质体之所以不同于树木的质体的地方，就在于它有知觉。人类若是没有知觉，它和树木有什么区别呢？"

答："人类没有无知觉的质体，恰如树木没有有知觉的形体一样。"

问:"死人的形体岂不就是没有知觉的质体吗?"

答:"确实是没有知觉的质体。"

问:"既然这样,可见人类确实既有相同于树木的质体又有不同于树木的知觉了。"

答:"死人虽然有相同于树木的质体,却没有不同于树木的知觉;活人虽有不同于树木的知觉,却没有相同于树木的质体。"

问:"死人的骨骼不就是活人的形体吗?"

答:"活的形体不是死的形体,死的形体也不是活的形体,根本是不同的两类,怎能有活人的形体却有死人的骨骼呢?"

问:"如果活人的形体根本不是死人的骨骼,死人的骨骼也就应当不从活人的形体产生。既然不从活人的形体产生,那么这死人的骨骼是从哪里来的?"

答:"这是活人的形体变成了死人的骨骼啊!"

问:"活人的形体能变为死人的骨骼,岂不正是因为有了生才有死,可见死人的形体也就是活人的形体了。"

答:"如果根据活的树变成枯的树木来推论,枯树的质体怎能说就是活树的形体?"

问:"活树的形体既能变成枯树的形体,可见枯树的形体也就是活树的形体。好像一条一条的丝的形体变成了线的形体,线的形体也就是丝的形体。这有什么问题呢?"

答:"若照你的说法枯树就是活树,活树就是枯树,就应当在树活的时候凋零,在树枯的时候结果。活树不应当变成枯树,因为照你的说法活树即是枯树,所以枯树不必从活树变来了。又照你的说法活树枯树既然一样,为什么不先从枯树变成活树,一定先从活树变成枯树,这是什么道理呢? 至于丝和缕是同时存在的,不是丝消灭后才成为缕,不能用来作为这个辩论的比喻。"

问:"当活人形体衰亡时,应当立刻死去,为什么人总是逐渐地死去呢?"

答:"这是因为凡是生灭的形体,必须有一定的程序的缘故。突然发生的,必定会突然消灭;逐渐发生的,必定是逐渐消灭。突然发生的,就像狂风暴雨那样;逐渐发生的,就像动物植物那样。有突然发生的,也有逐渐发生的,这是事物生灭的必然规律。"

诘难道:"《神灭论》说,'人的形质有知,但树木的形质无知',岂不是因为人识凉热、知痛痒,养之则生,伤之则死?而树木也是一样,春天则会生长,到了秋天则会凋谢,栽培则生,拔除则死,怎能说树木无知呢?人之形质,也与树木一样,精神存留则形体有作用,精神离去则形体就不能作用。有功能作用即是荣木,无功能作用即是枯木,你凭什么辨别这不是精神的知觉,而说是质本身有的知觉呢?世间万有,皆以神来觉知,没有哪一种东西是以质体来觉知的。所不同的是,树木昆虫只能觉知荣悴生死,而人则还能通晓安危利害,怎么能说人之形质不同于树木之质,又有不同于树木之精神呢?如此,则使得形与神成为两种不同的存在且又明显的差别了。只是因为树木禀受了偏激的阴阳之气,而人则更含有神灵照耀之功,二者之感觉或许相同,但精神则不可能无异。由此看来,《神灭论》所说的骨骼有异与形骸、死亡和生存递相延续,义理前定,论述经不起考验,哪里用得着狡辩呢?"

问曰:"形即是神者,手等亦是神邪?"

答曰:"皆是神之分也。"

问曰:"若皆是神之分,神既能虑,手等亦应能虑也?"

答曰:"手等能有痛痒之知,而无是非之虑。"

问曰:"知之与虑,为一为异?"

答曰:"知即是虑,浅则为知,深则为虑。"

问曰:"若尔,应有二虑。虑既有二,神有二乎?"

答曰:"人体惟一,神何得二?"

问曰:"若不得二,安有痛痒之知,复有是非之虑?"

答曰:"如手足虽异,总为一人。是非痛痒虽复有异,亦总为一神矣。"

问曰:"是非之虑,不关手足,当关何处?"

答曰:"是非之虑,心器所主。"

问曰:"心器是五藏之心,非邪?"

答曰:"是也。"

问曰:"五藏有何殊别,而心独有是非之虑乎?"

答曰:"七窍亦复何殊,而司用不均何也?"

问曰:"虑思无方,何以知是心器所主?"

答曰:"心病则乖思,是以知心为虑本。"

问曰:"何知不寄在眼等分中邪?"

答曰:"若虑可寄于眼分,眼何故不寄于耳分邪?"

问曰:"虑体无本,故可寄之于眼分。眼自有本,不假寄于它分也。"

答曰:"眼何故有本而虑无本?苟无本于我形,而可偏寄于异地,亦可张甲之情寄王乙之躯,李丙之性托赵丁之体。然乎哉?不然也。"

难曰:"论云:形神不殊,手等皆是神分。此则神以形为体。体全即神全,体伤即神缺矣。神者何?识虑也。今人或断手足,残肌肤,而智思不乱。犹孙膑刖趾,兵略愈明[①];肤浮解腕,儒道方谧[②],此神与形离,形伤神不害之切证也。但神任智以役物,托器以通照,视听香味各有所凭,而思识归乎心器。譬如人之有宅：东阁延贤、南轩引景、北牖招风、西楹映月，主人端居中霤以收四事之用焉。若如来论，口鼻耳目各有神分，一目病即视神毁，二目应俱盲矣；一耳疾即听神伤，两耳俱应聋矣。今则不然。是知神以为器，非以为体也。又云：心为虑本，虑不可寄之他分，若在于口眼耳鼻，斯论然也。若在于他心则不然矣。耳鼻虽共此体，不可以相杂，以其所司不同，器用各异也。他心虽在彼形，而可得相涉，以其神理均妙，识虑齐功也。故《书》称：'启尔心，沃朕心。'《诗》云：'他人有心，予忖度之。'齐桓师管仲之谋，汉祖用张良之策，是皆本之于我形，寄之于他分。何云张甲之情，不可托王乙之躯；李丙之性，勿得寄赵丁之体乎？"

【注释】

① "犹孙膑"二句：孙膑是孙武后代，与庞涓同学兵法，后庞涓为魏惠王将军，骗孙膑到魏，用刖刑（即砍去双脚），被齐国使者偷偷救回齐国后，被齐威王任为军师。马陵之战，孙膑身居辎车，计杀庞涓，大败魏军。著作有《孙膑兵法》，久已失传。见《史记》卷六十五本传。

② "肤浮"二句："肤浮"当作"卢浮"，卢浮因病疽截去双手，但学道不辍，为朝廷器重，见《晋书》卷四十四。

【译文】

问："您说'形体即是精神'，那么像'手'这些器官也是精神吗？"

答："都有精神的一个方面。"

问："如果说手这类肢体都是精神的一个方面，精神能思虑，手这类肢体也应当能思虑了。"

答："手这类肢体有痛痒的感觉，但没有辨别是非的思虑。"

问："感觉和思虑是一回事,还是两回事?"

答："感觉也就是思虑。粗浅的叫做感觉,深刻的叫做思虑。"

问："既是这样,应当有两种思虑了,思虑既然有两种,难道精神也有两种吗?"

答："人的形体只有一个,精神哪能有两种呢?"

问："如果不能有两种精神,怎么能够既有知痛知痒的感觉又有辨别是非的思虑?"

答："比如手足虽然不同,总归是一个人的肢体;辨别是非,感知痛痒虽不相同,也总归是一个人的精神。"

问："辨别是非的思虑和手足无关,和什么有关呢?"

答："辨别是非的思虑是由心这一器官主宰的。"

问："心器官是五脏之一的心脏吗?"

答："是的。"

问："五脏有什么不同,而单单心有辨别是非的思虑作用呢?"

答："七窍又有什么不同,为什么所担任的职能并不一样呢?"

问："思虑作用不受任何局限,凭什么知道是心这个器官所主宰的呢?"

答："心有疾病就会使思虑作用失常,因此知道心器官是思虑的基础。"

问："怎样知道思虑不是寄托在眼睛等身体的其他部分呢?"

答："假若思虑作用可寄托于眼睛这个部分,眼的作用为什么不寄托于耳这个器官呢?"

问："思虑自身没有基础,所以可寄托于眼这一方面。眼自有它的基础,所以不寄托于其他感官方面。"

答："眼为什么有它的基础而思虑没有它的基础呢?假如思虑在我的形体上没有基础,可寄托在任何地方,那么张甲的情感可以寄托在王乙的身上;李丙的性格可以寄托在赵丁的身上。是这样吗?不是吧。"

　　诘难："《神灭论》说：'形神相即不离，手足等都是精神的一个部分。'此则神以形为体，体全则神全，体伤则神缺。什么是神呢？神就是识虑。现在如果把某人的手足砍断，把其肌肤刺伤，他仍然可以神志不乱。此犹孙膑被砍掉双脚，其用兵的韬略却愈加高明，卢浮因病斩断双手，而其儒道却愈发精妙。这正是精神与形体可以分离，形虽被伤而神不受损害的最好例证。只是精神运用智慧来使用事物，利用器官来扩大认识，视、听、香、味，各有其所凭借的器官，而思虑归于心脏。比如人有居宅，东边的阁楼用来招待贤人宾客，南边的庭轩用来引入阳光，北边开窗可以招风，西边的窗户可以赏月。东南西北各有其用，主人则居于中霤，总管全宅并享各屋之用。如果像《神灭论》所说的，口鼻耳目各有其神主管，那么当一个眼睛患疾时，视力之神则毁，则应二目俱盲。同样，一耳患疾，则听神伤，即应二耳皆聋。但事实上并不是这样，可见身体只是作为精神寄居的'容器'，而不是精神的'本体'。《神灭论》又说：'心为思虑之本，思虑不可寄托于其他器官。'如果此指耳目口鼻诸神不可混杂，他这种说法则是对的，如果是指心，则不是如此了。因为耳目口鼻之神虽然共处同一形体之中，之所以没有相互混杂和替代，是因为它们各自主宰作用的器官不同，而不同器官的功能是不同的。心虽然处于不同的形体之中，却可以相互之间交涉，是因为它们的神灵都是一样的精妙，它们的感觉和思虑一样能起作用。这正如《尚书》中所说的：'开启你之心，以温沃我之心。'《诗经》中也说：'他人之心，我能够忖度。'历史上齐桓公采用管仲的谋略，汉高祖听从张良的计策，这都是本于我的形体的精神又可以转寄到他人身上的例证。为什么说张甲之情不可寄托于王乙之躯呢？李丙之性，不能寄托于赵丁之体呢？"

　　问曰："圣人之形犹凡人之形，而有凡圣之殊，故知形神异矣。"

　　答曰："不然。金之精者能照，秽者不能照。有能照之精金，宁有不照之秽质？又岂有圣人之神，而寄凡人之器？亦无凡人之神，而托圣人之体。是以八彩重瞳，勋华之容；龙颜马口，轩皞之状①：此形表之异也。比干之心，七窍并列②；伯约之胆，其大若拳③：此心器之殊也。是以知圣人区分，每绝常品，非惟道革群生，乃亦形超万有。凡圣均体，所未敢安。"

问曰："子云圣人之形必异于凡，敢问阳货类仲尼，项籍似大舜④，舜、项、孔、阳智革形同，其故何邪？"

答曰："珉似玉而非玉，鹝类凤而非凤⑤，物诚有之，人故宜尔。项、阳貌似而非实似，心器不均，虽貌无益也。"

问曰："凡圣之殊，形器不一可也。圣人圆极，理无有二，而丘、旦殊姿，汤、文异状。神不系色，于此益明矣。"

答曰："圣与圣同，同于心器，形不必同也。犹马殊毛而齐逸，玉异色而均美。是以晋棘、荆和，等价连城⑥；骓、骝、骊，俱致千里。"

问曰："形神不二，既闻之矣；形谢神灭，理固宜然。敢问经云'为之宗庙，以鬼飨之'，何谓也？"

答曰："圣人之教然也。所以从孝子之心，而厉偷薄之意。'神而明之'，此之谓矣。"

问曰："伯有被甲，彭生豕见，坟、索著其事⑦，宁是设教而已邪？"

答曰："妖怪茫茫，或存或亡。强死者众⑧，不皆为鬼，彭生、伯有何独能然？乍人乍豕，未必齐郑之公子也。"

问曰："易称'故知鬼神之情状，与天地相似而不违'，又曰'载鬼一车'⑨,其义云何?"

答曰:"有禽焉,有兽焉,飞走之别也。有人焉,有鬼焉,幽明之别也。人灭而为鬼,鬼灭而为人,则未之知也。"

难曰:"论云岂有圣人之神,而寄凡人之器;亦无凡人之神,而托圣人之体。今阳货类仲尼,项籍似帝舜,即是凡人之神托圣人之体也。珉、玉、鹢、凤不得为喻。今珉自名珉,玉实名玉,鹢号鶂鹢,凤曰神凤。名既殊称,貌亦爽实。今舜重瞳子,项羽亦重瞳子,非有珉、玉二名,唯睹重瞳相类。又有女娲蛇躯,皋陶马口,非直圣神入于凡器,遂乃托乎虫畜之体? 此形神殊别,明暗不同,兹益昭显也。若形神为一,理绝前因者,则圣应诞圣,贤必产贤。勇、怯、愚、智,悉类其本。即形神之所陶甄,一气之所孕育,不得有尧睿朱嚚,瞍顽舜圣矣⑩。论又云,圣同圣气,而器不必同,犹马殊毛而齐逸。今毛复是逸器耶? 马有同毛色,而异驽骏者如此,则毛非逸相,由体无圣器矣。人形骸无凡圣之别,而有贞脆之异⑪。故遐灵栖于远质,促神寓乎近体,则唯斯而已耳。向所云圣人之体旨,直语近舜之形,不言器有圣智。非矛盾之说,勿近于此惑也。"

【注释】

①"八彩"四句:八彩,古代传说,尧眉八彩。重瞳,传说舜目有二瞳子。勋,即放勋,唐尧号放勋。华,即重华,虞舜之名。龙颜,即眉骸圆起,据说黄帝具此容貌。马口,传说皋具此异相。轩,即轩辕,亦即传说中的黄帝。皞,伏羲氏。关于此处提到的这些古代圣人的异相,可参考前文《牟子理惑论》注。

②"比干"二句:传说比干心有七窍,见《史记·殷本纪》。

③"伯约"二句:《三国志》卷四十四:"姜维字伯约。"注:"维死时见剖,胆如斗大。"

④"阳货"二句:《史记·孔子世家》:"孔子状类阳虎。"《史记·项羽本纪》:"太史公曰:'吾闻之周生曰:舜目盖重瞳子,又闻项羽亦重瞳子,羽岂其苗裔耶?'"

⑤鹓(jū):即鹓鸹,古书上的一种鸟,似凤。

⑥"晋棘"二句:晋棘,即晋国垂棘之璧,荆和,即楚国之和氏璧。二者都是价值连城之美玉。

⑦坟、索:即三坟五典与八索九丘。均为古书名。相传三坟为伏羲、神农、黄帝之书;五典为少昊、颛顼、高辛、尧、舜之书;八索为八卦之说;九丘为九州之志。

⑧强死:非因病、老而死;人尚壮健而死于非命。《左传·文公十年》:"初,楚范巫矞似谓成王与子玉、子西曰:'三君皆将强死。'"孔颖达疏:"无病而死,谓被杀也。"

⑨载鬼一车:语出《周易·睽》:"上九,睽孤。见豕负涂,载鬼一车,先张之弧,后说之弧。"高亨注:"爻辞所言乃一古代故事。有一睽孤(离家在外之孤子)夜行,见豕伏于道中,更有一车,众鬼乘之。睽孤先开其弓欲射之,后放下其弓而不射。盖详察之,非鬼也,乃人也;非寇贼也,乃婚姻也。"后因以指混淆是非,无中生有。

⑩尧睿朱嚚(yín)、瞍顽舜圣:尧即唐尧,朱即丹朱,相传为尧的儿子;舜即虞舜,瞍别名瞽叟,相传为虞舜之父。这句话的意思是说,唐尧聪睿而其子却不肖,虞舜大圣而其父却顽嚚。

⑪贞脆:坚贞与脆弱。

【译文】

问:"'圣人'的形体也恰如一般人的形体,但事实上一般人和'圣人'的差别很大,所以知道形体和精神是两回事。

答:"不是这么回事。纯粹的黄铜有光泽可以映照人,有杂质的黄铜没有光泽也就不能映照,能映照的纯铜怎会有不能映照的杂质呢?由此看来,怎会有'圣人'的精神反而寄托在一般人的形体之中?自然也不会有一般人的精神寄托在'圣人'的形体之中。因此,尧有八彩的眉毛,舜有双瞳孔的眼睛,黄帝的前额像龙,皋陶的口形像马,这些都是身体外形的特殊;比干的心,七个孔窍并列,姜维的胆有拳头那样大,这些都是内部器官的特别。由此可见,'圣人'品貌特殊,常常和普通人不一样,"圣人"不仅在道德上超出众人,就在形体上也是与众不同的。所谓一般人和'圣人'形体一样的说法,我认为不妥当。"

问:"您说'圣人'的形体一定不同于一般人,那么请问阳货的相貌像孔子,项羽的重瞳像舜,舜、项羽、孔子、阳货,他们的才智不同而形貌相似,这是什么缘故?"

答:"珉像玉却不是玉,鹝像凤却不是凤,事物中确有这种现象,人类也不例外。项羽、阳货的相貌和舜、孔子相似,却不真相同,他们的内部器官不同,虽外形类似,也是枉然。"

问:"一般人和'圣人'有差别,形体器官也不一致,这是说得通的;'圣人'都是圆满的,照道理讲没有两样,但是孔子和周公的相貌不同,汤和文王的相貌也两样。因此更可以证明,精神不依赖于形体了。"

答:"'圣人'和'圣人'之所以相同,在于他们都有'圣人'的器官,但器官本身不一定相同。如同马的毛色不同却都可以是快马,玉的色泽不同而都可以是美玉一样。因此,晋国的垂棘璧,楚国的和氏璧,都价值连城;骅、骝、骁、骊,都能远行千里。"

问:"形体和精神不是两回事,已经领教了。形体衰亡精神也随着消灭,道理确也应当这样。请问古书上说'为鬼神建立宗庙,鬼神飨受它',这是什么意思呢?"

答:"这是'圣人'的教化方法啊。目的在于顺从孝子的情感,并纠正偷懒不忠厚的倾向。所谓神而明之,就是这个意思了。"

问："伯有的鬼披着甲，惊扰郑国，彭生的鬼化为野猪出现。在经典中写得清清楚楚，怎能认为这仅仅是利用神道来教化人们呢？"

答："奇怪的事情是渺茫的，或真或假。遭到凶死的太多了，没有听说都变成了鬼，为什么单单彭生、伯有就会变成鬼呢？一会儿是人，一会儿又是猪，未必就是齐国的彭生，郑国的伯有公子啊。"

问："《周易》中说：'因此认识鬼神的情况和天地造化相似而不违背'，又说'装满了一车鬼'，这些话的意义何在呢？"

答："有禽有兽，这是飞和走的区分；有人有鬼，这是隐蔽和明显的区分。至于人死变成鬼，鬼消灭了又变成人，这是我无法理解的。"

诘难："《神灭论》说：'岂有圣人之神，而寄凡人之体？亦无凡人之神，而托圣人之体。'事实上，阳货类似孔子，项籍很像虞舜，这就是凡人之神，寄托于圣人之体。珉和玉、鹞和凤区别之说，并不是很恰当的比喻。珉本自名为珉，玉就是玉，鹞号鸡鹞，凤曰神凤，名称本自不同，其质当然有别。但是虞舜重瞳，项羽亦重瞳，并不像珉玉那样有二名，而在重瞳这一点是共同的。又如女娲蛇躯，皋陶马口，这就不仅仅是圣人神识入于凡人之形体了，而且寄托于虫畜之体。可见，形神殊别，明暗不同，其理昭昭。如果形神为一，则圣应生圣，贤必生贤。勇敢、懦弱、聪明、愚蠢所生都类其本。既然形神分别产生和自己一致的品类，皆为一气之所孕育，那么明睿的尧帝不会生下狂傲的丹朱，凶顽的瞽叟不会生下圣明的舜帝。《神灭论》又说：'圣人同是圣人一类的形体，而各个圣人的形体不一定完全相同，此有如马毛虽不尽相同，而其善于奔跑则是共同的。'照此说来，马之毛与其奔跑能力也有一定的联系了，但是，有许多马匹虽然毛色相同，但奔跑起来却大不一样，可见，马之毛并非是否善于奔跑的标志，由此可知，把圣人不同的形体比作马的不同毛色是不恰当的。实际上，人的形质并没有凡圣之区别，但有坚贞与脆弱的不同，所以近灵可以栖于远质，此神可以寓于彼体，仅此而已。此前所说的圣人的外形特征，只是说某人的外貌像舜，而不是说有了这种相貌就必然会是圣智之人。这并不是我自相矛盾,而是让你们不要这样惑乱罢了。"

问曰:"知此神灭,有何利用邪?"

答曰:"浮屠害政,桑门蠹俗,风惊雾起,驰荡不休。吾哀其弊思拯其溺。夫竭财以赴僧,破产以趋佛,而不恤亲戚,不怜穷匮者,何耶? 良由厚我之情深,济物之意浅。是以圭撮涉于贫友①,吝情动于颜色;千钟委于富僧,欢怀畅于容发。岂不以僧有多稌之期,友无遗秉之报? 务施不关周急,立德必在己。又惑以茫昧之言,惧以阿鼻之苦②,诱以虚诞之词,欣以兜率之乐③,故弃缝掖、袭横衣④,废俎豆、列瓶钵。家家弃其亲爱,人人绝其嗣续,至使兵挫于行间,吏空于官府,粟罄于惰游,货殚于土木。所以奸宄佛胜,颂声尚权,惟此之故也。其流莫已,其病无垠,若知陶甄禀于自然,森罗均于独化;忽焉自有,恍尔而无;来也不御,去也不追。乘夫天理,各安其性,小人甘其垄亩,君子保其恬素;耕而食,食不可穷也;蚕以衣,衣不可尽也。下有余以奉其上,上无为以待其下。可以全生,可以养亲,可以为己,可以为人,可以匡国,可以霸君,用此道也。"

难曰:"佛之有无,寄于神理存灭,既有往论,且欲略言。今指辩其损益,语其利害,以弼夫子过正之谈。子云释氏蠹俗伤化,费货损役。或者为之,非佛之尤也! 佛之立教,本以好生恶杀,修善务施。好生非止欲繁育鸟兽,以人灵为重;恶杀岂可得缓宥逋逃,以哀矜断察? 修善不必赡丈六之形,以忠信为上;务施不苟使殚财土木,以周急为美。若绝嗣续，则必法种不传；如并起浮图，又亦播殖无地。凡人且犹知之，况我慈氏宁乐尔乎？今守株桑门，迷瞀俗士，见寒者不施之短褐，遇馁者不锡以糠豆。而竞聚无识之僧，争造众多之佛。亲戚弃而不眄，祭祀废而不修，良缯碎于刹上，丹金縻于塔下；而谓为福田，期以报业。此并体佛未深，解法不妙。虽呼佛为佛，岂晓归佛之旨？号僧为僧，宁达依僧之意？此亦神不降福，予无取焉。夫六家之术，各有流弊。儒失于僻，墨失于蔽，法失于峻，名失于诈，咸由祖述者，失其传以致泥溺。今子不以僻蔽诛孔、墨，峻诈责韩、邓；而独罪我如来，贬兹正觉，是忿风涛而毁舟楫也。今逆悖之人，无赖之子，上罔君亲，下虚俦类，或不忌明宪，而乍惧幽司，惮阎罗之猛，畏牛头之酷[5]，遂悔其秽恶，化而迁善。此佛之益也。又罪福之理，不应殊于世教，背乎人情。若有事君以忠，奉亲唯孝，与朋友信；如斯人者，犹以一眚掩德，蔑而弃之，裁犯虫鱼，陷于地狱，斯必不然矣。夫忠莫逾于伊尹，孝莫尚乎曾参，若伊公宰一畜以膳汤，曾子烹只禽以养点，而皆同趋炎镬，俱赴锋树[6]。是则大功没于小过，奉上反于惠下。昔弥子矫驾，犹以义弘免戮[7]，呜呼！曾谓灵匠不如卫君乎？故知此为忍人之防，而非仁人之诫也。若能监彼流宕，衅不在佛，观此祸福，悟教开诱；思息末以尊本，不拔本以极末；念忘我以弘法，不后法以利我，则虽曰未佛，吾必谓之佛矣。”

【注释】

①圭撮：容量词，六粟为一圭，十圭为一撮。

②阿鼻之苦：梵文 Avici 音译名。意译为"无间"，即痛苦无有间断之意。为佛教八大地狱中最下、最苦之处。

③兜率之乐：亦称"兜率天"。梵语音译。佛教谓天分许多层，第四层叫兜率天。它的内院是弥勒菩萨的净土，外院是天上众生所居之处。《法华经·普贤菩萨劝发品》："若有人受持读诵，解其义趣，是人命终……即往兜率天上弥勒菩萨所。"

④缝腋：大袖单衣，古儒者所服。亦指儒者。

⑤"惮阎罗"二句：阎罗是梵文 Yamarāja 的意译，又译作"阎魔"、"焰魔罗"等，俗称"阎王爷"、"阎罗王"。牛头马面是冥府著名的勾魂使者。鬼城酆都，及各地城隍庙中，均有牛头马面的形象。牛头来源于佛家，又叫阿傍，其形为牛头人身，手持钢叉，力能排山。

⑥"同趋"二句：炎镬、锋树，均为地狱惩罚的工具，犹如刀山火海等。

⑦"昔弥子"二句：《史记·老子韩非列传》："昔者弥子瑕见爱于卫君。卫国之法，窃驾君车者罪至刖。既而弥子之母病，人闻，往夜告之，弥子矫驾君车而出。君闻之而贤之曰：'孝哉，为母之故而犯刖罪！'"

【译文】

问："认识了精神消灭的道理，有什么实际意义呢？"

答："佛教对政治的危害，和尚对风俗的腐蚀，就像狂风迷雾一样，广泛地传播着。我痛心社会上这种弊端，并想要挽救它的沉沦。人们宁可倾家荡产去求僧拜佛，但是不照顾亲戚，不怜惜穷困之人，这是什么原因呢？就是由于自私的打算过多，救人的意思太少。因此，送给穷朋友一把米，吝惜的情绪就流露在脸上；捐赠豪富的和尚上千石的粮食,就从内心到汗毛也感到舒畅。岂不是因为和尚有夸大的报偿上天堂的诺言,而穷朋友没有一升半斗的报答吗?帮助人却不在于救人急难,做好事仅仅为了自私。佛教用渺茫的谎言迷惑人,用阿鼻地狱的痛苦吓唬人,用夸大的言词引诱人,用天堂的快乐招引人。所以使得人们抛弃了儒者的服装,披上了僧人的袈裟;废掉了传统的礼器,摆上了水瓶饭钵;家家骨肉分离;人人子嗣绝灭!以至于使得士兵在行伍中无用,官吏在机关中缺额,粮食被游手好闲的僧众吃光,财富被奢侈的寺院建筑耗尽!坏人充斥,不能禁止,却高颂'阿弥陀佛'!这都是佛教所造成的。它的源流不加遏止,它的祸害就没有边际。如果能够认识到万物的生成是由于它自己的原因,复杂的现象完全是它自己在变化,忽然自己发生了,忽然自己消灭了。对它的发生既不能防止,对它的消灭也无须留恋。顺从着自然的法则,各人满足自己的本性;劳动者安于他们的田野,统治者保持他们的朴素。种了田然后吃饭,粮食是吃不完的;养了蚕然后制衣,衣服是穿不尽的。在下者把多余的产品奉养在上者;在上者以不干涉的态度对待在下者。这样,就可以保全生命,可以赡养父母,可以满足自己,可以满足别人,可以使国家安定,可以使君主称霸,都是由于这个原则啊!"

诘难:"佛之有与无,以神之是否存在为依据。对此,上面已经语及,在此不赘言。现在这里指出辨明佛教的利害、损益问题,以此来帮助纠正先生您的矫枉过正之论。范缜先生说:'佛教蠹俗害政,有伤教化,劳民伤财。'确实可能有人危害惑众,但不是佛教自身的过错。佛之立教,最提倡好生恶杀、修善博施。好生不仅仅是不杀鸟兽之类,尤其反对滥杀百姓,因为人乃是生物之中最灵者,恶杀亦非无原则地反对刑罚,妨碍国家的治理。修善绝非只教人礼拜佛菩萨,尤以忠信为上;博施亦非让人倾家财以建寺院,唯以济人利他为美。如果所有的人都出家,悉绝嗣续,则佛法也无人去传扬;若果处处尽起寺塔,则连耕作之地也没有了。这是平民百姓都懂的最一般的常识,难道佛陀不懂吗?难道佛教赞成这么做吗？时下有些人，以事佛为名，见人受冻连麻裤也不肯施舍，见人挨饿连粗糠也不愿意周济，纠聚一些无识之僧，争相铸造佛像，而弃置亲戚而不顾，而任凭宗祠毁坏也不去修缮，好丝绸剪开作袈裟，黄金耗费在塔中佛像上；并且把这作为建福田，希望得到好的报应。这些人都是不懂得佛法真谛，虽然表面在事佛，实际上根本不懂佛的旨趣；表面上是僧人，实际上根本不懂僧人的意义所在。对于这种人、这种事，是得不到上天降下的福德的，也是我反对的。但是，各家学说，各有其流弊。如儒家失于僻而墨家失于蔽，法家失于严刑峻法而名家失于好强争辩。这些都是祖述各家旨意的人没有很好地遗传下去，以致产生种种弊端。现在范缜不因僻、蔽而抨击孔墨，不因峻法、好斗去讨伐韩非子和邓析，而独独对佛教的流弊大加鞭笞，真是憎恨风涛而欲废舟楫啊。现在有些罪人逆子、无赖之徒，上欺君亲而下虐同类，无视人伦，不怕国法，但却很怕地狱阎罗审判、牛头残酷惩罚的恶报，佛教能够使这些人去恶从善，这就是佛教的一大利益呀。又，佛教罪福之报，与世俗之教、人伦之情也不相违背，如果能够事君以忠，奉亲以孝，对朋友讲信义；像这样的人如果犯点小错误，也不会掩盖其大德，小过失可以弃置忽略，若说他们也因稍稍伤害虫鱼，就要陷入地狱受苦，必定不是这样的。这种人必不会遭地狱之报。在历史上，忠莫过于伊尹，孝莫过于曾参。如果因为伊尹宰一畜以供养商汤，曾子烹一禽以赡养父母，也都遭受地狱刀山火海之报，那岂不是大功没于小过吗？过去弥子曾有偷驾君车之过，但因是孝敬母亲而免遭杀戮。唉！不是曾说过灵匠不如卫君吗？所以说这是小人之防，并非是仁人的诚慎。如果能明白那些迷失流弊，其错并不在佛，体察祸福报应之理，从而领悟正法而开导群生，尊崇生命之本以息灭情欲之末，而不是相反。在个人与佛法的关系上，则应该忘我地去弘扬佛法，而不是把个人利益摆在佛法之上，如果能够这样，则虽然不一定事佛，但我以为他就是佛了。"

难神灭论

【题解】

本篇是为梁曹思文（生卒年不详）所撰。曹思文对范缜的《神灭论》的辩驳比较扼要，只提出两条加以问难。第一，神形相即。曹思文认为只能说神形相合为用，把二者看成相即的一体是不对的。第二，宗庙祭祀。曹思文质疑，如果宗庙祭祀只是圣人为了说教的方便，岂不成了欺人之谈？不仅欺人，而且还是欺天。因此，这种观点必然会导向对礼教的攻击，把礼教说成是谎话，从而动摇国家的道德根本。

论曰：神即形也，形即神也。是以形存则神存，形谢则神灭也。

难曰：形非即神也，神非即形也，是合而为用者也。而合非即矣。生则合而为用，死则形留而神逝也。何以言之？昔者赵简子疾五日不知人，秦穆公七日乃寤，并神游于帝所①；帝赐之钧天广乐②，此其形留而神游者乎？若如论言形灭则神灭者，斯形之与神，应如影响之必俱也。然形既病焉，则神亦病也。何以形不知人神独游帝，而欣欢于钧天广乐乎？斯其寐也魂交故，神游于胡蝶，即形与神分也。其觉也形开，邋邋然周也③，即形与神合也。然神之与形，有分有合；合则共为一体，分则形亡而神逝也。是以延陵窆子而言曰“骨肉归复于土，而魂气无不之”也④。斯即形亡而神不亡也，然经史明证灼灼也。如此宁是形亡而神灭者乎？

论曰：问者曰，经云："为之宗庙，以鬼飨之。"通云：非有鬼也，斯是圣人之教然也，所以达孝子之心，而厉偷薄之意也。

难曰：今论所云皆情言也，而非圣旨。请举经记以证圣人之教。《孝经》云："昔者周公郊祀后稷以配天⑤，宗祀文王于明堂以配上帝。"若形神俱灭，复谁配天乎？复谁配帝乎？且无神而为有神。宣尼云⑥："天可欺乎！"今稷无神矣，而以稷配，斯是周旦其欺天乎？果其无稷也，而空以配天者，即其欺天矣，又其欺人也。斯是圣人之教，教以欺妄也。设欺妄以立教者，复何达孝子之心，厉偷薄之意哉？原寻论旨，以无鬼为义。试重诘之曰：孔子菜羹瓜祭祀其祖祢也。《礼》云："乐以迎来，哀以送往。"神既无矣，迎何所迎？神既无矣，送何所送？迎来而乐，斯假欣于孔貌；途往而哀，又虚泪于丘体。斯则夫子之祭礼也，欺伪满于方寸，虚假盈于庙堂，圣人之教其若是乎？而云圣人之教然也。何哉？

思文启：窃见范缜《神灭论》，自为宾主，遂有三十余条。思文不惟暗蔽，聊难论大旨，二条而已。庶欲以倾其根本，谨冒上闻。但思文情用浅匮，惧不能微折诡经，仰黩天照，伏追震悸。谨启。

【注释】

①"昔者赵简子"三句:《史记·赵世家》:"赵简子疾,五日不知人,大夫皆惧。医扁鹊视之,出,董安于(简子家臣)问。扁鹊曰:'血脉治也,而何怪! 在昔秦缪公尝如此,七日而寤。……今主君之疾与之同。……'居二日半,简子寤。语大夫曰:'我之帝所甚乐,与百神游于钧天,广乐九奏万舞,不类三代之乐,其声动人心。'"寤,睡醒之意。帝所,指天帝之所,亦即日常所说的天宫。

②钧天广乐:"钧天",指天之中央。"钧天广乐"即天上的音乐。

③遽遽然周也:此典出自《庄子》。《庄子·齐物论》曰:"昔者庄周梦为胡蝶,栩栩然胡蝶也。自喻适志与,不知周也。俄然觉,则遽遽然周也。"遽遽,惊动之意。

④延陵窆(biǎn)子:《礼记·祭义》曰:"气也者,神之盛也;魄也者,鬼之盛也。"气即魂意,魂与气,古人常合为一谈。如延陵季子"骨肉归于土,魂气无不之"之语可见。《礼记·檀弓》云:延陵季子葬其长子于嬴博之间,既封,左袒,右还其封,云"骨肉归复于土,命也。若魂气则无不之"。窆,埋葬之意。

⑤后稷:周的祖先,名弃,舜时农官,封于邰,别姓姬。

⑥宣尼:即孔子,汉平帝追谥孔子为"褒成宣尼公"。

【译文】

范缜在《神灭论》中说:"神即是形,形即是神,所以形存则神存,形谢则神灭。"

诘难道:"形并非就是神,神也并非就是形,二者乃合而为用,而神形合而为用并非二者一起。有情体生则神与形合而为用,有情体死了,则形体遗留下来而精神迁逝。为什么这么说? 过去赵简子生病,五日不省人事,秦穆公一觉睡了七日七夜,他们的精神都游于天帝御所,天帝赐之钧天广乐。这些都是形留而神暂时迁逝他处的例证。如果像范缜《神灭论》所说的,形灭则神灭,其形之与神应当像影响随形声一样,不可须史离开，形体既然有疾病，其神也患病，为什么秦穆公不省人事，而精神能独游于帝所，欣赏钧天广乐呢？此诚如庄周睡着时，神游而化为蝴蝶，神与形分开了。其醒了时，神又与形合，故遽遽然还是庄周。神之与形，实有分有合。合则共为一体，分则形亡而神逝。所以延陵季子埋葬儿子时说：'骨肉复归于土，而魂气无处不往。'此即是形体亡而神识不亡啊。经史对于形亡而神存言之凿凿，怎么能说形体亡而神即灭呢。"

《神灭论》中曾记述一问者引经云："为之宗庙，以鬼飨之。"之后又说："可见，非有鬼神，此乃是圣人之神道设教，借以表达孝子之心、整肃偷薄之意也。"

诘难道："《神灭论》所说的，皆作者私意，而非圣人之言。不妨借引经典，以证圣人之教。《孝经》说：'过去周公郊祀后稷以配天，宗祀文王于明堂之上以配上帝。'如果形神俱灭，又以何配天呢？以何配上帝呢？孔子也说：'天可欺乎？'如果后稷无神，而周公以稷配天，周公岂不是在欺天？如果无后稷而空以配天，则不但欺天，也是欺人。这些都是圣人之教，难道圣人会以欺天之教示人吗？难道这种欺妄之教能表达孝子之心、整肃偷薄之意吗？反复研寻《神灭论》，其旨意在立无鬼之义，对此，可以进一步驳斥，孔子曾以菜羹瓜果祭祀祖宗。《礼记》云：'以乐迎之，以哀送之。'如果无神识，又何所迎何所送，那么迎来时的高兴不过是装样子，送走时的洒泪坟丘也是虚情假意。这样就是说孔夫子提倡的祭礼，方寸之间皆为欺伪，庙堂仪式也都是虚假摆设，圣人的礼教难道会是这样吗？而他竟说圣人之教就是这样，为什么呢？"

曹思文启：我所见范缜的《神灭论》，以宾主答问的形式，有三十多条。我不揣浅陋暗昧，现从两个大的方面去驳斥它，欲借此从根本推翻它的立论，谨奉上闻。由于思文才学疏浅，担心不一定能驳倒它，望皇上明鉴。谨启。

答曹录事《难神灭论》

【题解】

　　本篇一名《答曹舍人》，是范缜（约 450—515）针对曹思文的《难神灭论》而作的反驳。一则以人有梦见为牛为马者，醒后未见身边有死牛死马来驳斥所谓的"神游蝴蝶"岂能当作事实；二则进一步强调儒家经典所载的先圣祭祀鬼神之教，旨在顺着黎民百姓的信仰，利用神道设教，以宣扬孝道，未必在说明人死神不灭。

　　难曰："形非即神也，神非即形也，是合而为用者也。而合非即也。"

　　答曰："若合而为用者，明不合则无用；如蛩蚷相资，废一则不可①。此乃是灭神之精据，而非存神之雅决。子意本欲请战，而定为我援兵耶？"

【注释】

①蛩（qióng）蚷相资，废一则不可：蛩蛩，传说中的一种异兽，传说需与另一异兽"蚷虚"相配合才能行动。《山海经·海外北经》："〔北海〕有素兽焉，状如马，名曰蛩蛩。"郭璞注："即蛩蛩巨虚也。"《文选·司马相如〈子虚赋〉》："蹵蛩蛩，辚距虚。"李善注引张揖曰：

“蛩蛩，青兽，状如马。驱虚，似骡而小。”三国魏阮籍《咏怀》之十：“周周尚衔羽，蛩蛩亦念饥。”晋葛洪《抱朴子·博喻》：“蛩蛩之负蹷，虽寄命而不得为仁义。”清赵翼《初用拐杖》诗：“蛩蛩负驱虚，踸踔逐茅狗。”

【译文】

诘难道：“形非即是神，神非即是形，二者乃是联合起来而产生作用，而‘神形相合而为用’并非意味形体与精神没有差别。”

回答道：“如果是神形互相联合才能产生作用，就表明神和形若不相互结合就不能独自产生作用。这好比蛩蛩与驱虚两种神兽，必须相互配合资助，缺一不可。这也恰是精神会消灭的最好证据，而并非精神独立于形体而存在的证明。先生本想要挑战，而必定会成为我方的援兵的呀！”

难曰：“昔赵简子疾，五日不知人。秦穆公七日乃寤，并神游于帝所，帝赐之钧天广乐，此形留而神逝者乎？”

答曰：“赵简子之上宾，秦穆之游上帝，既云耳听钧天，居然口尝百味，亦可身安广厦，目悦玄黄；或复披文绣之衣，控如龙之辔，故知神之须待，既不殊人；四肢七窍，每与形等。只翼不可以适远，故不比不飞。神无所阙，何故凭形以自立？”

【译文】

诘难道：“过去赵简子生病，五日不省人事，秦穆公一觉睡了七日七夜，其精神游于天帝御所，天帝赐给他们天上的仙乐。这些不都是形体可以保留而精神可以远离的最好的例证吗？”

回答道：“赵简子作为天帝的上宾，秦穆公与天帝一起游乐。一说他们能够用耳朵听仙乐，又说居然能够用口品尝美味，还可以安居于琼楼玉宇中，眼睛为五彩之颜色所愉悦，甚至又说披着彩绣的衣服，手抓着御龙的绳辔。这不正好说明精神必须要依靠耳目口舌手足等形体的存在才能发挥作用吗？你看这些传说记载，每次描述的都是四肢百骸，与人的形体完全相同。要知道只有一只翅膀的鸟是不能飞很远的，既然鸟缺了翅膀就就不能远飞，而精神没有什么欠缺，为什么一定要凭借人的形体才能自立呢？"

难曰："若如论旨形灭即神灭者，斯形之与神应，如影响之必俱也。然形既病焉，则神亦病也。何以形不知人，神独游帝所？"

答曰："若如来意，便是形病而神不病也。今伤之则痛，是形痛而神不痛也。恼之则忧，是形忧而神不忧也。忧虑痛废，形已得之如此，何用劳神于无事耶？"曹以为生则合而为用，则病废同也。死则形留而神游，则故游帝与形不同。

【译文】

诘难道："如果像范缜《神灭论》所说的，形灭则神灭，其形与神就应当像事物的形体和阴影以及声音跟回响一样，不可须臾离开，因此，形体既然有疾病，其精神也应该患病，为什么赵简子身体没有知觉了，而精神却能独游于天帝的居所，欣赏宏伟的仙乐呢？"

回答道："若根据您的意思，那就是形体患病而精神不患病了。进而言之，形体受到损伤，便会感到疼痛，应是形体感到疼痛，而不是精神；受到激恼就会感到不愉快，应是形体而不是精神感到不愉快。忧愁思虑也好，疼痛残疾也罢，既然人的形体已经感觉到了，又何必劳烦精神再次感受，岂不是无事找事吗？"曹舍人认为人活着的时候,精神与形体是相互结合而产生作用的,因此疼痛残疾时。精神和形体共同感受。人死了,形体则会存留在世,但精神却与其分离并能远游。因此赵简子远游上帝的钧天之所时,精神就与形体不同了。

难曰:"其寐也魂交①,故神游于胡蝶,即形与神分也。其觉也形开②,遽遽然周也,即形与神合也。"

答曰:"此难可谓穷辩,未可谓穷理也。子谓神游胡蝶,是真作飞虫耶? 若然者,或梦为牛,则负人辕辀③,或梦为马,则入人跨下,明旦应有死牛死马,而无其物,何耶? 又肠绕闉门,此人即死,岂有遗其肝肺,而可以生哉? 又日月丽天,广轮千里,无容下从匹妇,近入怀袖。梦幻虚假,有自来矣。一旦实之,良足伟也。明结想霄,坐周天海,神昏于内,妄见异物,岂庄生实乱南园,赵简真登闉阘? 外弟萧琛亦以梦为文句,甚悉。想就取视也。"

【注释】

①魂交:梦中精神交接。

②形开:觉醒中形体与外物的交接。以上两句见《庄子·齐物论》:"其寐也魂交,其觉也形开。"陆德明《释文》引司马彪曰:"精神交错也。"

③辕辀(yuánzhōu):辕义为车辕,驾以引车的直木。如《墨子》中记"板箱长与辕等"。辀义为驾以引车的曲木。如《张衡传》中记"马倚辀而徘徊"。木直者称辕,木曲者称辀;另一说双木为辕,一木为辀。

【译文】

诘难道:"此诚如庄周所说,人睡着时,精神在梦中交接,因此庄周能够神游而化为蝴蝶,这就说明神与形可以分开;人在醒着时,形体与外物交接,故突然明白还是庄周而不是蝴蝶,这表明精神又与形体结合了。"

回答道:"你的诘难可以说是穷尽了辩论,但不能说是穷尽了道理。你说的人在神游中而化为蝴蝶,是化作真的飞虫吗? 若真是这样,一个人在梦中变作一头牛,就会驾着牛车载人,要是化为一匹马,就会被人骑在胯下,而且第二天早上从梦中醒来,就应该有死牛死马躺在身边。事实上却没有什么牛马的存在。为什么呢? 如果孙坚的母亲在梦中真的是自己的肠子从腹中出来环绕着吴国的城门,她必定立即会死去,哪有遗弃了自己的肝肺还能生存的呀! 梦中的天空日月明丽,土地千里广袤,可实际上却无法容下一个妇人走近。那些梦幻虚假之物,并非偶然,是有其来由的,一旦能够证实,确实足以称赞伟大。如果白天想象冲入云霄,则坐在家中就可以云游天海了;如果内在的精神昏沉恍惚,就会在虚妄中看见奇异的事物。哪里是庄周真的能够在南园中化作蝴蝶,赵简子真的登上了天门呀! 我妻子的弟弟萧琛也把梦的传说只看做文章的词句而已,并不认为是真实。"

难曰:"延陵窀子而言曰'骨肉归于土,而魂气无不之'也,斯即形止而神不止也。"

答曰:"人之生也,资气于天,禀形于地,是以形销于下,气灭于上。气灭于上,故言无不之。无不之者,不测之辞耳,岂必其有神与知耶?"

【译文】

诘难道:"《礼记·檀弓》中记载,延陵季子埋葬儿子时说:'骨肉复归于土,而魂气无处不往。'这即是说形体消亡而神识不灭啊。"

回答道:"人的生命,本来从天那里获得血气,从地那里禀受形貌,因此死了会形体消散归于地下,而气也消散归于天上。气归于天上,所以说无处不往,所谓无处不往,实际上是难以预测的说法,哪里是一定有什么独立不灭的灵魂和神识呢?"

难曰:"今论所云,皆情言也,而非圣旨。请举经记以证圣人之教。《孝经》云:'昔者周公郊祀后稷,以配天;宗祀文王于明堂,以配上帝。'若形神俱灭,谁配天乎? 复谁配帝乎?"

答曰:"若均是圣达,本自无教,教之所设,实在黔首。黔首之情,常贵生而贱死;死而有灵则长畏敬之心,死而无知则生慢易之意。圣人知其若此,故庙祧坛墠以笃其诚心①,肆筵授几以全其罔己②;尊祖以穷郊天之敬;严父以配明堂之享③。且忠信之人,寄心有地;强梁之子,兹焉是惧。所以声教煦于上,风俗淳于下。用此道也。故经云:'为之宗庙,以鬼享之。'言用鬼神之道,致兹孝享也。春秋祭祀以时思之,明厉其追远,不可朝死夕亡也。子贡问死而有知。仲尼云:'吾欲言死而有知,则孝子轻生以殉死;吾欲言死而无知,则不孝之子弃而不葬。'子路问事鬼神。夫子云:'未能事人,焉能事鬼。'适言以鬼享之,何故不许其事耶? 死而有知,轻生以殉,是也,何故不明言其有,而作此悠漫以答耶? 研求其义,死而无知,亦已审矣。宗庙郊社,皆圣人之教迹；彝伦之道不可得而废耳。"

【注释】

①庙祧（tiāo）坛墠（shàn）：祧，古代称远祖的庙。墠，古代一种祭坛，在平地上筑的高台。《礼记》："是故王立七庙、一坛、一墠。"

②肆筵授几：《诗经·大雅·行苇》："戚戚兄弟，莫远具尔，或肆之筵，或授之几，肆筵设席，授几有缉御。"肆筵，设宴。

③明堂：是中国先秦时帝王会见诸侯、进行祭祀活动的场所，是帝王宣明政教的地方。

【译文】

诘难道："现在所说的，大概都是普通人的意见，并非圣人的言论。请允许我举出经典记载来证实圣人的教化的伟大。《孝经》说：'从前周朝的时候，武王逝世，周公辅助成王，摄理国家政治、制礼作乐。他为了报本追远的孝道，创制在郊外祭天的祭礼，并以始祖后稷配享。另建立宗庙，祭祀上帝于明堂，以其父文王配享。'如果精神与形体一同消亡了，又有谁来同天、帝配享呢？"

回答道："如果世界上所有人都是如圣人一样通达大道，本来就没有教化的必要。教化之所以设立，实际上是针对普通民众的。平民百姓的思想和感情，向来是尊贵生命轻视死亡的。如果民众相信人死后有灵魂不灭，就会增长他们的畏惧敬仰之心，如若是人死了没有任何有知觉的神识存在，则会让人产生怠慢的心理。圣人深深知道其中要害，所以制定宗庙、远祖庙、坛、墠祭祀之礼来笃厚民众的诚敬之心，以宴饮之礼来教化百姓仁厚无私。在郊外祭天的最高的礼仪中，在明堂祭祀上帝的时候，以自己的祖先来配享，只是为了表达对祖先最高的尊敬。再说，那些忠诚信义之人，他们的内心对于祖先早有自己的寄托，而那些粗暴残忍之人，唯一惧怕的就是这些鬼神祭祀的东西。所以用这种声威教化照临天下，则天下百姓就都会信服遵循，于是民风世俗就会越来越仁厚纯朴了。都是因为治理天下的圣王使用这样的教化之道啊。所以《孝经》上说:'为之宗庙,以鬼享之。'就是说用享祭鬼神的方法来祭祀祖先啊。规定在春秋两季祭祀祖先。'春秋祭祀,以时思之。'目的是启示勉励人们慎终追远,不能忘记亲人先祖。子贡问孔子,人死亡之后是否还有知觉,孔子说:'我想说人去世之后仍然灵魂有知觉,那些行孝的人一定会为自己的父母之亡轻生殉死;我若说人去世了没有知觉,那些不愿行孝的人就会遗弃双亲身体而不殡葬。'子路曾经询问孔子如何服侍鬼神的事情,孔子批评他说:'活人都还没有服侍好,怎么能服侍鬼神呢?'既然刚才说'用享祭鬼神的方法来祭祀祖先',为什么不称许这些事情呢? 如果人去世了真的还有知觉,人们将会轻视生命以殉孝道,这样不很好吗? 为什么孔子不明确地告诉世人死后有知觉,而故意说这些渺茫难测的话来回答弟子的提问呢? 认真研究孔子回答中的内涵,孔子认为人死亡后是没有知觉的,这已经非常明白了。事实上,这些宗、庙、郊、社之礼,都只是圣人用来教化天下百姓的途径或形式而已,以此表明那些永恒不变的人伦大道是不可能废除的罢了。"

难曰:"且无神而为有神,宣尼云:'天可欺乎。'今稷无神矣,而以稷配,斯是周旦其欺天乎? 既其欺天,又其欺人,斯是圣人之教以欺妄。欺妄以教,何从孝子之心,厉偷薄之意哉?"

答曰:"夫圣人者,显仁藏用,穷神尽变,故曰圣达节而贤守节也。宁可求之蹄筌,局以言教? 夫欺者,谓伤化败俗,导人非道耳。苟可以安上、治民、移风、易俗,三光明于上,黔黎悦于下,何欺妄之有乎? 请问汤放桀、武伐纣,是弑君非耶? 而孟子云:'闻诛独夫纣,未闻弑君也。'子不责圣人放弑之迹,而勤勤于郊稷之妄乎? 郊丘明堂,乃是儒家之渊府也,而非形神之滞义,当如此何耶?"

难曰:"乐以迎来,哀以送往,云云。"

答曰:"此义未通而自释,不复费辞于无用。《礼记》有斯言多矣,近写此条,小恨未周耶。"

思文启:始得范缜答《神灭论》,犹执先迷,思文试料其理致,冲其四证,谨冒奏闻。但思文情识愚浅,无以折其锋锐。仰承圣鉴,伏追震悚,谨启诏答且一二:缜既背经以起义,乖理以致谈,灭圣难以圣责,乖理难以理诘。如此则言语之论,略成可息。

【译文】

诘难道:"这岂不是把无神当做有神么?孔子曾说过:'上天是可以欺骗的吗!'而今后稷实际上没有什么死后的神明,而在郊祭中拿他来与天帝配享,这个周公旦难道不是在欺骗上天吗?不仅是欺骗上天,而且还是欺骗民众,这是圣人以欺骗虚妄之德教育人民。把欺骗虚妄当做教化的内容,又如何能够顺从人们践行孝道的心愿,去勉励那些浮薄风气而使其能够淳朴敦厚呢?"

回答道:"所谓的圣人啊,都是显现道的仁德于外,却把道的功用潜藏于内,穷究事物的神妙,了解事物的变化。所以说圣人通达事物的节度而贤人可以保守事物的节度啊。怎么能够局限于言语和事物的表面来推求圣人教化之道的深妙呢。要说欺骗,是指那些伤风败俗,引导人走歪门邪道的行为。如果可用来安定百官贵族,治理百姓黎民,改变风俗,使日月星三光明照于朝堂之上,使百姓黎民快乐生活,这样的教化之道,哪有什么欺骗虚妄的地方呢?有人问孟子:'商汤放逐夏桀,武王讨伐商纣王,这算不算臣子篡位而杀害自己的君王呢?'而孟子说:'只听说诛杀了一个残暴无道的独裁者,没听说杀害了一个君王。'先生你不去指责圣人放逐杀害君王的事情,而如此热衷讨论在郊祭中后稷配享是否虚妄的问题,是为何呢? 要知道,举行祭祀天地祖宗的郊丘和明堂,可是儒家道德教化的根本所在,而不是讨论精神与形体这种疑难之义的地方。"

诘难道:"快乐地迎接新生命的到来,哀伤地送走去世的人。是不是指的这些呢?"

回答道:"这些未能通晓的道理将自会明白,这里就不再浪费口舌说些无用的话了。再说《礼记》中这样的说法还有很多,就近说几条好了,遗憾的是没有能够列举完备周详。"

曹思文启:我得到范缜回应我挑战他所著《神灭论》的文章,范缜还是坚持他原来的错误观念。我试着检查他的论证思路,驳斥他的论据,谨上奏陛下。但思文我才疏学浅,无法摧折范缜谬论的锋芒锐气。恭敬有幸得到圣上裁决,令我深感震惶不安,现恭呈诏答一两条在这里(以下为引用梁武帝"诏答"文字):范缜既然背叛经典另立新义,违背常理大倡谬论,那么侮慢圣人就不能以圣人礼法来要求他,违背常理就不要据理与他争论。这样的言辞辩论,也差不多可以停下了。

重难《神灭论》

【题解】

本篇是梁代曹思文第二次反驳范缜《神灭论》所作的文章。曹思文针对范缜的四个论点进行反驳，证明自己形灭神不灭的观点。他认为神形相合为用，不即不离，如果把二者看成完全相即的一体是不对的。他还指出，范缜认为宗庙祭祀只是圣人为了说教方便的这种观点是欺人欺天之谈，因为这种观点必然会让人认为礼教是谎言，从而动摇国家的道德根本。

论曰：若合而为用者明，不合则无用，如蛩巨之相资^①，废一则不可。此乃是灭神之精据，而非存神之雅决。子意本欲请战，而定为我援兵耶！论又云：形之于神，犹刃之于利，未闻刃没而利存，岂形止而神在。又伸延陵之言^②：即形消于下，神灭于上，故云无之也。又云：以稷配天，非欺天也，犹汤放武伐，非弑君也，子不责圣人放杀之迹，而勤勤于郊稷之妄邪。

难曰：蛩蛩驱虚，是合用之证耳，而非形灭即神灭之据也。何以言之，蛩非虚也，虚非蛩也，今灭蛩蛩而驱虚不死，斩驱虚而蛩蛩不亡，非相即也，今引此以为形神俱灭之精据，又为救兵之良援,斯倒戈授人而欲求长存也,悲夫。斯即形灭而神不灭之证一也。

【注释】

①蛩巨:传说中的异兽。蛩蛩与巨虚为相类似而形影不离的二兽。参见《答曹录事〈难神灭论〉》。

②延陵:春秋时吴王寿梦第四子,不仅品德高尚,而且是具有远见卓识的政治家和外交家。广交当世贤士,对提高华夏文化作出了贡献。参见曹思文《难神灭论》。

【译文】

《神灭论》说:如果是神形互相联合才能产生作用,就表明神和形若不相互结合就不能独自产生作用。这好比蛩蛩与巨虚两种神兽,必须相互配合资助,缺一不可。这也恰是精神会消灭的最好证据,而并非存在独立于形体的精神的证明。先生本想要参与论战,而必定会成为我方的援兵的呀!《神灭论》又说:形之与神,犹如刀刃和刃之锋利的关系,从来没有听说过没有刀刃了,而刃之锋利还存在。因此,形亡之后,神岂可独存。《神灭论》又引延陵的话说:形消于下,神灭于上,因此说形消神灭。又称:以稷配天,不是欺天,比如商汤放桀、周武伐纣,不是弑君。先生不去指责圣人放逐杀害君王的事情,而如此热衷讨论在郊祭中后稷配享是否虚妄的问题。

诘难道:蛩蛩与巨虚确实是合用的证明,但不能以此去说明形灭即神灭。为什么这么说呢? 蛩非虚,虚非蛩。如果把蛩蛩消灭掉了,而巨虚并不会死,把巨虚斩杀了,蛩蛩也不会亡,可见二者不是相即的。现在你引此作为论证形神俱灭的根据,且自以为搬到了救兵,实际上却是授人以柄的愚蠢之举,很悲哀啊。这就是形灭而神不灭的一个证明。

　　论云:形之与神,犹刃之于利,未闻刃没而利存,岂容形亡而神在。雅论据形神之俱灭,惟此一证而已,愚有惑焉,何者? 神之与形,是二物之合用,即论所引蜚巨相资是也,今刃之于利,是一物之两名耳,然一物两名者,故舍刃则无利也,二物之合用者,故形亡则神逝也,今引一物之二名,以征二物之合用,斯差若毫厘者,何千里之远也,斯又是形灭而神不灭之证二也。

　　又伸延陵之言曰即是形消于下,神灭于上。论云形神是一体之相即,今形灭于此,即应神灭于形中,何得云形消于下,神灭于上,而云无不之乎,斯又是形灭而神不灭之证三也。又云以稷配天,非欺天也,犹汤放桀,武伐纣,非弑君也,即是权假以除恶乎。然唐虞之君,无放伐之患矣,若乃运非太平,世值三季,权假立教,以救一时,故权稷以配天,假文以配帝,则可也。然有虞氏之王天下也,禘黄而郊喾①,祖颛而宗尧②,既淳风未殄,时非权假,而令欺天罔帝也,可乎? 引证若斯,斯又是形灭而神不灭之证四也。斯四证既立,而根本自倾,其余枝叶,庶不待风而靡也。

【注释】

①禘黄而郊喾(kù):古帝王以祖先配祭黄帝与帝喾。喾,传说中的上古帝王名。

②祖颛(zhuān)而宗尧:以颛顼和帝尧为祖宗进行祭祀。颛,颛顼,古代“五帝”之一。

【译文】

《神灭论》说:形之与神,犹如刀刃之与刃之锋利,从来不曾听说过没有刀刃了而刃之锋利还存在,因此形既然已死亡,神怎么还独存呢!《神灭论》运用这个例子论证形神俱灭,只能算是一个较有力的证据。但我对此说颇不以为然。为什么呢?因为神之与形,是二物之合用,如《神灭论》所引证的蛰虚之间的相互依存。而刀刃与刃之锋利,是一物之二名。因为是一物,故舍刃而无锋利可言;二物之合用,因此形亡而神迁逝。今引一物二名,以证二物之合用,实在是差之毫厘,失之千里。这是形灭而神不灭的证据之二。

《神灭论》又引古代延陵季子的话,说人死了形体消散归于地下而神消散归于天上。《神灭论》的作者既认为形神是一体之相即,今既然说形体消灭了,则神应该灭于形体之中,怎么又说形体灭于下而神灭于上呢?这是形灭而神不灭的证据之三。《神灭论》又说以稷配天,不是欺天,此犹如商汤之放桀、周武之伐纣,不是弑君。岂不是说这是借此立教以除恶吗?然而,唐、虞时代无放逐攻伐之事,若因时值乱世,借此立教,以救一时之需,故借稷以配天、假文王以配帝,这是可以的。但是,有虞氏王天下时,也曾祭黄帝而祀帝喾、祖颛顼而宗尧,既然当时民风淳厚,天下太平,又何必欺天罔帝,借此立教呢?这是形灭而神不灭的证据之四。以上四证既立,《神灭论》已从根本被动摇了,其余论点,即不攻自破了。

论曰:乐以迎来,哀以送往①,此义不假通而自释,不复费于无用,《礼记》有斯言多矣。又云:夫言欺者,谓伤化败俗耳,苟可以安上治民,复何欺妄之有乎?

难曰:前难云,迎来而乐,是假欣于孔貌,送往而哀,又虚泪于丘体,斯实鄙难之云梯,弱义之锋的,在此言也,而答者曾不慧解,惟云不假通而自释,请重言之曰,依如论旨,既已许孔是假欣而虚泪也,又许稷之配天,是指无以为有也,宣尼云:亡而为有,虚而为盈②。斯爻象之所不占,而格言之所攸弃,用此风以扇也,何得不伤,兹俗于何不败,而云可以安上治民也,慈化何哉? 论云已通,而昧者未悟,聊重往谘,侧闻提耳③。

【注释】

①"乐以"二句:以欢乐的心情迎接来者,以悲哀的心情送别去者或祭送死者。《礼记·祭义》:"乐以迎来,哀以送往。"

②"亡而"二句:语出《论语·述而》:"善人,吾不得而见之矣,得见有恒者,斯可矣。亡而为有,虚而为盈,约而为泰,难乎有恒矣。"意思是:"善人,我见不到了,能见到操守坚定的人,就可以了。没有而装作有,空虚而装作充足,贫乏而装作饱满,这种人很难有坚定的操守呀!"

③提耳:指恳切教导。语出《诗经·大雅·抑》:"於乎小子,未知臧否,匪手携之,言示之事,匪面命之,言提其耳。"

【译文】

论说:以欢乐的心情迎接来者,以悲哀的心情送别去者或祭送死者,这些不用解释人们将自会明白,这里就不再浪费口舌说些无用的话了,再说《礼记》中这样的说法还有很多。又说:要说欺骗,是指那些伤风败俗的行为,如果可以用来安定百官贵族,治理普通民众,这样的教化之道又有什么欺骗虚妄的呢?

诘难道:前面你的诘难说,以欢乐的心情迎接来者,不过是装样子,以悲哀的心情送别去者或祭送死者,也是虚情假意地洒泪,这些实在是自相矛盾的话,而你没有很好地解释,只是说不用解释人们将自会明白,请重新谈论一下。如果按照你的论文的旨意,既然已经认为孔子提倡的祭礼是虚情假意,而且说许稷之配天,是指无以为有,孔子说:"没有而装作有,贫乏而装作饱满。"不占卜爻象,放弃圣人的格言,如果这种风俗得以传播,怎么会不伤风败俗呢? 风俗败坏,怎么能说可以安上治民,对社会有教化之功呢? 你在论文中说已通达,而昧者未能领悟,希望你重新解释,让我们听到真正的教导。

卷第十

大梁皇帝敕答臣下神灭论

【题解】

本篇是梁武帝萧衍(464—549)所撰。天监六年(507),宜都太守范缜常称无佛,不信因果,著《神灭论》一文,谓形与神名称虽异,实为一体,形体之外别无心神;心神既无,佛自不有。范缜之说,引起"神灭不灭"的激烈论争。梁武帝于是令光宅寺的法云法师起草本论,驳斥神灭说,并以本论致送臣下六十余人。众臣纷纷作书答复,极口赞同武帝之见解,武帝即以本论作当时论争的结语。

位现致论,要当有体;欲谈无佛,应设宾主。标其宗旨,辩其短长;来就佛理,以屈佛理。则有佛之义既踬①,神灭之论自行。岂有不求他意,妄作异端?运其隔心②,鼓其腾口③,虚画疮疣,空致诋呵?

【注释】

①踬(zhì):障碍,阻碍。

②隔心:彼此不投合。

③腾口:同"滕口",张口放言。

【译文】

诸位发表议论，关键在于有根据；想讨论是否有佛，应当设立主宾两方。各方都表明自己论辩的宗旨，然后通过问答辩论来决定观点的优劣长短；要么肯定佛理，要么否定佛理。如果有佛的义理已经受阻，则神灭的观点自然会流行世间。哪有不探求事物本来的真意，而妄作异端之论的呢？又怎能运用那有隔阂的心，而肆意张口放言，无中生有，对他人妄加诋毁和指责呢？

笃时之虫，惊疑于往来①；滞甃之蛙，河汉于远大②。其故何也？沦蒙怠而争一息，抱孤陋而守井干，岂知天地之长久，溟海之壮阔？孟轲有云："人之所知，不如人之所不知。"③信哉！观三圣设教，皆云不灭，其文浩博，难可具载，止举二事，试以为言。《祭义》云："惟孝子为能飨亲。"《礼运》云："三日斋，必见所祭。"若谓飨非所飨，见非所见，违经背亲，言诚可息。神灭之论，朕所未详。

【注释】

①"笃时"二句：《庄子·秋水》："井蛙不可以语于海者，拘于虚也；夏虫不可以语于冰者，笃于时也；曲士不可以语于道者，束于教也。"

②"滞甃（zhòu）"二句：《庄子·秋水》："子独不闻夫埳井之蛙乎？谓东海之鳖曰：'吾乐与！出跳梁乎井干之上，入休乎缺甃之崖；赴水则接腋持颐，蹶泥则没足灭跗；还虾蟹与科斗，莫吾能若也。且夫擅一壑之水，而跨跱埳井之乐，此亦至矣，夫子奚不时来入观乎！'"河汉，银河。《庄子·逍遥游》："吾惊怖其言，犹河汉而无极也。"

③"孟轲"三句：语出《庄子·秋水》："计人之所知，不若其所不知；
　其生之时，不若未生之时；以其至小求穷其至大之域，是故迷乱
　而不能自得也。"这是北海若答河伯的话，孟子似无此语。

【译文】

　　那些受时令限制的小虫，对那些来去自由的存在必定感到惊诧疑
惑；那些滞留在井底的蛙类，当然无法认识银河的广大了。这是为什么
呢？沉沦于蒙昧怠惰之中而争一息之苟存，固守干井因而孤陋寡闻，这
样的人又怎么能够体会天地的长久和大海的壮阔呢？孟子曾经说过：
"人所不知道的，比所知道的多得多。"确实如此啊！孔子、老子、释迦牟
尼这三位圣人设立教化之道，都肯定人的精神是不灭的，他们的文章广
浩博大，难以全部记下来，这里只举两个例子。例如，《祭义》中说："只
有孝子能够祭祀双亲。"《礼运》："斋戒三日，必定可以见到所祭祀的亲
人。"如果说祭献的不是你所祭祀的对象，你见到的不是你祭祀的对象，
这样违逆经典背叛亲人，自然也没有什么好说的。精神会消灭的论点，
我从来没听说过。

与王公朝贵书并六十二人答

【题解】

梁天监六年(507),范缜著《神灭论》一文,梁武帝发《敕答臣下神灭论》的敕旨,希望众臣参与驳斥《神灭论》,令当时的王公大臣逐一表态。庄严寺法云法师将梁武帝敕旨大量传抄给当时的王公朝贵,并写了《与王公朝贵书》,响应者有临川王萧宏等六十二人。

当时的王公朝贵一方面赞叹圣上"天识昭远,圣情渊发"(建安王萧伟语),更重要者则在表明立场,如王志自称"弟子凤奉释教";徐绲"归向早深,倍兼扑悦";王茂"凤昔栖心,本凭净土";王仲欣"栖心法门,崇信大典";王筠"世奉大法,家传道训";张缅"少游弱水,受戒樊邓,师白马寺期法师,屡为谈生死之深趣,亟说精神之妙旨";陆琏"门宗三宝,少奉道训"等。另外,附和武帝佛儒兼弘之意,如临川王萧宏说:"二教道叶于当年,三世栋梁于今日。"沈约指出:"岂徒伏斯外道,可以永摧魔众。孔释兼弘,于是乎在。""妙测机神,发挥礼教。实足使净法增光,儒门敬业。"

主上《答臣下审神灭论》,今遣相呈。夫神妙寂寥,可知而不可说。义经丘而未晓,理涉旦而犹昏。

主上凝天照本①,袭道赴机②。垂答臣下③,旨训周审。

孝享之礼既彰④,桀怀曾史之慕⑤;三世之言复阐,纣协波仑之情⑥。预非草木,谁不歌叹?希同挹风猷⑦,共加赞也。释法云呈。

【注释】

①凝:形成。《礼记·中庸》:"苟不至德,至道不凝焉。"照:察知;明白。

②袭:触及;熏染;侵袭。《楚辞·九歌·少司命》:"绿叶兮素枝,芳菲菲兮袭予。"

③垂:用作敬辞,多用于上对下的动作。

④孝享:祭祀。

⑤曾史:曾参和史鰌的并称。古代视为仁与义的典型人物。《庄子·胠箧》:"削曾史之行,钳杨墨之口。"成玄英疏:"曾参至孝,史鰌忠直。"

⑥波仑:亦作"波沦",指波沦菩萨,佛经中记载此菩萨曾为听闻佛经而卖心血髓。

⑦挹:推崇。《北史·裴文举传》:"为州里所推挹。"风猷:风教德化。《晋书·傅玄传论》:"傅祗名父之子,早树风猷,崎岖危乱之朝,匡救君臣之际,卒能保全禄位,可谓有道存焉。"

【译文】

主上的《答臣下审神灭论》,现在我呈报给您。神明奇妙无比,空虚无形,可以领悟,但是不可以说解。意义涉及空就很难说清楚,佛理涉及生命源头就让人迷惑。

主上以天机观照察知本原,奉持佛教,参与佛事。垂答臣下,旨意训示周全清楚。祭祀的礼节已经彰显,即使夏桀听了也会思慕曾参和史鰌的仁义;三世因果之言再次得到解释,即使商纣听了也会向往波仑菩萨的情怀。人非草木,谁不歌叹?希望共同推崇风德教化,共同赞叹弘扬。释法云呈报。

临川王答

得所送《敕答神灭论》。伏览渊旨①，理精辞诣。二教道叶于当年②，三世栋梁于今日③。足使迷途自反，妙趣愈光。迟近写对，更具披析。萧宏和南④。

【注释】

①伏：敬辞。古时臣对君奏言多用之。

②叶：名词做动词，成为枝叶。

③栋梁：名词做动词，成为栋梁。

④和南：梵语 vandana，系对长上问讯之语，属佛教礼法之一。意译
　　归礼、敬礼、稽首。

【译文】

得到送来的《敕答神灭论》。阅览本论，领略深远的旨意，其义理精微，言辞高超。二教(佛教、道教)在当年是枝叶，经过三代今天成为栋梁。足使迷途之人自行返回，精微的旨趣更加光大。晚些时候书写对答，更加详细分析。萧弘稽首敬礼。

建安王答

辱告。惠示《敕答臣下审神灭论》。天识昭远，圣情渊发①。伏览玄微②，实晓庸昧③。猥能存示，深承笃顾④。伟和南。

【注释】

①渊发：犹英发。谓才识、情性、文采等充分表现出来。

②玄微：深远微妙的义理。

③庸昧：谓资质愚钝，才识浅陋。常用作谦词。《周书·于瑾传》：

　　"此是家事，素虽庸昧，何敢有辞。"

④笃顾：犹厚念。南朝宋王僧达《答颜延年》诗："结游略年义，笃顾

　　弃浮沉。"

【译文】

　　承蒙告知。您告示《敕答臣下审神灭论》。天子见识明白深远，主上思想深邃地表现出来。阅览深远微妙的义理，实在明白了自己的才识浅陋。承蒙能够问候告知，深深地承受厚念。萧伟稽首敬礼。

长沙王答

　　惠示《敕答臣下审神灭论》。睿旨渊凝①，机照深邈②，可以筌蹄惑见③，训诱蒙心。钻仰周环④，洗涤尘虑⑤。遂能存示，戢眷良深⑥。萧渊业和南。

【注释】

①睿旨：圣人的意旨。后称皇帝的诏令。南朝梁刘勰《文心雕龙·

　　史传》："然睿旨幽隐，经文婉约，丘明同时，实得微言。"渊凝：谓

　　深厚。《魏书·礼志二》："陛下睿哲渊凝，钦明道极，应必世之

　　期，属功成之会。"

②机：禀赋，性灵。《庄子·大宗师》："其耆欲深者，其天机浅。"

③筌蹄：亦作"荃蹄"。《庄子·外物》："荃者所以在鱼，得鱼而忘

　　荃；蹄者所以在兔，得兔而忘蹄。"荃，捕鱼竹器；蹄，捕兔网。后

　　以"筌蹄"比喻达到目的的手段或工具。句中活用为动词。

④钻仰：深入研求。语本《论语·子罕》："仰之弥高，钻之弥坚。"邢

昺疏:"言夫子之道高坚,不可穷尽……故仰而求之则益高,钻研
求之则益坚。"

⑤尘虑:犹俗念。唐刘禹锡《游桃源一百韵》:"道芽期日就,尘虑乃
冰释。"

⑥戢(jí):藏匿。汉苏武《报李陵书》:"身幽于无人之处,迹戢于胡
塞之地。"

【译文】

承蒙告示《敕答臣下审神灭论》。主上的意旨深厚,禀赋慧力深
远。可以解决许多疑惑的问题,训导蒙昧的心灵。深入研求,可以
洗涤俗念。能够让大家知道佛理,人们深深佩服眷念。萧渊业稽首
敬礼。

尚书令沈约答

神本不灭,久所伏膺①。神灭之谈,良用骇惕②! 近约法
师殿内出③,亦蒙《敕答臣下》一本。欢受顶戴,寻览忘疲。
岂徒伏斯外道,可以永摧魔众,孔释兼弘,于是乎在。实不
刊之妙旨④,万代之舟航⑤。弟子亦即彼论,微历疑核比⑥,
展具以呈也⑦。沈约和南。

【注释】

①伏膺:服膺。伏,通"服"。指信服;归心。南朝梁沈约《内典序》:
"伏膺空有之说,博综兼忘之书。"

②用:使,让。《韩非子·外储说右下》:"令发五苑之蓏蔬枣栗足以
活民,是用民有功与无功争取也。"陈奇猷集释引《广韵》:"用,使
也。"骇惕:惊骇,震惊;畏惧,戒惧。《公羊传·哀公六年》:"诸大
夫见之,皆色然而骇。"

③法师:佛教语。精通佛经并能讲解佛法的高僧。据学者考证,此
　处之"法师",指当时与沈约关系密切的慧约法师(452~535)。

④妙旨:精微幽深的旨意。《艺文类聚》卷五七引汉傅毅《七激》:
　"达牺农之妙旨,照虞夏之典坟。"

⑤舟航:犹津梁。

⑥历:审视;察看。汉班彪《王命论》:"历古今之得失,验行事之
　成败。"

⑦展:申述;陈述。《后汉书·郭太传》:"乞一会亲属,以展离诀之
　情。"具:写,撰写。

【译文】

　　精神本来不会灭亡,是长久以来人人信服的道理。精神消灭的谈
法,确实使人惊骇畏惧。近来我从法师殿内出来,也承蒙赐予诏书《敕
答臣下》一本。我欢快地接受,非常感恩,审视阅读,忘记了疲劳。皇上
的诏书哪里只是让那些外道信服,而且可以永久地摧毁魔众,儒教、佛
教都在这里弘扬。实在是不需要刊改的精微幽深的旨意,万代的津梁。
弟子我也根据这篇论文,稍微考察,核实比较,撰写一篇小文章,来呈报
给您。沈约稽首敬礼。

光禄领太子右率范岫答

　　岫和南。伏见诏旨《答臣下审神灭论》,睿照渊深,动鉴
机切①,敷引外典②,弘兹内教。发蒙启滞③,训诱未悟。方
使四海禀仰④,十方赞抃⑤,异见杜口,道俗同欣。谨加习诵,
寤寐书绅⑥。惠以逮示,深承眷忆。范岫和南。

【注释】

①机:事物的关键;枢纽。《管子·权修》:"察能授官,班禄赐予,使

民之机也。"切：要领；重要。《汉书·扬雄传下》："请略举其凡，
而客自览其切焉。"

②敷：铺开；扩展。《尚书·顾命》："牖间南向，敷重篾席。"

③发蒙：启发蒙昧。《周易·蒙》："初六，发蒙，利用刑人。"孔颖达
疏："以能发去其蒙也。"

④禀仰：犹敬仰。谓敬奉仰从。

⑤十方：佛教谓东南西北及四维上下。《宋书·夷蛮传·呵罗单
国》："身光明照，如水中月，如日初出，眉间白豪，普照十方。"抃：
鼓掌；拍手表示欢欣。

⑥书绅：把要牢记的话写在绅带上。后亦称牢记他人的话为书绅。
语本《论语·卫灵公》："子张书诸绅。"邢昺疏："绅，大带也。子
张以孔子之言书之绅带，意其佩服无忽忘也。"

【译文】

岫稽首敬礼。看见诏书《答臣下审神灭论》。圣上慧力深远，审辨
机要，展开并引用佛书以外的典籍，弘扬佛教。启发人们的蒙昧和滞
涩，训示诱导没有领悟的人。正使四海人们敬仰，十方志士赞扬鼓掌，
让不同意见的人绝口，出家与世俗之人共同心悦诚服。恭敬地加以学
习诵读，日夜牢记。承蒙恩惠送来给我看，深切地承受眷念。范岫稽首
敬礼。

丹阳尹王莹答

辱告。伏览《敕旨神不灭义》。睿思机深①，天情云发。
标理明例，涣若冰消。指事造言，赫如日照。用启蒙愚，载
移瞽蔽②。凡厥含识③，莫不挹佩④。谨以书绅，奉之没齿⑤。
弟子王莹和南。

【注释】

①机深：心计缜密。

②瞽蔽：昏昧、不明事理的人。

③含识：佛教语。谓有意识、有感情的生物，即众生。南朝梁简文
帝《马宝颂》："愍含识，资惠命，引苍生，归法性。"

④把佩：推崇、佩服。

⑤没齿：终身。《论语·宪问》："夺伯氏骈邑三百，饭疏食，没齿无
怨言。"

【译文】

承蒙告知。阅览《敕旨神不灭义》。圣上思虑缜密，天情像云一样
生发。标示义理，阐明体例，使我的疑团像冰块遇热似的一下子消融。
指明事物，构造言语，恰如太阳照耀。用来启发蒙昧愚蠢的人，转化昏
昧、不明事理的人。所有众生，没有人不推崇佩服。恭敬地牢记，奉持
终身。弟子王莹稽首敬礼。

中书令王志答

辱告。伏览《敕答臣下神灭论》。旨高义博，照若发蒙。
弟子夙奉释教，练服旧闻，有自来矣。非唯雷同远大①，赞激
天旨而已②。且垂答二解，厌伏心灵③，藻烛闻见④，更不知
何以阐扬玄猷⑤，光彰圣述？且得罔象不溷于其真⑥，内外无
纷如之滞。寔怀嘉抃⑦，猥承末示，佩眷唯深。王志和南。

【注释】

①雷同：随声附和。《礼记·曲礼上》："毋剿说，毋雷同。"郑玄注：
"雷之发声，物无不同时应者；人之言当各由己，不当然也。"远
大：指高远宏大的志向、前途、职位等。南朝齐谢朓《为王敬则谢

会稽太守启》:"臣本布衣,不谋远大。"

②赞激:赞美感奋。唐司空图《太尉琅琊王公河中生祠碑》:"臣迹本寓居,心非昧利,久怀赞激,窃听讴谣。"

③厌伏:折服。

④藻烛:品藻、洞悉。

⑤玄猷:指先圣的大道。《魏书·尉元传》:"大道凝虚,至德冲挹,故后王法玄猷以御世,圣人崇谦光而降美。"

⑥罔象:虚无;又"罔象"为南北朝时大臣与道佛二教人士交往时常用术语,既指虚无之象,也指思维深入,物我两忘的状态。

⑦嘉抃:嘉许鼓掌。

【译文】

承蒙告知。阅览《敕答臣下神灭论》。旨意高远博大,智慧观照好像启发蒙昧。弟子我平素信奉佛教,穿素色衣服的旧传闻,就是从这来的。不只是附和高远宏大的志向,实在是赞美感奋主上的旨意罢了。并且回答解释二次,折服我们的心灵,让我们洞悉所闻所见,更不知道拿什么来阐明发扬先圣的大道,光大彰显圣人的叙述?且应该不让虚无之像混杂在真理中间,让内外没有纷繁混乱的滞涩。实在怀着嘉许鼓掌,承蒙接受末后的告示,佩服眷念很深。王志稽首敬礼。

右仆射袁昂答

辱告。并伏见《敕答臣下审神灭论》。奉读循环,顿醒昏缚①。夫识神冥寞②,其理难穷,粤在庸愚③,岂能探索? 近取诸骸内,尚日用不知,况乎幽昧,理归惑解? 仰寻圣典,既显言不无,但应宗教④,归依其有。就有谈有,犹未能尽性⑤,遂于不无论无,斯可远矣。自非神解独脱⑥,机鉴绝伦⑦，何能妙测不断之言，深悟相续之旨？兼引喻二证，方见神在皦然⑧。求之三世不灭之理弥著，可谓钻之弥坚，仰之弥高者也。方使众惑尘开，群迷反路。伏诵无斁⑨，舞蹈不胜。弟子袁昂和南。

【注释】

①昏缚：昏昧、束缚。

②冥寞：幽深貌。唐杜甫《万丈潭》诗："青溪含冥寞，神物有显晦。"

③粤：助词。用于句首。表示审慎的语气。

④宗：尊重。亦谓推尊而效法之。《仪礼·士昏礼》："（庶母）命之曰：'敬恭听宗尔父母之言，夙夜无愆。'"郑玄注："宗，尊也。"

⑤尽性：儒家谓人物之性均包含天理，唯至诚之人，才能发挥人和物的本性，使各得其所。《周易·说卦》："穷理尽性，以至于命。"孔颖达疏："穷极万物深妙之理，究尽生灵所禀之性。"

⑥神解：悟性过人。南朝宋刘义庆《世说新语·术解》："荀勖善解音声，时论谓之暗解……阮咸妙赏，时谓神解。"

⑦机鉴：明察；鉴识。《三国志·魏书·荀彧传论》："荀彧清秀通雅，有王佐之风，然机鉴先识，未能充其志也。"

⑧皦（jiǎo）然：清楚明白的样子。汉董仲舒《春秋繁露·同类相动》："百物其去所与异，而从其所与同，故气同则会，声比则应，其验皦然也。"南朝梁刘勰《文心雕龙·檄移》："檄者，皦也。宣露于外，皦然明白也。"

⑨斁（yì）：厌弃；厌倦。《诗经·周南·葛覃》："为絺为绤，服之无斁。"毛传："斁，厌也。"

【译文】

承蒙告知并得见《敕答臣下审神灭论》。我反复地捧读，顿时醒悟，超越了昏昧与束缚。人的心识幽深难测，其义理难以穷尽，又由于人们庸俗愚蠢，怎么能够探究求索清楚呢？人们就近从身体内取用，虽然每天使用却不明白其道理，何况在昏暗不明的情况下，义理怎能被人们理解呢？仰寻圣人典籍，里面已经明显地说不是没有神明，应当尊重宗教，回归心性之神。依据有来谈论有，还不能够发挥人和物的本性，根据无来谈论无，这可跑远了。自己的悟性不高，洞察力不强，怎么能够理解神明不断之言，深刻地领悟神明相续的旨意呢？皇上这篇文章同时具有称引、比喻两种证明方法，让我明白精神的恒常存在。坚持不懈探求过去、现在、未来三世精神不灭的道理，可以说是越钻研越坚定，越仰视越高明。这样使众人的疑惑像灰尘一样散开，从迷路返回到正路。我反复诵读，毫无厌倦，快乐地不断手舞足蹈。弟子袁昂稽首敬礼。

卫尉卿萧昂答

　　辱告。并伏见《诏答臣下审神灭论》。夫三世虽明[1]，一乘玄远[2]。或有偏蔽[3]，犹执异端。圣上探隐索微，凝神系表[4]，穷理尽性，包括天人。内外辩析，辞旨典奥[5]。岂直群生靡惑[6]？实亦阐提即晓[7]。方宣扬四海，垂范来世。惠使闻见，唯深佩服。孤子萧昂顿首和南[8]。

【注释】

①三世：佛家以过去、现在、未来为三世。北齐颜之推《颜氏家训·归心》："三世之事，信而有征。"

②一乘：佛教语。谓引导教化一切众生成佛的唯一方法或途径。《法华经》首倡此说。乘，指车乘，比喻能载人到达涅槃境界。

③偏蔽：偏执而有所蔽；偏执不明。

④系表：谓言辞之外。北周庾信《哀江南赋》："声超于系表，道高于河上。"

⑤典奥：典雅、奥妙。

⑥岂直：难道只是；何止。

⑦阐提：即"一阐提"，佛教名词。梵语 Icchantika 的音译，亦译"一阐提迦"，略称"阐提"。意为"不具信"，或称"断善根"。佛教用以称呼不具信心、断了成佛善根的人。东晋竺道生则谓一阐提也可成佛。《涅槃经·梵行品》："一阐提者，断灭一切诸善根本，心不攀缘一切善法。"

⑧孤子：古代父母丧者的自称。

【译文】

　　承蒙告知并得见《诏答臣下审神灭论》。即使明白过去、现在、未来三世的因果关系，成佛的方法和路径仍然玄妙幽远。有的人偏执不明，坚持不同意见。圣上探求隐秘，求索微妙，专注在超越言辞的内在本质，穷理尽性，天人合一。内外辨别，分析入微，言辞典雅，旨意奥妙。何止众生看了圣上的论文会大彻大悟，没有疑惑？实际上那些不具信心、断了成佛善根的人也会立刻明白领悟。应当在四海之内宣传发扬，垂示给后世作为典范。承蒙使我看见诏书，深深地佩服。孤子萧㧑磕头敬礼。

吏部尚书徐勉答

　　天旨所答臣下《神灭论》，一日粗蒙垂示①。辱告重送。伏加研读，穷理尽寂，精义入神，文义兼明，超深俗表②。仰详三世，皎若发蒙。非直谨加诵持③，辄令斑之未悟，惠示承眷至。弟子徐勉和南。

【注释】

　　①一日：犹昨日。《后汉书·李固传》："一日朝会，见诸侍中并皆年

少，无一宿儒大人可顾问者，诚可叹息。"惠栋补注："一日，犹昨
　　日也。"

②深：甚，超过。俗表：谓尘世，俗世。南朝宋朱昭之《难顾道士夷
　　夏论》："初若登天，光被俗表。"

③非直：不但；不仅。

【译文】

　　圣上回答范缜《神灭论》的文论，昨日承蒙赐示。承蒙告知又送达。
我加以钻研诵读，此文穷尽本性和寂灭常静之道，精深微妙的义理达到
神妙之境，文采、义理都很明白，远远超过俗世的各类文章。能让人详
细信服过去、现在、未来三世，明白清楚好像启发蒙昧。不仅要严谨地
诵念经文并持守，而且要使没有领悟的一小部分人，承蒙恩惠告示，深
深眷念。弟子徐勉稽首敬礼。

太子中庶陆果答

　　果和南。伏览《敕旨答臣下审神灭论》。夫从无住本，
在默阻思，伏如来藏，窅绝难言①。故使仲初建薪火之执②，
惠远广然灭之难③。传疑众谈④，蹐沦旷稔⑤；宸聪天纵⑥，圣
照生知。了根授药，随方运便。遂乃辨礼矫枉，指孝示隅。
良由迷发俗学，便浇俗以况道；惑资外文，即就外以明内。
任言出奇，因所据理，固以城堑。三世负荷群生，现在破暗，
当来掴网⑦。一牍之间，于何不利？片言之益，岂可觇缕⑧？
生因曩庆⑨，至德同时。预奉余论，顶戴踊跃。惠示不遗，深
抱笃念。陆果和南。

【注释】

①窅绝：精深、绝妙。

②仲初建薪火之执:仲初,即东晋文学名臣庾阐,字仲初,曾作《佛记》赞扬佛教。

③惠远广然灭之难:慧远为东晋名僧,已见前注,"广然灭之难"所指何事,待考。

④传疑:将自己认为有疑义的问题如实告人,亦谓传授有疑义的问题。

⑤踌:踌同"舛",乖违;相背

⑥宸聪:指皇帝的心思、主意。

⑦捆网:未详。

⑧觊(luó)缕:谓详述;犹言弯弯曲曲。

⑨曩:以往。

【译文】

果稽首敬礼。阅览《敕旨答臣下审神灭论》。这篇论文从无住根本开始,超越语言思想,深入如来藏,精深绝妙,难以言说。因此使庾仲初最先举起传播佛法的薪火,惠远大师又广泛阐发了佛教的生灭义理。将自己认为有疑义的问题如实告诉别人,让大家一起来讨论;皇帝的思想天生高明,圣上的心灵观照透彻。了解不同人们的根机,授予药方,随着时机运用方便手段。于是辨别礼仪,矫正曲心,指示方向。确实能让迷路之人回归正道,让俗世之人向往大道;借助佛教之外的典籍讨论问题,依靠外在的事物来让内心明悟。语句奇妙,理据清楚,让人信服,信心如同城池一样坚固。三世承负重荷的群生,现在破除了黑暗,应当前来捆网。一牍之间,有什么不好的呢?片言之益,岂可详细叙述?在不同的时间出生,却同时达到至高道德的境界。奉持您的论文,非常感激。永远铭记圣言,内心笃实。陆果稽首敬礼。

散骑常侍萧琛答

弟子琛和南。辱告。伏见《敕旨所答臣下审神灭论》。

妙测机神①，发挥礼教，实足使净法增光，儒门敬业。物悟缘觉②，民思孝道。人伦之本③，于兹益明。诡经乱俗，不扐自坏④。诵读藻抃⑤，顶戴不胜。家弟暗短招愆⑥，今在比理，公私煎惧⑦，情虑震越⑧。无以仰赞洪谟⑨，对扬精义⑩，奉化开道，伏用竦怍⑪。眷奖覃示⑫，铭佩仁诱⑬。弟子萧琛和南。

【注释】

①机神：机微玄妙。晋葛洪《抱朴子·任命》："识机神者瞻无兆而弗惑，暗休咎者触强弩而不惊。"

②缘觉：佛教语。梵语 Pratyeka—buddha。旧译为辟支佛，意译为缘觉，也作独觉。一般谓出于佛世，观十二因缘而得悟者为缘觉；出于无佛世，观外缘而无师自悟者为独觉。

③人伦：封建礼教所规定的人与人之间的关系。特指尊卑长幼之间的等级关系。《管子·八观》："倍人伦而禽兽行，十年而灭。"

④扐(huī)：剖裂，破开。《后汉书·马融传》："脰完羝，扐介鲜。"王念孙《读书杂志馀编·后汉书》："脰、扐，皆裂也。"

⑤藻抃：欢欣鼓舞。《宋书·符瑞志下》："亲睹嘉祥，不胜藻抃。"南朝梁简文帝《〈玄圃园讲颂〉序》："凫兴藻抃，独莹心灵。"

⑥暗短：愚昧浅陋。多用为谦辞。《北史·王轨传》："愚臣暗短，不足以论是非。"

⑦煎：比喻折磨，焦虑。《乐府诗集·杂曲歌辞十三·焦仲卿妻》："恐不任我意，逆以煎我怀。"

⑧震越：犹震动，震惊。

⑨仰赞：指辅助在上者谋划。南朝齐王俭《褚渊碑文》："公实仰赞宏规，参闻神算。"洪谟：宏伟的计划。《宋书·江夏文献王义恭

传》:"斯盖上哲之洪谟,范世之明训。"

⑩对扬:凡臣受君赐时多用之,兼有答谢、颂扬之意。《尚书·说命下》:"敢对扬天子之休命。"孔传:"对,答也。答受美命而称扬之。"

⑪竦怍:恐惧、羞惭。

⑫罩:遍及;广施。南朝陈徐陵《为贞阳侯与太尉王僧辩书》:"慈孝之道通于百灵,仁信之风罩于万国。"

⑬铭佩:谓感念钦佩,牢记不忘。

【译文】

弟子琛稽首敬礼。承蒙告知,得见《敕旨所答臣下审神灭论》。此论神妙至极,洞悉机微玄妙,阐发礼仪教化,实在足以使佛法增加光彩,儒门更加敬业。观照万物十二因缘而得悟,百姓更加思慕孝道。尊卑长幼之间等级关系的根本,在此更加明白。假冒的经籍,混乱风俗,不用剖开自己就会毁坏。欢欣鼓舞背诵,感恩不尽。家弟范缜愚昧浅陋,招致过错,现在他的这种思想,让公家和私人焦虑、恐惧,感情思想震惊。没有辅助皇上谋划宏伟计划,颂扬精深微妙义理,奉行王化,开辟道路,使我恐惧、羞惭。眷念、奖掖遍及告示,牢记您仁慈的教导。弟子萧琛稽首敬礼。

二王常侍彬缄答

辱告。伏见《敕旨答臣下审神灭论》。圣思渊凝①,天理孤绝②。辩三世则释义明,举二事则孝道畅。塞钻凿之路③,杜异途之口④。足使魔堞永沦⑤,正峰长峻。弟子伏膺至道,遵奉天则⑥。喜跃之心,宁复恒准⑦?王彬、缄和南。

【注释】

①圣思：帝王的思虑。《后汉书·张纲传》："伏愿陛下少留圣思，割损左右，以奉天心。"

②孤绝：高峻；高耸。

③钻凿：犹言钻谋。《三国志·蜀书·郤正传》："及当世美书善论，益部有者，则钻凿推求，略皆寓目。"

④异途：不同的道路。形容有差别，不一样

⑤堞：城上呈齿形的矮墙，也称女墙。《左传·襄公六年》："甲寅，堙之环城，傅于堞。"

⑥遵奉：遵照奉行。《史记·秦始皇本纪》："施于后嗣，化及无穷，遵奉遗诏，永承重戒。"天则：天子的法令。

⑦恒准：固定的标准。

【译文】

承蒙告知。得见《敕旨答臣下审神灭论》。圣上思虑深远，义理高峻。辨别过去、现在、未来三世，解释佛理清楚明白，同时推举儒佛两教，孝顺的道路更通畅。阻塞钻谋的路子，杜绝走在错误道路的人的口。足以使魔道的城墙永远沦陷，正道的高峰长久挺峻。弟子归心至高之佛道，遵照奉行天子的法令。喜悦的心情，哪里有固定的标准？王彬、王缄答，稽首敬礼。

太子中舍陆煦答

猥辱逮告①，伏见至尊《答臣下审神灭论》。俯仰膜拜，徘徊空首②。窃闻圣惟一揆③，唐虞未有前言，知几其神。今日独奉梁诏，道载则万有挤其沦迷④，德寿则九服扬其照筵⑤。方可振民育德，百年均其摄受⑥；劳民动物，千古咸其折伏。法师智深决定，受持之持金允⑦；志洽通敏⑧，承神之神谐克。陆煦和南。

【注释】

①猥辱：谦词。犹言承蒙。

②空首：古代行礼的一种形式，九拜之一。《周礼·春官·大祝》："辨九拜，一曰稽首，二曰顿首，三曰空首。"郑玄注："空首，拜头至手，所谓拜手也。"

③一揆：《孟子·离娄下》："地之相去也，千有余里；世之相后也，千有余岁。得志行乎中国，若合符节，先圣后圣，其揆一也。"意谓古代圣人舜和后代圣人文王的所作所为是完全相同的。揆，度，准则。

④万有：犹万物。

⑤九服：指全国各地区。

⑥摄受：佛教语。谓佛以慈悲心收取和护持众生。南朝梁简文帝《大爱敬寺刹下铭》："应此十千，现兹权实，随方摄受，孰能弘济。"

⑦受持：佛教语。谓领受在心，持久不忘。《百喻经·妇诈称死喻》："如彼外道，闻他邪说，心生惑着，谓为真实，永不可改，虽闻正教，不信受持。"佥允：公允。《旧唐书·长孙无忌传》："违时易务，曲树私恩，谋及庶僚，义非佥允。"

⑧通敏：通达聪慧。《南史·刘孝孙传》："博学通敏，而仕多不遂。"

【译文】

承蒙告知，得见至尊《答臣下审神灭论》。我顶礼膜拜，反复跪拜。私下听说圣人的所作所为是完全相同的，唐尧、虞舜没有前后不同的说法，他们都有预见，能看出事物发生变化的隐微征兆，非常神奇。今日独自奉持梁武帝之诏，奉行大道，万事万物都消除沉沦迷惑，弘扬道德则全国上下发扬观照之功。这样振兴民众，培育他们的道德，百年都蒙受其护持；让民众聆听经法，千古都折伏。法师智慧深刻，处理事情公允；志向通达，聪慧神妙，天人和谐。陆煦稽首敬礼。

黄门郎徐绲答

绲和南。辱告并逮示《敕答神灭论》。伏览渊旨，疏心荡累。窃惟希夷之本难寻，妙密之源莫睹。自非上圣，无以谈其宗；非夫至睿，焉能道其极？皇上穷神体寂，鉴道居微，发德音则三世自彰，布善言而千里承响。诚叶礼敬，义感人祇①；理扇玄风，德被幽显。悠悠巨夜，长昏倏晓；蠢蠢愚生，一朝独悟。励鹿苑之潜功②，澍法流于日用③。鸿名永播，懋实方驰④；迷滞知反，沦疑自息。弟子归向早深，倍兼抃悦。辄奉以周旋，不敢云坠。但蠡测管窥，终怀如失耳。徐绲和南。

【注释】

①人祇：人与神。

②鹿苑：即鹿野苑，借指僧园、佛寺。

③澍：灌注。

④懋：盛大。

【译文】

绲稽首顶礼。承蒙告示，得见《敕答神灭论》。我埋头阅览深远旨意，心旷神怡。私下认为玄妙之根本很难寻找，妙密之根源无法目睹。如果不是上圣之人，无法谈论宗旨；不是至睿之人，哪能谈论其终极之理？皇上穷尽神灵，体悟空寂，鉴道居微，发出德音则三世自然彰显，颁布善言而千里自然响应。诚心导致礼敬，道义感动人神；佛理扇吹玄风，品德蒙润幽显。在漫长巨夜一直昏迷的人们忽然觉醒；愚蠢的众生一朝顿悟本心。奖励寺院潜移默化的功劳，灌注佛教法流于日用生活。美好的名声永远传播，盛大的本体发挥作用；迷滞的人知道回归，沉沦的人自然停止。弟子早就归向佛教，看到文章拍手喜悦。只是谈论自己的看法，不敢说深刻理解。就像以瓠瓢测量海水，管中窥天，见识短浅，终究有很多缺失。徐绲稽首顶礼。

侍中王暕答

枉告并奉览《敕答臣下审神灭论》。圣旨玄照，启寤群蒙[①]。义显幽微，理宣寂昧[②]。夫经述故身之义，系叙游魂之谈，愚浅所辩，已为非灭。况复睿思弘远，尽理穷微，引文证典，焕然冰释。肉眼之人虔恭回向，惑累之众悛改浮心[③]。发明既往，训导将来。伏奉渊教，欣蹈罔已。王暕和南。

【注释】

①启寤：启发使觉悟。寤，通“悟”。

②寂昧：幽隐深奥。

③悛(quān)改：悔改。

【译文】

承蒙告知，并奉览《敕答臣下审神灭论》。圣旨玄照，启发群蒙使他们觉悟。意义幽深微妙，传播佛理，幽隐深奥。佛法经论叙述故身之义，是诉说游荡魂魄的谈论，即使愚浅之人理解，也会认为神明不灭。何况您的文章思想睿智弘远，深入研究事物原理，达到精深奥妙的境地，引文证典，让人心中疑惑焕然冰释。凡夫俗子虔诚恭敬，回转自己的功德，趋向众生和佛果，迷惑劳累众生悔改躁动不安的情绪。使以往的人发现明悟本心，训导将来的人。诚心奉持深远的教导，非常欢喜。王暕稽首顶礼。

侍中柳恽答

　　辱告惠示《敕所答臣下神灭论》。夫指归无二,宗致本一[1]。续故不断,释训之弘规;入室容声,孔经之深旨。中外两圣,影响相符。虽理在固然,而疑执相半。伏奉渊旨,照若发蒙。顾会玄趣,穷神知寂。恻情尽状,天地相似。千载阙疑,从春冰而俱泮[2];一世颠倒,与浮云而共开。祗诵环徊,永用悬解[3]。存及之顾,良以悲哉。弟子柳恽顿首白。

【注释】

　　①宗致:宗旨。学说的要旨大义。

　　②泮(pàn):散,解。

　　③悬解:解除束缚。

【译文】

　　承蒙告知,告示《敕所答臣下神灭论》。万物根本所归无二,宗旨本来就只有一个。前后连续,所以神明不断,这是释迦牟尼训导的弘规;入室容声,是孔子弘经的深旨。中外两圣,如影如响,互相契合。虽然道理本来就是这样,但有些人总是怀疑。如果诚心奉持深远旨意,光明寂照就如同开发蒙昧之心。领悟玄妙境界,穷神知寂。深入各种情状,领悟天地一体的境界。千年来的疑问,就像春冰遇到阳光而融化;一世的颠倒,与浮云一起散开。反复诵读,能够帮助解除束缚。想到那些迷惑的人,实在悲哀啊! 弟子柳恽稽首顶礼报告。

常侍柳憕答

　　辱告。惠示《敕答臣下审神灭论》。渊旨冲邈[1],理穷几奥。窃以修因趣果,神无两识;由道得灭,佛唯一性。殷人示民有知,孔子祭则神在。或理传妙觉,或义阐生知。而杨、墨纷纶②,徒然穿凿。凝滞遂往,特掩名教。圣情玄览,证无间然。振领持纲,舒张毛目。抑扬三代,汲引同归。实假双法,朗然无碍。伏奉循环,疑否俱尽。来告存及,悲挹唯深。柳憕顿首白。

【注释】

①冲邈:深远宏大。

②杨墨:战国时杨朱与墨翟的并称,二人善辩。

【译文】

承蒙告知。您告示《敕答臣下审神灭论》。此论渊旨深远宏大,道理玄妙幽深。我私下认为修因趣果,神无两识;悟道灭除生死,佛性唯一。殷人示民有知,孔子强调祭祀如神在。或者理传妙觉,或者义阐生知。而杨朱与墨翟喜欢辩论,白白牵强地解释。迷滞消失,超越名教。圣情玄览,证悟无间大道。振兴奉持领纲,舒展张开细目。褒贬三代,引导同归。实实在在借助佛儒双法,会让内心朗然无碍。诚心奉持,不断朗读,疑否都消失。想到那些迷惑的人,很是悲哀。柳憕稽首顶礼白。

太子詹事王茂答

辱告。伏见《敕旨答神灭论》,顶戴欣跃,不及抃舞。神理悠旷,虽非建言所极;列圣遗文,炳然昭著。莫不抚抃虔襟,式遵彝典①。岂可妄陈虚矫,厚诬前诰?谓来缘之不期,弃享荐之至礼②。迷路茫茫,归涂靡薄。苦空一到,有悔无追。主上含明体圣,妙穷真假,发义照辞,舟航沦溺。岂唯天人赞仰?信亦诸佛回光。弟子夙昔栖心,本凭净土,数延休幸，预逢昌世。方当积累来因，永陶滋诱；藻悦之诚，非止今日。未获祗叙，常深翘眷，比故修诣。此白无由。王茂和南。

【注释】

①彝典：常典，旧典。

②享荐：祭祀进献。

【译文】

　　承蒙告知。诚心阅读《敕旨答神灭论》，非常欢喜，忍不住拍掌跳舞。神理悠深旷远，虽然不是建言所极；列圣遗文，光明显耀。看了这篇文章没有人不抚抃虔襟，遵守学习常典。岂可虚妄陈述，深加诬蔑前人的明诰？认为时间还很长远，放弃祭祀进献的至礼。迷路茫茫，回归之路遥遥无期。苦空生死一到，追悔莫及。今主上心藏光明领会佛意，神妙穷尽真假，发挥佛义理念论说，像航船一样度化沦落沉溺在生死大海中的人。岂只是天人赞仰？连诸佛也回光赞叹。弟子我以前就栖心佛法，喜欢净土，一直有幸坚持，恰逢昌盛之世，正当积累来世善因，永远陶冶性情。喜欢华美的佛法之诚心，不止今日。一直未能当面请教，很是期盼眷念您。此白无由。王茂稽首顶礼。

太常卿庾咏答

　　辱告。惠示至尊《敕答臣下神灭论》。伏览未周，烟云再廓。窃惟蠕动有知，草木无识。神灭瞽论①，欲以有知，同此无识，乃谓种智亦与形骸俱尽，此实理之可悲。自非德合天地，均大域中，属反流之日，值饮化之几，则二谛之言无以得被，三世之谈几乎息矣。圣上愍此四生，方沦六道，研校孔释，共相提证。使穷陆知海，幽都见日，至言与秋阳同朗，群疑与春冰俱释。虽发论弘道，德感冲襟②，而豫闻训诱③，俯欣前业。法师服膺法门④，深同此庆。谨当赞味吟诵，始终无致⑤。弟子庾咏和南。

【注释】

①瞽论：不明事理的言论。

②冲襟：亦作"冲衿"，旷淡的胸怀。

③豫闻：参与闻知。豫，通"与"。

④服膺：铭记在心；衷心信奉。《礼记·中庸》："得一善，则拳拳服膺而弗失之矣。"朱熹集注："服，犹著也；膺，胸也。奉持而著之心胸之间，言能守也。"

⑤无致（yì）：不厌恶，不厌倦。

【译文】

承蒙告知。让我看到至尊的《敕答臣下神灭论》。全神贯注阅览，没看几遍，心中的烟云就消散。我私下认为蠕动之类生物有知觉，草木无神识。范缜《神灭论》是不明事理的言论，他认为神明与无识相同，于是提出种智也与形骸一起消灭的思想，这实在是可悲。要不是圣上道德与天地一样深厚，智慧广大，深刻反驳范缜谬论，那么真俗二谛之言无法被传扬，三世因果之谈几乎停止。圣上怜惜沉沦六道轮回中的众生，研究校对孔子和释迦牟尼的思想，共同相互证明。这样使狭窄的陆地知道大海的广阔，阴暗都城见到阳光的明媚，至妙之言与秋天太阳一样明朗，众多疑惑与春天坚冰一样融化。虽然我也发愿弘道，有旷淡的胸怀，而闻知您的教诲诱导，非常欢喜。法师衷心信奉佛法，深同此庆。不断赞味吟诵，始终不厌倦。弟子庾咏稽首顶礼。

豫章王行事萧昂答

辱告。宣示《敕答臣下审神灭论》。圣旨披析，使惑者焕然。神之不灭，著于通诰，理既眇默①，故致有迷。主上识照知来，鉴逾藏往②。摛几外之妙思③，攻异端之妄说。又引《礼经》，取验虚实，孝敬之道，于此方弘。孤子萧昂顿首和南。

【注释】

①眇（miǎo）默：悠远，空寂。

②藏往：记藏往事于心中。

③摛（chī）：舒展；散布。

【译文】

承蒙告知。您宣示《敕答臣下审神灭论》。圣旨分析深刻，使迷惑者清楚明白。神不灭的思想，大多数人都知道，但其理悠远空寂，因此导致有些人迷惑。主上智慧玄照，能预知未来之事，心如明镜，能回想起记藏在心中久远的事。传播世俗之外佛法的妙思，攻击各种异端妄说。又引《礼经》，来验证虚实，孝敬之道，这样能更好地弘扬。孤子萧昂稽首顶礼。

太中大夫庾昙隆答

辱告。伏见主上《答臣下审神灭论》。昏蒙启悟，焕尔照朗。夫至理虚寂，道趣空微。上圣极智，乃当穷其妙实；下凡浮生，自不辩其玄渊①。如闻立论者，经典垂训，皆是教迹。至于在佛，故书诡怪，难以理期，此则言语道断。仰劳圣思为臣下剖释，群情岂不欣赞？铭挹明旨②，抱用始终。法师典诲，弥增惭戢。弟子庾昙隆和南。

【注释】

①玄渊:深渊;指道德的深奥境地。

②诡怪:诡谲奇怪

【译文】

承蒙告知。伏见主上《答臣下审神灭论》。这篇文章能让昏蒙的人得到启发觉悟,内心明亮,焕然一新。至理虚寂,大道空微。上圣极其智慧,所以穷尽生命奥妙;下面的凡夫众生,不能辨别道德的深奥境地,所以看到经典垂训,都只是教化的事迹。至于谈到佛,很多书本诡谲奇怪,难以理解,这是因为觉悟需要言语道断,超越一切语言思想。劳烦圣上思考,为臣下剖析解释,群情岂不欣喜赞叹? 铭记明旨,众生受用。法师典诲,弥增惭戢。弟子庾昙隆稽首顶礼。

太子洗马萧靡答

惠示《敕答臣下审神灭论》。披览未周,情以抃悦①。主上凝神天纵,将圣多能,文奥不刊②,辞溢系表。义证周经③,孝治之情爱著;旨该释典,大慈之心弥笃。谨置之坐隅,陈之机枕,寝兴钻阅,永用书绅。班示不遗④,戢眷良厚。弟子萧靡和南。

【注释】

①抃(biàn)悦:拍手喜悦。

②不刊:不可改易。古代的文书刻在竹简上,错了就削去,这叫"刊"。

③周经:指儒家的经籍。

④班示:犹颁示,谓颁布出来,使人知道。

【译文】

承蒙告知。惠示《敕答臣下审神灭论》。我刚刚披览，就高兴得拍手。主上精神专注，上天所赋予，才智超群，统帅高深多有智能，文法奥妙不可改易，辞理超越言语之外。意义证明儒家经籍，孝治之情更加得到弘扬；意旨包括释典，大慈之心更加笃实。我要把这篇文章谨慎放在坐位旁，陈放枕头边，早晚钻研阅读，永远牢记在心。颁布出来让大家都知道，非常殊胜。弟子萧靡稽首顶礼。

御史中丞王僧孺答

辱告惠示，送主上所答群臣《仰谐神灭论》。伏览循环，载深钻奉，发蒙祛蔽，朗若披云。窃以事蕴难形，非圣莫阐；理寂区位，在愚成惑。若非神超系表①，思越几前，岂能烛此微言？若闻金石，洞兹妙境。曾靡榛蹊，谕之以必荐，示之以如在，使夫持论者不终泥于遥辙，专谬者无永沈于惑海。积奉渊谟②，孰不欢肃？裁此酬白，不申系舞。王僧孺和南。

【注释】

①系表：谓言辞之外。

②渊谟：亦作“渊謩”。谋略深远。

【译文】

承蒙告知。您送给我主上所答群臣的《仰谐神灭论》。我反复拜读，深入钻研奉持，开发祛除蒙蔽，如同披云见日一样光明。我私下认为，事蕴难以形容，非圣不能阐述；佛理空寂，没有方位，让愚人很迷惑。若不是您神灵超越言辞，思想超越俗世，岂能说出这样的微言大义？如同听到金石之音，洞彻妙境。就像在岔路边的树上，标示记号，使那些持论者在遥远的路途中不会徘徊不前，坚持错误的人不会永远沉沦迷惑大海。奉持谋略深远的旨意，怎么会不欢喜呢？心情愉悦，不禁手舞足蹈。王僧孺稽首顶礼。

黄门侍郎王揖答

辱告。惠示《敕答臣下审神灭论》。夫昊苍玄默，本绝言议；性与天道，固亦难闻。而爱育之仁，依方感动；开诱之教，沿事降设。矜局蛙于井谷①，哀危螳于寸阴。思发神衷，言微理镜。引据前经，文约旨远。凝神寂窾，一理能贯。坟典纷纶，一言以蔽。显列圣之潜旨，决终古之滞惑，存灭由斯而晓，孝敬因兹而隆。信足以警诫重昏，仪范百代，所谓圣谟洋洋②，嘉言孔彰者也。弟子既惭辨理，弥懵知音，遂得预闻道训，颂觌妙藻③。式抒下陈，永垂圣则。弟子王揖和南。

【注释】

①矜：怜悯。

②圣谟：本谓圣人治天下的宏图大略。后亦为称颂帝王谋略之词。语出《尚书·伊训》："圣谟洋洋，嘉言孔彰。"

③觌：相见。

【译文】

承蒙告知。惠示《敕答臣下审神灭论》。苍天玄默，本来就超越一切语言文字；性与天道，本来就很难听到。而爱育之仁，依照不同的方位感应变动；开诱之教化，依据不同的事设置。怜悯井底之蛙不知道天地之大，悲哀只生活极短时间的危螳不知道时间之长。您的思想出于神明，语言微妙。引用前面经典的典故，文章简明扼要宗旨宏远。我静下心神冷静地在空旷的房子里想，一理能贯之。三坟五典纷纶，一言以蔽之。

显现列圣的潜旨，决断终古的滞惑，神灵存灭之理由于您的论文而明白，孝敬因为您的文章而兴隆。我相信您的思想确实足以警戒非常昏昧的人，可以作为百代的典范，正是所谓帝王宏图大略洋洋洒洒，美好的言论会得到彰显。弟子我很惭愧以前的愚昧，现在听闻您的道训，看到美妙的文章，非常高兴，我会永远铭记圣上的教诲。弟子王揖稽首顶礼。

吏部郎王泰答

一日曲蒙宴私①，预闻范中书有神形偕灭之论。斯人径廷，不近人情。直以下才，末能折五鹿之角②，辱告垂示圣旨。微引孝道，发扬冥致，谨当寻诵③，永祛蒙惑。弟子王泰顿首和南。

【注释】

①宴私：公余的私生活，如游宴玩耍之类。

②五鹿：指西汉五鹿充宗。《汉书·朱云传》载，充宗通晓《易》，尝凭借权势与诸儒辩《易》，诸儒不敢与争，惟朱云多次将他驳倒。故时语曰："五鹿岳岳，朱云折其角。"后借指能言善辩的人。

③寻诵：寻绎诵读。

【译文】

一日曲蒙游宴，预闻中书范缜有神形偕灭之论。此人固执，不近人情。我只是才能低劣的人，不能能言善辩，低下的才能不足折服五鹿充宗的高论，承蒙告知垂示圣旨。您的圣旨微妙深远，引证孝道，发扬幽深的佛理，谨当寻绎诵读，永远祛除心中的蒙昧迷惑。弟子王泰稽首顶礼。

侍中蔡樽答

辱告。奉宣《敕旨答谘神灭论》。夫神理玄妙，良难该辩①。虽复前圣眷言,后英犹惑。天旨爰释,皎若发蒙,固以陵万古而擅奇悟,方来以不朽。伏奉朝闻,载深抃跃②。谨以书绅,永袪迷滞③。蔡樽和南。

【注释】

①该辩:完整辨析。

②抃跃:犹言手舞足蹈。表示欢欣鼓舞。

③迷滞:迷惑滞泥。

【译文】

承蒙告知。奉宣敕旨《答谘神灭论》。神道玄妙,实在是很难辨析。虽然前圣谆谆教诲,后来的人还是迷惑。天子的圣旨于是详细解释,清楚明白如同启发蒙昧,以超越万古而领悟大道,未来会永垂不朽。诚心奉持,手舞足蹈。我将永远铭记在心,祛除迷惑滞泥。蔡樽稽首顶礼。

建康令王仲欣答

仲欣白。辱告。惠示《诏所答臣下神灭论》。伏读渊丽,抃不胜跃。皇帝睿性自天,机神独远①,五礼外照,三明内映。金轮徐转,则道济八纮②;玉瓒既陈③,则孝隆七庙。开慧日于清汉,垂法云于大千。如在之义,重阐兹晨;常住之明,永证来劫。故以德冠百王,声高万古。弟子栖心法门,崇信大典,舞蹈之诚,独深凫藻④。王仲欣和南。

【注释】

①机神:机微玄妙。

②八纮:八方极远之地,泛指天下。

③玉瓒：圭瓒，古代礼器，为玉柄金勺，裸祭时用以酌香酒。泛指
　　酒盏。

④鱼藻：谓鱼戏于水藻。比喻欢悦。

【译文】

仲欣告白。承蒙告知。惠示《诏所答臣下神灭论》。伏读深奥美妙
的文章，非常兴奋。皇帝天生智慧，机微玄妙，外照五礼，内映三明。金轮
徐徐转动，则道济天下；玉瓒排列陈设完毕，则孝道隆重于宗庙，则孝隆国
家。开慧日于天空，垂法云于大千世界。佛法如如存在之义，现在重新
阐释；永恒常住之明，来劫永证。因此德冠百王，声高万古。弟子栖心佛
教法门，崇信佛道大典，舞蹈之诚，确实非常欢喜。王仲欣稽首顶礼。

建安王外兵参军沈绩答

弟子绩和南。垂示《敕答臣下神灭论》，伏深欣跃。弟
子窃惟道不自弘，弘实由人；人须其识，识须其位。《周易》
所称圣人大宝曰位，岂其意乎？ 然或位而不人，或人而不
位，三者云备，其理至难。故宣尼绝笔于获麟①，孟轲反身于
天爵②，诚无其位也。呜呼！ 真化殆将沦没。今天子以仁圣
盛明，据至尊之位，盖层山可以众煦飘，其和不可移也；钟鼓
可以鸡豚乱，其鸣不可间也。将使慄慄黔首③，济其长夜，自
非德合天地，谁能若斯？ 弟子早沐灵风，既闻之矣。然而燕
雀之集，犹或相昏；飞蓬之门，尚自交构。圣旨爰降，辞高理
惬，敦以人天之善，诚以莫大之形。一言作训，内外俱悦。
夫以孺子入井，凡民犹或伤之，况乃圣慈御物，必以隐恻为
心邪？ 能指白马之非白，犹见屈于中庸。至于神享机外，志
存弘化，魑魅摧其颊舌，焉足道哉？ 神迹天贵，本非窥观。

遂能存示，用惭冥德。弟子沈绩和南。

【注释】

①宣尼绝笔于获麟：指春秋鲁哀公十四年猎获麒麟事。相传孔子作《春秋》至此而辍笔。《春秋·哀公十四年》："春，西狩获麟。"杜预注："麟者仁兽，圣王之嘉瑞也。时无明王出而遇获，仲尼伤周道之不兴，感嘉瑞之无应，故因《鲁春秋》而修中兴之教。绝笔于'获麟'之一句，所感而作，固所以为终也。"

②孟轲反身于天爵：《孟子·告子上》："仁义忠信，乐善不倦，此天爵也；公卿大夫，此人爵也。"天爵，天然的爵位，指高尚的道德修养，因德高则受人尊敬，胜于有爵位，故称。

③慄慄：恐惧。

【译文】

弟子绩稽首顶礼。承蒙告知。垂示《敕答臣下神灭论》，确实非常欣跃。弟子私下认为道不自弘，弘实由人；人须其识，识须其位。《周易》所称圣人大宝曰位，难道不是这个意思吗？然而或许有位而没人，或者有人而没有位置，三者都具备，实在很难。所以孔子听到有人猎获麒麟后辍笔，孟轲反身于天然的爵位，实在是无其位。呜呼！真道之化即将沦没。今天子以仁圣盛明，据至尊之位，重重山岭可以让云彩在其间飘荡，其和不可变易；钟鼓可以让鸡猪受惊乱跑，其鸣不可打断。将使恐惧的老百姓，度过长夜，若不是德合天地，谁能这样？弟子早沐灵风，早已闻说。然而燕雀之集，犹或昏昧；飞蓬之门，尚自互相构陷。圣旨降下，辞高理惬，以人天之善督促，以莫大之形警戒。一言作训，内外都喜悦。小孩掉入井中，凡民尚且伤心，何况圣慈管理万物，难道会认为隐恻为心邪吗？能指出白马之非白，犹见屈于中庸。至于神享机外，志存弘化，鬼怪摧其颊舌，哪里值得说啊？神迹天贵，本来不是凡夫所能窥观的。这样让我领会，很惭愧上天的恩德。弟子沈绩稽首顶礼。

祠部郎司马筠答

辱告。并垂示《敕答臣下审神灭义》。伏读周流，式歌且舞。夫识虑沈隐，精灵幽妙，近步无以追，凡情不能测。外圣知其若此，所以抑而不谈。故涉孔父，其尚惛经。姬公其未曙，而碌碌之徒妄理信目，锥画管窥，异见锋起。苟徇离贤之名，遂迷雪霜之实。愚惑到此，深可矜伤。我皇道被幽显，明逾日月；穷天地之极，尽终始之奥。忌莸紫之妨朱气^①，雉珉之乱凤玉^②。爰发圣衷，降兹雅义。信足以光扬妙觉，拯厥沈泥^③。近照性灵之极，远明孝德之本，实使异学剪其邪心，向方笃其羡慕^④。谬以多幸，豫奉陶钧^⑤。沐泽饮和，有兼庆跃。流通曲被，佩荷弥深。司马筠和南。

【注释】

①莸(yóu)：古书上指一种有臭味的草。

②珉：像玉的石头

③沈泥：阻滞，不通畅。

④向方：归向正道；谓遵循正确方向。

⑤陶钧：制造陶器时用的转轮，分快轮和慢轮；比喻培育人才。

【译文】

承蒙告知。并垂示《敕答臣下审神灭义》。反复阅读，高兴得歌唱跳舞。识虑隐蔽，精灵幽妙，走路慢的人无以追赶，凡情之人不能理解。外圣知道这样，所以抑而不谈。故涉孔父，其尚对经典迷惑。周公也没详细谈论，而碌碌之徒妄理信目，管中窥物，目光短浅，见闻不广，不同见解很多。只重视离贤之名，不知雪霜之实。愚惑到这个程度，实在值得怜悯忧伤。我皇上之道包蕴阴阳，光明超过日月，穷尽天地之极，终始之奥秘。担心菀紫臭草之妨碍朱色正气，山鸡与石质赝品扰乱凤玉。于是大发圣心，降下雅义。我相信足以光大发扬佛法妙觉，拯救迷惑滞涩之人。近照性灵之极，远明孝德之本，确实使异学之人剪除邪心，遵循正确方向。非常幸运，培育人材。沐浴恩泽感受和气，欢庆而跳跃，内心非常佩服。司马筠稽首顶礼。

豫章王功曹参军沈绲答

绲和南。弟子窃以为交求之道，必取与为济。至于渎蒙不告，则空致冲冲，倏忽之观，殆将可息。所以自绝谘受，崇深莫窥，诚自愧也。徒以暗识因果，循循修局，诚冀履霜不退，坚冰可至耳。而法师弘心山薮①，幸能藏疾。虽未升堂，遂招以法流。杜夷云："召渴马于漉泉，不待鞭策而至矣。"垂示《上答臣下神灭论》。晨宵伏读，用忘疲寝，构斯法栋，导彼迷流。天属既申，三世又辩，鬼神情状，于焉可求？然谓海实广，广孰能知？谓天盖高，高不可测。圣论钩深，旨超系表，蒙情易骀恶能是②？空铭末示，终愧钻仰。弟子沈绲和南。

【注释】

①山薮：山深林密的地方，山林与湖泽。

②骀(tái)：劣马，亦喻庸才。

【译文】

沈绲稽首顶礼。弟子私下认为交求之道，在于获取与给予相互依靠。至于轻慢蒙昧的人，不通告别人，则只是白白地到灵妙之境而无所收获，倏忽之观，可能将停止。所以我感觉佛法深奥，无法窥见，确实很惭愧。只是因为不了解因果，一直担心，所以希望履霜不退，坚冰可至。

而法师在山野草莽弘扬佛法,有幸帮助别人。虽然没有升堂,也招来很多学习的人。杜夷说:"带口渴的马到澱泉,不用鞭策就会来到。"皇上垂示《上答臣下神灭论》,我早晚拜读,废寝忘食。此论构筑佛法高楼,引导那些迷执的人们。既强调了孝敬的情怀,又辩明了三世因果报应的佛理,鬼神情状,到哪里去求呢? 然而佛法之海实在广大无边,有谁能够知道呢? 天空实在高远,高不可测。圣论探索深奥的意义,旨超语言之外,庸才愚人怎能理解呢? 空铭末示,很惭愧不能深入探索。弟子沈绲稽首顶礼。

建安王功曹王缉答

　　惠示《敕答臣下审神灭论》。窃以神者冥默,历圣未传。宣尼犹称不言,庄生空构其语。求之方策,良叹交深谬觌①。今论天思渊发,妙旨凝深。至理既弘,孝机兼极,信足蹈超万古,照烛来今。弟子生属昌辰②,预觌圣藻,既冰涣于怀抱,信晓惑于随便。凡厥灵知,孰不钻仰③? 矧伊蒙蔽,激扦良深。王缉和南。

【注释】

①觌:相见。

②昌辰:盛世。

③钻仰:深入探求。

【译文】

　　承蒙告知。您告示《敕答臣下审神灭论》。我私下认为神者冥默,历圣无法传达。孔子犹称不言,庄子空构其语。去历代典籍里寻求,实在叹息很难见到。如今这篇文论天思渊发,妙旨深刻。至理既然得到弘扬,孝机兼极,我相信足以蹈超万古,照耀未来。弟子生逢盛世,得遇圣藻,心中的冰块融化,立即就明白了大道。凡是灵知之人,谁不深入探求呢? 化解了我的蒙蔽,非常激动兴奋。王缉稽首顶礼。

右卫将军韦叡答

至理虚寂,冥晦难辩。言有似无,言无实有。妙于老谈,精于释教,辞炳金书①,文光王牒者,由来尚矣。主上道括宇宙,明并日月,隐显之机必照,有无之要已览。遂垂以明论,酬析臣下,导诱既深,训义方洽。凡在有心,孰不庆幸? 蒙示天制,谨加读诵。垢吝云消,特兼欢抃。法师果深,昔缘因会。今法离五欲而入八解,去三界而就一乘。复得豫闻德音,弥足欣赞。惠告沾及,戢佩寔深。韦叡和南。

【注释】

①金书:指道教或佛教之经典。

【译文】

高深的道理虚空安定,深奥难以分辨,说它有却像没有,说它没有却像有。老子妙谈,释迦牟尼精微教化,辞语记载在金册上,文采光辉写在圣王的文版上,一直以来就是这样。主上大道涵括宇宙,与日月一样光明,照耀隐显之机,阅览有无之要。于是垂以明论,诵析臣下,深刻教导劝诱,训义方洽。凡是有心之人,谁不庆幸? 承蒙让我看到皇上大作,谨加读诵,不洁吝悭像云一样消散,非常欢喜。法师果深,昔缘因会。今法离五欲而入八解,超越三界而成就一乘佛法。所以又得闻道德之音,赞叹不已,领受恩惠,非常感谢。韦叡稽首顶礼。

廷尉卿谢绰答

绰和南。辱告。蒙示《敕答臣下审神灭论》。伏览渊谟,用清魂府①。既排短说,实启群疑。窃惟人生最灵,神用不极,上则知来藏往,次乃邻庶入几。以此观之,理无可灭。是以儒申其祀,佛事大慈。照其生缘,内外发明,已足祛滞。况复天诲谆谆,引谕弥博。弘资始于黔黎,道识业于精爽②。固令开蒙出障,坐测重玄③;异端既绝,正路斯反。论者惭其墨守,范氏悟其膏肓④。豫在有识,孰不击赞?但弟子徒怀游圣,终懵管窥,顶奉戴跃,永欢荫诱。谢绰和南。

【注释】

①魂府:指心。

②精爽:精神;魂魄;犹言神清气爽。

③重玄:指很深的哲理。语本《老子》第一章:"玄之又玄,众妙之门。"

④膏肓:比喻难以救药的失误或缺点。

【译文】

绰稽首顶礼。承蒙告知。蒙示《敕答臣下审神灭论》。诚心读览深远的文章,清净心灵。既排除了虚妄之说,也确实启发了大家的疑问。我私下认为人生最灵妙,神用没有终极,上则知来藏往,其次能邻庶入几。这样看来,理无可灭。因此儒家重视祭祀,佛教从事大慈大悲的事业。观照众生因缘,发明佛儒内外之教化,已足以祛除迷滞。何况再次谆谆教诲,旁征博引。弘扬教化从百姓开始,道识以精神为根本。因此令他们开启蒙盖,出离障碍,领悟深刻哲理;异端之路既然停止,正好返回正路。论者对自己墨守成规感到惭愧,范缜知道自己的致命错误。只要是有识之人,谁不击节赞同?但弟子徒怀游圣,懵懂无知,只是以管窥之见,顶奉戴跃,对诱导教诲永远欢喜。谢绰稽首顶礼。

司徒祭酒范孝才答

弟子孝才和南。逮示敕旨《答臣下审神灭论》。窃以彭生豕立^①，咎现齐公；元伯缨垂^②，事高汉史。且斩筹为喻，义在必存。神之不灭，法俗同贯。欲灭其神，内外俱失。所谓管窥穷极，宁辨西东？蠡度沧溟^③，安知髣髴^④？天旨弘深，殷勤于妙象；圣情隐恻，流连于飨祭。岂直经教增隆？实使蒙愚悟道。眷逮所覃，曲垂颁及。铭兹训诱，方溢寸心。弟子范孝才和南。

【注释】

①彭生豕立：指春秋时齐襄公与公子彭生之间发生的鬼魂报应故事，见前注。

②元伯缨垂：指东汉时范式与张劭生死友谊的故事，范式与张劭结为挚友，两人多年不相见，某天晚上范式忽然梦见张劭（字元伯）垂着缨带，告诉范式自己的死期，范式急忙从千里之外赶去奔丧，他到场后张劭的棺木才得以顺利下葬，事载《后汉书·范式传》。

③蠡：瓠瓢，古代舀水用具。持蠡测海指用瓢来测量海水的深浅多少，比喻用浅薄的眼光去看待高深的事物。出自《汉书·东方朔传》："以管窥天，以蠡测海。"

④髣髴（fǎngfú）：约略的形迹。

【译文】

弟子孝才稽首顶礼。承蒙告知。逮示《敕旨答臣下审神灭论》。我私下认为彭生像猪一样站立，是为了报复齐公；汉代张元伯在梦里垂着缨带，告诉友人范式自己的死讯，这种高尚情义记载于汉代史书。且斩筹为喻，说明道义在，神必存。神明不会灭，佛教和世俗都贯通理解。如果灭其神，内外俱失。所谓用管窥探天空，怎能辨别西东？用瓢来测量海水的深浅，怎能知道多少？天旨博大精深，殷勤于妙象；圣情深沉不露，流连于祭祀。不只是让经教增强兴隆，实在能使蒙愚之人悟道。很高兴接受圣上的教诲，一定铭记在心。弟子范孝才稽首顶礼。

常侍王琳答

辱告。惠示至尊《答臣下审神灭论》。谨罄庸管，恭览圣制。声溢金石，理洞渊泉。义贯六爻[①]，言该三世，。足使僻学知宗，迷途识反。弟子生幸休明，身叨渥泽[②]，复得倾耳天作，拭目神藻。凫抃之诚，良无纪极。猥惠颁逮，铭跃唯重。弟子王琳答。

【注释】

①六爻：《周易》卦之画曰爻。六十四卦中，每卦六画，故称。

②渥泽：恩惠。

【译文】

承蒙告知。惠示《至尊答臣下审神灭论》。我聚精会神，恭敬拜读天子旨意。此论声音高于扣击金石，理意深远。意义贯通六爻，语言包含三世。足以使邪僻之人知道宗旨，迷途之人知道回家的路。弟子生逢盛世，蒙受恩惠，又得到让人倾心的天才之作，让人拭目华美非凡的文章。非常心悦诚服，无法形容。不等赐予班示到来，铭记为心中最重之事。弟子王琳答。

库部郎何炟答

炟和南。辱所赐书，并垂示《答臣下审神灭论》。窃闻神其如在，求前王而未测，住常住其不移，徒伏膺而方晓。钻仰渊秘，涣尔冰开。故知纷纶圣迹，不由一道；参差动应，本自因时。今浇流已息①，无明将启，物有其机，教惟斯发。笃孝治之义，明觉者之旨，预有灵识，谁不知庆？岂炎昊所得争衡②？非轩唐所能竞爽③。巍巍至德，莫或可名。昭然大道，于斯为极。何炽和南。

【注释】

①浇流：谓浮薄之风流布。

②炎昊：炎帝神农氏与太昊伏羲氏的合称。

③轩唐：传说中的古代帝王轩辕、唐尧的并称。

【译文】

炽稽首顶礼。承蒙告知。并垂示《答臣下审神灭论》。我私下听说神明永恒存在，如果刻意追求就无法了解它，常住不变，才能信服明白。深入探求心灵奥秘，如坚冰融化一样。因此知道各种圣迹，不拘一格；参差动应，本来就是根据不同时机。今浮薄之风已停止，无明将开启，万物焕发生机，教化深入人心。笃厚孝治之义，明悟觉者之旨，只要有灵识者，谁不知道庆祝？岂是炎帝神农氏与太昊伏羲氏所能比较？古代帝王轩辕、唐尧也不能竞争。巍巍至德，无法描述。昭然大道，于斯为极。何炽稽首顶礼。

豫章王主簿王筠答

筠和南。辱告。垂示《上答臣下审神灭论》。窃闻優然有见①，礼典之格言。今则不灭，法教之弘旨，但妙相虚玄，神功凝静，自非体道者，岂能默领其宗？不有知机者，无由冥应其会。圣王迹洞万机，心游七净，哀愍群生，妪煦庶物②。涤彼盖缠③，勖以解慧④；祛其蒙惑，跻之仁寿。信大哉！为君善于智度者也。弟子世奉大法，家传道训，而学浅行疏，封累犹轸。既得餐禀圣教，豫闻弘诱。一音得解，万善可偕。抃跃之情，无以譬说。弟子王筠和南。

【注释】

①僾（ài）然：仿佛，隐约貌；含蓄貌。

②姁煦：生养覆育；和悦之色。姁，指地赋物以形体；煦，指天降气以养物。

③盖缠：佛教谓五盖与十缠皆烦恼之数，故以"盖缠"指代烦恼。

④勖（xù）：勉励。

【译文】

筠稽首顶礼。承蒙告知。垂示《上答臣下审神灭论》。我私下听说古代礼典中的格言，思想含蓄隐约。如今以不生不灭为宗旨的佛教，妙相虚寂玄空，神功凝静，如果不是体道之人，岂能默领其宗？没有知机者，无法冥应其会。圣王洞察万机，心游七净，哀愍群生，生养覆育各种事物。涤除他们的烦恼，勉励解悟智慧；祛除其蒙惑，登上仁寿高峰。太好啦！圣王善于用智慧度化众生。弟子世奉佛教大法，家传道训，而学浅行疏，修行止步不前，犹感伤心。如今听闻圣教，收益良多。一音得到理解，万善都可实现。快乐之情，无法譬喻诉说。弟子王筠稽首顶礼。

仓部郎孙挹答

辱告。惠示《敕答臣下审神灭论》。伏奉欣仰，喜不自支。夫江海渊旷，非井䵷所达①。泊然入定，岂外道可能以？一毛不动，则众邪退散；舟航既济，而彼岸超登。圣后体蕴二仪，德兼三代，抚灵机而总极，秉上智以调民。发号施令，则风行草偃；临朝尊默，而化动如神。隆五帝以比踪，超万劫其方永。犹复振金声于指掌，降妙思以发蒙。理既仰而方深，趣弥钻而逾远，均宝珠于无价，齐莲华之不尘。孝敬被乎群黎，训范光于先圣②。蚑行喘息③，同识斯欢，翾飞蠕动④，共陶兹庆。班告末临，用深荣荷。谨顶受书绅，永启庸惑。弟子孙挹和南。

【注释】

①井鼃（wā）：同"井蛙"。

②训范：仪范。

③蚑行：虫行貌。

④翾（xuān）飞：飞翔；指鸟雀。

【译文】

承蒙告知。惠示《敕答臣下审神灭论》。伏奉论文，欣赏瞻仰，心情喜悦无法表达。江海深远广大，不是井底之蛙所能到达的。泊然入定，岂是外道可能达到的境界？一毛都不动，众邪就退散；舟船渡过江河，而超越登上彼岸。圣主体蕴阴阳二仪，德兼三代，抚灵机而总括根本，秉承上天智慧以调化民众。发号施令，就像风吹弯小草一样容易；临朝尊默，而化动如神。功德超过三皇五帝，永远超越万劫。而且再次振金声于指掌，降妙思以启发愚蠢蒙昧之人。其理越瞻仰越深入，越深入钻研而越玄远，与宝珠一样无价可比，与莲花一样一尘不染。百姓更加孝敬，发扬光大先圣的仪范。虫子等类，一同欢乐，鸟雀昆虫，一同庆祝。得到教诲，感到非常荣幸。永远铭记在心，开启内心智慧。弟子孙挹稽首顶礼。

丹阳丞萧眕素答

　　辱告。并伏见《敕答臣下审神灭论》。性与天道，称谓理绝。旷劫多幸，猥班妙训，接足顶受，欢敬载怀。窃谓神道寂寞，法海难边，是以智积麻苇而未测[①]，识了色尘而犹昧，岂其庸末所能激仰？然自惠云东渐，宝舟南济，岁序绵长，法音流远。明君良宰，虽世能宗服，至于躬挹玄源，亲体妙极者，竟未闻焉。是以两谛八解，独阙皇言；九部三明[②]，空芜国学。呜呼！可为叹息者也。

　　窃寻神灭之起，则人出《楞伽》，经名卫世。虽义屈提婆，而余俗未弭。故使群疑异学，习以成见，若不禀先觉之教，实终累于后生。圣上道济天下，机洞无方。虎观与龙宫并阅，至德与实相齐导。故能符俗教而谛真道，即孝享以弘觉性。照此困蒙，拔兹疑网，虽复牟尼之柔软巧说，孔丘之博约善诱，曷以喻斯？巍巍乎十善已行，金轮何远？法师禀空慧于旷生，习多闻于此世；法轮转而八部云会，微言发而天人摄受。故能播戒香于凤闱[③]，藻觉葩于圣侧。信矣哉！能以佛道声令一切闻者也。弟子无记释藏，不逮孔门，虽愿朝闻，终惭夕薄。庶缘无尽之法，兼利人我耳。疾塞甫尔[④]，心虑惜悸。谨力裁白，不识诠次。倾迟谘展，亲承至教也。弟子萧眕素顿首和南。

【注释】

　　①麻苇：麻与芦苇。比喻众多。

　　②三明：佛教语。指天眼明、宿命明、漏尽明。

③凤闱:指皇宫

④甫尔:初始。尔,语末助词。

【译文】

承蒙告知。并伏见《敕答臣下审神灭论》。佛性与天道,无法用语言表达。旷劫之中,我很幸运,承受妙训,顶礼膜拜,满心都是欢愉与敬佩。我私下认为神道空寂微妙,法海无边,所以智慧积累很多也不能测知,即使明了色尘也还是昏昧,岂是平庸末等之人所能感动信仰的?然而自从佛法慈云来到东土,宝舟南济,年代绵长,法音流传久远。明达之君和优秀宰相,虽然能信服宗极,至于亲身观照玄妙心源,亲自体验美妙宗极的人,竟然没有听说过。所以真俗两谛和八圣解,独缺皇上的言论;九部三明,国学里面空无。呜呼! 实在是让人叹息。

我私下认为神灭论之起源,持此观点的人出自《楞伽经》,经名卫世。虽然提婆菩萨破斥《楞伽经》中外道小乘的谬论,而余俗未停止。因此群疑异学,习以成常见,如果不禀承先觉的教化,最终会连累后世众生。圣上道济天下,机洞无方,虎观与龙宫一并览阅,儒教至德与佛教实相一齐引导。因此能符合俗教而深谙真道,在孝享中弘扬觉性。光照困蒙之人,拔开他们的疑网,即使是牟尼的柔软巧说,孔丘的博约善诱,也无法超过圣上的论说。巍巍十善已行,金轮有什么远呢? 法师您旷世禀承空慧,在这一世学习多闻,转动佛法之轮而天龙八部汇集,发出微言而天人摄受。因此能播戒香于皇宫,藻觉范于圣侧。我完全相信您能以佛道声令一切闻者开悟。弟子归心释藏,不逮孔门,虽愿朝闻,但自己愚笨。希望有朝一日领悟无尽之法,兼利人我。我以前疾病缠身,头脑昏沉,没有很好理解佛法。现在尽力表达自己的看法,语无伦次。但愿以后能当面向您请教佛法。弟子萧眕素稽首顶礼。

中书郎伏暅答

猥垂班示《至尊所答臣下审神灭论》。伏奉渊旨,顿祛群疑。天情独照，妙鉴悬览，故非凡愚所可钻仰。然常师管见，亦窃怀佳求。今复禀承教义，远寻经旨，重规叠矩，信若符契。法师宣扬睿理，弘赞圣言，方使二教同归，真俗一致。豫得餐沐诲诱，陶染至化。抃击下风，实兼舞蹈。迟比谘觌①，乃尽衿诚。临白欣佩，不知裁述。伏晖呈。

【注释】

①迟比：比及，等到。

【译文】

承蒙告知。垂示《至尊所答臣下审神灭论》。伏奉深远旨意，完全祛除我所有的疑惑。陛下慈情特别照耀，妙法的镜子高悬看遍宇宙，因此不是凡愚之人所能深入探求的。然而平常之师的浅薄见解，也是我私下寻求的。今再次禀承教义，远寻经旨，重规叠矩，信若符契。法师宣扬智慧之理，弘扬佛法，赞叹圣言，正使儒佛二教同归，真俗一致。我现在领受教诲，陶染佛法。不由自主地鼓掌，手舞足蹈。等到见面询问，乃尽我心衿诚。临白欣佩，不知裁述。伏晖呈。

五经博士贺玚答

辱告。垂示《敕答臣下审神灭论》。钻仰反复，诵味循环。故知妙蕴机初，事隔凡浅。神凝系表，义绝庸情。皇上睿览通幽，性与天道，所以机见英远，独悟超深。述三圣以导未晓，标二事以洗偏惑。故系孝之旨愈明，因果之宗弥畅。崛山粹典，即此重彰；洙水清教①，于兹再朗。譬诸日月，无得逾焉。弟子虽冥烦多蔽②，谬奉格言，研求妙趣，犹如蹈舞。法师宣扬至道，光阐大猷，猥惠未及，益增铭荷。

弟子贺玚呈。

【注释】

①清教：使教化清明；高明的教诲。

②冥烦：犹冥顽，不明事理；谓无限烦恼。

【译文】

承蒙告知。垂示《敕答臣下审神灭论》。反复探索深远旨意，不断朗诵品味。因此发现您的文章蕴含神妙天机，超越肤浅。神凝语言之外，义绝愚庸之情。皇上智慧通幽，性与天道，所以机见英远，独悟超深。叙述儒释道三圣以引导未晓之人，标明真俗二事以洗涤偏惑之人。因此系孝之旨愈明，因果之宗弥畅。崛山的精粹经典，即此重新彰显；孔子高明的教诲，在这里再次朗现。就好像日月，光明无法超过。弟子我虽然冥顽多蔽，奉持格言，研求妙趣，犹如蹈舞。法师宣扬至道，光阐大道，我很惭愧，要把您的教诲铭记在心。弟子贺玚呈。

太子中舍人刘洽答

辱告。奉觌《敕旨所答臣下审神灭论》。伏披素札，仰瞻玄谈。文贯韶夏①，义测爻系。囊括典经，牢笼述作。弘彼正教，垂之方简，希夷卓尔，难得而闻。斟酌贤圣，剖破毫发。兼通内外之涂，语过天人之际矣。自非体兹至德，思与神会，岂能深明要道，人知企及？谨书诸绅，永以为佩。泠乎既入②，照若发蒙。比故修诣，共申讲复也。弟子刘洽顿首呈。

【注释】

①韶夏：舜乐和禹乐，亦泛指优雅的古乐；谓德行如舜禹那样光明

伟大。

②泠：清凉。

【译文】

　　承蒙告知。奉旨拜读《敕旨所答臣下审神灭论》。伏案披读书信，仰瞻玄妙之谈。文法贯通韶夏，义测爻系。囊括各种经典，超越各种述作。弘扬正教，刻在木板竹简之上，微妙卓绝，难得而闻。斟酌取舍贤圣之人，分析入微。兼通佛教内外之途，语言超过天人之际。要不是您体悟至德，思想与神明融会贯通，岂能深刻明白要道，达到智慧境界？慎重写下这些，永远佩服。感觉清凉，光明寂照好像启发了蒙昧。希望我也能达到如此境界，一起弘扬佛法。弟子刘泠顿首呈。

五经博士严植之答

　　辱告。伏见《敕旨答臣下审神灭论》。夫形分涉粗，或微隐难悟，况识理精密，岂迷见能晓？所以断常交鹜，一异竞奔。若中道居怀，则欲流可反；二边滞意①，彼岸长乖。神灭之论，斯彰实重。仰赖圣主栋梁至教，明诏爰发，朗若披云。非直冥符训典②，俯弘孝义，盖妙达生源，幽穷行本。使执礼之性，践霜露而弥笃；研神之识，仰禅悦而增心。皆当习忍慧途，翻流惑海。弟子早标素心，未知津济③，伏读欢欣，充遍身识。猥惠存勖，荷眷唯深。严植之呈。

【注释】

①二边：佛教语。谓事物相对的两个方面，如有和无、断和常等，固
　　执于片面之见，均为妄想。

②训典：先王典制之书。后泛指奉为典则的书籍。

③津济：渡口；喻指某种学说思想的入门处。

【译文】

承蒙告知。伏见《敕旨答臣下审神灭论》。一涉及形体粗重的方面，也许就微隐难悟，何况识理精密，岂是迷见之人能够明白的？所以断灭与恒常的思想都出现，一异的争论竞相兴起。若坚持中道思想，则欲望之流可回返；若执着二边对立思想，觉悟的彼岸永远达不到。神灭之论，实在蛊惑人心。仰赖圣主栋梁至教，发出明诏，像乌云散去，明月朗照一样。不只是深刻符合先王典制之书，弘扬孝义，更是妙达生命源头，穷尽行为根本。使执礼之心性，踏践霜露而更加笃实；研神之心识，瞻仰禅悦而增加信心。都应该学习智慧，翻流惑海。弟子早就有学佛的素心，但还不知道渡口，非常欢欣拜读，您的教诲充遍身识。深受恩惠，非常感激。严植之呈。

东宫舍人曹思文答

辱送敕书。弟子适近，亦亲奉此旨。范中书遂迷滞若斯，良为可慨。圣上深惧黔黎致惑，故垂折衷之诏①。此旨一行，虽复愚暗之识，了知神不灭矣。弟子近聊就周、孔以为难，今附相简，愿惠为一览之。折其诡经不寻，故束展此，不多白。弟子曹思文和南。

【注释】

①折衷：协调不同意见，使各方都能接受。

【译文】

承蒙告知。送给我敕书。弟子最近，也亲奉此旨。范中书如此迷滞，实在可叹。圣上深惧百姓迷惑，因此垂下诏书，协调不同意见，使各方都能接受。此旨一行，即使是愚暗之识，也清楚知道神灵不灭的道理了。弟子最近谈到周公、孔子的言论，今附上一篇文章，但愿您能阅览一下。寻找折服范中书的经典，因此写下这篇文章，不多说了。弟子曹思文稽首顶礼。

秘书丞谢举答

辱告。惠示《敕答臣下审神灭论》。窃闻语曰："万物纷纠，则悬诸天象；众言殽舛①，则折乎圣理。"昭自古事，蔚在兹辰。伏寻睿训，垂文义深，陶铸称象，匪臻希微②，孰识纶幽至极，尽性穷神？愍斯六蔽，哀此四执，黜小言之乱道，拯径行于夷路。旨肆而隐，义婉而章，博约载弘，广大悉备。一音半偈，显兹悟拔；慧日止水，荡此尘迷。俾宗奥有归，教思攸在，异端自杜，诬善知息，凝系表于绳初，导禅流于苦海。岂伊含孕三藏③，冠冕七籍而已哉？弟子幸邀至运，侧承格诱，沐流欢击，奉以书绅。谢举白。

【注释】

①殽舛：混杂错乱。

②希微：《老子》："听之不闻名曰希，搏之不得名曰微。"河上公注："无声曰希，无形曰微。"后因以"希微"指空寂玄妙或虚无微茫。

③含孕：包含；蕴藏。

【译文】

承蒙告知。您告示《敕答臣下审神灭论》。我私下听说过这样的话："万物纷乱，则让各种天象空悬；众言混杂错乱，则让圣理屈曲。"从古代各种事可以明显知道，众生需要有大智慧的人来教化。领受您的智慧训导，垂文意义深远，让人深刻领悟，要不是达到空寂玄妙的境界，谁能认识至极幽妙道理，谁能完全发挥天赋个性，穷究神明？您怜悯六蔽之人，悲哀四执之徒，罢除祸乱大道的小言，拯救坎坷小路和大路上的人到平路上。此文意旨恣肆而又幽隐，意义婉约而又明白，内容广博，言简意明，广大悉备。一音半偈，让人开悟；像智慧之日光照在平静的水面，荡此尘迷。直到人们回归终极本性，领悟教化，杜绝异端，消除伪善，超越语言文字，引导禅流出离苦海。难道只是蕴藏佛法三藏，冠冕佛教七籍吗？弟子有幸得到教诲，有所领悟，非常欢喜，将永远铭记在心。谢举白。

司农卿马元和答

　　辱告，颁示《敕旨垂答臣下审神灭论》。窃闻标机之旨，非凡所窥；符神之契，唯仁是极。故众教徘徊，理诣于惇善；群经委曲，事尽于开济。伏惟至尊先天制物[①]，体道裁化，理绝言初，思包象外，攻塞异端，阐导归一，万有知宗，人天仰式，信沧海之舟梁，玄霄之日月也。神灭之论，宜所未安。何者？前圣摛教[②]，抑引不同，括而言之，理实无二。《易》云："积善之家，必有余庆；积恶之家，必有余殃。"《孝经》云："生则亲安之，祭则鬼享之。"虽未显论三世，其旨已著。薪尽火灭，小乘权教；妙有湛然，究竟通说。因情即理，理实可依。且慎终追远，民德归厚，有国有家，历代由之。三才之宝，不同降情。神灭之为论，妨政寔多。非圣人者无法，非孝者无亲，二者俱违，难以行于圣世矣。弟子庸乏，懵于至道。滥蒙颁访，所据凡浅。荷惕之诚，追以无厝。弟子马元和和南。

【注释】
①伏惟：表示伏在地上想，下对上陈述时的表敬之辞。

②摛(chī)：舒展；散布。

【译文】

承蒙告知。颁示《敕旨垂答臣下审神灭论》。我私下听说佛教宗旨，不是凡人所能窥见的，契合神灵的，唯仁爱之心是终极。因此众教虽然思想有所不同，但其根本之理在于惇善；群经谈论很多事情，但根本之事尽于通达美好境界。我认为至尊先天制物，体悟大道，裁化众生，理绝言初，思想包容象外，攻塞异端之说，阐明佛理，引导归一，万有知宗，人天信仰效法，实在是能帮助渡过沧海的大船和桥梁，是深远天空中的日月。神灭之论，让人心神不安。为何？前圣传播教化，方式虽然不同，总而言之，根本之理实际上是无二的。《易》说："积善之家，必有余庆；积恶之家，必有余殃。"《孝经》云："生则亲安之，祭则鬼享之。"虽没有明显论述三世，但其宗旨已很明显。薪尽火灭，只是小乘权教；妙有湛然，才是究竟通说。因情即理，理实可依。而且丧尽其哀，祭尽其敬，民风因此厚道，有国有家，历代由之。天地人三才之宝，不同外在没有神识的物体。神灭之论，妨碍政治管理实在太多。因为没有圣人就没有法度，没有孝者则无亲情，二者都违背，难以行于圣世。弟子庸乏，不了解至道。自己愚昧，所说浅陋。但心中的诚意无法描述。弟子马元和稽首顶礼。

公论郎王靖答

垂示圣旨《答臣下审神灭论》。伏惟至尊，垂拱岩廊①，游心万古，居无弃日，道胜唯机，爰访群下，恢弘孝义，睿藻渊玄，妙理深极。自非克明徇齐之君②，就日望云之主，岂有剖判冥寂？明章雅论，阐大圣于须臾，定俗疑于俄顷，非唯理测宸衷③，亦以义切臣子。含和饮憓之邦④，衣裳道素之域，莫不倾首仁泽，沐浴唐风。弟子江淮孤生，不学无术，虽复从师北面,一经不明。纵忆旧文,岂伊髣髴⑤?五经纷纶,事类弘博。神明之旨,其义多端。至如金石丝竹之响,公旦伐武之说,宁非圣旨?且祭义而谈,尤为显据。若论无神,亦可无圣。许其有圣,便应有神。神理炳然,岂容寂绝?弟子所见庸浅,无以宣扬至泽。既涉访逮⑥,辄率所怀。弟子王靖和南。

【注释】

①垂拱:垂衣拱手,表示不做什么事,形容不用花什么气力。

②克明:谓任用贤能之士;能察是非;谓能尽君道。

③宸衷:帝王的心意。

④饮憓(huì):吸引顺和之气。憓,顺。

⑤髣髴:隐约,依稀。

⑥访逮:问及。

【译文】

承蒙告知。垂示圣旨《答臣下审神灭论》。至尊垂衣拱手岩廊之间,游心万古,居无弃日,道胜唯机,于是访察群臣,发扬孝义之道,智慧深刻玄妙,妙理深极。要不是能洞察是非之君,就日望云之主,岂能够剖析冥寂?雅论辞采鲜明,阐释大圣思想于一刹那,断定俗疑于俄顷,不仅仅理测帝王的心意,也以义切臣子。蕴藏祥和吸引顺气之邦,衣裳道素之域,没有人不敬仰仁泽,沐浴唐风。弟子我是江淮孤生,不学无术,虽然也从师学习,一经也不明白。纵回忆旧文,也是依稀记得。五经杂乱,事类弘博。神明之旨,其义多端。至如金石丝竹之响,周公旦伐武之说,哪里不是圣旨?而且谈论祭祀的意义,尤其是明显的证据。若论无神,那么也无圣人。承认有圣,便应有神。神理清楚明白,岂容寂绝?弟子所见庸浅,无以宣扬至泽。既然被问及,就尽心表达自己的想法。弟子王靖稽首顶礼。

散骑侍郎陆任、太子中舍陆倕答

辱告。惠示《至尊所答臣下审神灭论》。昔者异学争途，孟子抗周公之法；小乘乱道，龙树陈释迦之教。于是杨、墨之党，舌举口张；六师之徒，辙乱旗靡。言神灭者，可谓学僻而坚，南路求燕，北辕首楚。以斯适道，千里而遥。圣上愍其迷途，爰奋天藻①，钩深致远②，尽化知神。俾此困蒙③，均斯冰释；陈兹要道，同彼月照。弟子并以凡薄，始窃恩纪。缨冕则天之朝④，餐捉稽古之论。赞幸之诚，独加踊跃。猥颁告逮，谨用书绅。陆任、倕呈。

【注释】

①爰：于是；改易，更换；为。

②钩深：探索深奥的意义。

③俾：使。

④缨冕：仕宦的代称。

【译文】

承蒙告知。您告示《至尊所答臣下审神灭论》。从前各种异学争相出现，孟子弘扬周公之法；小乘乱道，龙树菩萨阐释释迦之教。于是杨、墨之党，舌举口张，心悦诚服；六师之徒，辙乱旗倒，投降服从。说神灭的人，可以说是性情古怪而悭客，如同去燕国往南走，去楚国驾车往北走。这样行走，只会越来越遥远。圣上怜悯其迷途，于是发奋写出天子的文章，探索深奥的意义，尽化知神。使这些困蒙，与冰一样溶解；陈述要道，如同明月朗照。弟子都是浅薄凡夫，蒙受皇上恩情。任职于以天为法的朝庭，考察古代事情之论。诚心赞叹，兴奋得跳起来。承蒙教导，谨慎牢记您的话。陆任、陆倕呈。

领军司马王僧恕答

辱告。惠示《敕旨答臣下审神灭论》。甚哉，理之大也！斯宁寸管之所见，言性之可闻？而随类悦遇，怡然蒙释。奉戴周旋，以次以诵。法师德迈当今，声标万古，知十之谈每会，起予之富必酬，想阐弘圣旨，焕然云消耶！弟子学惭聚萤①，识非通见，何能仰赞洪辉，宣扬妙范者欤？但论者执一惑之情，修一往之辙，固不可以语大方，焉知致远必泥哉？

夫幽明之理，皎然不差；因果相起，义无独立。形灭自可以草为俦，神明常随缘而在。所以左氏有彭生豕见，《尚书》则祖考来格。《礼》云："若乐九变。"人鬼可得礼矣。结草之报，岂其遂灭？元规所梦，何得无神？神明不灭，著之金口，丘尼所说，弥有多据。若文虽五千，《诗》乃三百，得其理者，自可一言而蔽，故不复烦求广证。夫三圣虽有明教，百家常置弘理。而尚使狂简，斐然成章，攻乎屡作。今皇明体照幽寂，识洞内外，以前圣之久远，感异端之妄兴，需然爰发，乃垂眷翰，使阐提一悟，遂获果通；阎浮执惑，豁然洗滞。况复搢绅之士为益因其弘哉？弟子餐道无纪，法师许其一簣。遂能班逮神藻②，使得豫沐清风。载欢载舞，无以自譬。戢铭兼深，弥其多矣。弟子王僧恕顿首和南。

【注释】

①聚萤：收聚萤光以照明。《晋书·车胤传》："家贫不常得油，夏月

则练囊,盛数十萤火以照书,以夜继日焉。"后常以"聚萤"喻指刻苦力学。

②神藻:华美非凡的文章。

【译文】

承蒙告知。您告示《敕旨答臣下审神灭论》。佛理广大无边!哪里是寸管之所能见,言性之可闻?而随着不同类的人遇到,内心的蒙蔽得到启发,非常愉悦。我反复诵读奉持。法师道德当今第一,声标万古,知十之谈每会,起予之富必酬,想阐释弘扬圣旨,一切都会云消日出,光明无限!弟子惭愧,学问如同聚集萤光,认识不是通见,怎能仰赞洪辉,宣扬妙范呢?但论者执着一惑之情,修一往之辙,本来就不可以与他谈论大方之理,他哪里知道致远必泥呢?

幽明之理,清楚明白,一点不差;因果相起,义无独立。形体消失自可化为尘土草叶,而神明常随缘而存在。所以《左传》记载有彭生豕立,《尚书》则有"祖考来格"一句。《礼》云:"若乐九变。"人鬼可得领礼物,而结草报答恩情的事实是很好的说明,神明岂会毁灭?元规所梦,何得无神?神明不灭,出自金口,孔丘所说,有很多证据。《道德经》虽五千,《诗》乃三百,得其理者,自可一言而蔽之,因此不用再烦求广证。三圣虽有明教,百姓常常放置真正的道理,而崇尚狂乱的事情,愈发兴起,多次攻击真理。现今皇上体照幽寂,识洞内外,看到前圣久远,感到异端妄兴,猛然突发,于是垂下圣旨,使阐提凶恶之人觉悟,遂获果通;阎浮世间执惑之人,豁然洗去迷滞。何况儒家之士也努力弘扬佛法?弟子餐道无纪,法师许其一赞。于是能学习华美非凡的文章,使得沐浴清风。载欢载舞,高兴之情,无法形容。铭记教诲,永远不忘。弟子王僧恕稽首顶礼。

五经博士明山宾答

辱告。惠示《敕旨答臣下审神灭论》。源深趣远,岂鹿兔所测?随类得解,或亦各欣其所见。奉以周旋,不胜舞跃。法师学冠一时,道叶千载。起予之说①,寄在明德。想弘宣妙旨,无复遗蕴耶?弟子业谢专经,智非通识,岂能仰述渊猷,赞扬风教?论者限以视听,岂达旷远?目睹百年,心惑三世,谓形魄既亡,神魂俱灭。斯则既违释典,复乖孔教矣。焉可与言至道,语其妙理者哉?夫明则有礼乐,幽则有鬼神,是以孔宣垂范,以知死酬问;周文立教,以多才代终。《诗》称"三后在天",《书》云"祖考来格"。且濠上英华②,著方生之论;柱下睿哲③,称其鬼不神。为薪而火传,交臂而生谢,此皆陈之载籍,章其明者也。

夫缘假故有灭,业造故无常,是以五阴合成,终同烟尽;四微虚构,会均火灭。窃谓神明之道,非业非缘;非业非缘,故虽迁不灭;能缘能业,故苦乐殊报。此能仁之妙唱④,搢绅之所抑也⑤。虽教有殊途,理还一致。今弃周孔之正文,背释氏之真说,未知以此,将欲何归?正法住世,尚有断常之说,况象法已流,而无异端之论?有神不灭,乃三圣同风。虽典籍著明,多历年所,通儒硕学,并未能值。皇上智周空有,照极神源,爰发圣衷,亲染神翰,弘奖至教,启悟重昏。令夫学者,永祛疑惑。眷逮不遗,使得豫餐风训,沐浴顶戴,良兼欣戢。明山宾和南。

【注释】

① 起予:《论语·八佾》:"子曰:'起予者,商也,始可与言《诗》已矣。'"何晏《论语集解》引包咸曰:"孔子言子夏能发明我意,可与共言《诗》。"后因用为启发自己之意。也可指启发他人。

② 濠上:濠水之上。《庄子·秋水》记庄子与惠子游于濠梁之上,见

儵鱼出游从容，因辩论鱼知乐否。后多用"濠上"比喻别有会心、
自得其乐之地。也可指庄子。

③睿哲：圣明，明智

④能仁：梵语的意译，即释迦牟尼。

⑤搢绅：儒者的代称。

【译文】

承蒙告知。您告示《敕旨答臣下审神灭论》。本源深远，岂是鹿兔
所能测知？佛法随顺不同类型的人，他们得到不同的理解，也许也对自
己的所得很高兴。反复拜读，不胜舞蹈跳跃。法师学冠一时，道叶千
载。启发之说，寄在明德。想弘扬宣传妙旨，难道不会再次遗蕴吗？弟
子学业没有专于经典，智非通识，岂能够仰述渊猷，赞扬风化之教？论
者因为视听受到限制，岂能到达旷远地方？目睹百年，内心迷惑三世，
认为形魄既亡，神魂一起消失毁灭。这种说法既违释典，也违背孔子教
导，哪里可以与他谈论至道妙理呢？明则有礼乐，幽则有鬼神。因此孔
子宣扬，做后世的典范，以知死酬问；周文立教，以多才代终。《诗》称
"三后在天"，《书》云"祖考来格"。并且庄子才华出众，提出方生方死之
论；老子圣明，称其鬼不神。为薪而火传，交臂而生谢，这些都在记载在
书籍中，彰显神不灭之思想。

万物依靠各种因缘生成因此有毁灭的时候，各种业报不断生起故
无常。因此色受想行识五阴合成身心，最终如同烟尽；四众元素虚构，
最后如同火灭。窃以为神明之道，非业非缘。非业非缘，因此虽然迁化
但是不灭；能缘能业，因此有不同的苦乐报应。这是释迦牟尼的妙唱，
而儒者有所保留。虽然教化有不同的途径，终极之理一致。如今有人
弃周孔之正文，背释氏之真说，不知这样做，是想要去哪里呢？正法住
世，尚有断常之说，何况象法已流，难道会没有异端之论吗？有神不灭，
是儒释道三圣都赞同的思想。虽然典籍记得很清楚，经历很多年，通儒
硕学，并未完全理解。皇上智慧包蕴空有，照极神源，爰发圣衷，亲染神

翰,弘奖佛道至教,启悟重昏之人。使学习者,永远祛除疑惑。承蒙告知,使得我能得佛风教训,沐浴顶戴,欢喜至极。明山宾稽首顶礼。

通直郎庾黔娄答

《孝经》云:"生则亲安之,祭则鬼飨之。"《乐记》云:"明则有礼乐,幽则有鬼神。"《诗》云:"肃雍和鸣,先祖是听。"《周官》宗伯职云:"乐九变,人鬼可得而礼。"《祭义》云:"入户怳然①,必有闻乎,其叹息之声。"《尚书》云:"若尔三王,有丕子之责。"《左传》云:"鲧神化为黄熊②,伯有为妖,彭生豕见。"右七条。

弟子生此百年,早闻三世。验以众经,求诸故实。神鬼之证,既布中国之书;菩提之果,又表西天之学。圣教相符,性灵无泯。致言或异,其揆唯一。但以圣人之化,因物通感,抑引从急③,与夺随机。非会不言,言必成务;非时不感,感惟济物。而参差业报,取舍之涂遂分;往还缘集,沦悟之情相舛。猥其小识,晦兹大旨,滞亲闻见,莫辩幽微,此榆枋所以笑九万④,赤县所以骇大千。故其宜也!若斯之伦,遂构穿凿,驾危辩,鼓伪言,扇非学,是谓异端。故宣尼之所害也。

我皇继三五而临万机,绍七百以御六辨,勋格无称,道还淳粹。经天纬地之德,左日右月之明,皇王之所未晓,群圣之所不备,亿兆之所宜通,将来之所必至,莫不圏其玄波⑤,而达其幽致者也。伏览神论,该冠真俗,三才载朗,九服移心。跂行蠢蠕,犹知舞蹈,况在生灵,谁不抚节?弟子少缺下帷⑥,尤蔽名理,既符夙志,窃深踊跃。至于百家恢怪,所述良多;搜神灵鬼,显验非一。且般若之书,本明斯义。既魔徒所排,辄无兼引。自非格言,孰能取正? 略说七条,皆承经典,譬犹秋毫之凭五岳,触氏之附六军。敢沥微尘,只增悚污。弟子庾黔娄和南。

【注释】

①忾然:感慨貌;叹息貌。

②鲧:古人名,传说是夏禹的父亲。黄熊:亦作"黄能",古书上说的一种大鱼。

③抑引:压缩与引申;谓抑制情欲而导之以善。

④榆枋所以笑九万:出自庄子《逍遥游》:蜩与学鸠笑之曰:"我决起而飞,抢榆枋,时则不至,而控于地而已矣,奚以之九万里而南为?"意思是,蝉和学鸠嘲笑鹏说:"我一下子起飞,碰到榆树、檀树之类的树木就停下来,有时如果飞不上去,就掉在地上罢了,哪里用得着飞上九万里的高空再向南飞呢?"榆枋,榆树与枋树,比喻狭小的天地。

⑤鬯(chàng):同"畅"。

⑥下帷:放下室内悬挂的帷幕,引申指闭门苦读。

【译文】

《孝经》说:"生则亲安之,祭则鬼飨之。"《乐记》说:"明则有礼乐,幽则有鬼神。"《诗》说:"肃雍和鸣,先祖是听。"《周官·宗伯职》说:"乐九变,人鬼可得而礼。"《祭义》说:"入户忾慨,必有闻乎,其叹息之声。"《尚书》说:"若尔三王,有丕子之责。"《左传》说:"夏禹的父亲神化为黄熊,伯有为妖,彭生豕见。"上面是经典中的七条。

弟子生此百年,早就听到三世因果报应的理论,所以我用众部经典和以前的事实来验证。神鬼的证据,分布中国的书里面,菩提之果,又表现在西天佛教之学。圣教互相符合,性灵不灭。所说的话不同,其意思是相同的。但因为圣人之教化，因物通感，压缩与引申根据实际情况，给予和夺取随顺时机。非会不言，言必成务；非时不感，感惟济物。而参差业报，取舍之途自然分出；往还缘集，沉沦和觉悟之情相违背。因为见识浅陋，所以不理解佛法大旨，迷滞于亲自闻见，所以不能分辨幽微，这就是像榆枋所以笑九万，赤县所以骇大千一样局限于自己的小天地。所以这样！像这样的见解，穿凿附会，依靠危险的辩论，鼓动伪言，传播错误的学问，是所谓的异端。因此孔子很害怕。

　　我皇继承三皇五帝的道统而君临万机，传承七百以御六辨，功勋无人能比，道法淳粹。具有经天纬地之德，左日右月之明，皇王之所未晓，群圣之所不备，亿兆之所宜通，将来之所必至，没有不畅通其玄波，而达其幽致者？伏览神论，此论完备无比，超越真俗，看了此论，三才之人都明悟，王畿以外九等地区的百姓都改变心意。跂行蠕蠕之类，犹知道舞蹈，何况生灵，谁不拍掌赞叹？弟子我年少很少闭门苦读，尤其不喜欢名理之教，您的思想符合我的志趣，私下非常高兴踊跃。至于百家的荒诞怪异故事，所述有很多；搜神灵鬼，显验不止一个。且般若之书，本来就清楚记载这种意思。既然魔徒排斥，总是因为没有人兼通引导。如果没有格言，怎能取正？因此略说七条，皆承经典，就好像秋毫凭借五岳之力，触氏依附六军一样。斗胆谈论，只怕增加了污染。弟子庾黔娄稽首顶礼。

太子家令殷钧答

　　近辱告。惠示主上《所敕臣下审神灭论》。性与天道，诚不得闻。徒观二谛兼通，三圣俱阐，片言析妙，半字含灵。辞存五礼之中，旨该六合之外。譬河海之纪地，犹日月之丽天。伏读欢愉，魂影相庆。何者？弟子夙陶玄化，及长不亏，常恐识业未弘，中涂回枉。或端然静念，心翱翔而靡薄①；或吐言设论，时见屈于辩聪。夫大道甚夷，而黎元好径，咸用此也。今猥奉神旨，昭若发蒙。且服且诵，永为身宝。数日来公私牵挽②，还辄顿卧③，未即白答，衔眷弥深。殷钧和南。

【注释】

①靡薄：谓人心不古，风俗浇薄；侈靡轻薄。

②牵挽：牵拉；援引，指用人。

③顿卧：止息卧宿。

【译文】

承蒙告知。惠示主上《所敕臣下审神灭论》。本性与天道的言论，实在很难听到。现在看到您的论文，真俗二谛兼通，儒释道三圣都阐述，片言分析都很美妙，半字都含灵性。语辞存五礼之中，意旨蕴含六合之外。就像河海之纪地，犹如日月之光华照耀天宇。伏读欢喜愉悦，魂影相庆。为何？弟子年少就受佛法陶冶，长大依然没有放弃，常担心识业没有弘扬，中途回枉。有时端然静念，心翱翔而侈靡轻薄；有时吐言设论，时见屈于辩聪。大道很平直，而百姓喜欢走小路，就是这样。今有幸奉持神旨，昭若发蒙。且服且诵，永为身宝。几天来公私事务牵扯，一回来就止息卧宿，没来得及回复，非常抱歉。殷钧稽首顶礼。

秘书郎张缅答

寻三世晰然，二果昭著。安可惑六尘而不晓，迷五涂而长没，以为形谢神灭，骸亡识朽？此外道之邪见，岂可御瞿昙之正法①？所谓轻陈一旅，敌堂堂之锋；辄驰驽骀，与骐骥而并行。恐长劫有尽，领虫方至；一身死坏，复受一身；精神无托，人畜随缘；涅槃明文，瑞应高说②。主上圣照幽深，镜察潭远。譬两祭而知不灭,喻妄作于背亲,义随八引而舛入③,言比性道而难闻。弟子少游弱水,受戒樊、邓,师白马寺期法师。屡为谈生死之深趣,亟说精神之妙旨。尔来归心,绝此疑想,复睹斯判,益破魔涂。非但阅觌于今,方结缘于后。徒知归信,暗比求名。猥惠沾示,深承眷笃。弟子张缅和南。

【注释】

①瞿昙:释迦牟尼的姓。一译乔答摩。亦作佛的代称。

②瑞应:古代以为帝王修德,时世清平,天就降祥瑞以应之,谓之瑞应。

③舛:错误,错乱;违背。

【译文】

过去、现在、未来三世明白,二果清楚。怎能迷惑六尘而不明晓,迷失在五涂而长期埋没,认为形体消失神明也消灭,身骸死亡神识也枯朽呢?这是外道的邪见,岂可抵御佛教之正法?所谓轻松陈设一旅,可以对敌堂堂之锋;持之以恒驾御驽马,能与骐骥并行。恐长劫有尽,领虫方至;一身死坏,又领受一身;精神没有固定,人畜随缘;涅槃明文,瑞应高明的解说。主上圣照幽深,如明镜一样,无所不察,以两祭作比喻而让人知道佛教不生不灭的道理,喻妄作于背亲,义随八引而错误理解,很难听到用语言来比喻性道。弟子少游弱水,在樊、邓之地受居士戒,追随白马寺期法师学佛。他们经常为我谈生死之深趣,详细解说精神之妙旨。一直以来归心佛法,我不再怀疑神不灭这种思想,现在又看到您的分析,更加有益于破除魔途。不但现在仔细阅读,而且能结缘于后。徒知归信,暗比求名。猥惠沾示,深承眷笃。弟子张缅稽首顶礼。

五经博士陆琏答

珽白。逮告。垂示《敕答臣下审神灭论》。伏读天旨，昭镜尘蒙。弟子门宗三宝，少奉道训。虽诚归至教，识暗玄津①。谨寻内外群圣，开引殊文。如来说三乘以标一致，言二谛以悟滞方；先王诠五礼以通爱敬，宣六乐以导性灵②。或显三世以征因果，或明诚感以验应实，岂可顿排神源，永绝缘识者哉？若然，则善恶之报虚陈，祭敬之设为妄。求之情理，其可安乎？而昧惑之徒，尚多偏执。是以圣明玄览，游神妙门；动言出理，皎若朝晖；发文显证，朗如宵烛；顿足开建愚惽，怗信凡鄙者也。伏习诏旨，综检心源，谨裁还白，不宣抃舞。弟子陆琏呈。

【注释】

①玄津：指佛法。

②六乐：谓黄帝、尧、舜、禹、汤、周武王六代的古乐。泛指音乐。

【译文】

陆琏告白。承蒙告知《敕答臣下审神灭论》。伏读天子圣旨，让蒙尘之镜清楚明亮。弟子一家信仰佛教三宝，年少时就奉持道训。虽然诚心归向佛教，学习佛法，然而也谨慎探寻内外群圣引导众生的不同文章。佛祖如来说三乘法门以标一致，谈论真俗二谛以让迷失的人开悟；先王诠释五礼以通爱敬，宣六乐以引导性灵。或者显示三世以强调因果，或者明诚感以验证实际，岂能完全排斥神源，永绝缘识者呢？如果这样，则善恶之报虚陈，祭敬之设为虚妄。从情理上看，难道能心安吗？而愚昧迷惑之徒，大多偏执。因此圣明深察，游神妙门，动言出理，如早晨的太阳一样明亮；发文显证，如夜晚之烛一样明朗。确实能开建愚惽之人,让鄙陋的凡夫信服。诚心学习诏书意旨,综检心源,谨裁还白,不知不觉拍手跳舞。弟子陆琏呈。

杨州别驾张翻答

辱告。伏见《敕答臣下审神灭论》。盛旨穷机,微言合道,生知出六儒之首,自然该十圣之外。至如感果之规,理照三世;孝飨之范,义贯百王。妙会与春冰等释,至趣若秋旻共朗①,足使调阐变情②,桀、跖移志③。反浇风于遂古,振淳波乎方册,英声茂实,奥不可尚。法师精理之秀,擅高日下,俱沐圣化,独游神明,深鉴道蕴,洞识宗涂。弟子昔闻师说,悟太儒之旨;今偶昌时,奉不灭之训。信以照哲希,蒙纾洗尘。盖足蹈手舞,言象岂能胜? 张翻和南。

【注释】

①秋旻(mín):,秋季的天空。

②桀跖(jiézhí):夏桀和柳下跖的并称,泛指凶恶残暴的人。

③浇风:浮薄的社会风气。

【译文】

承蒙告知。让我见到《敕答臣下审神灭论》。盛大旨意穷尽事物发生的枢纽,微言合于大道,出于六儒之首,自然涵括十圣之外的时空。至如感应因果之规,理照过去、现在、未来三世;孝飨之范,义贯百王。神妙领会就像春冰溶解,至高宗旨若秋季天空一样明朗,足以使不信佛法的人改变性情,让凶恶残暴的人改变性格。超越浮薄的社会风气回归到远古,振兴未来的淳厚风气,美好的名声众人都知道,实在让人赞叹。法师精微的思想,让大家都沐浴圣人教化,独游神明,深刻领悟大道,洞识宗途。弟子以前听闻师说,悟太儒之旨;今遇到圣明时代,奉持佛教不生不灭之训。确实开我智慧，洗涤心尘。我足蹈手舞，语言岂能表达我的兴奋心情？张翻稽首顶礼。

太子左率王珍国答

辱告。伏见《敕答臣下审神灭论》。神之不灭，经典明文。即心语事，皎然在理。论神有灭，实所骇叹！天照渊凝，妙旨周博①，折彼异端，弘兹雅范。信可以朗悟冥涂，栋梁千载矣。伏览欢戴，窃深罔极。比故诣展，迟获谘申。王珍国呈。

【注释】

①周博：宽大；宏大。

【译文】

承蒙告知。让我见到《敕答臣下审神灭论》。神之不灭，经典里面明文记载。即心谈论事情，皎然在理。论神有灭，实在让人惊叹！圣上天生觉照深厚，妙旨宏大，折服异端，弘扬高尚的品格。确实可以让轮回六道冥途的人觉悟解脱，成为千载栋梁。非常欢喜地阅读，感受到深刻无比的道理。原因意义都很明白，希望再后得到谘询。王珍国呈。

领军将军曹景宗答

枉告所宣《答神灭敕》。理周万古，旨包三世。六趣长迷，于此永悟；五道恒疑，晓若发蒙。自非鉴穷八解，照侔十号①；排罔逸俗，安得如此？奉佩书绅，敢违寝食？法师识逾有境，学诣无生。揄扬之善②，焕如东里③。披玩周环④，用忘所疾。曹景宗白答。

【注释】

①十号：佛的十种名号。即：如来、应供、正遍知、明行足、善逝、世间解、无上士、调御丈夫、天人师、佛世尊。指代佛。

②揄扬：赞扬；宣扬

③东里：古地名。春秋郑国大夫子产所居地。

④披玩：展览玩赏，观赏；拨开观赏。

【译文】

承蒙告知《答神灭敕》。此文理周万古，旨包三世。长迷在六道轮回中的人，遇到这篇文章会永远觉悟；五道中疑惑很多的人，看到后会豁然明白，就像启发蒙蔽。要不是您洞察能力穷尽八解，光明觉照与佛祖相同，超越一切世俗迷惑，怎么能够达到这种境界呢？奉佩您让人牢记的话，怎敢违背？法师智慧超越有无之境，造诣达到无生之界。宣扬善法，焕如东里。反复阅览玩赏您的文章，忘了自己的疾病。曹景宗白答。

光禄勋颜缵答

猥枉明诰，颁述《敕旨审神不灭》以答臣下。理据显然，表里该妙①，所以惠见独宣，舟梁合举。夫目所不睹，帷屏为隔；耳所不闻，遐迩致拥。不得以不闻不见，便谓无声无物。今欲诘内教，当仗外书。外书不殊，内教兹现。《书》云："魂气无所不之。"佛经又曰："而神不灭。"既内外符同，神在之事，无所多疑。疑其灭者，即蜉蝣不知晦朔，蟪蛄之非春秋②。宁识大椿之永久，日月之无穷？主上圣明超古，微妙通神，在三之旨有证，孝飨之理斯光③。苍生管见，已晦而复晓；晚俗沦真，既迷而更悟。弟子宿植逢幸，豫从餐道，投心慈氏，归敬诚深。唯孱来缘可期，载怀凫藻而已。弟子颜缮呈。

【注释】

①该：古同"赅"，完备。

②"蟪蛄"二句：出自《庄子·逍遥游》。蟪蛄，生活在水中的一种幼虫，成虫褐绿色，有四翅，生存期极短，朝生夕死，所以它不知道阴历的月初（朔）月底（晦）。蟪蛄，一名寒蝉，寒蝉春生夏死，夏生秋死，寿命不到一年，所以不知春秋。

③孝飨：同"孝享"，祭祀。《周易·萃》："王假有庙，致孝享也。"

【译文】

承蒙下赐诏书，颁述《敕旨审神不灭》以答臣下。这篇文章理据清楚，表里完备美妙，所以美好的见解独自宣扬，佛儒两种方式合举。目所不睹，帷屏为隔；耳所不闻，远近致拥。不得因为不闻不见，便认为无声无物。今欲诘难佛法内教，当依仗佛教之外的书。外书没有不同，内教才能显现。《书经》说："魂气无所不之。"佛经又说："而神不灭。"既内外符合，神明常在之事，不用多疑。认为神灭的人，就好像是蟪蛄不知阴历的月初月底，蟪蛄不知道春秋两个季节。哪里知道大椿树之永久，日月之无穷呢？主上圣明超古，微妙通神，礼敬君、父、师，善于把祭祀之理发扬光大。苍生见识浅陋，已晦而复晓；晚俗沦真，既迷而更悟。弟子我宿昔植下因缘，有幸遇到佛教，投心佛法，归敬诚深。有缘得遇圣法，满心欢悦。弟子颜缮呈。

五经博士沈宏答

弟子宏稽首和南。辱告。伏览《敕答臣下审神灭论》。夫唯几难晓，用晦易昏①，自非凝神斯鉴，探赜斯朗②，岂能拯重雾于有惑③？岂能运独见于无明？窃惟大圣御宇，上德表物,踊法云以湛润④,开慧日而增晖。远比溟海,近譬井干,粤今遂古,孰能识乎此焉? 至如经喻,雀飞瓶在,火灭字存,《礼》云:"非类弗歆,祭乃降祉。"且梦兰以授郑穆⑤,结草以抗杜回⑥,凡此群例,不可悉纪。又五道递往,六度同归,皆神之显验,不灭之幽旨。但郄克蹒足,岂从邯郸比踪? 卢敖捷至,宁与若士齐迹? 今仰坠天璪⑦,俯逮阐提,所谓若披重雾以攀合璧⑧,出幽夜而睹烛龙⑨。短绠汲渊⑩,望澜觇海⑪。实欢喜顶戴,若无价宝珠。沈宏稽首和南。

【注释】

①用晦:文意含蓄,耐人寻味;隐藏才能,不使外露。

②探赜:探索奥秘。

③雾:雾气。

④湛润:浸润;滋润。

⑤梦兰以授郑穆:郑穆指郑穆公,是郑国(今河南新郑一带)的国君,是郑文公的儿子,公元前628年至公元前606年在位。《左传·宣公三年》:初,郑文公有贱妾曰燕姞,梦天使与己兰,曰:"余为伯鯈。余,而祖也,以是为而子。以兰有国香,人服媚之如是。"既而文公见之,与之兰而御之。辞曰:"妾不才,幸而有子,将不信,敢征兰乎。"公曰:"诺。"生穆公,名之曰兰。大意是,穆公的母亲燕姞是南燕国女子,她只是文公的一名贱妾。有一天,她在梦中看到天使给她一支兰花,并说:"我乃伯鯈,是你的祖先,将这朵兰花交给你的儿子。因为兰有国香,带上它,令会别人像爱兰花一样爱你。"之后郑文公在宠幸燕姞的时候给她一朵兰花。燕姞对文公说:妾不才,假如有幸怀上孩子的话,可能有人不会相信是您的孩子,可以将兰花作为信物吗? 文公同意了。

所以穆公出生后,便取名为兰。

⑥结草以抗杜回:"结草"的典故见于《左传·宣公十五年》。公元前594年的秋七月,秦桓公出兵伐晋,晋军和秦兵在晋地辅氏(今陕西大荔)交战,晋将魏颗与秦将杜回相遇,二人厮杀在一起,正在难分难解之际,魏颗突然见一老人把草编结在一起,绊住杜回,使这位堂堂的秦国大力士站立不稳,摔倒在地,当场被魏颗所俘,使得魏颗在这次战役中大败秦师。晋军获胜收兵后,当天夜里,魏颗在梦中见到那位白天为他结草绊倒杜回的老人,老人说:"我就是你把她嫁走而没有让她为你父亲陪葬的那女子的父亲。我今天这样做是为了报答你的大恩大德!"原来,晋国大夫魏武子有位无儿子的爱妾。魏武子病重,对魏颗说:"我死之后,一定要让她为我殉葬。"等到魏武子死后,魏颗没有把那爱妾杀死陪葬,而是把她嫁给了别人。魏颗说:"人在病重的时候,神智是昏乱不清的,我嫁此女,是依据父亲神志清醒时的吩咐。"后世比喻感恩报德,至死不忘。

⑦璪:古代垂在冕上用以穿玉的五彩丝绦。

⑧合璧:古称日月同升为日月合璧。是祥瑞的征兆。后世称会合双方的长处,吸取两者的精华

⑨烛龙:古代神话中的神名。传说其张目(亦有谓其驾日、衔烛或珠)能照耀天下;借指太阳。

⑩短绠:绠,汲水用具的绳索。短绠,常比喻才识浅陋。

⑪觇(chān):看,偷偷地察看。

【译文】

弟子宏稽首顶礼。承蒙告知。伏览《敕答臣下审神灭论》。终极大道很难知晓,含蓄深刻容易让人昏沉,若不是聚精会神观照,深入探索奥秘,岂能拯救迷惑之人?岂能让痴愚之人领悟独特的见解?我私下认为圣上统治天下,道德润泽万物,升涌法云以浸润世人,开慧日而增

加光辉。从远的来说好比沧海，从近来说如同井上围栏，从古到今，有谁能理解这些呢？至如经喻，雀飞瓶在，火灭字存，《礼》云："非类弗歆，祭乃降祉。"况且梦兰以授郑穆，结草以抗杜回，凡此因果报应之事例，不可全部纪录。又五道轮回，六度同归，都是神灵的显现与验证，体现了神明不灭之幽深旨意。但郤克跛着鞋慢行，岂是与邯郸学步之人一样？卢敖行走快速，哪里能比得上若士速度一样快？如今仰望天璪，俯逮断了善根的人，正所谓从重雾中出来见到日月同升，出离黑夜看到太阳。才识浅陋的我见到如此美妙文章，如同观望大海。实在是欢喜感激，如同见到无价宝珠。沈宏稽首顶礼。

建康平司马衰答

辱告。惠示《敕难灭性论》。窃以慈波洪被，道冠众灵，智照渊凝，理绝群古。七禅八惠之辩，三空四谛之微，故以焕乎载籍，炳于通诰也。所以优陀云①：喻如百首齐音，同赞妙觉，尚不能言万分之一矣。夫业生则报起，因往则果来。虽义微而事著，亦理幽而证显。自近可以知远，寻迹可以探邈。譬如日月悬天，无假离娄之目②；鸣钟在耳，不劳子期之听③。而议者自昏，迷途难晓。苟徇所怀，坐颠坑阱。伏览皇上令旨，理妙辞缛，致极钩深，究至寂而更阐，启幽途以还昕④。虽复列圣齐镳⑤，群经联奥，灵山金口，禅水玉舌，终不能舍此以求通，违兹而得正信哉！澡江汉之波，尘滓以涤；导德齐礼，还风反化，法俗兼通，于是乎在。付比言展，方尽述赞。弟子司马衰呈⑥。

【注释】

①优陀：梵语 udāna，又作乌拖南、优檀那、忧陀那、郁陀那。十二部经（佛经之十二种体裁或形式）之一，旧译为无问自说经。乃指佛因自己感悟，不待人问而自然宣说之经典。

②离娄：传说中的视力特强的人

③子期：即钟子期。春秋时楚人，精于音律，与伯牙友善。伯牙鼓琴，志在高山流水，子期听而知之。子期死，伯牙绝弦破琴，终身不复鼓琴。

④晣（zhé）：同"晢"，光明。

⑤镳（biāo）：马嚼子两端露出嘴外的部分。

⑥裓（jiǒng）：同"絅"，罩在外面的单衣。

【译文】

承蒙告知。您告示《敕难灭性论》。我认为慈波洪被，道冠众灵，智照渊凝，理绝群古。七禅八惠之辩，三空四谛之微，都清楚地记录在经典上，让大家都知道。所以佛教经典说：比如一百个人一起说话，同赞妙觉，尚且不能说万分之一。业生则报起，因往则果来。虽意义精微而事功显著，也是道理幽隐而证验明显。自近可以知远，寻迹可以探遐。譬如日月悬天，不用依靠离娄之目；鸣钟在耳，不必劳累子期之听。而议者自昏，迷途难晓。如果执着自己的想法，就像坐在深坑里面。诚心阅览皇上令旨，道理神妙，辞语华美，非常深刻，究至寂而更清楚，开启幽途以回归光明。虽然列圣策马并进，群经联合传播，灵山金口，禅水玉舌，最终还是不能舍此以求通，违反这而得正信！在江汉之波里洗澡，尘滓得到洗涤。引导道德，整顿礼仪，净化风俗，法俗兼通，都在这里。让人敬佩不已。弟子司马褧呈。

左承丘仲孚答

伏览《敕旨答臣下审神灭论》。圣照渊深，包括真俗，理超系表,义冠群识。钻奉神猷①,伏深舞蹈。惠示存眷②。丘仲孚白。

【注释】

①神猷:谓神道,宏谋。《隋书·音乐志上》:"神猷缅邈,清庙斯存。"

②存眷:关心怀念。南朝梁王筠《与东阳盛法师书》:"司马参军仰述存眷,曲垂访忆。"

【译文】

诚心阅览《敕旨答臣下审神灭论》。圣上光照渊深,包含总括真俗之教,道理超越事物表面,义冠群识。我钻研奉持佛法神道,高兴地不禁手舞足蹈。看到如此美妙文章,内心非常赞叹与眷念。丘仲孚告白。

卷第十一

答宋文皇帝赞扬佛教事

【题解】

本篇为刘宋何尚之（382—460）所撰。文章的重点是何尚之称扬佛教在维系世道人心、辅助现实政治中的巨大作用，言简意赅，契理契机，在整个佛教发展史上产生了广泛的影响，实开后世具有代表性的佛法辅政论之滥觞，可谓是研究佛教文化与中国原有文化相融通的全部过程中重要的一环，值得今人重视。

元嘉十二年五月乙酉，有司奏丹阳尹萧摹之上言称①："佛化被于中国，已历四代，塔寺形像，所在千计。进可以系心，退足以招劝。而自顷世以来②，情敬浮末，不以精诚为至，更以奢竞为重。旧宇颓圮，曾莫之修；而各造新构，以相夸尚。甲地显宅，于兹殆尽；林竹铜彩，糜损无极。违中越制，宜加检裁。不为之防，流遁未已。请自今以后，有欲铸铜像者，悉诣台自闻③；兴造塔寺精舍，皆先诣所在二千石④。通发本末，依事列言本州，必须报许，然后就功。其有辄铸铜制、辄造寺舍者，皆以不承用诏书律论，铜宅材瓦悉没入官。"奏可。

【注释】

①萧摹之：元嘉十二年(435)，丹阳尹萧摹之上奏，提出限制塔寺兴
　建及铜像铸造，得到了文帝的准可，同时还下令沙汰沙门。

②顷世：指近代。

③台：古代中央官署名。汉代以尚书为中台，御史为宪台，后世因
　此又称尚书或御史为台官，南朝也基本沿袭汉、魏、晋以来官制。

④二千石：即当时的郡太守。刘宋地方官制，仿照两晋，行州、郡、
　县三级制。郡置太守一人，秩禄二千石。

【译文】

　　元嘉十二年五月五日，有官吏上奏丹阳尹令萧摹之给皇帝的奏章，萧摹之在奏章中说："佛道教化传播到中国，已经历四代，期间修建寺院、铸造佛像，数以千计。这本是好事情，积极地讲，佛教可以维系世道人心；消极地讲，也足以帮助朝廷招降劝凶。然而，自近代以来，世俗人情都专注那些虚浮、琐屑之事，不追求至精至诚，反而以奢华攀比为能事，以致旧的庙宇额废败坏，不曾修缮，而又各自竞相建造新的寺庙，目的只在互相夸耀攀比。上等的良田，显阔的豪宅，几乎被寺庙占尽；装饰所用的林、竹、铜、彩，耗费损坏无以数计。这种违反中道僭越制度的做法，应该及时加以检核裁抑。如若不及早设防，将会导致整个社会耽乐放纵而不能控制。恳请圣上颁发命令：从今以后，有要铸照铜像的，都必须上报中央；若要兴造塔寺、精舍，都必须先报告所在地的郡太守。凡属要举行重大的佛事活动，都必须向本州报告获得批准，方可举行。其中若有擅自铸铜像、造寺舍的人，都以不服从皇帝诏书按律论来治罪，其使用的铜、宅、材、瓦悉数没收入官。"宋文帝批准了萧摹之的上奏。

　　是时，有沙门慧琳，假服僧次而毁其法，著《白黑论》。衡阳太守何承天，与琳比狎，雅相击扬，著《达性论》，并拘滞

一方，诋呵释教。永嘉太守颜延之、太子中舍人宗炳，信法者也。检驳二论，各万余言。琳等始亦往还，未底绩乃止。

【译文】

　　此时有沙门慧琳，假穿僧服而位列僧人之中却又自己诋毁佛法，著有《白黑论》。当时衡阳郡太守何承天，与慧琳交往甚密，于是相互赞扬，著有《达性论》，与慧琳一同拘泥于世俗之教，从而诋毁指责佛教。永嘉太守颜延之、太子中舍人宗炳，都是信奉佛法的人，考察辨正上述二论，分别著书长达万余言。慧琳、何承天等人一开始也著书写信，与他们论辩往来，最终没有获胜，受阻后就停止了争辩。

　　炳因著《明佛论》以广其宗，帝善之。谓侍中何尚之曰："吾少不读经，比复无暇，三世因果，未辨致怀。而复不敢立异者，正以前达及卿辈时秀，率皆敬信故也。范泰、谢灵运每云：六经典文，本在济俗为治耳。必求性灵真奥，岂得不以佛经为指南耶！颜延年之折《达性》，宗少文之难《白黑》，论明佛法汪汪尤为名理，并足开奖人意。若使率土之滨，皆纯此化，则吾坐致太平，夫复何事！近萧摹之请制，未全经通即已相示，委卿增损。必有以式遏浮淫，无伤弘奖者，乃当著令耳。"

【译文】

　　此时，宗炳著有《明佛论》，对佛教的宗旨义理广为论说，宋文帝看了之后，认为很好，对何尚之说："我过去不读佛经，近来又没有空闲，对于三世因果也不太明白，但也没有崇信其他宗教，就是因为你们这些优秀的人物敬信佛教的缘故。范泰、谢灵运常说六经典文的本义在于教化世俗。若一定要探求人精神灵性的奥妙，怎么能不以佛教经典为指南呢？最近看了颜延年的《释达性论》和宗炳的《难白黑论》，他们的文章将佛家理论阐述得很明白，尤其是这些文章与那些玄谈理论一样，能够启发人们的思维。若能使全国都崇信佛法，那么朕就可以坐享太平，无为而治了。最近萧蓥之请求抑制佛教，当时没有完全通达佛经义理，就已经许可他了，现在想请何爱卿你对诏书加以修改。凡是可以遏戒浮淫，而又不会妨害奖拔人才的，就应当颁发命令，劝勉天下实行。”

尚之对曰：“悠悠之徒，多不信法。以臣庸蔽，犹秉愚勤，惧以阙薄，贻点大教。今乃更荷褒拂，非所敢当，至如前代群贤，则不负明诏矣。中朝已远，难复尽知；渡江以来，则王导、周颉，宰辅之冠盖；王濛、谢尚，人伦之羽仪；郗超、王坦、王恭、王谧，或号绝伦，或称独步，韶气贞情，又为物表。郭文、谢敷、戴逵等，皆置心天人之际，抗身烟霞之间。亡高祖兄弟以清识轨世，王元琳昆季以才华冠朝，其余范汪、孙绰、张玄、殷觊，略数十人，靡非时俊，又炳论所列诸沙门等，帛、昙、邃者其下辈也，所与比对，则庾元规①，自邃以上，护、兰诸公，皆将亚迹黄中②，或不测人也。近世道俗较谈便尔，若当备举夷夏，爰逮汉魏，奇才异德，胡可胜言？宁当空夭性灵，坐弃天属，沦惑于幻妄之说，自陷于无征之化哉？陛下思洞机表，虑玄象外，钩深致远，无容近取。于斯自臣等以降，若能谨推此例，则清信之士无乏于时；所谓人能弘道，岂虚言哉！慧远法师尝云：‘释氏之化，无所不可。适道固自教源，济俗亦为要务，世主若能剪其讹伪，奖其验实，与皇之政，并行四海，幽显协力，共敦黎庶，何成、康、文、景独可奇哉③？使周汉之初，复兼此化，颂作刑清，倍当速耳。'窃谓此说有契理奥。何者？百家之乡，十人持五戒，则十人淳谨矣；千室之邑，百人修十善，则百人和厚矣。传此风训，以遍宇内，编户千万，则仁人百万矣。此举戒善之全具者耳。若持一戒一善，悉计为数者，抑将十有二三矣。夫能行一善则去一恶；一恶既去则息一刑；一刑息于家，则万刑息于国。四百之狱④，何足难措？雅颂之兴，理宜倍速。即陛下所谓坐致太平者也。论理则其如此，征事则臣复言之。前史称西域之俗，皆奉佛敬法，故大国之众数万，小国数百，而终不相兼并。内属之后⑤，习俗颇弊，犹甚淳弱，罕行杀伐。又五胡乱华以来⑥，生民涂炭，冤横死亡者，不可胜数。其中设获苏息，必释教是赖。故佛图澄入邺而石虎杀戮减半⑦，涅池宝塔放光而苻健椎锯用息⑧。蒙逊反噬无亲⑨，虐如豺虎，末节感悟，遂成善人。法逮道人，力兼万夫，几乱河渭，面缚甘死⑩，以赴师范。此非有他，敬信故也。

【注释】

①庾元规：即庾亮，字元规。东晋外戚，大臣。颍川鄢陵（今河南鄢陵北）人。

②黄中：《周易·坤·文言》："君子黄中通理，正位居体，美在其中而畅于四支，发于事业，美之至也。"朱熹注："黄中，言中德在内。"

③成、康：指西周初姬诵、姬钊的统治。史家称"成康之际，天下安宁，刑措四十余年不用"。文、景：是指西汉汉文帝、汉景帝统治时期。汉初，社会经济衰弱，朝廷推崇黄老治术，采取"轻徭薄

赋"、"与民休息"的政策。

④四百之狱:指汉孝文帝以仁厚执政,而刑事案件很少发生。《魏书·志第十六·刑罚七》:"文帝以仁厚,断狱四百,几致刑措。"

⑤内属:谓归附朝廷为属国或属地。

⑥五胡乱华:是中国东晋时期,多个胡人的游牧部落联盟趁中原的晋王朝衰弱空虚之际,大规模南下建立胡人国家,而造成与中原政权对峙的时期。"五胡"指匈奴、鲜卑、羯、羌、氐五个胡人的游牧部落联盟。百余年间,北方各族及汉人在华北地区建立数十个强弱不等、大小各异的国家,史称五胡十六国时期。

⑦佛图澄入邺而石虎杀戮减半:佛图澄(232—348),西域人。本姓帛氏(以姓氏论,应是龟兹人)。曾两次到罽宾国学法,受诲佛教名师。在晋怀帝永嘉四年(310)来到洛阳,志弘大法。佛图澄在后赵建武十四年(348)十二月八日卒,享年一百一十七岁。他在赵国弘扬佛法,推行道化,所经州郡,建立佛寺,有八百九十三所。追随他的弟子,常有数百,前后门徒,多达万人,而且门徒中高僧辈出。有关他的神异事迹,《高僧传》中记录甚多。石虎,后赵王。

⑧渑池宝塔放光而符健椎锯用息:北魏时期佛典盛传"渑池宝塔放光"事,是神迹。符健,即前秦王。

⑨蒙逊:即沮渠蒙逊(368—433),匈奴人,十六国时期北凉君主,401年—433年在位。早年起兵造反,报杀伯父之仇,后治理严明,大义灭亲,诛杀二位犯罪的伯父。玄始中(412—425),蒙逊请天竺高僧昙无谶到姑臧传授佛学和译经,先后与河西沙门惠嵩、道朗等合作,译出《大般涅槃经》36卷,《六等大集经》29卷,共14部。蒙逊执政期间还先后开凿了天梯山石窟、文殊山石窟、马蹄寺石窟部分洞窟和金塔寺石窟,以及敦煌莫高窟第272、275等石窟,成为河西文化的瑰宝。

⑩面缚：双手反绑于背而面向前。古代用以表示投降。《左传·襄公十八年》："乃弛弓而自后缚之。其右具丙亦舍兵而缚郭最，皆衿甲面缚，坐于中军之鼓下。"杨伯峻注："面缚，即自后缚之。"

【译文】

何尚之回答说："那些众多的百姓，大多不信佛法，只因臣平庸蔽塞，所以独自秉持老实、勤谨，恐不能以自己粗浅的知识来评说佛教。现将赞扬佛教这个重任交给我，我不敢承担，只有前代众多的优秀人物才能不辜负朝廷的重任。中朝西晋已远离今天，其中的情况，难再完全搞清楚了；但东晋渡江以来，则有王导、周颐，是辅佐帝王之才的领袖；王濛、谢尚，是人伦道德的典范；郗超、王坦、王恭、王谧，可谓才气绝伦、文章独步，气质清秀、性情贞定，而又志存高远。郭文、谢敷、戴逵等人，都潜心探究天人之际的玄奥，立身于山林烟霞之间。已经亡故的高祖兄弟，他们以高见卓识成为世人的规范，王元琳兄弟则以才华在朝庭中称冠，其余的还有范汪、孙绰、张玄、殷觊等数十人，无一不是当时的俊杰贤士，但他们都归依、崇信佛教。又有宗炳论中所列举的那些高僧，帛道猷、昙翼、于法邃等人都只是其中的下辈，但能够和这些高僧相当的士人则只有庾亮了，在于法邃之上，则有竺法护、于法兰，这些高僧都是中德在内且神妙莫测的圣人。上述所列举的都不过是近世以来佛道和俗世之中的贤人高士，因为这样谈论较为方便，若当真要完备的列举出，来自印度和中国本土，并且上溯到汉、魏之际的奇才异德，怎么能够说尽呢？难道这些贤人俊杰、奇才异德，当真愿意白白地夭折自己的性灵，抛弃亲人，而沉沦迷惑于这些虚幻狂妄之说，沉陷到这些没有证验的教化之中吗？陛下您的思维能够考虑到事物的表象之外，从而洞察事物的本质，可以说是思想深刻、知识渊博，实在不可能是取自于身边近处的。因此，从我们这些下臣开始，如果都能谨慎的推广您的事例，那么，清洁敬信之士将任何时候都不会缺乏；常说的只有人才能够弘扬大道，确实不是虚言啊！慧远法师曾说：'释迦牟尼的教化，无所不可。

归从道统本就来自教化之根源,救助世俗也本是佛教的要务,皇帝若能剪除其中的讹误虚假,奖奖其中已经检验核实的,让这些参与皇帝对国家的统治,和世俗的政治教化并行天下,同心协力,使老百姓人心纯洁,民风敦厚,所谓的成康盛世、文景之治又有什么可以值得惊奇的呢?假使在周朝和汉朝的初期,就能兼行佛道教化,百姓歌颂政治清明刑罚公正的和谐社会,肯定会更快地实现。'我个人认为,慧远法师的话很符合深妙的道理。为什么呢?这是因为,如果一个拥有百个家庭的乡,其中有十个人持守佛教的五戒,则有十个人因此而变得敦厚谨慎;一拥有千个家庭的邑,其中若有百人践行佛教的十善,则会有百人因此而变得性情温和敦厚。将这样的风教典法传遍天下国家,若拥有编户千万,则其中的仁人就会达到百万之多啊。这还只是列举五戒十善全部具有的人。如果将持一戒一善的人数全部统计进来,恐怕将会达到十个人就有两三个能够受到感化啊。再说一个人能施行一善则会去除一恶;一恶既已去除就会减少一次刑罚;一个家庭减少一次刑罚,则整个国家就会减少万次刑罚。像汉孝文帝那样仅仅审理四百件刑事案件,不是很容易做到吗?像成康之治那样的盛世,理应更快的实现。这就是陛下所说的不费吹灰之力而享太平盛世啊!论理就是这样了,若要征引故事则请让臣下再说说。以前的史书说,西域的民俗,是人人都信奉佛法,所以即使有的大国民众数量致万,小国却只有数百,但最终都能和睦相处,不会互相兼并。归附朝廷为属国或属地之后,习俗随之颇弊,也更为淳良柔弱,很少施行杀伐。五胡乱华以来,战乱频仍,致使生灵涂炭,蒙冤遭受横祸而致死亡的,不可胜数。其中设若侥幸可以获得休养生息的,也必定是依靠佛教。所以佛图澄来到后赵,石虎的暴行也就减少了;滆池佛塔放光,前秦苻健的暴虐也有所减损。所以可见有史以来,神道都是能够帮助教化的。北凉的蒙逊早年谋反嗜杀,目无亲情,暴虐如同豺狼老虎,可是在晚年时受佛法感悟,立即成为大善人。一个人法术比得上道人,力量兼同万夫,完全有能力大肆扩张侵伐,大乱河、渭之地,然而却主动请降,不惧死亡,以赴师范。这并非有什么其他原因,实是虔诚信奉佛法的缘故啊。

"夫神道助教,有自来矣。雷霆所击,暑雨恒事。及展庙遇震,而书为隐慝①。桀纣之朝,冤死者不可称纪。而周宣、晋景,独以深刑受祟。检报应之数,既有不符;征古今之例,祗更增惑。而经史载之,以彰劝诫。万一影像,犹云深切。岂若佛教,责言义,则有可然可信之致;考事实,又无已乖已妄之咎。且观世大士,所降近验;并即表身世,众目共睹。祈求之家,其事相继。所以为劝诫,所以为深切,岂当与彼同日而谈乎? 而愚暗之徒,苟遂毁黩,忽重殉轻,滞小迷大,恚僧尼之绝胖育,疾像塔之丰朱紫;此犹生民荷覆载之德②,日用而不论,吏司苦裡瘵之劳③,有时而诋慢。惠琳、承天盖亦然耳。萧摹启制,臣亦不谓全非。但伤蠹道俗,最在无行僧尼;而情貌难分,未可轻去金铜土木。虽縻费滋深,必福业所寄,复难顿绝。臣比思为斟酌,进退难安,今日亲奉德音,实用夷泰。"

时吏部郎羊玄保在座。进曰:"此谈盖天人之际,岂臣所宜豫? 窃恐秦、楚论强兵之术,孙、吴尽吞并之计,将无取于此耶?"帝曰:"此非战国之具,良如卿言。"尚之曰:"夫礼隐逸则战士怠,贵仁德则兵气衰。若以孙吴为志,苟在吞噬,亦无取尧舜之道,岂唯释教而已。"帝悦曰:"释门有卿,亦犹孔氏之有季路,所谓恶言不入于耳。"

【注释】

①"展庙"二句：见《左传·僖公十五年》："震夷伯之庙，罪之也。于是展氏有隐慝焉。"《阅微草堂笔记》记有：春秋二百四十年的时候，礼崩乐坏，上天对那些恶人的惩罚不止一件，可惟独伯夷的家庙让雷劈了——这是因为伯夷的后代展氏是社会名流，是道德楷模，伯夷的后代，他们却有隐藏的罪恶，这个就对他们惩罚得比较狠了。慝(tè)，过失，罪恶。

②覆载之德：即天地的生化养育之德。《礼记·礼运》篇说："故人者，其天地之德，阴阳之交，鬼神之会，五行之秀气也。"郑玄《礼记注》："天以覆为德，地以载为德，人感'覆''载'而生，是天地之德也。"

③禋瘗(yīnyì)之劳：谓祭祀天地。禋，指祭天。将牲体、玉帛等放在柴火上焚烧，升烟以祭。瘗，指祭地。礼毕将牲体、玉帛等埋于地以享。

【译文】

"再说神道可以助教，并非偶然，实有其根源啊。雷霆折木坏屋甚至击杀人命，以及夏天暴雨洪灾本都是天地永恒的变化，展氏先祖伯夷的家庙被雷震坏了，展氏先祖本是社会名流、道德楷模，可伯夷的后代，他们却有隐藏的罪恶，于是上天特地以此惩罚警示他们。但在夏桀、商纣的时代里，蒙冤而死的人不可计数，而周宣王和晋景公，却独因滥用刑罚受到尊崇。那报应在哪里呢？事实上，仔细检查报应的数目，便会发现有不符合的事情；征引古今的事例来看，只是更为疑惑它的真实性。而经史中记载这些，目的也是在于彰显神秘从而劝诫民众行善。尽管灵验者只是万中有一，仍有大功劳。哪里比得上佛教，若从言辞义理上探究，则句句合理而又可信；若用事实来考核，则没有任何乖谬背妄。且如观世音菩萨，所降临的事情都得到立即的应验；并随即表明身世，可谓是有目共睹。这些祈求菩萨的家庭，应验之事相继发生。由此可见,佛教所用来作为劝诫,所用来立大功的,哪里是那些经史记载可以相提并论的呢? 然而一些愚昧之徒,随意诬蔑诽谤,这些人忽视重要的东西却为不重要的事情牺牲,执着于小的方面而又迷惑于大的方面,于是他们怨恨僧尼出家断绝生育,担心造像建塔华丽庄严;这犹如人民百姓享受天地的恩德,每天都在受用却不知道,唯有这些官吏有司苦于祭祀天地的劳累,因而有时会有诋毁侮慢的情绪。慧琳、何承天等人大概也是这样的吧。而萧摹之启奏要求抑制佛教的发展,我也不说完全不对。只是败坏道俗的,主要是那些没有品行的僧尼;然而从外表上很难分辨,不可轻易地取舍好坏。虽然修建寺院,铸造佛像,要用很多金铜土木,却是众生福报的寄托所在,难以立即断绝消灭。臣近来反复思考这事,进退不安,今天亲奉陛下的德音善言,实在是感到平夷安泰。”

当时吏部侍郎羊玄保也在座。于是进言说:“此谈盖天人之际,不是臣所能想到的。臣私下里想,秦、楚两国议论强兵的策略,孙子、吴子两人讨论吞并他国的计谋,恐怕不会从这里获取什么吧?”宋文帝说:“这些不是国家战争的工具,确实如你所说啊。”何尚之说:“在战争中,礼遇隐逸者则会使战士懈怠,尊贵仁德之人则会使士气衰落。若以孙子、吴子为榜样,志在吞噬他国,自然不会采取尧舜之道,更不要说什么佛教了。”宋文帝很高兴地说:“佛门有你们这些人,就像孔子门下有季路一样,这就是所谓恶言不入于耳。”

答李交州淼难佛不见形事
（并李书）

【题解】

在本篇中，魏晋南北朝宋代交州刺史李淼提出不见佛的真形和事迹，释道高、释法明二位法师进行回答，三人反复辩论，各自提出自己的看法。释道高认为，佛应对万事万物，共有三种方式：一是现身放光震动大地，二是正法如有佛在现实世界，三是像教模仿佛陀的礼仪规度。释法明指出，佛陀法身凝然寂静，湛然美妙，因此能顺应时机隐蔽和显现，行动和隐藏不能预测，显示则如如而来，隐藏则很好地离开，所以不能用外在形体来求证。

夫道处清虚①，四大理常②，而有法门妙出群域③。若称其巧能，利物度脱④，无量为教，何以不见真形于世，直空说而无实耶？今正就寻西方根源，伏愿大和尚垂怀允纳下心⑤，无惜神诰。弟子李淼和南。

【注释】

①清虚：清净虚无。《文子·自然》："老子曰：'清虚者天之明也，无

为者治之常也。'"

②四大：佛教以地、水、火、风为四大。认为四者分别包含坚、湿、暖、动四种性能，人身即由此构成。因亦用作人身的代称。晋慧远《明报应论》："夫四大之体，即地、水、火、风耳，结而成身，以为神宅。"

③法门：指修行者入道的门径，泛指佛门。

④度脱：佛、道教语。超度解脱人世的生死苦难，到达仙佛境界。

⑤伏愿：敬辞，对答多用。

【译文】

道表现为清净虚无，人身四大皆空之理永恒不变，而有佛教奇妙法门在很多地方出现。如果认为它巧妙多能，有益于万物超度解脱，用无量方便来教化众生，为何在世上不见他真正的形体，只是凭空虚说而没有实据呢？现在正想寻找西方佛教的根源，敬愿您能虚怀若谷允许我这样质问，不要吝惜神明的告示。弟子李森稽首。

释道高白：奉垂问至圣显晦之迹①，理味渊博，辞义昭洗②。敬览反复，弥高德音。使君垣墙崇邃③，得门自难，辄罄愚管，罔象玄珠④。夫如来应物，凡有三焉。一者见身放光动地，二者正法如佛在世，三者像教仿佛仪轨。仿佛仪轨，应今人情，人情感像，孰为见哉？故《净名经》云："善解法相⑤，知众生根。"至于翘头末城，龙华三会⑥，人情感见，孰为隐哉？故《法华经》云："时我及众僧，俱出灵鹫山。"蠰佉之宫屡然可期⑦，西方根源何为不睹？而世之疑者，多谓经语不符，暗寄情少，咸以不睹生滞。夫三皇、五帝、三代、五霸，姬旦、孔丘，删《诗》制《礼》，并闻史籍，孰睹之哉？释氏震法鼓于鹿园⑧，夫子扬德音于邹鲁，皆耳眼所不得，俱信之于书契。若不信彼，不患疑此；既能了彼，何独滞此？使君圣思渊远，洞鉴三世，愿寻寿量未尽之教⑨，近取定光儒童之迹⑩，中推大通智胜之集⑪，以释众人之幽滞，若披重霄于太阳。贫道言浅辞拙，语不宣心，冀奉见之日，当申之于论难耳。谨白。

【注释】

①显晦：明与暗。

②昭洗：明确而精练。

③垣墙崇邃：宫墙高峻门户幽深，比喻某种学说思想高深难以理解。《论语·子张》："子贡曰：'譬之宫墙，赐之墙也及肩，窥见室家之好。夫子之墙数仞。不得其门而入，不见宗庙之美、百官之富，得其门者或寡矣。'"

④罔象：道教名词。指虚无之象。在道教丹法中又指出神开天窗时，思维意识活动处于相对静止，达到忘我的状态。《性命圭旨》："罔象者，忘形之谓也。"玄珠：道家、佛教比喻道的实体，或教义的真谛。《庄子·天地》："黄帝游乎赤水之北，登乎昆仑之丘而南望，还归，遗其玄珠。"陆德明释文："玄珠，司马云：'道真也。'"

⑤法相：佛教术语，指诸法之相状，包含体相（本质）与义相（意义）二者。

⑥"翅头"二句：弥勒佛在未来世当来下生于阎浮提世界，并在华林园中龙华树下成道，然后在三次大会上演说佛法。《弥勒下生经》载，弥勒将于人寿八万四千岁时，下生人间，出家学道，坐翅头城华林园中龙华树下成道。之后，初会说法，度化九十六亿人；二会说法，度化九十四亿人；三会说法，度化九十二亿人。

⑦蠰佉（nángqū）：《弥勒下生成佛经》："其国尔时有转轮圣王，名曰

蠓佳。"孱然：弱小的样子。

⑧鹿园：寺名。在东天竺波罗奈国鹿野苑，传说为佛祖最初说法之地。《大唐西域求法高僧传》曰："那烂陀寺东四十驿许，寻殑伽河而下至蜜栗伽悉他钵那寺。唐云鹿园寺也。"

⑨寿量未尽之教：阿弥陀佛。阿弥陀，意译为无量寿、无量光，故阿弥陀佛亦称为无量寿佛、无量光佛。

⑩定光儒童之迹：释尊前生曾为儒童菩萨。《太子瑞应本起经》："定光佛兴世，有圣王名曰制胜治，在钵摩大国，民多寿乐，天下太平，时我为菩萨，名曰儒童。"其时，儒童菩萨曾购五茎莲花供养于佛，又解发布地，使佛蹈之，而受未来成佛之记。

⑪大通智胜之集：据《法华经》卷三《化城喻品》载，大通智胜佛于过去三千点劫前出世，其十六子在他证成佛道后，也出家为沙弥，请佛宣讲《妙法莲华经》，皆能信受奉行，后亦各自升座为四部众敷扬该经，于八万四千劫间广说不绝，各度化六百万亿那由他恒河沙等众生，皆证得无上正等正觉，现身于十方国土。

【译文】

释道高辩白：您询问佛道明暗的真迹，所说道理广大精博，言词涵义清楚明白。于是我多次阅览，感觉您的德音很高妙。然而您就像遇到万仞之墙，很难得其门而入，虚空真谛的道理着实让人摸不着头脑。如来佛应对万事万物，共有三种方式。一是现身放光震动大地，二是正法流布如有佛在现实世界，三是像教模仿佛陀的礼仪规度。模仿礼仪规度，接应现今人情，人的情怀感应见到佛像，怎么能说没有显现呢？于是《净名经》就说："擅长理解诸法之相状，知晓众生的根器。"至于弥勒佛证得佛果成道，在龙华会上三次演说佛法，众人都能感应接见，怎么能说是隐晦呢？因此《法华经》就说："那时我和其他的僧众，皆出自灵鹫山。"转轮圣王的宫观虽然微小但可见，西方佛教的源头为什么不能看到呢？俗世所谓的可疑，大概多是认为佛经言语不符合眼见表象，所依托的感情较少,都认为没看到佛而疑惑。对于三皇、五帝、夏商周三代、春秋五霸、周公、孔子等事迹,孔子删节《诗经》创制《礼》,只是在历史书籍中听到,谁又亲眼看到了呢?佛教释迦牟尼的法鼓震动于鹿园,孔子宣扬道德礼仪于邹鲁故地,都不能耳闻目睹,而是从书籍中得到的教导。如果不相信那个,就不担心怀疑这个;既是能了解儒家学说,为何单单怀疑佛经?您思虑深远,明鉴过去、现在、未来三世,希望您寻求寿命无量的佛教尽心宣扬佛法,就近取法于定光佛的事迹,稍远一点可以推崇大通智胜佛,这样就能解释众生的幽晦与凝滞,就像拨云见天日。我言辞浅陋,所说的话不一定能表达我的内心,希望您看到的那天,理解我的说法。谨慎辩白。

　　李和南①。旋省雅论②,位序区别,辞况冲美③,欣会良多。所谓感化异时,像正殊俗,援外以映内,征文以验实。敬范来趣,无所间然。然夫受悟之由,必因鉴观,暗寄生疑,疑非悟本。若书契所存,异代齐解,万世之后,可不待圣而师矣。若乃声迹并资,言像相济,大义既乖,儒、墨竞兴,岂徒正信不朗,将亦谤误增衅,得不取证于示见印记以自固乎?大圣以无碍之慧,垂不请之慈④,何为吝昭昭之明,晦倍寻之器,绝群望于泥洹之后⑤,兴罪垢于三会之先⑥?刍狗空陈,其能悟乎?仪像虚设,其能信乎?至于帝王、姬、孔,训止当世,来生之事,存而不论。故其隐见废兴,权实莫辩。今如来轨业弥贯三世⑦,慈悲普润,不得以见在为限;群迷求解,不可以灭尽致穷。是以化度不止于篇籍,佛事备列于累万,问今之所谓佛事者,其焉在乎?若如雅况,所信在此,所验在彼。而圣不世出,孔、释异涂⑧,即事而谈,罔非矛盾矣。

其可相验乎？未能默废，聊复寓言，幸更详究，迟睹清释⑨。

【注释】

①和南：稽首、敬化、度我等意思。

②旋：慢慢地。

③冲美：纯正美好。

④不请之慈：比喻佛、菩萨救度众生的大慈悲心。

⑤泥洹：涅槃。

⑥三会：三度之法会。过去诸佛如毗婆尸如来、尸弃如来、毗舍婆
　　如来、拘楼孙如来、拘那含如来、迦叶如来等，经典均载其三会说
　　法及与会听法之众数。当来下生之弥勒佛亦有三会说法，称为
　　弥勒三会，又称龙华三会，以教化释尊未度化之众生。

⑦如来：佛之尊称。轨业：常业。三世：过去世、现在世、未来世。
　　凡已生已灭之法叫做过去世，已生未灭之法叫做现在世，未生未
　　起之法叫做未来世。

⑧涂：同"途"。

⑨迟：等待。清释：美好的解释。

【译文】

　　李淼稽首敬礼。我慢慢体会您的雅论，厘清彼此的区别，您的言辞
纯正美好，我感觉受益很多。所谓感化在于异时异地，像正之教习俗不
同，援引外书映照内典，征用文章来证验实际。我怀着敬意理解您的文
章，没有任何的隔阂。然而体悟大道，一定要依靠镜子般的观照，昏暗
会产生疑问，生疑不是领悟的根本。如果历史书籍所保存的东西，不同
的时代能得到相同的解释，那么数代之后，可不用圣贤作为老师了。假
使声音迹象一并资用，言辞法相互相印证帮助，大义相互违背，儒家墨
家相竞兴盛，难道因正信不明朗，就将诽谤误解而增加仇隙，得不到证
实的标记而因此故步自封吗？大圣用无上的智慧主动悲悯救度众生，

为什么吝惜昭然之明，隐藏求法途径，断绝众人向往涅槃的愿望，使信众在听闻法会之前产生罪行污垢，只是摆设用草扎成的狗，难道可以让人体悟吗？仪态法相形同虚设，难道可以相信么？至于三皇五帝、周公孔子垂训于当世，未来的事情存而不论。因此他们的隐显和废兴，从权宜和实际的角度都很难辩驳。现在如果佛大法横贯过去、现在、未来三世，慈悲普度润泽众生，不可以因为肉眼不能看见而否定；众人因为迷惑而想求得解脱，不可以毁灭所有的外在方便手段而让大家不能理解。所以化育普度不能仅在于典籍，佛事宜在万事万物中实行，询问现在的佛教事宜，在哪里呢？假若就像您所说的，在此时此地信仰，会在彼时彼地应验，而圣贤并非经常出世，儒教与佛家教化方法不同，只就事泛泛而谈，肯定是有矛盾的。难道彼此可以相互应验？我不能保持沉默，只能因事托言，希望能仔细探究，等待您的美好解释。

释道高白：重奉深诲，义华旨远，三读九思，方服渊致。故知至理非庸近能测，微言奥辞，非鄙讷所参。今谨率常浅，粗陈所怀。夫万善为教，其途不一，有禅宴林薮①，有修德城傍，或曲躬弹指②，或歌颂言咏，皆耳眼所共了，为者亦无量。斯则受悟之津，由暗寄之称，何必受悟于因，鉴观何必暗寄？其则生疑，疑亦悟本。请当论之，疑则求解，解则能悟，悟则入道，非本如何？虽儒、墨之竞兴，九流之是非③，乃爝火之不息④，非日月之不辉。何急急于示现，而促促于同归哉？今不罔季俗无证，验以征诚，亦不谬大圣吝昭昭之光明。而世之疑者，据以不睹形，遂长迷于大梦，横沉沦而溺生死⑤。先儒往哲，粗有旧说，途无异辙，辄述而不作⑥。夫亡身投诚必感，感则俱见，不感不见。其有见者以告不见，其不见者会不信见，圣人何尝不在群生，何尝不见哉？闻法音而称善⑦，刍狗非谓空陈⑧；睹形像而曲躬，灵仪岂为虚设？姬、孔救颓俗而不赡，何暇示物以将来？若丘、旦生遇于结绳⑨，则明三世而不已。问今佛事其焉在乎？低首合掌⑩，莫非佛事，但令深悟有方，殊途同归耳。前疏所弘，彼此疑信者，正为世人不见，便谓无佛，故取不见周孔为其绳准耳⑪。此乃垂拱而相随，岂矛盾之谓哉？使君生知无假，素气天然，居大宝之地，运颖脱之恩⑫；流浪义苑，涉骤书园；吐纳余暇⑬，优游永日⑭；德音既宣，莫不侧听。贫道学业粗浅，弘惭简札，上酬谬略，惧尘盛藻。追增悚愧，流汗霡霂⑮。谨白。

【注释】

①林薮：山林与泽薮。《管子·立政》："修火宪，敬山泽，林薮积草，夫财之所出，以时禁发焉。"

②弹指：以拇指与中指压食指，复以食指向外急弹作声。为古代印度人的行为习惯之一，系用以表示欢喜、允诺或当作警示之信号。

③九流：先秦的九个学术流派。《汉书·叙传下》："刘向司籍，九流以别。"颜师古注引应劭曰："儒、道、阴阳、法、名、墨、纵横、杂、农，凡九家。"

④爝火：小火。

⑤沉沦：隐伏。

⑥述而不作：阐述前人成说，自己并不创新。《论语·述而》："述而不作，信而好古。"朱熹集注："述，传旧而已，作，则创始也。"

⑦法音：佛教语，解说佛法的声音，佛法。

⑧刍狗：古代祭祀时用草扎成的狗。《老子》："天地不仁，以万物为刍狗；圣人不仁，以百姓为刍狗。"魏源《老子本义》："结刍为狗，

用之祭祀,既毕事则弃而践之。"后因用以喻只是有暂时秩序象
征意义而本质微贱无用的事物或言论。

⑨结绳:上古无文字,结绳以记事。《周易·系辞下》:"上古结绳而
治,后世圣人易之以书契。"

⑩合掌:佛教徒合两掌于胸前,表示虔敬。

⑪绳准:准绳。

⑫颖脱:超脱世俗的拘束。

⑬吐纳:吐故纳新。道家养生之术。

⑭优游:悠闲自得。

⑮霢(mài)霂:汗流的样子。

【译文】

　　释道高说:再一次看到您深刻的教诲,义旨华美深远,多次拜读思
考,很佩服您精深的旨趣。于是知道至上的道理不是浅近的人能测量
的,微言大义,也不是鄙陋的人所能参究的。今天我小心翼翼地用我所
见所识,粗略地陈述我的内心。以万善作为教化,道路是不同的,有的
在山林大泽修禅,有的在闹市修德立诚,有的弯腰弹指,有的咏唱阔论,
这些都是能耳闻亲见的,这样做的人也不计其数。那么感受体悟的方
法,缘于暗寄之称,何必受悟于因,那么考察事物何必要通过其外在假
象呢? 这样的话就会生疑,有疑问也会领悟根源。还请另当别论。有
疑问就必须求得合理的解释,有解释就能领会,能领会就能得道,不是
本原又是什么呢? 虽然儒家墨家竞相兴起,三教九流所有的是是非非,
乃是小火不灭的缘故,并非是日月未曾照耀。何必急于显示,而急促地
要求形式相同呢? 现今不希望通俗没有证据,证验必须有实据,这样就
不会责怪圣贤客惜昭昭光明。世人之所以会生疑,是因为不能够见到实
在的形象,于是常常被梦幻所迷惑,也就常常沉沦而沉溺于生死苦海之
中。古代的大儒圣贤,都只有大概的理论,方法是一样的,就是只陈述而
不写出来。如果忘我进入至诚的境界,一定会有所感应,有感应就会见

到,如果不能感应就不会看见。能见到的告诉那些没有见到的,那些没有见到的不一定会相信那些已经见到的,圣贤何尝不是群众中的一员,何尝不能实见?听到法音就称善,祭祀时用草扎的狗就不会是凭空陈列;看到形像就恭敬,灵性仪式难道是形同虚设?周公、孔子拯救颓废的世俗还难以周全,哪里有时间造出实物昭示将来的人?假设周公、孔子生逢结绳记事的时代,那么就不止于仅会明白了解三代。您问当今的佛事在哪里呢?垂头合掌敬礼,就是佛事,只要深刻领悟就会理解各种佛事,不同的道路朝向同一个目标罢了。前面信疏里所讲的,彼此或信或疑,只是因为世人没有见到,就认为没有佛道,于是拿不能亲眼看见周公孔子来做比较。这是类比,难道有所谓的矛盾吗?您天生聪明,灵气天成,居处于富庶的乡邦,运用超脱世俗的恩典,徘徊于礼仪之邦,多次涉足文化之乡,余暇吐故纳新,整天悠闲自得,道德之音既然宣唱,俗人没有不听从的。我学业根基粗浅,很是惭愧自己所写的信札,向上陈述荒谬的策略,担惊受怕于丰盛的词藻。更加惭愧,流汗不止。恭谨陈述。

李和南。雅论明受悟之津,爰自疑得,暗寄有余,无取鉴观。鞠躬赞诵①,咸足届道,览复往况,弥睹渊赜②。然所谓像法乖正,求悟理粗,借筌会旨,无假示见,此固姬、孔所以垂训,辉光所以不表,则取之世典,绰焉足矣。放光动地,徒何为乎?若正信不止于俯仰,而佛事备举于形声,大觉所由妙其色,涉求之可基其始,故知信者必以儒墨致疑,学者将由无证自悔。昝明无咎于三五③,潜景道德,怨于十号矣④,岂不然乎?又所谓姬、孔务拯颓季,无暇来生,设在结绳,三世自明,亦又不然。七经所陈⑤,义兼未来,释典敷载,事止缘报。故《易》云:积善余庆,积恶余殃。经云:无我无造无受者,善恶之业亦不亡⑥。此则缘教常缓,兼训已弘,岂谓所务在此,所阙在彼哉? 来论虽美,故自循环之说耳。望复擢新演异,以洗古今之滞,使夷路坦然,积碍大通也。深愿大和上垂纳毫款⑦。弟子李淼谨呈。

【注释】

①鞠躬:恭敬谨慎的样子。《仪礼·聘礼》:"执圭,入门,鞠躬焉,如恐失之。"

②渊赜(zé):幽深奥妙。

③三五:三皇五帝。

④十号:佛的十种名号。一、如来,乘如实之道来成正觉。二、应供,应受人天的供养。三、正遍知,真正遍知一切法。四、明行足,宿命明、天眼明、漏尽明等三明与圣行、梵行、天行、婴儿行、病行等五行悉皆具足。五、善逝,自在好去入于涅槃。六、世间解,能了解一切世间的事理。七、无上士,至高无上之士。八、调御丈夫,能调御修正道的大丈夫。九、天人师,佛是一切天、人的导师。十、佛世尊,佛是一切世人所共同尊重的人。

⑤七经:佛家的七种经典,常指《无量清净平等觉经》、《大阿弥陀经》、《无量寿经》、《观无量寿经》、《阿弥陀经》、《称赞净土佛摄授经》、《鼓音声王陀罗尼经》。或指儒家的七种经典。

⑥"无我"二句:《维摩诘所说经·佛国品》:"说法不有亦不无,以因缘故诸法生。无我无造无受者,善恶之业亦不亡。"

⑦和上:和尚。

【译文】

弟子李淼稽首敬礼。雅论阐明体悟的方法,由于我自己内心生疑,增加比较多的疑暗,因此缺乏鉴观的能力。恭敬谨慎地称赞歌颂,足以弘扬佛道,浏览往常的言辞,更加看见了幽深奥妙之道。然而所谓像法乖正,求取领悟理会粗略,借助方便手段体会宗旨,没有可以借助的东西用来显示，这就是周公、孔子垂训的目的，也是佛光不显现出来的原因，那么拿历代典籍解释就绰绰有余了。还要佛像放光动地，白白为的是什么呢？如果正信不止于俯仰礼仪，而佛事完备体现在各种外形、声音中，大觉所由在于各种外在美妙的物质世界中，妙法从一开始可以求得，因此信仰的人必定会因为儒道墨法而生疑，学者将来一定会因为无法证验而后悔。吝惜光明不归咎于三皇五帝，淳粹美德，迁罪于各种大佛，难道不是这样的吗？您又说周公孔子志在拯救颓废的时代，没有时间顾及未来的人，假设是出生在结绳而治的三代，自然明白，这样也不大可能。七部经书所阐述的，义理函盖未来，佛典敷陈记载的，事理皆是强调缘分报应。因此，《周易》说：积累善行就会有很多的福报，积累恶行就会有很多的祸患。《维摩诘经》说：无我无造业受报者，善恶之业也不会消失。这样缘分之教常缓，兼容各家的训释已经宏通，难道说专心在此而遗缺在彼吗？您的言论虽然美好，也不过是循环重复说说而已。希望能推陈出新，洗掉过去和现在的凝滞，使得道路平整，长久积累的障碍能通畅。深深地希望大和尚能理解我的微词。弟子李淼谨慎呈递。

释法明白：巨论爰降，敬览移日。馥若幽兰①，清若蕙风②。贫道器非霜颖，运非庖生，动乖理间，独踬疑族③。良由辞讷旨滞，剧难星陈。

愚谓贰暗寄奇，鉴观示见，鞠躬歌赞，感动灵变④，并趣道之津梁，清升之嘉会。故宜寄、观双举，疑、验两行。岂得罢绝示见，顿漏神采？齐轨姬、孔，同范世训，放光动地，徒为空言。夫法身凝寂⑤，妙色湛然，故能隐显顺时，行藏莫测⑥。显则乘如而来，隐则善逝而去，即言求旨，何怨于十号哉⑦？余晖所映，足光季俗⑧，信者岂以荧烛增疑？正向旦白黑比肩，塔像经书，弥满世界，学者岂以无证自悔？又引七经⑨，义兼未来，积善余庆，积恶余殃。虽新新生灭，交臂代谢⑩，善恶之业不得不受，此乃过明三世，愈亮七经，征翰检实，则闻命矣。前论云：帝王、姬、孔，训止当世，来生之事存而不论，故其隐见废兴，权实莫辨⑪。似若矛盾，义将安寄？

　　当仁不让⑫，伏听渊赜，前疏粗述，至圣沉浮，而义据未照，辞况未泯。谨更详究，共弘至道。夫群生长寝于三有⑬，众识永惛于六尘⑭，潜移为吞噬之主，相续为回转之轮⑮。形充逆旅之馆，神当过憩之宾；往来三恶而苦楚⑯，经离八难而酸辛⑰；欣乐暂娱忧畏永劫，一身死坏复受一身。虽世智辩聪、群书满腹，百家洞了、九流必达，知死生有命、富贵在天。鬼神莫之要，圣哲不能豫，未免谬见以翳情，疑似以干虑。寄怀于巫精，投诚于符咒，执邪以望正，存伪以待真，迟回于两心⑱，踌躇于二径⑲。放光动地，其可见乎？所以玄籍流布，列筌待机，机动必感，感而后应者也。自有栖志玄宅，下操渊达，逾明一生若朝露，辩三世之不虚，纵辔于清真之术⑳，敛控于浊伪之衢。植德耘邪而荟蔚㉑，树福灌正而扶疏㉒，苦节竞辰于寸阴，洁己争逝于桑榆㉓，怀诚抱向，感而遂通。岂不亲映光荣，而睹其灵变哉？若耳眼所自了，或通梦之所见，如汉明因梦以感圣㉔，大法于是而来游。帝主倾诚以归德，英豪敛�衽以服化，沙门齐肩于王公，僧尼直躬于天子。九十六种孰为高哉？宋武皇帝始登帝位㉕，梦一道人提钵就乞，因而言曰："君于前世施夷卫佛，一钵之饭，居得斯位。"遣问严公，征其虚实，严公即送《七佛经》呈闻㉖。吴主孙权㉗，初疑佛法无验，当停罢省，遂获舍利光明照宫㉘，金铁不能碎,炉冶不能融。今见帝京建初寺是。吴郡有石佛,浮身海水,道士巫师人从百数,符章鼓舞一不能动。黑衣五六,朱张数四,薄尔奉接,遂相胜举。即今见在吴郡北寺,淳诚至到者莫不有感。朱、张连世奉佛,由睹验致。郭文举祗崇三宝㉘,正信坚明,手探虎鲠,深识安危。兰公拂严雪于猛兽,护公感枯泉而洪流,并高行逸群,清神迈俗,皆有异迹,世咸记焉。自兹以外,不可胜论。贫道少情学业,迄于白首,孤陋寡闻㉚。彰于己诚,直言朴辞,未必可采。不允当㉛,伏惭悚㉜。谨白。

【注释】

①幽兰:兰花。《楚辞·离骚》:"户服艾以盈要兮,谓幽兰其不可佩。"

②蕙风:和暖的春风。

③踬(zhì):事情不顺利,处于困境。

④灵变:神奇莫测的变化。

⑤法身:梵语意译。谓证得清净自性,成就一切功德之身。"法身"不生不灭,无形而随处现形,也称为佛身。凝寂:端庄镇定。

⑥行藏:出处或行止。语本《论语·述而》:"用之则行,舍之则藏。"

⑦十号:佛的十种名号。即:如来、应供、正遍知、明行足、善逝、世间解、无上士、调御丈夫、天人师、佛世尊。

⑧季俗:末世颓败的风俗。

⑨七经:此处指儒家的七种经典。

⑩交臂:恭敬。《战国策·魏策二》:"魏不能支,交臂而听楚。"

⑪权实:佛教语。谓佛法之二教,权教为小乘说法,取权宜义,法理明浅;实教为大乘说法,显示真要,法理高深。

⑫当仁不让:《论语·卫灵公》:"当仁不让于师。"朱熹集注:"当仁,以仁为己任也;虽师亦无所逊。言当勇往而必为也。"后泛指遇到应该做的事主动去做,绝不推诿。

⑬三有:三界的生死有因有果,所以叫做三有。一、欲有,即欲界的生死;二、色有,即色界的生死;三、无色有,即无色界的生死。

⑭六尘:指色尘、声尘、香尘、味尘、触尘、法尘等六境。尘即染污之义。谓能染污情识,而使真性不能显发。色尘谓青黄赤白之色及男女形貌色等,声尘谓丝竹环佩之声及男女歌咏声等,香尘谓旃檀沉水饮食之香及男女身分所有香等,味尘谓种种饮食肴膳美味等,触尘谓男女身分柔软细滑及妙衣上服等,法尘谓意根对前五尘,分别好丑而起善恶诸法。

⑮轮:转轮。

⑯三恶:佛教谓六道轮回中作恶业者受生的三个去处。即:造上品十恶业者堕入的地狱道;造中品十恶业者堕入的饿鬼道;造下品十恶业者堕入的畜生道。

⑰八难:谓见佛闻法有障难八处:一地狱;二饿鬼;三畜生;四郁单越(新作北拘卢洲),以乐报殊胜,而总无苦故也;五长寿天,色界无色界长寿安稳之处;六聋盲喑哑;七世智辨聪;八佛前佛后,二佛中间无佛法之处。

⑱迟回:迟疑,犹豫。

⑲踌躇:迟疑不决。

⑳清真:纯真朴素。

㉑荟蔚:草木繁盛的样子。

㉒扶疏:枝叶繁茂分披的样子。

㉓桑榆:晚年,垂老之年。《文选·曹植〈赠白马王彪〉诗》:"年在桑榆间,影响不能追。"李善注:"日在桑榆,以喻人之将老。"

㉔汉明:汉明帝刘庄(28—75),字子丽,东汉第二位皇帝,在位十九年,

庙号显宗,谥号孝明皇帝。传说汉明帝夜梦金人而遣使求佛法。

㉕宋武皇帝:刘裕(363—422),字德舆,小名寄奴,杰出的政治家、军事家,南北朝时期刘宋王朝的开国皇帝,公元420—422年在位。

㉖《七佛经》:即《佛说七佛经》,刘宋时由沙门法天译为汉文,讲述佛祖为众比丘说七佛氏族名字弟子等事。

㉗孙权(182—252):字仲谋,吴郡富春县(今浙江富阳)人,三国时吴国的建立者。

㉘舍利:佛的身骨。佛、菩萨、罗汉、高僧等圆寂后火化,凝结成舍利,或如珠,或如花。

㉙三宝:佛宝、法宝、僧宝。一切之佛,即佛宝;佛所说之法,即法宝;奉行佛所说之法的人,即僧宝。佛者觉知之义,法者法轨之义,僧者和合之义。

㉚孤陋寡闻:学识浅陋,见闻不广。《礼记·学记》:"独学而无友,则孤陋而寡闻。"

㉛允当:平允适当。

㉜惭悚:羞惭惶恐。

【译文】

僧人法明说:您的宏论被拿到我这里后,我恭敬地浏览了很长时日。香若兰花,清如和风。我的慧根并不是很突出,思考问题也不如庄子笔下的庖厨运用斧子那样得心应手,很容易违背道理,独自徘徊在疑问重重的道路上。也许是因为言辞木讷,不能很好通解旨意,确实难于条条陈述。

我认为内心暗淡无法领悟大道,只有如明镜一样观照才能显示真理,诚心称赞歌颂,才能感动佛法神灵之变,一起走向佛道的渡口,进入清净飞升的嘉会。因此应该寄托、观照并举,怀疑和实证并驾齐驱。岂能断绝显示观照,完全脱漏神彩?您又说齐整周公、孔子的教化,共同做世间的示范，佛教的放光动地，只是虚话空言。其实佛的法身凝然寂静，湛然美妙，因此能顺应时机隐蔽和显现，行动和隐藏不能预测。显示则如如而来，隐藏则很好地离开，依据言论寻求大道，十种名号有什么错误呢？落日遍照，足以照见末代世俗，信众怎么能以萤火之光而增加疑惑？正如白黑一起并立，佛塔法相经书典籍，充满世界，从学的人又怎么会因为没有证实而后悔呢？您又引用七经，说义理昭示未来，积善积德多有喜庆，积累邪恶多有祸害，虽然新生事物变化不断，交替新陈代谢，善恶之业不得不接受报应，这就是用过去的事情来理解过去、现在、未来三世，更加增色七经，征引典籍检验事实，那么就能了解命运了。前面您有言论说：三皇五帝、周公孔子的礼法只存在于当时，对未来的事情存留而不论，因此其隐见废兴，小乘权教与大乘实教难以分辨。前后好像有矛盾，那么义理体现在何处呢？

　　面对仁义就没有必要辞让，我伏听幽深奥妙的道理，前面的言谈已经粗略地做过陈述。大德圣贤在沉浮之中，而义理未能遍照，言论亦未清楚。更应该谨慎仔细地探讨，共同弘扬至高大道。众生一直生活在三界之中，他们的神识被六尘束缚而昏沉无明，潜移为吞噬生命之主，前后相继不断漂没于轮回。形体充满人生逆旅之馆，精神成为过往休憩的客人；往来在各种恶业中经受苦楚，经受八种苦难而酸辛；暂时的欢乐闲逸，担心畏怕永远的劫难，一肉身死坏又复受一具身体。虽然世界上聪明智慧的人满腹经书，洞晓百家九流，也知道死生在于命中注定，富贵也是上天的安排。鬼神不能知晓其中的关键，圣贤不能预先测知，难免会因错误的见识而掩盖实际情况，疑问会影响思虑。寄托情怀于各种精神鬼怪，相信各种符箓咒语，拿着邪恶的东西希求正道，心存虚伪的东西等待真理，犹豫徘徊于两种道路之间。光明遍照惊天动地，他们能够见到吗？因此佛家玄奥典籍流传散布，在世俗中陈列等待时机，时机到了必定会有所感动，感动之后必定就有响应。自然会有人喜欢栖居玄宅，志向隐逸，情操高尚，越来越明白人生就像早上的露水，辨明过去、现在、未来三世的不虚假，驰骋于纯正的佛道之流，随心所欲地超越各种昏浊虚伪。树立德行除去邪念，因此德行越来越高明，建立福泽浇灌根本而枝叶繁茂，修炼自己的节操不断与时间竞跑，清洁自己的身心一直到晚年，心怀实诚，就会感动通达。难道不能亲自映照光明，而亲眼看到它的神妙变化？如果能耳闻目睹，或者印证梦幻里所看到的，就像汉明帝因为梦金人而感应到佛道，佛法因此西来。帝王君主诚心归于德化，英雄豪强收敛服从教化，出家沙门都与王公贵族并肩，僧人都直身拜见天子。九十六种道法谁最高？宋武皇帝刚开始登上皇位，梦见一个僧道之人拿着饭钵向他乞讨，对他说："君主你前世曾施舍过夷卫佛，因为你的一钵饭才得到了这个位子。"于是派人问严公，证其虚实，严公立即赠送《七佛经》上献。三国时期的吴国孙权，起初也怀疑佛法没有证验，应当罢除，后来获得舍利，光明遍照宫廷，铁器不能打碎，火炉不能融化，孙权这才信了佛。今天都城所见的建初寺即是由此而建造。吴郡有石制的佛像，漂浮在大海之中，道人巫师百余人，用符篆舞动一概不能让它动。穿着黑色官服的朱氏张氏等贵族，靠近迎逢接洽，于是才能大兴佛事。即便是现在吴郡的北寺，心怀诚意的人没有不被感化的。朱氏张氏数代信奉佛教，是由于目睹证验；郭文举崇敬佛、法、僧三宝，信仰坚定，手探虎鲠，很清楚地知道安危。兰公为猛兽抹除霜雪，护公感动枯竭的泉眼而产生巨大的泉流。他们都是品德高尚超迈，神情卓然超群，因此有非同寻常的事迹，世间都有记载。除了这些之外，很有还多神迹，不可说完。我资质浅薄，学业荒疏，都到白头的年纪了，见识有限。我的诚心可鉴，虽然言辞质朴，不一定能让人相信。如果有不当之处请您包涵。谨慎辩白陈说。

　　荆州宗居士造《明佛论》①，称伯益②，述山海③，申毒之国偎人而爱人④；郭璞注申毒⑤，即天竺⑥，浮图所兴浮图者，佛图也；刘向《列仙》叙七十四人在佛经⑦；学者之管窥于斯，又非汉明帝而始也。道人澄公仁圣⑧,于石勒、虎之世⑨,谓虎曰:"临淄城中有古阿育王寺处⑩,犹有形像承露盘⑪,在深林巨树之下,入地二十余丈。"虎使使者依图掘求,皆如言得阿余王者,阿育王也。姚略叔父为晋王,于河东蒲坂、故老所谓阿育王寺处,见有光明,凿求得佛骨于石函银匣之中。光曜殊常,随路迎睹于灞上。比丘今见新寺⑫。由此观之,有佛事于齐晋之地,久矣。所以不说于三传者,亦犹干宝、孙盛之史⑬。无语称佛,妙化实彰;有晋而盛,于江左也。

【注释】

①居士:在家信仰佛教的徒众。

②伯益:舜时东夷部落的首领,为嬴姓各族的祖先。相传伯益助禹治水有功,禹欲让位于益,益避居箕山之北。

③山海:指《山海经》。

④申毒:印度的古译名,亦作身毒。

⑤郭璞(276—324):字景纯,河东闻喜县(今山西闻喜)人。东晋著名文学家、训诂学家,道学术数大师和游仙诗的祖师。

⑥天竺:印度的古称。古伊朗语 hindukahindukh 音译。

⑦刘向(前77—前6):字子政,沛县(今江苏沛县)人。西汉经学家、目录学家、文学家。《列仙》:《列仙传》。旧题为西汉刘向撰,是宣扬道教神仙信仰著作之一。记载了从赤松子(神农时雨师)至玄俗(西汉成帝时仙人)七十一位仙家的姓名、身世和事迹。

⑧澄公:佛图澄(232—348),佛图澄是西域人,本姓帛氏。少年时出家学道,能背诵经文数百万言,善解文义。

⑨石勒、虎:石勒(274—333),字世龙,上党武乡(今山西榆社)人,十六国时期后赵建立者。石虎(295—349),字季龙,公元334—

349 年在位。

⑩阿育王：古印度摩揭陀国的国王，意译为无忧王，于公元前 270 年前后统一印度，初奉婆罗门教，后改信佛教，成为大护法，兴慈悲，施仁政，国内建八万四千大寺，及八万四千宝塔，派遣宣教师，到四方传法，使佛教发扬于国外。

⑪承露盘：汉武帝迷信神仙，于建章宫筑神明台，立铜仙人舒掌捧铜盘承接甘露，冀饮以延年。后三国魏明帝亦于芳林园置承露盘。

⑫比丘：佛教语。指已受具足戒的男性，俗称和尚。

⑬干宝（283—336）：字令升，祖籍河南新蔡，史学家和文学家。孙盛（302—373）：字安国，太原中都（今山西平遥）人，博学多闻，著《魏氏春秋》二十卷，《魏氏春秋异同》八卷，《晋阳秋》三十二卷。

【译文】

荆州有个宗居士撰写了《明佛论》，称赞伯益，叙述《山海经》里面记载印度人很仁爱；郭璞注释印度，认为天竺国即是佛经所兴起的地方；刘向《列仙传》记叙了七十四个曾出现于佛经的人；学者对此有所管窥了解，并非是从汉明帝开始的。法师佛图澄是位仁爱圣人，在石勒、石虎当政时代，对石虎说："临淄城中有一个古代阿育王寺庙的地方，还有一个东西，像承露盘，处在幽深森林的大树下，在地下二十多丈。"石虎派遣使者照图挖掘搜求，皆如佛图澄所言说的。姚略叔父作为晋王，在河东蒲坂，即是原先所说的有阿育王寺的地方，看见光明，开凿时在石函内银质匣子中得到了佛骨。光明照耀非同寻常，官府民众一路欢迎目睹。比丘现在看到此处有新建的寺庙。由此看来，齐晋这个地方早就有佛教事宜。所以不说是多次传播，就像干宝、孙盛所作的史传。虽然没有用语言文字记叙佛法，其实妙化早就彰显，在晋代的江东佛教已经很兴盛了。

与孔中丞书二首

【题解】

本篇由南齐萧子良所撰写。萧子良（460—494），字云英，南兰陵（治今江苏常州西北）人，封竟陵文宣王，为齐武帝萧赜之次子。在本篇中，萧子良针对孔稚珪对佛教的一些错误观点进行辩驳。他认为，真俗之教化的目的是一致的，只是取用的人未能通达，于是就会产生差异。作为一个道德高尚的人，应该劝谏违背道德的人，启发不能通达的人，而不要胡乱说佛教伤害孝道的根本，损伤道义的根基。

览君书具一二。每患浮言之妨正道，激烈之伤纯和，亦已久矣。孟子有云："君王无好智，君王无好勇[1]。"智之过生乎患祸，所遵正当仁义为本。今因修释训，始见斯行之所发，誓念履行，欲卑高同其美。且取解脱之喻，不得不小失存其大至。于形外之间，自不足及言，真俗之教，其致一耳，取之者未达，故横起异同。

君云：积业栖信便是[2]，言行相舛。岂有奉亲，一毁一敬，而云大孝？未之前闻。夫仁人之行，非残害加其美；廉洁之操，不籍贪窃成其德。如此，则三归五戒[3]，岂一念而可舍？十善八正④，宁瞥想之可贵⑤。未见轻其本而能重其末，所谓本既倾矣，而后枝叶从之。

今云：二途离异，何得相顺？此言故是见其浅近之谈耳。君非不睹经律所辩⑥，何为偏志一方，埋没通路？夫士未常离俗施训，即世之教可以知之，若云斯法空成诡妄⑦，更增疑惑。应当毁灭，就即因而言。闺门孝悌者，连乡接党竟有几人？今可得以无其多绁诸训诰⑧，经史箴诫悉可焚之不？君今迟疑于内教⑨，亦复与此何殊哉？所以归心胜法者，本不以礼敬标其心，兢仰祇崇者，不以在我故忘物。今之殷勤克己者，正为君辈之徒耳。欲令相与去忿矜、除慢懒、节情欲、制贪求、修礼让、习谦恭、奉仁义、敦孝悌⑩，课之以博施，广之以泛爱，赏之以英贤，拔之以俊异，复何惭于鬼神乎？孜孜策励⑪，良在于斯。虽未能奉遵，亦意不忘之。今未有夜光之投⑫，而按剑已起，欲相望于道德，宁不多愧？当由未见此情，故常信期心耳。在怀则不然，每苦其不及。司徒之府，本五教是劝⑬，方共敦斯美行，以率下欲。使诡妄谄佞，望门而自新；浮伪荡逸，践庭而变迹。等彼息心之馆，齐此无欲之台，不亦善乎？一则仰顺宸极普天之慈⑭；二则敬奉储皇垂爱之善。宵旦而警惕者，正患此心无遂耳。悠悠之语好自多端。其云愿善，故言未知伤化之重。傥令诡事以忠孝，佞悦以仁义，虚投以礼让，假枉以方直，乃至一日克己天下归仁，况能旬朔有余，所望过矣！本自开心所纳，正苦此矫不多，如其此烦未广，故鄙薄深慨。君正应规谏其乖，开发未达，云何言伤孝本，语损义基？於悒有怀，非所望也！若此事可弃,则欣闻余善。

又云:未必劝人持戒,当令善由下发。必如此而弘教者,放勋须四凶革而启圣[15],虞、舜待商均贤而德明,如斯而遂美,其可望乎？君之此意则应广有所折,便当诘尧以土阶之俭,嘉离宫之丽[16];贬禹以茅茨之陋[17],崇阿房之贵[18];耻汲黯之正容[19],荣祝陀之媚色。其余节义、贞信、谦恭之德,皆当改途而反面,复何行之可修也？凡闻于言必察其行,睹于行必求于理,若理不乖而行不越者,请无造于异端。且殊涂同归[20],未必屡然一贯,顷亦多有与君此意同者。今寄言此纸,情不专一,有厝心于疑妄[21],国君普宣示之。略言其怀,无见仿佛,翰迹易烦,终不尽意。比见君别更委悉也。

【注释】

①"君王"二句:孟子主张仁义,反对智、勇。见《孟子·梁惠王上》。

②积业:恶业累积。

③三归:亦作"三皈"。指皈依佛、法、僧三宝。即以佛为师,以法为药,以僧为友。五戒:佛教指在家信徒终身应遵守的五条戒律。即不杀生、不偷盗、不邪淫、不妄语、不饮酒。不杀生是不杀伤生命;不偷盗是不盗取别人的财物;不邪淫是不作夫妇以外的淫事;不妄语是不说欺诳骗人的话;不饮酒是不吸食含有麻醉人性的酒类及毒品。

④十善:十种善业,即不杀生、不偷盗、不邪淫、不妄语、不两舌、不恶口、不绮语、不贪、不嗔、不痴。八正:八条圣者的道法。一、正见,正确的知见;二、正思惟,正确的思考;三、正语,正当的言语;四、正业,正当的行为;五、正命,正当的职业;六、正精进,正当的努力;七、正念,正确的观念;八、正定,正确的禅定。

⑤瞥(piē)想：形容极短时间的关注。

⑥经律：经典戒律。

⑦诡妄：怪诞荒谬。

⑧绖(guà)：绊住，挂碍。

⑨内教：佛家自指其教为内教，以他教为外教。《佛祖统纪》三十
　九：“沙门道安，作二教论。以儒道九流为外教，释氏为内教。”

⑩忨矜：骄傲自大。

⑪策励：督促勉励。

⑫夜光：珠名。晋葛洪《抱朴子·祛惑》：“凡探明珠，不于合浦之
　渊，不得骊龙之夜光也；采美玉，不于荆山之岫，不得连城之尺
　璧也。”

⑬五教：五种教义，后世之“五教”为唐贤首大师所立，即：一、小乘
　教，又称愚法小乘教。此教以随机故，单说人空，不明法空，但依
　六识三毒，建立染净根本，未尽法源，唯论小乘，故名小乘教，如
　《阿含经》。二、大乘始教，又称生教、权教、分教。此教广说法
　相，少说法性，未尽大乘法理，是大乘之初，故名始教，如《般若
　经》。三、大乘终教，又称熟教、实教。此教多说法性，虽说法相，
　亦会归性，是大乘之终极，故名终教，如《楞伽经》。四、顿教，此
　教明一念不生，即名为佛，不依地位渐次而说，故名顿教，如《维
　摩经》。五、圆教，又称一乘圆教。此教所法，唯是无尽法界，性
　海圆融，缘起无碍，相即相入，故名圆教。因萧子良生活年代早
　于贤首大师约二百年，此处“五教”或另有所指。

⑭宸极：北极星。《晋书·律历志中》：“昔者圣人拟宸极以运璇玑，
　揆天行而序景曜，分辰野，辨躔历，敬农时，兴物利，皆以系顺两
　仪，纪纲万物者也。”

⑮放勋：帝尧名。《尚书·尧典》：“曰若稽古，帝尧曰放勋。”四凶：
　相传为尧舜时代四个恶名昭彰的部族首领。《左传·文公十八

年》：“舜臣尧，宾于四门，流四凶族浑敦、穷奇、梼杌、饕餮，投诸
四裔，以御魑魅。是以尧崩而天下如一，同心戴舜以为天子，以
其举十六相，去四凶也。”

⑯离宫：正宫之外供帝王出巡时居住的宫室。

⑰茅茨：茅草盖的屋顶。亦指茅屋。

⑱阿房：秦宫殿名。宫的前殿筑于秦始皇三十五年。遗址在今西
安市西阿房村。秦亡时全部工程尚未完成，故未正式命名。因
作前殿阿房，时人即称之为阿房宫。

⑲汲黯（？—前112）：字长孺，濮阳（今河南濮阳）人，曾官太子洗
马、东海太守、淮阳太守。有治绩，好直谏。

⑳殊涂同归：语出《周易·系辞下》：“天下同归而殊涂，一致而百
虑。”孔颖达疏：“言天下万事终则同归于一，但初时殊异其涂路
也。”本谓由不同途径达到同一目的地。后以喻采用不同方法得
到相同结果。

㉑厝（cuò）：安排。

【译文】

观览您的书信，理解大致意思。每每担心虚妄的言论会妨碍大道，
过激的言辞会伤害淳和清正之教，也已经有很长时间了。孟子曾经说：
“君王不要过多使用计谋，也不要任勇行事。”计谋过头会生出祸患，所
应该遵守的法则当以仁义为根本。现今因为崇修佛教之训，才见到大
道施行。因此我发誓履行，希望高低上下皆同其美好。暂且我们拿解
脱来作比喻，不得不舍弃小的来保存大的。在形式之外，自是不必说，
真俗之宗教的目的是一致的，只是取用的人未能通达，于是就会产生
差异。

您说：积累善业善信是正确的，但佛教徒言行矛盾。孝敬父母，又
伤害又尊敬，岂能说这是至大的孝道？前所未闻。其实仁义之人，不会
通过残忍伤害来增加美德；廉洁的操行也不是凭借贪窃而成就。这样，

三归五戒,岂是一念就能够舍弃?十善八正,怎么会因为瞬间的想象就
会达成?从来没有看到轻视根本而能够重视枝末的,也就是所谓的根
基既然倾斜了,而枝叶也会因此倒掉。

　　您现在说:两种道路相互离异,如何能相互顺从呢?这句话是我所
看到的比较浅近的言谈。您不是没有看到经典戒律所说的内容,为何
偏于一端,阻断人们通达佛法的道路?士人没有远离世俗来实施教化,
即使是世俗之教,也是可以知晓善有善报的道理的,如果说这种教化之
法虚妄,增添了人们的疑惑,应该消除,这只是根据原因来说的。闺门
孝悌忠信的人,满乡满党究竟有几个?现在可以毫无挂碍地相信训诰,
那么经史子集的箴言教诫是不是可以焚毁呢?你现在犹疑徘徊在佛教
的教法中,和这些又有什么本质的区别呢?所以一心归依佛法,本来就
不是凭借恭敬显示他的心迹,兢兢业业信仰崇敬,而非无我因此也忘
物。现今殷勤克己的人,正是你们这些人而已。想除去骄傲自大、摈弃
傲慢、节制情欲、抑制贪欲、恭修礼仪逊让、研习恭敬、信奉仁义道德、敦
促孝敬忠信,督促广博施舍,扩大博爱的范围,敬赏英才贤达,提携超然
卓迈之人,那如何会愧对鬼神呢?孜孜不倦的鞭策,大概都在于此。虽
然不能完全尊奉,也不会忘记本原。如今没有夜光宝珠闪耀展现佛法,
然而攻击佛法者已经提剑而起,如果与有道德的人相比,能不感到惭
愧?大概是没有见到这种情况,于是常常怀有期待之心。我则不是这
样的,每每苦于不能达到更高境界。官府本来以五种教义来劝化民众,
才能共同敦促善言美行,来管理属下的欲望。使得诡异虚妄的人看到
儒家门庭而能自我更新;浮泛虚伪游荡闲逸的人,经过庭院便会改变行
为。等到他息灭妄想之馆,登上无欲之台,不是很好吗?一则崇仰上天
的慈悲;二则恭奉君王的厚德。通宵达旦而能够警惕的人,就是担心不
能遂心顺意。众多的言辞来自各个方面。他说善良愿望,因此说不知
道伤风化俗的严重。假使令诡异的事情变成忠信孝道,让妄语佞乐变
成仁义道德,虚情假意变成礼仪谦让,虚假矫枉变成正直不阿,乃至一

日能克己,便能使得天下归依仁义,何况有很长的时间,所希望的东西过于超常! 本来敞开心怀,吸纳的正是苦于不能增多仁义,因此鄙陋浅薄深深的感叹。你应该劝谏相违背的人,开启不能贤达的人,怎么能说佛教伤害孝道的根本,损伤道义的根基? 心中郁闷,不是我所期望的! 如果您能放弃这种说法,则我很高兴看到您美好的善行。

您又说:未必能够劝化他人奉持戒律,应当让老百姓的善行自行产生。如果必定靠此弘扬教化,尧只能等四凶变好才能启发圣贤;虞、舜也只能等待商均贤能才能道德彰明;如此就会变美好,这是可以期望的吗? 你的这种意思如果放大,于是应当诘难尧的恭俭,赞扬外宫的美丽;拿简陋的茅房来贬低禹,而崇尚秦始皇阿房宫的高贵;以汲黯的严肃容貌为耻辱,认为祝陀的献媚之色是光荣。其余节操道义、忠贞诚信、谦让恭敬的美德,都应当改变方向而发展,那么有什么道德可以修养呢? 凡是听到话语必须查看他的行动,看到实践必定考察其道理,如果道理不违背,而行为没有越轨,请不要再说佛教是异端。况且不同教法殊途同归,不一定就完全一样,但大多数和你的意思一致。如今把话写在纸上,如果有疑问,请提出。粗略告诉我的内心想法,不要徘徊犹豫,墨笔写太多容易让读者生烦,可能言不尽意。等到相见时我们再详细谈论。

夫以人心之不同,犹若其貌,岂其容一而等其智乎? 鉴有待之参差,足见情灵之乖舛矣①。一得其志者,非言谈之所尽;一背其途者,岂游说之所翻? 见君虽复言而委尽而不及此处者,良由彼我之见既异,幸可各保其方差。无须构是非,横起谤议耳。栖心入信者,前良不无此志,今以效善之为乐,故挫㤭凌以待物②。君若以德越往贤,圣逾前修,智超群类,位极人贵者,自可逍遥世表③,以道化物,高尚其怀,无求自足而退仿前。良恐未能悬绝，空秉两途，独异胜法。若悠悠相期，本不及言，意在不薄，为复示期怀耳。比面别一二，近聊有此《释滞》两卷，想于外已当见之。今送相示，若已览者付反，幸无劳形目。脱未睹者为可一历意，本不期他翻正，是自释疑滞耳。君见之必当抚掌也④。萧子良疏⑤。

【注释】

①情灵：心性，思想感情。乖舛：差异。《文选·潘岳〈西征赋〉》："人度量之乖舛，何相越之辽迥。"李善注："人，谓武王与桀也，安危异情，故曰乖舛也。……乖舛，不齐也。"

②愶凌：矜骄凌辱。

③世表：尘世之外。晋陆机《叹逝赋》："精浮神沦，忽在世表。"

④抚掌：拍手。

⑤萧子良（460—494）：字云英，南兰陵（治今江苏常州西北）人，齐武帝萧赜之次子，封竟陵文宣王。好结儒士，崇尚佛学。死赠为太宰、中书监、领大将军、扬州牧。

【译文】

一般认为人心的不同就像人的相貌一样，但是怎能认为容貌相同智慧也一样呢？鉴于外在的不同差异，足以窥见思想感情的不同。一旦得志者，不是言谈可以穷尽的；一旦背离道路，外人的劝说怎能改变他？看到你虽然再三言及并且详尽的说明，然而却不能涉及这方面，更多的是因为你我的见解不同，所幸的是能够保留容忍彼此的差异。没有必要构造是是非非，凭空生造诽谤议论。静心相信佛道，前代的贤人不是没有这种志向，现今大都是以模仿善良作为快乐，于是抑制骄傲凌辱来对待事物。如果你的德行能超越过往的圣贤，聪明也超过前代的能人，智慧出类拔萃，地位达到人中之最显贵，自然可以悠闲自得于尘世之外，用道德感化事物，使得情怀高尚，不过度追求外在事物，少欲知足。我担心的是不能超越分歧，空空地执持两种争议，唯独认为佛法是异类。如果只是期待，根本不讨论佛法大道，就不能表达自己的情怀。等到相见时我们再仔细讨论，近来有《释滞》两卷，我想您可能早已见过。现在我赠送给您，如果您已经浏览审阅过，则请你返还给我，希望不浪费您的精力。如果没有亲眼见过，还是可以看一看的，本来就不期望能改正，只是解释疑问疏通凝滞而已。您看到的话一定会拍手称好的。萧子良陈述。

孔稚珪书并答

【题解】

本篇由南齐孔稚珪所撰。孔稚珪(447—501),南齐骈文家。一作孔珪,字德璋,会稽山阴(今浙江绍兴)人。刘宋时,曾任尚书殿中郎。在本篇中,孔稚珪提出,自己斋戒恭敬归依佛教,早早地一心信从,尊重各种戒律而轻视俗世的教条,已与佛教半合,之所以还没有改变衣钵、虔诚信奉老庄的原因,是家学向来如此,不忍心一下子就放弃。

稚珪启①。民早奉明公提拂之仁,深蒙大慈弘引之训。恩奖所驱,性命必尽;敢沥肝髓②,乞照神矜③。民积世门业,依奉李老,以冲静为心④,以素退成行。迹蹈万善之渊,神期至顺之宅。民仰攀先轨,自绝秋尘,而宗心所向,犹未敢坠至于大觉明教,波若正源。民生平所崇,初不违背。常推之于至理,理至则归一;置之于极宗,宗极不容二。

自仰禀明公之训,凭接明公之风,导之以正乘,引之以通戒,使民六滞顿祛⑤,五情方旭⑥,回心顶礼⑦,合掌愿持⑧。民斋敬归依,早自净信,重律轻条,素已半合。所以未变衣钵,眷眷黄老者,实以门业有本,不忍一日顿弃;心世有源,不欲终朝悔遁。既以二道大同本，不敢惜心回向实，故言称先业，直不忍弃门志耳。岂不思乐《方广》⑨，勤志一乘？况仰资明公，齐礼道德，加须奉诵。明公清信至制，笺注子序⑩，万门朗奥⑪，亿品宣玄。

言虽愿违，心不觉醉，更未测明公善诱之妙，一至如此！博约纷纶，精晖照出，欲罢尚其不能，欲背何以免向？而昔而前，民固不敏，而今而后，斯语请事。民之愚心，正执门范，情于释、老，非敢异同，始和追寻。民门昔尝明一同之义，经以此训，张融乃著通源之论⑫。其名少子，少子所明，会同道佛融之。此悟出于民家，民家既尔，民复何碍？始乃迟迟执迹，今辄兼敬以心。一不空弃黄老⑬，一则归师正觉⑭。不期一朝霍然大悟，悟之所导，奉自明公，不胜踊跃之至。谨启。

【注释】

①稚珪：孔稚珪（447—501），字德璋，会稽山阴（今浙江绍兴）人，曾任尚书殿中郎、御史中丞，死赠金紫光禄大夫。

②肝髓：肝与髓，借指身体或生命。

③神矜：神灵。

④冲静：淡泊宁静。三国魏曹丕《善哉行》："冲静得自然，荣华何足为。"

⑤六滞：六种凝滞。

⑥五情：眼、耳、鼻、舌、身等五根。根能有情识，故曰情。《大智度论》卷四八："眼等五情，名为内身；色等五尘，名为外身。"

⑦顶礼：两膝、两肘及头着地，以头顶敬礼，承接所礼者双足。向佛像行礼，舒二掌过额、承空，以示接佛足。又作头顶礼敬、头面礼

足、头面礼。

⑧合掌：又作合十。即合并两掌，集中心思而恭敬礼拜之意。本为印度自古所行之礼法，佛教沿用之。

⑨《方广》：总为大乘经之通名，别称则十二部经之第十曰方广经。方者以理之方正而名，广者以言词之广博而名。《文选·王简栖头陀寺碑文》》："方广东被，教肆南移。"吕延济注："方广，佛号也。"

⑩笺注：注释文义。

⑪朗奥：高深。

⑫张融（444—497）：字思光，吴郡（今江苏苏州）人，文学家、书法家。官至黄门郎，太子中庶子，司徒左长史，世称"张长史"。通源：张融在其著作《门律》中对自己融汇儒、佛观点的总结。

⑬黄老：黄帝和老子的并称。后世道家奉为始祖。

⑭正觉：梵语三菩提 Sambodhi 意译。如来之实智，名为正觉。一切诸法之真正觉智也。故成佛曰成正觉。

【译文】

稚珪来信。小民早就领受您提拔的大仁大义，深深蒙受到您大慈弘引的训言。您的恩惠及褒奖，驱使我尽力实行仁道，甚至是用身体或者生命去体悟神灵的光照。小民我家世代信仰道家，作为家学，把淡泊宁静作为本心，以朴素隐退修正品行。足迹踏遍万善之深渊，精神期望至顺之宅所。我信仰先贤的教法，主动断绝尘世的俗务，一心向往大道，但是还没有走上大觉佛教般若智慧的真正源头。我生来尊崇信奉道教，从来都没有违背过。常常推敲各种事物的至高之理，万物之理归于一点，就是终极之宗，这种终极宗旨是无二的。

自从信奉执持您的雅训，承接您的德风，知道您用佛法大乘来指引我，拿通行的戒律来引导，使得我各种凝滞一下子除去，眼、耳、鼻、舌、身等五根变得明亮，回心转意顶礼膜拜，双手合十执持宏愿。我斋戒恭敬地归依佛教，早早地一心信从，尊重各种戒律而轻视俗世的教条，迄今已与佛教半合了。我之所以还没有改变衣钵，虔诚信奉老庄的原因，是家学向来如此，不忍心一下子就放弃；心灵世界有本源，不想终日后悔遁世。既然两种道理根源相同，不敢吝惜本心归向佛教，因此说道是先人的家业，只是不忍心放弃门派的志趣罢了。岂不思虑乐于研习《方广》，勤心归向于一乘佛法？何况仰望崇敬您，一心归礼于道德，我更加需要信奉诵咏。您如此仁爱，注疏各种序言，对于各种门派都理解，并广为宣扬。

我以前的言语虽然与愿相违，心情不知不觉陶醉，更没有想到您循循善诱，竟然到了这种境界！广博或者简约的议论都很到位，光明普遍照耀，让我想要放弃倾听尚且不能够，更不用说违背您的教诲了。过往从前，我固然不够聪敏，从今以后，这些言论还得谨慎对待。我的愚蠢之心，受到门庭的约束，钟情于佛教和道教，不敢有二心，自从开始到现在一直追寻。我的家学曾经认为佛道大义相同，经过这种教育，张融于是撰写了《通源》之论。他的名字叫做少子，很聪明，融合道教、佛教。这种领悟出自我自己的家庭，我家既然如此，我又如何会违背呢？起初疑虑比较多，现在就用虔敬之心加以崇奉。一是不凭空放弃道教，一是归依学习佛教正觉。也许意料不到有朝一日会忽然顿悟，那么说引导我修行的导师就是您，我会情不自禁地欢喜跳跃。谨慎陈述如此。

事以闻，复窃研道之异佛，止在论极未尽耳。道之论极，极在诸天。佛乃鄙此，不出三界[1]。斯则精粗远近，实有惭于大方矣。然寻道家此教，指设机权[2]，其犹仲尼外典[3]。极唯天地，盖起百姓所见，二仪而已[4]。教本因心，取会万物，用其所见，顺而遵之。当其遵地，俱穷妙物。故老子之橐钥[5]，维摩之无我[6]，合德天地。易家有太极，所以因物之崇,天仍崇之,以极妙而至极,终有地固渊,予于天表。老子亦云:"有物混成,先天地生。"已是道在天外,稍不以天为道也。何异佛家罗汉⑦,亦指极四果⑧,方至《胜鬘》自知有余地⑨。道之崇天极,犹佛有罗汉果⑩;佛竟不止于罗汉,道亦于天未息。甫信道之所道,定与佛道通源矣。民今心之所归,辄归明公之一向。道家戒善,故与佛家同耳。两同之处,民不苟舍道法,道之所异,辄婉辄入公大乘⑪。请于今日,不敢复位异同矣。服膺之至⑫,谨启下诚。伏愿采其未悔,亮其始位。退自悔始,自恭自惧。谨启。

【注释】

①三界:欲界、色界、无色界。欲界是有淫食二欲的众生所住的世界,上自六欲天,中自人畜所居的四大洲,下至无间地狱皆属之;色界是无淫食二欲但还有色相的众生所住的世界,四禅十八天皆属之;无色界是色相俱无但住心识于深妙禅定的众生所住的世界,四空天属之。

②机权:机智权谋。

③仲尼:孔子。外典:佛教徒称佛书以外的典籍为外典。《百喻经·估客偷金喻》:"如彼外道偷取佛法著己法中,妄称己有,非是佛法,由是之故,烧灭外典,不行于世。"

④二仪:天、地。三国魏曹植《惟汉行》:"太极定二仪,清浊始以形。"

⑤橐(tuó)钥:古代冶炼时用以鼓风吹火的装置,犹今之风箱。《老子》第五章:"天地之间,其犹橐钥乎?虚而不屈,动而愈出。"吴澄注:"橐钥,冶铸所以吹风炽火之器也。为函以周罩于外者,橐也;为辖以鼓扁于内者,钥也。"后喻指造化,大自然。

⑥维摩：梵语 Vimalakīrti 的音译，意译为"净名"或"无垢称"。佛经中人名。《维摩诘经》中说他和释迦牟尼同时，是毗耶离城中的一位大乘居士。尝以称病为由，向释迦遣来问讯的舍利弗和文殊师利等宣扬教义。为佛典中现身说法、辩才无碍的代表人物。后常用以泛指修大乘佛法的居士。

⑦罗汉：佛教语。梵语 Arhat（阿罗汉）的省称。声闻乘中的最高果位名，含有杀贼、无生、应供等义。杀贼是杀尽烦恼之贼，无生是解脱生死不受后有，应供是应受天上人间的供养。

⑧四果：声闻乘的四种果位，即须陀洹果、斯陀含果、阿那含果、阿罗汉果。初果须陀洹，华译为入流，意即初入圣人之流；二果斯陀含，华译为一来，意即修到此果位者，死后生到天上去做一世天人，再生到我们此世界一次，便不再来欲界受生死了；三果阿那含，华译为无还，意即修到此果位者，不再生于欲界；四果阿罗汉，华译为无生，意即修到此果位者，解脱生死，不受后有，为声闻乘的最高果位。

⑨《胜鬘》：《胜鬘经》，全一卷。南朝刘宋求那跋陀罗译。全称《胜鬘师子吼一乘大方便方广经》，又称《师子吼经》、《胜鬘师子吼经》、《师子吼方广经》、《胜鬘大方便方广经》。收于大正藏第十二册。本经为大乘如来藏系经典中代表作之一。内容叙述胜鬘夫人对释尊立十大誓愿、三大愿，并自说大乘一乘法门，阐释圣谛、法身、如来藏等。

⑩罗汉果：声闻乘的最高果位。

⑪大乘：梵文 Mahāyāna（摩诃衍那）的意译。公元一世纪左右逐步形成的佛教派别。在印度经历了中观学派、瑜伽行派和密教这三个发展时期。北传中国以后，又有所发展。"大乘"强调利他，普度一切众生，提倡以"六度"为主的"菩萨行"，如发大心者所乘的大车，故名"大乘"。

⑫服膺：铭记在心；衷心信奉。《礼记·中庸》："得一善，则拳拳服
　膺而弗失之矣。"朱熹集注："服，犹着也；膺，胸也。奉持而着之
　心胸之间，言能守也。"

【译文】

各种事情都被告知了，再一次私下地研究道教和佛教的差异，二者
体现在对终极的谈论方面有所不同。道教认为极致在于各种天理。佛
教是鄙视这种议论的，认为这种天理不超出欲界、色界、无色界。这就
是所谓的精良粗糙和远近的差异，实在是有愧于大方之家。然而追寻
道教的这种教化，是设立机巧权谋，就像儒教外典认为极致只是天和
地，大概是起源于百姓日常所能见到的仅是天地二仪而已。教化原本
是因心而产生，综合万事万物，运用所能见到的，顺应并遵循它。当它
处在被遵循的地位，就能穷究万物的妙处。因此，老子的橐钥，维摩的
无我，都与天地合德。易家有太极，也是因为崇拜万物，天于是也崇拜
它，因为非常精妙并且能够达到极致，最终固定下来，立于天表。老子
也说："在天地生成之前，有一事物混沌而成。"已是道在天地之外，并不
把天称作大道。这与佛教的罗汉有什么区别呢？也有须陀洹果、斯陀
含果、阿那含果、阿罗汉果等四种果位，只有到了《胜鬘经》才认为有回
旋的余地。道教崇拜天地之极致，就像佛教认为有罗汉果一样；佛教也
不仅仅是止于成就罗汉果，道教也不止于到了天地就不再上升。我们
信从的道教和佛教源流其实是一样的。我今天所归心的，也就是归依
于您的志向。道教戒律从善，与佛教是相同的。两种教法相同之处，我
不会苟且地舍弃道教，道教与之不相同的地方也是委婉含蓄的，那么我
就归依您的大乘佛教。请自从今日开始，再不敢谈论两者的不同之处
了。佩服您五体投地，谨慎地表达我的诚心。但愿能够信仰佛教，再不
后悔，使心地明亮。后退也是因为后悔，自己恭敬谨慎。恭谨陈述
如此。

十一月二十九日。州民御史中丞孔稚珪启①。珪启得示,具怀甚有欣然。理本无二,取舍多途,诤论云云,常所慨也! 但在始通道则宜然,敩而学者则未可②。君但广寻诸经,不患沦滞其迹也③。比面别一二。萧公答曰:"君此书甚佳,宜广示诸未达者。"

【注释】

①御史中丞:官名。汉以御史中丞为御史大夫的助理。外督部刺史,内领侍御史,受公卿章奏,纠察百僚,其权颇重。东汉以后不设御史大夫时,即以御史中丞为御史之长。北魏一度改称御史中尉。唐宋虽复置御史大夫,亦往往缺位,即以中丞代行其职。

②敩(xiào):效法,模仿。

③沦滞:陷入苦境。

【译文】

十一月二十九日。州郡百姓御史中丞孔稚珪打开信。孔稚珪从信中得到启示,内心很是欢快。大道本来是没有分别的,只是因为取用或是舍弃的方法多样,因此辩论不断,所以我常常感慨万分! 但是在开始的时候则应该通融道法,后天模仿然后慢慢学是不行的。你应该广博地寻求经典,不必担心沉沦其中,以为会被外在轨迹所迷惑。等到见面时我们再仔细讨论。萧子良回答说:"你的这封信很好,应该拿给那些不理解的人看看。"

答伪秦主姚略劝罢道书
（并姚主书）

【题解】

在本篇中，后秦国主姚略下诏要求释道恒、释道标两位法师还俗（即"罢道"）出山参与政治，两位法师回信拒绝并说明了理由。姚略认为，法师还俗作为世间居士，发挥才干，赞助世事，利益人间，也是伟大的事情。释道恒、释道标两位法师指出，参与政治实在不是自己的理想，佛教才是自己的归宿，发誓为之舍身立命，况且自己从小就研习佛法，对世事一点也不熟悉，参与政治也不会有大的功劳，对社会没有大的作用。

姚主书与恒、标二公

"卿等乐道体闲，服膺法门①。皎然之操，义诚在可嘉。但朕临四海，治必须才，方欲招肥遁于山林②，搜沉滞于屠肆③。况卿等周旋笃旧，朕所知尽。各挹干时之能④，而潜独善之地，此岂朕求贤之至情？卿等兼弘深趣耶？昔人有言：'国有骥而不乘，方惶惶而更索⑤'。是之谓也。今敕尚书令显便夺卿等二乘之福心⑥，由卿清名之容室⑦，赞时益世，岂不大哉！苟心存道味，宁系白黑，望体此怀，不可以守节为辞。”

【注释】

①法门：佛教语。指修行者入道的门径。亦泛指佛门。《法华经·序品》："以种种法门，宣示于佛道。"

②肥遁：《周易·遁》："上九，肥遁，无不利。"孔颖达疏："子夏传曰：'肥，饶裕也。'……上九最在外极，无应于内，心无疑顾，是遁之最优，故曰肥遁。"后因称退隐为"肥遁"。

③沉滞：隐退。《楚辞·九辩》："愿沉滞而不见兮，尚欲布名乎天下。"屠肆：屠宰场，肉市。汉王充《论衡·讥日》："海内屠肆，六畜死者日数千头。"

④挹（yì）：引，称引。晋郭璞《游仙诗》："左挹浮丘袖，右拍洪崖肩。"

⑤"国有"二句：《楚辞·九辩》："莽洋洋而无极兮，忽翱翔之焉薄？国有骥而不知乘兮，焉皇皇而更索？"

⑥尚书令：官名。始于秦，西汉沿置，本为少府的属官，掌文书及群臣的奏章。汉武帝时以宦官司担任（又称中书令），汉成帝时改用士人。东汉政务归尚书，尚书令成为对君主负责总揽一切政令的首脑。二乘：声闻乘和缘觉乘。凡属修四谛（苦谛、集谛、灭谛、道谛）法门而悟道的人，总称为声闻乘；凡属修十二因缘（无明、行、识、名色、六入、触、受、爱、取、有、生、老死）而悟道的人，总称为缘觉乘。

⑦清名之容室：维摩诘，意译净名，《维摩诘经·不思议品》记载维摩诘用神通力使狭小的居室容纳三万二千狮子座，无所妨碍。

【译文】

"你们乐道闲逸，衷心信服佛法。情操高洁，道义至诚实在值得嘉奖。但是我统辖天下，治理社会必须倚靠有才能的人，因此想招引山林草泽中的隐士，寻求市场中不得志的能士。何况我与你们往日交情深厚，我是知道的。你们各自都有很高的才华，但沉潜在山林中，独自洁身自好，这难道能体现我寻求贤能之人的情怀么？难道你们不都兼有宏大的志向吗？曾经有人说：'国家有好马而不能驾驭，整日遑遑而四处求索。'说的大概就是这样的事情吧。现在我命令尚书令显立即剥夺你们的二乘之心，让你们作为世间的居士，发挥才干，赞助世事，利益人间，难道不是盛大的功业？如果真的是心存道味，不要执着白黑之教，希望你们能体恤理解我的内心，不可以拿操守节气作为推辞的理由。"

"奉去月二十八日诏敕。尚书令夺道恒、道标等法服①，承命悲惧，五情失守②，俯仰惭惶③，无地自厝。恒等诚才质暗短，染法未久，所存既重，眷慕亦深。猥蒙优诏，褒饰过美，开喻诲励，言理备至。但情之所安，实怀罔已，法服之下，誓毕身命。兼少习佛法，不闲世事，徒发非常之举，终无殊异之功。虽有拔能之名，而无益时之用。未见几毫之补，将有山岳之损，窃为陛下不取也。光武尚能纵严陵之心④，魏文全管宁之操⑤。抑至尊之高怀，遂匹夫之微志，在宥群方，靡不自尽。况陛下以道御物，兼弘三宝⑥，使四方义学之士，萃于京师，新异经典，流乎遐迩；大法之隆⑦，于兹为盛。方将阐扬洪化，助明振晖；嗣祇洹之遗响⑧，扇灵鹫之余风⑨；建千载之轨模⑩，为后生之津涂。而恒等岂可独屈于明时，不得申其志愿？伏愿鉴其元元之情⑪，特垂旷荡通物之理，更赐明诏，听遂微心，则衔恩九泉⑫，感德累劫⑬。不胜战悚⑭，谨奏以闻。"

【注释】

①道恒(346—417)：陕西蓝田人，东晋时期的僧人。鸠摩罗什的门人。年二十出家，研习内外诸典，多所通达。鸠摩罗什入关后，道恒即投其门下，并参与译事。后秦之主姚略尝劝道恒与同学道标还俗，共理国政。道恒与道标均不从，道恒且遁居山中。主张观心空无之"心无义"，受到竺法汰、昙壹、慧远等人之排斥。著有《释驳论》、《百行箴》。义熙十三年示寂，世寿七十二。道标：待考。法服：僧、道所穿的法衣。《法华经·序品》："剃除须发，而被法服。"按：姚略即后秦国主姚兴(366—416)，字子略，故当时南朝史志文书亦有称之为姚略者。

②五情：佛教谓眼、耳、口、鼻、身五根产生的情欲。《大智度论》卷四八："眼等五情，名为内身；色等五尘，名为外身。"

③惭惶：羞愧惶恐。南朝梁简文帝《答徐摛书》："竟不能黜邪进善，少助国章，献可替否，仰裨圣政，以此惭惶，无忘夕惕。"

④光武尚能纵严陵之心：光武帝刘秀(前6—57)，字文叔，东汉的开国黄帝。严光，字子陵，会稽余姚人，东汉著名隐士，生于西汉末年，原姓庄，因避东汉明帝刘庄讳而改姓严。少有高名，与东汉光武帝刘秀同学，亦为好友。他积极帮助刘秀起兵，公元25年，刘秀即位，多次延聘他，但他隐姓埋名，退居富春山。最终他享年八十岁，葬于富春山。

⑤魏文全管宁之操：魏文帝曹丕(187—226)，字子桓，著名的政治家、文学家，曹魏的开国皇帝，公元220—226年在位。管宁(158—241)，字幼安，北海郡朱虚(今山东临朐)人，"割席断交"、"锄园得金"即是他不慕富贵的佳话，管宁一生讲学，居辽东。三国时，魏国多次征召，委以太中大夫、太尉、光禄勋等重职，管宁固辞不受。

⑥三宝：佛教指佛、法、僧。《释氏要览·三宝》："三宝，谓佛、

法、僧。"

⑦大法：佛教语。谓大乘佛法。《妙法莲华经·序品》："今佛世尊，
欲说大法，雨大法雨，吹大法螺，击大法鼓。"

⑧祇洹：即祇园。"祇树给孤独园"的简称。梵文的意译。印度佛
教圣地之一。相传释迦牟尼成道后，憍萨罗国的给孤独长者用
大量黄金购置舍卫城南祇陀太子园地，建筑精舍，请释迦说法。
祇陀太子也奉献了园内的树木，故以二人名字命名。玄奘去印
度时，祇园已毁。后用为佛寺的代称。

⑨灵鹫：山名。在古印度摩揭陀国王舍城之东北，梵名耆阇崛。山
中多鹫，故名。或云山形像鹫头而得名。如来曾在此讲《法华》
等经，故佛教以为圣地。又简称灵山或鹫峰。

⑩轨模：法式楷模。

⑪元元：善良。《汉书·文帝纪》："以全天下元元之民。"颜师古注：
"元元，善意也。"

⑫九泉：黄泉。指人死后的葬处。

⑬劫：佛教名词。梵文 kalpa 的音译，"劫波"（或"劫簸"）的略称。
意为极久远的时节。古印度传说世界经历若干万年毁灭一次，
重新再开始，这样一个周期叫做一"劫"。"劫"的时间长短，佛经
有各种不同的说法。

⑭战悚（sǒng）：形容因害怕而发抖。

【译文】

"依照上个月二十八日的诏书。尚书令剥夺道恒、道标的法衣，我
们接到命令又悲痛又恐惧，眼、耳、口、鼻、身五根失守，俯仰之间惭愧惶
恐，没有安身的地方。道恒等实在是才能气质愚蠢肤浅，对世间法了解
不够，而对佛教依存的感情很厚重，眷慕也很深。我们承蒙皇帝的昭
告，褒奖赞扬过于实际才能，开导教诲，话语道理非常周到。但是情理
上能安心处之的，实在不是做官的理想，身穿法衣敬奉佛教才是自己的

归宿,发誓为之舍身忘命。况且我们从小就研习佛法,没有谙熟世事,徒然改变行为,最终也不会有很奇特的功劳。虽然您有选举贤能的名声,却对社会没有益处。不能够见到丝毫的功用,将来会有山岳一样重大的损伤,我们认为皇帝您不值得这样做。汉光武帝尚且能够放纵隐士严子陵,魏文帝能够成全管宁的节操。希望您能宽宏大量,满足我们小小志趣,我只想游走四方不用停息。何况陛下您是用道德统治万物,兼通佛、法、僧三宝,使得各路通晓佛经义理之士会集于京都,新旧经典流传远近,佛法兴盛自此可见。您正要阐述圣教,弘扬道德,增加光明,振兴佛教,继承佛氏的遗教,传播灵鹫山的佛法余风,建立千年万代的佛教规则楷模,为后世百姓建立各种方法。而道恒等怎么能在英明的世道中独自委曲,不能实现我们的志向? 但愿您能理解我们善良的情怀,特别垂示襟怀坦荡通达万物的道理,另外赐给我们英明的诏书,允许我们实现小小的志趣,那么我们即使到了九泉之下也会谢恩,千秋万代都会感恩戴德。我们情不自禁,战战兢兢,谨慎地把这件事告诉您。”

　　“省所奏具意。今所以相屈者,时所须也。不复相推本心以及于此[1]。烦殷勤广自料理[2],吾之情趣,想卿等以体之在素,不复烦言。便可奉承时命,勉菩萨之踪耳[3]。”

【注释】

①本心:本意,原来的心愿。

②殷勤:衷情,心意。料理:照顾,照料。

③菩萨:佛教名词。梵文菩提萨埵(Bodhi－sattva)之省,原为释迦牟尼修行而未成佛时的称号,后泛用为对大乘思想的实行者的称呼。

【译文】

“领会你奏折的具体意思。现今之所以让你们委曲,是时代的需要造成的。不再费心谈及这件事。劳烦你们衷心好好照料自己,希望你们体谅我的良苦用心,不再多说。你们应该遵从时代的安排,在社会中勉力做事,完成入世菩萨的行为。"

"道恒等近自陈写,冀悟圣鉴,重奉明诏。不蒙矜恕①,伏读悲惶②,若无神守。陛下仁弘覆载③,使物悦其性。恒等少习法化,愚情所乐,誓以微命与法服俱尽。而过恩垂及,眷忘其陋,劝弘菩萨兼济之道,然志力有限,实所不堪。非徒余年苟自求免,直愚怀所存,私怀必守。伏愿鉴恕一往之诚,不责偏执之咎,特赐恩旨,听遂微心。屡延明诏,随用悚息④,不胜元元之至。谨重奏以闻。"

【注释】

①矜恕:怜悯宽恕。《后汉书·郭躬传》:"躬家世掌法,务在宽平,及典理官,决狱断刑,多依矜恕。"

②悲惶:悲伤惶恐。

③仁弘:仁义包容。

④悚息:惶恐,用为书信中的套语。

【译文】

"道恒等人近来自己撰写奏章陈述,希望您明白理解我们,重新赐给我们英明的诏书。没有承蒙您的怜悯宽恕,所以有点悲伤惶恐,好像魂不守舍。陛下您仁义包容,化育万物,使得万物各尽其性。道恒等人从小就研习佛教大法的教化,愚黯的性情喜欢自己所喜欢的东西,发誓与大法共生死。而您的大恩大德垂爱,让我们忘记自己的浅陋,规劝我们弘扬佛教菩萨博施济众的精神,然而我们志向心力有限,实在是难以承受。不只是想要苟且度过剩下的年岁,只是心怀自己喜欢的事情,自己喜欢的一定会持守。但愿您宽恕我们一如既往的衷心，不责备我们偏执的错误，特意恩赐旨意，允许实现我们的小小志向。您多次宣示英明的诏书，我们时时都感到惶恐，不胜感恩之重，谨重新上奏让您能够看到。”

　　“得重奏。一二具之。情事具如前诏，但当开意以从时命①，无复烦郑重也②。”

　　“道恒等愚意所执，具如前表，精诚微薄③，不能感悟圣心。累承还诏，未蒙慈恕。俯仰忧怖④，无复心情。”

　　“陛下道怀虚纳，养物无际⑤，愿开天地之恩，得遂一分之志、愚守之诚。毕命无辜，分受违诏之愆，甘引无恨。屡纡圣听⑥，追用悚息。不任罔极之情。谨奏以闻。”

【注释】

①开意：陈述旨意。

②郑重：频繁，反复多次。《汉书·王莽传中》：“然非皇天所以郑重降符命之意。”颜师古注：“郑重，犹言频烦也。重，音直用反。”

③精诚：真诚。《庄子·渔父》：“真者，精诚之至也，不精不诚，不能动人。”

④忧怖：忧愁害怕。

⑤养物：养育万物。《国语·周语下》：“胙四岳国，命为侯伯，赐姓曰‘姜’，氏曰‘有吕’，谓其能为禹股肱心膂，以养物丰民人也。”

⑥纡（yū）：萦回，围绕。

【译文】

　　“再一次得到奏报。来信本意已经很清楚。事情还是像前面的诏书一样，只是陈述旨意，你们应当听从时代命运的安排，不要再反复多次谈论这件事。"

"道恒等人愚黯偏执，具体情况就像前面所说的，真诚微小浅薄，不能感悟皇帝的心意。多次拿到诏书，仍然未能蒙受慈悲宽恕。身心上下忧愁恐惧，没有好的心情。"

"陛下您虚怀若谷广泛接纳，包容万物无边无际，但愿您能开天地之恩，使得黎民百姓实现些许的志趣和愚黯持守的精诚。死有余辜，承受违背诏书的过错，心甘情愿而没有遗憾。多次抵触皇帝您的圣意，实在是非常惶恐。谨报使您听闻。"

答姚主书停恒标奏(并姚主书)

【题解】

在本篇中,后秦国主姚略给鸠摩耆婆和僧迁、僧契等法师写信,希望他们劝导道恒、道标两位法师还俗辅佐政治。姚略强调,独自修善自己道德之美,不如广博兼济天下的功劳,自己持守节操,没有拯救万物的作用大。僧契、僧迁、鸠摩耆婆三法师认为,有道德的话天下就能安宁稳定,所以英明君王,都知道违背别人的本性是很难管理的,仔细领会万物的本性才是治理的根本之所在。因此,僧契、僧迁、鸠摩耆婆三法师请求国主姚略体谅道恒、道标两位法师的志趣,不要让他们还俗,而让他们探讨佛法的精幽微妙,帮助教化,使得众生各自能够认识罪福报应,那么这就会有救济苦难的益处。

姚主与鸠摩耆婆书

别以数旬①,旋有思想,渐暖比自何如? 小虏远举,更无处分②,正有愦然耳③。万事之殷,须才以理之。近诏道恒等,令释罗汉之服,寻菩萨之迹,想当盘桓耳④。道无不在,法师可劝进之⑤。苟废其寻道之心,亦何必须尔也。致意迁上人,别来何似? 不审统复何如? 多事不能一二为书。恒等亦何烦！诸上人劝其令造菩萨行。

【注释】

①旬：十天。《尚书·尧典》："期，三百有六旬有六日，以闰月定四时成岁。"陆德明释文："十日为旬。"

②处分：吩咐。南朝宋刘义庆《世说新语·尤悔》："曾送兄征西葬，还，日莫雨驶，小人皆醉，不可处分，公乃于车中手取车柱撞驭人，声色甚厉。"

③愦然：神志不清的样子。

④盘桓：徘徊；逗留。《文选·班固〈幽通赋〉》："承灵训其虚徐兮，竚盘桓而且俟。"李善注："盘桓，不进也。"

⑤法师：佛教语。精通佛经并能讲解佛法的高僧。亦用为对比丘的尊称。

【译文】

　　分别已经有数十天了，经常想念，近来天气渐渐温暖，感觉如何呢？远方小股敌寇进犯，更加感觉没有人才可供调用，很让我头痛。万事要想兴盛，需要有才能的人来治理。近来诏告道恒等人，要求他们脱下佛教的法服，追寻大乘菩萨在世间普渡众生的足迹，他们徘徊不肯来。大道无处不在，高僧您可以规劝他们出山。暂且让他们放下出家寻道之心，何必这样呢？我也陈述本意给僧迁法师，致问近来怎样？不清楚情况到底怎样？很多事情不能够简短就能表达。道恒等人又何必烦恼！诸位上人应该规劝他们从事菩萨行。

姚主与僧迁等书

　　省疏所引，一二具之。朕以为独善之美，不如兼济之功；自守之节，未若拯物之大。虽子陵颉颃于光武①，君平

弘明集

傲岸于蜀肆②，周党辞禄于汉朝③，杜微称聋于诸葛④，此皆偏尚耿介之士耳⑤，何足以开默语之要，领高胜之趣哉？今九有未乂⑥，黔黎荼蓼⑦。朕以寡德，独当其弊，思得群才，共康至治。法师等虽潜心法门，亦毗世宣教，纵不能导物化时，勉人为治；而远美辞世之许由⑧，近高散发于谢敷⑨。若九河横流，人尽为鱼，法师等虽毗世宣教，亦安施乎？而道恒等伏膺法训，为日久矣。然其才用足以成务，故欲枉夺其志，以辅暗政耳。若福报有征⑩，佛不虚言，拯世急病之功，济时宁治之勋，恐福在此，而不在彼。可相诲喻，时副所望。

【注释】

①子陵：严光，字子陵，会稽余姚人，东汉著名隐士。少有高名，享年八十，葬于富春山。颉颃：刚直不屈。光武：刘秀（前6—57），东汉开国皇帝，汉高祖九世孙。公元25年—57年在位，庙号世祖，谥号光武。

②君平：严君平（前86—10），蜀郡成都（今四川成都）人。西汉道家学者，思想家。汉成帝时隐居成都市井中，以卜筮为业，宣扬忠孝信义和老子《道德经》，以惠众人。著有《老子道德真经指归》和《易经骨髓》。傲岸：高傲。《晋书·郭璞传》："傲岸荣悴之际，颉颃龙鱼之间。"

③周党：生活在西汉末年到东汉初期，王莽篡政，周党非常厌恶，便闭门谢客，称病闲居。建武年间，光武帝刘秀获悉周党德才兼备，欲召他为议郎，周党称病不仕。

④杜微：字国辅，梓潼涪（今四川梓潼）人。少受学于广汉任安。刘璋辟为从事，以疾去官。及刘备定蜀，微常称聋，闭门不出。官

至谏议大夫。

⑤耿介：正直不阿，廉洁自持。《楚辞·九辩》："独耿介而不随兮，愿慕先圣之遗教。"王逸注："执节守度，不枉倾也。"

⑥乂（yì）：安定。

⑦荼蓼：荼和蓼。泛指田野沼泽间的杂草。《诗经·周颂·良耜》："以薅荼蓼。"毛传："蓼，水草也。"

⑧许由：字武仲，古代高洁清节之士，隐居不仕。

⑨谢敷：字庆绪，会稽人，崇信释氏。

⑩福报：福德报应。

【译文】

审阅您来信所引用的话，很具体详尽。我认为独自修善自身道德之美，不如广博兼济天下的功劳；自己持守节操，没有拯救万民的作用大。虽然严子陵在光武帝刘秀面前刚直不屈，严君平在蜀国集市很是高傲，周党不愿出仕汉朝，杜微在诸葛亮面前装作耳聋，这些都是偏执崇尚正直不阿的高明隐士，又怎么能打破默然不语的约束，实现高胜的志趣呢？如今全国上下不是很安定，老百姓生活不能自足。我凭借寡德，独自承当各种社会弊病，想要获得大量有才能之人，共同治理。大师们虽然潜心佛法，也一直在宣扬教化，即使不能够引导万物化育时代，也做到了劝勉别人为善。然而从远的来说，赞美隐居不出的许由，从近的来说称颂散发隐居的谢敷非常闲逸，如果世道大乱九河横流，人人都溺亡难救，那么大师们虽然弘扬教化，又到哪里去施展呢？道恒等遵循佛教大法，时间已经很长了。然而他们的才干足以做成很大的事情，所以想强行剥夺他们的志趣，使得他们辅佐朝政。如果真的有因果报应，佛法之言不虚的话，那么拯救时代的各种弊病，施救时代达到安宁和谐，恐怕福报就在这里，而不是在其他地方。希望你们彼此互相劝化，别辜负了时代寄寓的厚望。

僧契、僧迁、鸠摩耆婆等求止恒标罢道奏

盖闻太上以道养民[①]，而物自是其次。有德而天下治，是以古之明王，审违性之难御，悟任物之易因。故尧放许由于箕山[②]，陵让干木于魏国[③]，高祖纵四皓于终南[④]，叔度辞蒲轮于汉世[⑤]。晋国戴逵被褐于剡县[⑥]，谢敷罹发于若耶[⑦]，盖以适贤之性为得贤也。故上有明君，下有韦带[⑧]；逸民之风，垂训于今矣。

今道标、恒等，德非圆达[⑨]，分在守节。且少习玄化[⑩]，伏膺佛道，一往之诚，必志匪席。至于敷演妙典[⑪]，研究幽微，足以启悟童稚，助化功德。使物识罪福[⑫]，则有济苦之益。苟佛不虚言，标等有弘毗耶之训矣[⑬]。窃闻近日猥蒙优诏，使释法服，将擢翠翘于寒条之上[⑭]，曜芙蕖于重冰之下[⑮]，斯诚陛下仁爱恺悌[⑯]，宽不世之恩，然契等眷眷，窃有愚心。以陛下振道德之纲，以维六合[⑰]，恢九德之网[⑱]，以罗四海[⑲]。使玄风扇千载之前[⑳]，仁义陶万世之后，宇宙之外，感纯德以化宽；九域之内[㉑]，肆玄津以逍遥[㉒]。匹夫无沟壑之怨[㉓]，嫠妇无停纬之叹[㉔]。此实所以垂化，海内所以仰赖。

愚谓恒、标虽区区一介，守所见为小异。然故在罗网之内，即是陛下道化之一。臣昔孛佐治十二年，未闻释夺法衣形服[㉕]。世议苟于时有补，袈裟之中亦有弘益[㉖]，何足复夺道与俗，违其适性？昔巢、由抗节[㉗]，尧许俱高[㉘]，四皓匪降，上下同美。斯乃古今之一揆，百代之同风。且德非管仲[㉙]，不足华轩堂皇[㉚]；智非孔明，岂足三顾草庐[㉛]？愿陛下放既往之

恩,从其微志;使上不过惠,下不失分。则皇唐之化,于斯而在;箕颍之宾⑦,复见今日矣。契等庸近,献愚直言,惧触天威,追用悚息。僧契等言。

【注释】

①太上:太古,上古。《礼记·曲礼上》:"太上贵德。"郑玄注:"太上,帝皇之世。"

②尧:传说中古帝陶唐氏之号。《周易·系辞下》:"神农氏没,黄帝、尧、舜氏作。"许由:传说中的隐士。相传尧让以天下,许由不受,遁居于颍水之阳箕山之下。尧又召为九州长,由不愿闻,洗耳于颍水之滨。

③陵:以下文语境推断,当指魏文侯。干木:段干木。战国初年魏国名士。师子夏,友田子方,为孔子再传弟子。因其三人皆出于儒门,又先后为魏文侯师,故被后人称为"河东三贤"。

④高祖:刘邦。四皓:秦末隐居商山的东园公、甪里先生、绮里季、夏黄公。四人须眉皆白,故称商山四皓。高祖召,不应。后高祖欲废太子,吕后用张良计,迎四皓,使辅太子,高祖以太子羽翼已成,乃消除改立太子之意。事见《史记·留侯世家》、《汉书·张良传》。

⑤叔度:黄宪,字叔度,慎阳(今河南正阳)人,东汉隐士。蒲轮:指用蒲草裹轮的车子。转动时震动较小。古时常用于封禅或迎接贤士,以示礼敬。

⑥戴逵被褐于剡县:戴逵(326—396),字安道,谯郡铚县(今安徽濉溪)人,居会稽剡县(今浙江嵊州)。终生不仕,博学多才,善鼓琴,工人物山水,东晋著名美术家、音乐家。

⑦谢敷羃发于若耶:谢敷见上文《姚主与僧迁等书》注,其人散发隐居,信守佛教。若耶:即若耶溪,今浙江绍兴境内的平水江。

⑧韦带:古代平民或未仕者所系的无饰的皮带。

⑨圆达:圆满通达。

⑩玄化:圣德教化。

⑪敷演:陈述而加以发挥。

⑫罪福:罪行福报。

⑬毗耶:佛教语,梵语的译音,又译作"毗耶离"、"毗舍离"、"吠舍离",古印度城名,这里指代佛教。

⑭翠翘:翠鸟尾上的长羽。《楚辞·招魂》:"砥室翠翘,结曲琼些。"王逸注:"翠,鸟名也;翘,羽也。"

⑮芙蕖:荷花的别名。

⑯恺悌:和乐平易。《左传·僖公十二年》:"《诗》曰:'恺悌君子,神所劳矣。'"杜预注:"恺,乐也;悌,易也。"

⑰六合:天地四方。

⑱九德:贤人所具备的九种优良品格。《尚书·皋陶谟》:"皋陶曰:'都,亦行有九德,亦言其人有德,乃言曰:载采采。'禹曰:'何?'皋陶曰:'宽而栗、柔而立、愿而恭、乱而敬、扰而毅、直而温、简而廉、刚而塞、强而义、彰厥有常,吉哉!'"

⑲四海:天下,全国各处。

⑳玄风:此处指佛教义理风化。

㉑九域:九州。

㉒玄津:佛法。《文选·王简栖头陀寺碑文》》:"释网更维,玄津重柂。"张铣注:"释网、玄津,并佛法也。"

㉓沟壑:借指野死之处或困厄之境。

㉔嫠(lí)妇:寡妇。纬:织布。

㉕法衣:僧道穿的衣服。形服:各种法服。

㉖袈裟:梵文的音译。原意为"不正色",佛教僧尼的法衣。佛制,僧人必须避免用青、黄、赤、白、黑五种正色,而用似黑之色,

故称。

㉗巢、由抗节：巢父和许由抗命不仕。相传皆为尧时隐士，尧让位于二人，皆不受。后世常以之借指隐居不仕者。

㉘尧许：尧和许由。

㉙管仲（前716—前645）：名夷吾，春秋时期齐国颍上（今安徽颍上）人，史称管子。春秋时期齐国著名的政治家、军事家，相传为周穆王的后代。

㉚堂阜：大屋。

㉛三顾草庐：《三国志·蜀书·诸葛亮传》载：刘备往访诸葛亮，凡三往，乃见。后诸葛亮上后主表云："先帝不以臣卑鄙，猥自枉屈，三顾臣于草庐之中，谘臣以当世之事，由是感激，遂许先帝以驱驰。"后以"三顾草芦"比喻对贤才的诚心邀请。

㉜箕颍：箕山、颍水。隐士居处之地。

【译文】

听说上古时代都是用道德来化养黎民百姓，而物质自然是次要的。有道德的话天下就能安宁稳定，所以上古各个时代的英明君王，都知道违背别人的本性是很难管理的，仔细领会万物的本性才是治理的根本之所在。因此尧放任许由在箕山自由活动，魏文侯让段干木在魏国隐居，汉高祖刘邦放任东园公、甪里先生、绮里季、夏黄公等四皓在终南山隐居，黄叔度辞谢汉朝的礼遇征召。晋朝的戴安道在浙江剡县穿着粗布衣服自由生活，谢敷在若耶溪披头散发隐居，大概只有适应贤士的本性才能得到贤士的拥护。于是在上有英明的君主，在下有不做官守法的布衣百姓，这种遗风，对于今天来说依然有很好的启示。

如今道恒、道标等人，道德不是很圆通贤达，只是持守节操的本分而已。况且他们自小就研习佛学教化，佩服遵循佛教大道，一往情深精诚之至，一定是志向在此而不能有所偏离。至于要陈述演化玄妙的佛典，探讨研究其中的精幽微妙，足够启发开悟年轻一代，帮助教化功德无量,使得众生各自能够认识罪福报应,那么这就有救济苦难的益处。如果佛不虚言,道标等人应该就有弘扬佛教的功劳了。我们听说他俩近来承蒙优诏,让他们脱掉法衣还俗,这是将要把翠鸟的羽毛挂在寒冬的枝条上,在厚厚冰层的下面让荷花闪耀美丽光华,确实是陛下仁义大爱,宽宥恩典,然而我们却念念不忘佛法,愚心还有一些想法。凭借陛下振兴道德规范的大纲,一定能够使得天下一统维持安宁,恢复各种道德礼仪,招罗天下英才。使得佛教之风能飘向千秋万代,仁义道德一定会陶铸培养万世之后的人们。天地之外,都能感应淳粹的道德教化以达通达境界;全国上下,都能领悟佛法逍遥自在。普通百姓没有一丝怨恨,寡居妇女不再停止织布悲叹。这就是教化的好处所致,天下所依赖的即是如此。

我们认为道恒、道标是区区一介平民,所能见到的佛法也是很小的一部分。然而却能够出现在陛下的恩典之中,确实是陛下大道化育的结果。我曾经尽心辅佐十二年,没有听闻剥夺法衣法器的事情。如果世人的论议都有助于时代,那么佛法之中也有很多对社会有益的要素,何必剥夺佛教和世俗的志趣,违背各自的本性呢?古代的巢父、许由违抗旨意持守节操,尧和许由都被人们认为很高尚,四皓不降低身段做官,刘邦和他们都得到赞美。这就是所谓古今一样的准则,百代相同的风气。况且他们道德比不上管仲,不足以接受高楼华屋;智慧比不上诸葛亮,怎能够让君王三顾茅庐?但愿陛下能放下曾经的恩赐,使他们能够遂心自由;使得朝廷不过分施惠,百姓亦不失去分寸。那么高明的教化,在今天就会形成;箕山上颍水边的隐士,又能够在今天看到了。我们平庸愚鲁,献上肤浅之言,非常直率,担心触动天子之威,很是惶恐。僧契等陈说。

答桓玄劝罢道书(并桓玄书)

【题解】

在本篇中,东晋末权臣桓玄写信劝慧远法师还俗(即"罢道")出山做他的幕僚,慧远法师回信委婉拒绝并说明了理由。两封书信各自保持着风雅气度,却又绵里藏针。桓玄引用《庄子·秋水》篇中所说的"寿陵余子之学于邯郸",认为许多佛教徒只是邯郸学步,模仿他人不成,反而把自己原有的突出的本领都丢掉了。他认为佛教把人生的追求放在转世来生,"皆是管见"。慧远引用了战国时代和氏怀璧而不为人所识的典故,而说明世俗之人(实际上就是指桓玄)对于佛教事业及其信徒的不理解。他批判了那种"无新功,失其本质","混同以通之"者的可悲,又指出那种人在佛教信徒中毕竟是很少的。慧远坚持佛教的生死观,认定人世荣耀不足贪恋,要广泛宣传佛教,用佛教精神来感化芸芸众生。他将更加珍惜时光,坚定地把佛教流布华夏的事业进行到底。

桓玄书

夫至道缅邈①,佛理幽深,岂是悠悠常徒所能习求?沙门去弃六亲之情,毁其形骸,口绝滋味,被褐带索②,山栖枕石,永乖世务,百代之中,庶或有一仿佛之间。今世道士,虽外毁仪容,心过俗人,所谈道俗之际,可谓学步邯郸,匍匐而归。先圣有言："未知生，焉知死？"而令一生之中，困苦形神，方求冥冥黄泉下福，皆是管见，未体大化。迷而知反，去道不远，可不三思？运不居人，忽焉将老，可复追哉？聊赠至言，幸能纳之。

【注释】

①缅邈：久远，遥远。

②被褐带索：身穿粗布衣，围着绳索，比喻生活清苦。

【译文】

最高境界的大道很深远，佛法之理非常深奥玄虚，岂是大多数普通人所能修习寻求得到的？沙门抛弃六亲的感情，毁坏自己的躯体，口绝各种滋味，身穿粗布衣，围着绳索，住在深山里，永远远离世间的事情，百代之中，或许能出现一个真正能似乎通达佛理、修成正果的人。现在的修道之士，虽然外毁仪容，内心的鄙陋却超过俗人，大谈道与俗的事情，可谓只是邯郸学步，模仿他人不成，反而把自己原有的突出本领都丢掉了。先圣孔子有言："未知生，焉知死？"而让自己的一生，形体精神困苦不堪，却竭力去追求死后的幸福，可以说是浅见，不符合社会人生教化。迷途知返，离人生大道就不远了，为何不三思而行呢？时运不等人，很快就会变老，时间能够再追回来吗？赠送您几句话，希望能够被采纳。

远法师答

大道渊玄，其理幽深，衔此高旨，实如来谈。然贫道出家，便是方外之宾，虽未践古贤之德，取其一往之志，削除饰好，落名求实，若使幽冥有在，故当不谢于俗人。外似不尽，内若断金①，可谓见形不及道，哀哉哀哉！带索枕石，华而不实，管见之人，不足羡矣。虽复养素山林，与树木何异？夫道在方寸，假练形为真。卞和号恸于荆山，患人不别故也。昔闻其名，今见其人，故庄周悲慨。人生天地之间，如白驹之过隙，以此而寻，孰得久停？岂可不为将来作资？言学步邯郸者，新则无功，失其本质，故使邯人匍匐而归。百代之中，有此一也。岂混同以通之？贫道已乖世务，形权于流俗，欲于其中化未化者，虽复沐浴踞傲云云②，奈疑结何？一世之荣，剧若电光，聚则致离，何足贪哉！浅见之徒其惑哉！可谓下士闻道大而笑之，真可谓迷而不反也。贫道形不出人，才不应世，是故毁其陋质，被其割截之服，理未能心冥玄化，远存大圣之制③，岂舍其本怀而酬高诲？贫道年与时颓，所患未痊。乃复曲垂光慰④，感庆交至。檀越信心幽当⑤，大法所寄，岂有一伤毁其本也？将非波旬试娆之言⑥？辞拙寡闻，力诎高命，盖是不逆之怀耳。

【注释】

①断金：语出《周易·系辞上》："二人同心，其利断金。"孔颖达疏："金是坚刚之物，能断而截之，盛言利之甚也。"后谓同心协力或情深义厚。

②踞傲：傲慢不恭。

③大圣：古谓道德最完善、智能最超绝、通晓万物之道的人；儒家称上古帝王；佛教称佛、菩萨。

④曲垂：敬辞，用于称君上的颁赐。犹言俯赐，俯降。

⑤檀越：意译"施主"，即向寺院施舍财物的信徒。

⑥波旬：欲界第六天的天主，就是魔王波旬。他也是个皈依了佛门的大德，过去因供养过辟支佛的功德得以成为六梵天主。波旬梵语义为恶者、杀者。常以憎恨扰乱佛法，杀害僧人为事。

【译文】

大道深奥，佛理玄虚，意旨深远，确实是如您所谈论的一样。然而我出家后，便是方外之宾，虽未践行古代圣贤的道德，却学习他们的志向，除去各种外在的饰好，更改了俗名，归向真实的宗教信仰，如果确实体悟到了幽冥之理，所以不必对俗人悔过。外在看起来好像不尽力，内心却像断金一样坚定；可以说是见形不及道，悲哀啊！如果只是形式上做个僧人，隐居深山枕石而栖，而心中还美慕世俗功名，如此管见之人，不足美慕。这样的话即使在山林中修养，与树木有什么不同呢？道在心灵方寸之中，依靠虚幻的形体修炼达到真心境界。卞和号恸大哭于荆山，是担心别人不能认识和氏璧的价值。以前听到其名，今见其人，因此庄周悲伤伤慨。人生天地之间，如白驹过隙，以此而看，哪里能得到长久的停留？岂可不为将来作准备？其实学步邯郸的人，不善于学习，失其本质，因此邯郸学步人匍匐爬着回家。百代之中，仅有这一个人，岂能混同而包括一切人？贫道已远离世务，不同于一般的风俗习惯，想要在这些普通人中教化，又有人说我傲慢不恭，有什么办法呢？一辈子的荣耀，就像电光一样一闪即逝，聚敛的结果就会走向分离的反面，怎么值得贪求呢！鼠目浅见的人，他们真是迷惑呵！正是《道德经》上所说"下士闻道，大而笑之"，真可称得上是迷而不知返呵！贫道外表不出众，才能不能应对世事，因此剪掉头发，穿上被割截的衣服，虽然在佛理上未能心入玄冥大化之境，但想长远保存佛法的制度，岂能舍弃我自己的心愿而接受您的教诲出来效力？贫道年龄很大，所患的病未痊愈。得到您俯赐的慰问，非常荣幸，感谢之至。希望施主您牢记佛教大法对于社会心理的巨大功用，对于王朝统治哪里有损害呢？万勿尝试像魔王波旬一样扰乱佛法。我语词拙劣，见闻很少，以烦扰您的话答复，但此信中的话都发自我的内心。

辞刘刺史举秀才书
（并刘善明答）

【题解】

在本篇中，青州刺史刘善明劝僧岩法师还俗并推举他作秀才，僧岩法师委婉拒绝，两人书信往复讨论辩难。刘善明（432—480），字不详，平原人，生于宋文帝元嘉九年，卒于齐高帝建元二年，曾任青州刺史。刘善明认为，恭敬保全自己身体，慎重对待头发皮肤，治国辅政，扬名青史才是最重要的，因此他劝僧岩法师还俗参与政治。僧岩法师指出，自己从小就出家学道，远离俗世事务，潜心于佛教道义，志向与儒教目标不同，虽然还没有达到大道的境界，但也向往佛祖的行为，因此他委婉拒绝刘善明的建议。

贫道弱龄出家，早违俗务，游心释风①，志乖孔教②。虽复道场未即③，故亦洙训缅矣④。方将委质饿兽⑤，庶超九劫之功；分肌哺鸽，情存乘云之驭⑥。宁能垂翼中田⑦，反迹笼樊⑧，舍夫涂中之适，婴兹庙堂之累哉？且夫官人以器位，必须才未有叨越分之举，终能保其荣也。今辄奉还板命⑨，愿收过恩。无令曹公重叹，王舟再惭，辅秀之召，非所克堪。

释僧岩呈。

　　我从小就出家学道，早就远离俗世事务，潜心于佛教道义，志向与儒教目标不同。虽然还没有达到大道的境界，但也与孔子教化的行为相去不远。将来会弃身舍命给饥饿的野兽，大致也会有超越所有劫难的功德；分割肌肉哺育鸽子，内心的目标在于超越达到更高的境界。怎么能举翅飞回田中，回返世俗樊笼，舍弃修行道路中的愉悦，经受世俗庙堂的劳累呢？何况做官要想得到位置与器重，需要有胆识才能，还不能有越分超常的举动，这样才能最终保住荣华富贵。如今我就奉还成命，希望您收回宏大的恩赐。不要再使曹公感叹，王舟惭愧，提举秀才之召，不是我所能接受的。释僧岩呈。

答僧岩道人

　　庄篇有弱丧之谬①，释典有穷子之迷②，每读其书，为之长慨。敬慎发肤，扬名后史，仰显既重，俯弘为大，远寻圣言，斯教为最，近取诸身，实迷情理。瞿昙见此③，亦当莫逆于心，况君辩破秋毫，识洞今古，裂冠不疑，拔本不悟④，幽冥相骇⑤，遐迩致惊⑥。昔吕尚抱竿⑦，于八十之年志钓，由时未遇君，沈沦未及，冀能有美若人耳。如其不尔，岂不悲哉？仆忝苊梓蕃⑧，庶在明仄，观贡帝庭，必尽才懿。故欲通所未通，屈所未屈，如来告纷纭，有乖真唱⑨，苟为诞说，岂所期耶？昔王祥樵采沂侧⑩，耳顺始应州命⑪；公孙弘牧豕海上⑫，白首方充乡举⑬，终能致位元台⑭，朝天变地，道畅当年，声流万载。君意何如？敬布腹心⑮，想更图之。刘君白答。

【注释】

①庄篇：指庄子作品。弱丧：少而失其故居。《庄子·齐物论》："生死修短，岂能强求？予恶乎知悦生之非惑邪？予恶乎知恶死之非弱丧而不知归者邪？……予恶乎知夫死者不悔其始之蕲生乎？"意思是说："一个人寿命长短，是勉强不来的。我哪里知道，贪生是不是迷误？我哪里知道，人之怕死，是不是像幼年流落在外面安于所在不知回归故乡呢？我哪里知道，死了的人会不会懊悔他从前求生呢？"郭象注："少而失其故居，名为弱丧。夫弱丧者，遂安于所在而不知归于故乡也。"

②释典：佛教经典。穷子：长者穷子喻，出自《法华经·信解品》，为法华七喻之一。有一长者之子，幼年即离家，生活贫穷。某日徘徊于一位富翁长者家附近，长者得知为己子，乃遣家人追回，然其子恐惧而逃。长者遂用计，雇之为佣，并逐渐重用之，最后始告以实情，且给予万贯家财。故事中之穷子比喻二乘之人，家财

则比喻大乘之教；谓二乘之人无大乘功德之法财，犹如穷子之缺乏衣食资具。

③瞿昙：释迦牟尼的姓。一译乔答摩（Gautama）。佛的代称。

④"裂冠"二句：意同"裂冠毁冕，拔本塞源"。冠冕，古代王侯卿大夫所戴的礼帽；本，树根。原比喻诸侯背弃礼法，侵犯天子的直接领地。后用作臣下推翻国君，夺取王位的代称。

⑤幽冥：玄远，微妙。

⑥遐迩：远近。

⑦吕尚：姜姓，吕氏，名尚，字子牙，东海（今安徽临泉）人。

⑧忝莅：常用作谦词。梓蕃：故乡所在之政区。

⑨真唱：真正的道理。

⑩王祥（185—269）：字休征，西晋琅琊（今山东临沂）人，官至太尉、太保。以孝著称，为二十四孝之一，"卧冰求鲤"故事广为流传。

⑪耳顺：《论语·为政》："六十而耳顺。"何晏集解引郑玄曰："耳顺，闻其言而知其微旨也。"后遂以"耳顺"为六十岁的代称。

⑫公孙弘（前200—前121）：字季，淄川（今山东寿光）人，官至丞相。

⑬乡举：由乡里选拔人才。

⑭元台：指三台星中的上阶二星，喻天子、女主或首辅。三台六星两两而居。其上阶二星，上星象征天子，下星象征女主；又称天柱星，象征三公之位。见《晋书·天文志》。故以"元台"喻天子、女主或首辅。

⑮腹心：至诚之心。

【译文】

　　庄子作品中谈到人们害怕死亡，就像是幼年流落在外面的人，迷恋所在的地方不知回归故乡一样荒谬，佛教经典谈到很多人不知道自己的佛性，就像是穷子不知自己是富翁长者的儿子一样迷失，每当我阅读这些经典时，都会因此而感慨。恭敬保养自己的身体，对头发皮肤慎重对待,扬名青史,重视信仰,弘扬道法,向远古考察圣贤言语,这种教化可以说是最好的了,就近取法自己的身体,实际上是迷失情理。即使是佛祖看到心中也不会有抵触,反而会情感一致,心意相投,何况你能洞察秋毫辨识一切,洞彻古今,即使遇到臣下篡取王位的事,也不会使你怀疑,微妙之处让人惊骇,远近的人听了会心悦诚服。从前姜子牙怀抱钓竿,八十岁还在水边垂钓,原因是没有遇上贤明的君主,因此沉沦不能被推举,希望有才能的人也能像他在晚年遇到周文王一样有好机遇。如果不能这样,难道不是很悲哀吗? 我有幸在家乡任职,考究政治明暗,观看朝廷的旨意,一定会尽我所能。所以想让没能通达的人通达,罢黜无能的人,如果这些人很多,就会违背真正的情理,如果是苟且为之,荒诞不经,难道这是我们所希望的吗? 以前王祥曾在沂水边采薪伐木,年六十才应命州郡;公孙弘在海边放猪,年纪很大才应举,最终能登上高位,为皇上服务,道德在当年畅通,名声远扬千秋万代。您意下如何呢? 恭敬陈述我的内心想法,想请您更进一步考虑。刘君白答。

僧岩重答

纡辱还诲①,优旨仍降②,征庄援释③,理据皎然④。徒欲伏义辩情,末由也已。虽高义出象⑤,微言入神⑥,鄙怀所执,犹或可晓。何者? 夫知人者哲,自审者明,忘分昧进,良所未安。昔威直应命,终获减名之惭;遵祖聘能,卒招杨鹄之耻⑦。若遗我欲效彼,追踪王吕⑧,恐曝鳃龙津,点额众矣⑨。道与盗同罪,举失其才,亦宾主交鄙,可不慎乎? 又《礼》云:"非指玉帛,孝乎岂止保肤?"故割肌无讥于前代⑩,断发有加于曩辰⑪。斯盖斩手全驱,所存者大,夫何怪哉? 愿贷愚执,赐遂陋衿⑫。释僧岩呈。

【注释】

①纡:围绕,兜圈子。

②优旨:优待的诏命。

③庄:这里指庄子学说。

④理据:论据。

⑤高义:正大的道理。

⑥微言:精深微妙的言辞。

⑦杨鹊:不详。

⑧王吕:或指上文刘善明信中提到的王祥、吕尚。

⑨点额:谓跳龙门的鲤鱼头额触撞石壁,后以"点额"指仕途失意或应试落第。

⑩割肌:割掉肌肉。

⑪断发:剪断头发。

⑫衿:胸怀,心怀。

【译文】

您屈尊受辱再次教诲,优待的诏命依然降下,援引庄子学说,征引佛教理论,证据很清楚。但只依靠征引高义来辩解实情,这未必合理。虽然大道会表现出很多形式,精深微妙的言辞会引人入胜,但我怀有自己的追求,有自己的想法。为何呢? 了解别人的人具有智慧,了解自己的人很聪明,忘记本分而冒昧求进,实在会让人心里不安。有些人曾经直率接受命令,最终却获得除名的遗憾;遵照祖训选贤聘能,最后却招来了类似杨鹊的耻辱。如果遗弃我而效法其他,仿效王祥、吕尚,恐怕就像是在龙门曝晒鱼鳃,仕途失意的人很多了。道与盗同罪,若所举荐的并非才能之士,宾客和主人将来都会难堪,难道不宜谨慎么?《礼记》说:"指的并非是玉帛,孝悌难道仅是保养皮肤?"因此在前代割掉肌肉也不会被讥笑,断发也是一件好事。这就是所谓的斩断手臂是为了保全躯体,所保存的是更重要的,那又有什么好奇怪的呢? 但愿您能宽恕我的愚蠢偏执,恩典惠赐满足我的心愿。释僧岩呈。

重答

　　重获来简①,始见玄解皎然之悟②,可谓相视而笑矣③。君识鉴众流④,智该理奥⑤,每检感应之源⑥,穷寻分石之说⑦,何常不句句破的,洞尽义宗。而苟自谦光⑧,乖其侧席⑨,仍踵覆车,无悔败辙,非知之难,行之不易也。夫去国三年,见似家人者喜;作客日久,宁不悲心? 今誓舍重担而安坐,弃羁旅如还家⑩,对孔怀之好⑪,敦九族之美⑫,趣门欣欣,为乐已甚。况复文明御运,姬召协政⑬,思贤赞道⑭,日昃忘餐⑮,以君之才,弘君之德,带玉声朝,披锦振远,功济世猷⑯,名扬身后。与夫髡剪之辱⑰,鳏绝之苦⑱,岂可同年而语哉? 相与契阔⑲,久要颇练,深志若隐展禽之贤⑳,恐招臧氏不忠之责。故力疾题心,重敷往白。岁云暮矣,时不相待,君其勉之,勿有噬脐之悔㉑。刘君白答。

【注释】

①简:书信。

②玄解:对事物奥秘的理解。

③相视而笑:双方互相看着,发出会心的微笑,形容二者情合意洽的情态。

④识鉴:见地和鉴别人才的能力。

⑤理奥:道理深奥。

⑥感应:受影响而引起反应。《周易·咸》:"柔上而刚下,二气感应以相与。"

⑦分石:确凿,确实。

⑧谦光:尊者谦虚而显示其光明美德,谦虚。语本《周易·谦》:"谦,尊而光,卑而不可逾。"孔颖达疏:"尊者有谦而更光明盛大,卑谦而不可逾越。"

⑨侧席:正席旁侧的席位。

⑩羁旅:客居异乡。

⑪孔怀:兄弟的代称。《诗经·小雅·常棣》:"死丧之威,兄弟孔怀。"郑玄笺:"维兄弟之亲,甚相思念。"

⑫九族:以自己为本位,上推至四世之高祖,下推至四世之玄孙为九族。

⑬协政:辅佐协助政务处理。

⑭赞道:辅佐政教。

⑮日昃:太阳偏西,约下午二时左右。

⑯猷(yóu):功业;功绩。

⑰髡剪:削光剪断。

⑱鳏(guān):成年无妻或丧妻的人。

⑲契阔:相交,相约。

⑳展禽:展获,字季,柳下(今山东兖州)人,后人尊称柳下惠。春秋时为鲁国士师,掌管法典刑狱。

㉑噬脐:自啮腹脐。喻后悔不及。《左传·庄公六年》:"亡邓国者,必此人也。若不早图,后君噬齐。"杜预注:"若啮腹齐,喻不可及也。"

【译文】

又一次收到您的来信,才开始获得对玄妙大道的洞然领悟,可以说我们是相视而笑,情合意洽。您的见地和鉴别人才的能力非常出众,智慧融通,说理深奥,每次检验感应的源头,穷尽追寻确凿的言论,每句无不都一发中的,洞晓穷尽高义之宗。然而您很谦虚,表现出光明美德,放弃侧席位置,仍然追赶覆车之轨,对于失败一点也不后悔,不是认识难,而是践行不容易。离开国家三年,看见长得像本国人的则欢喜;在别人家做客太久,怎么会没有悲伤呢? 如今我发誓舍弃重重的负担而安享闲逸,放弃客居他乡就像回到了家里,面对兄弟的好处,享受九族的和谐,到每个门庭都是开开心心的,做人的乐趣大概就是这样。何况现在社会文明要靠贤臣统驭运用,需要人才辅佐协助,思念贤才辅助政教,太阳偏西了还忘记进餐,凭借您的才能,弘扬君主的德行,就像戴上佩玉走向朝廷,披带锦绣威震远方,功劳兼济世世代代,死后万古流芳。这些和那些接受剃头刑罚的侮辱、鳏寡孤独的苦楚,怎么能同日而语呢? 我们相交多年,彼此了解对方,我知道您的志趣幽深,象展禽一样贤明,但是恐怕会招来臧氏不忠不孝的责备。于是我奋力书写,表达我的内心情怀,再一次敷演陈述。年纪已经大了,时不我与,您还是自勉吧,千万别留下后悔。刘君辩白回答。

僧岩重书

　　比日之事,为可聊作一乐,不谓恩旨绸缪①,芳音骤届,劳诲之厚,一至于斯。伏读未周,愧汗交集,然鄙志区区②,已备前款。且岩之壮也,犹后于人;今既老矣,岂能有为? 夫以耄耋之年③,指麾成务④,此自苍灵特援⑤,假首人功,协佐龙飞之英⑥,翼赞革命之主⑦。今欲以东亩之农夫⑧,西园之抒叟⑨,侧景前光,参踪古列,无异策驽足以均骅骝⑩,系泽雉以双鸾鹄。斯之不伦,宁俟深察? 昔子泰伏命,抚节公孙⑪,预报知深,亡身靡悔。今日过赏,德粹两贤,正恨年迈,崦嵫命急⑫,蒙汜吞炭⑬。倒戈永与⑭,愿隔临纸⑮,恻怆罔识所陈⑯。幸收过眷,不复翻覆。释僧岩呈。

【注释】

①绸缪(chóumóu)：连绵不断。《文选·张衡〈思玄赋〉》："倚招摇、摄提以低回剹流兮，察二纪、五纬之绸缪遹皇。"李善注："绸缪，连绵也。"

②区区：形容微不足道。

③耄耋(màodié)：高龄，高寿。

④指麾：发令调遣。

⑤苍灵：即青帝。我国古代神话中的五天帝之一，是位于东方的司春之神。

⑥协佐：辅助。

⑦翼赞：辅佐。

⑧东亩：泛指田园农耕场所。

⑨西园：园林名。汉上林苑的别名。抒叟：年纪大的老翁。

⑩骅骝：泛指骏马。《荀子·性恶》："骅骝骐骥纤离绿耳，此皆古之良马也。"杨倞注："皆周穆王八骏名。"

⑪子泰伏命，抚节公孙：指后汉时田畴(字子泰)立誓为故主刘虞报仇，欲杀公孙瓒一事。

⑫崦嵫：神话中日落处，借指人的暮年。南朝陈徐陵《报尹义尚书》："余崦嵫既暮，容鬓蟠然，风气弥留，砭药无补。"

⑬蒙汜：古称日落之处；喻人垂暮之年。

⑭倒戈：把戈倒着安放，表示不再用兵。

⑮临纸：面对纸张书写之时。

⑯恻怆：哀伤。

【译文】

往日的事情，姑且可以看做是一个乐子而已，没有想到您恩典惠赐连绵不断，好的消息接二连三，殷勤教诲实在是很厚重，竟然到了这个程度。我伏案仔细阅览，还是不能完全理解，惭愧喜悦百感交集，然而我鄙陋浅薄的志趣，前面已经申述过。况且我在壮年的时候，就比别人落后；如今老而无用，怎么能有很大的作为呢？像姜尚一样凭借七八十岁的年纪，指挥千军万马，管理朝政有所收获，这源自青帝的厚爱帮助和别人的功劳，他们协助像龙一样飞翔的英才，辅佐善于变革的明君。现在想依靠田亩中的老农，西园中的老人，让他们成就前代已有的美好事业，这样是认为驽马也可以像宝马一样日行千里，把沼泽中的野鸡等同于鸿鹄一样。这些不能类比，岂能不深深省察？从前田畴立誓要杀公孙瓒为故主报仇，报恩之心很深刻，死而无憾。如今得到您过度的赏誉，只恨自己年老体衰，已进入暮年时光，逼迫犹如吞下炭火。希望放弃争执，永远和谐，但愿能凭借纸张书信，惶恐地陈述一己之见。很荣幸能得到您的厚爱，不再反复回覆。释僧岩呈。

重答

君谈天语地，神情如镜，抽毫拂简，智思入渊。而幼失理根①，蹭蹬皓发②，惜君之才，恒用叹息。君虽心在云上，而形居坎下③，既与黄雀为群④，恐没鸳鹭之美⑤。故率弓帛之礼，屈应宾主之举，徽牍三枉⑥，陋札再诹⑦。苟自谦冲⑧，固辞年耄，度君德方亨元吉⑨，未能俯志者，正当游翔择木，待掎桐竹实耳⑩。鄙命轻召，曷足降哉？敬揖清风，肃从所尚，本图既乖，裁还惭悯⑪。刘君白答。

【注释】

①理根：指儒家入世教理之根。

②蹭蹬：险阻难行。

③坎：墓穴，墓坑。

④黄雀：鸟名。雄鸟上体浅黄绿色，腹部白色而腰部稍黄。雌鸟上

体微黄有暗褐条纹。此处借指庸常之人。

⑤鹝鹜(yuèzhuó)：古书上所说的一种水鸟。

⑥徽牒：图版。枉：矫枉。

⑦讪(chóu)：应答，对答。

⑧谦冲：谦虚。

⑨方亨：方正通达。元吉：大吉；洪福。《周易·坤》："黄裳元吉。"
　　孔颖达疏："元，大也。以其德能如此，故得大吉也。"

⑩掎(jǐ)：依靠，牵引。

⑪惭悯：惭愧怜悯。

【译文】

　　您谈天说地，神情面目就像镜子一样清明，抽笔挥毫，智慧思虑就像深渊一样湛然。然而您从小就失去了儒家教理之根，在各种坎坷境遇中不觉年岁已高，我很惋惜您的才能，常常感叹。您的心智虽然高在云端，然而形体却寄居在坎窠之下，既然和黄雀作为一群，恐怕就要埋没鹝鹜的美好了。因此奉上弓箭玉帛等礼物，接受君主的号召，虽然图版书信已经惘然，卑陋的书信还是再一次发出。如果您自己能够谦虚，即使以年岁之高来推辞，但想想君主的美好德行和亨通大吉的事业，就应当像飞翔的鸟儿一样择木而居，凤凰等待依赖梧桐紫竹一样有所归依。卑浅的诏命不是很重要，何必一定得屈身服从呢？敬揖清风，严肃地选择自己所崇尚的，这封信也许违背了您的意思，希望您仔细考虑，我也很是惭愧。刘君辩白回答。

卷第十二

序引

　　余所撰《弘明》，并集护法之论。然爱录书表者，盖事深故也。寻沙门辞世，爵禄弗縻[①]，汉魏以来，历经英圣，皆致其礼，莫求其拜。而庾君专威，妄起异端；桓氏疑阳[②]，继其浮议。若何公莫言，则法相永沉；远上弗论，则僧事顿尽。望古追慨，安可不编哉？《易》之蛊爻，不事王侯；《礼》之儒行，不臣天子。在俗四民，尚有不屈，况弃俗从道，焉责臣礼？故不在于休明[③]，而频出于季运也。至于恒、标辞略，远公距玄，虽全已非奇，然亦足敦励法要。《日烛》既瘳俗之谈，子作三檄，亦摧魔之说，故兼载焉。

【注释】

①爵禄：官爵和俸禄。縻（mí）：拘禁，束缚。

②疑阳：阴疑阳战，出自《周易・坤》："阴疑于阳必战。"比喻侵略者气焰嚣张，逼使被侵略者奋起自卫。

③休明：美好清明，用以赞美明君或盛世。

【译文】

我编撰《弘明集》，收集那些护法的论文。然而所引用的那些论文，都是义理精深的文章。想到沙门远离世俗社会，不被官爵和俸禄束缚，汉魏以来，经历了很多英明的圣上，他们都向沙门致礼，不要求跪拜。而庾冰独擅威势，妄自兴起异端的说法；桓玄气焰嚣张，继续他们的浮薄议论。如果何充不出来说话，那么法相永远沉沦下去了；慧远法师不出来论辩，那么僧人觉悟之事顿时结束。回望古代，感慨万分，怎么可以不编撰这些论文呢？《易经》的《蛊》上九爻记载，不事奉王侯；《礼记》中记载的儒家行为，也可不称臣于天子。在世俗社会中的士、农、工、商四类民众，尚有不屈服王权的行为，何况抛弃世俗生活信奉无上大道的人，何必要求尽臣子之礼？因此政治不清明的时代，佛教就会经常受到攻击。至于道恒、道标二法师辞语简略，慧远法师玄妙，虽然并不稀奇，然而也足以敦促勉励佛法根本。《日烛》一文是足以惊醒世俗之人的妙论，三篇檄文，也是摧毁魔王之说，因此一起记载下来。

与释道安书

本文作者习凿齿(? —383),字彦威,东晋著名文学家,史学家。襄阳(今湖北襄樊)人,世代为荆楚豪族,东汉襄阳侯习郁之后人。他精通玄学、佛学、史学,主要著作有《汉晋春秋》、《襄阳耆旧记》、《逸人高士传》等。其中《襄阳耆旧记》是中国最早的人物志之一。习凿齿精通佛学,曾经力邀著名高僧释道安到襄阳弘法。在本文中,习凿齿表达了他本人以及襄阳僧俗对道安的崇敬和期待心情,在信中还对肃祖明帝(司马绍)倡兴佛教给予了高度赞扬,同时也表明了自己对先行上世者未悟"真丹"的憾惜之情,也对明帝以来"始钦斯道"深表欣慰。

兴宁三年四月五日,凿齿稽首和南①。承应真履正②,明白内融,慈训兼照③,道俗齐荫。宗虚者悟无常之旨,存有者达外身之权。清风藻于中夏④,鸾响厉乎八冥⑤;玄味远猷⑥,何劳如之?弟子闻不终朝而雨六合者⑦,弥天之云也;弘渊源以润八极者,四大之流也。彼真无为,降而万物赖其泽;此本无心,行而高下蒙其润。况哀世降步,愍时而生,资始系于度物,明道存乎练俗;乘不疾之舆,以涉无远之道;命外身之驾,以应十方之求。而可得玉润于一山,冰结于一谷;望阆风而不回仪⑧,损此世而不诲度者哉!且夫自大教东流,四百余年矣。虽藩王、居士,时有奉者,而真丹宿训⑨,先行上世,道运时迁,俗未佥悟。藻悦涛波,下士而已。

【注释】

①和南:佛教语,佛门称稽首、敬礼为和南。

②应真:佛教语,罗汉的意译,意谓得道真人。履正:躬行正道。

③慈训:母或父的教诲,此处指佛家教法。

④中夏:中国,华夏。

⑤八冥:即八海,泛指天下所有湖海,亦以指天下。

⑥远猷:长远的打算,远大的谋略。语出《尚书·康诰》:"顾乃德,远乃猷。"孔传:"远汝谋,思为长久。"《三国志·魏书·明帝纪论》:"而遽追秦皇、汉武,宫馆是营,格之远猷,其殆疾乎。"

⑦六合:上下和四方,泛指天地或宇宙。

⑧阆风:即阆风巅,神话中昆仑山上仙人居住之所。

⑨真丹宿训:是指佛祖初说的教法、真谛。

【译文】

兴宁三年四月五日,我习凿齿向您稽首敬礼。承得道真人躬行正道,心性清楚明白,融通内外,教诲遍及一切,道俗都受到启发。以虚空为宗的人,明悟无常的意旨;心存实有的人,通达身外的各种权巧方便。就像清风吹拂华夏,凤凰的声音在天地之间响彻;玄味深厚,谋略长远,谁能比得上呢?弟子我听说不用一天所下的雨水就能遍布天地之间的,是覆盖整个天空的云朵;深渊能滋润整个八方极远之地,是依靠四大之河流。天真正无为,降下雨水,万物就能享受他们的恩泽;深渊本来就无心,万物蒙受他们的滋润。何况佛祖是为了悲悯众生而降生,从一开始就是为了度化万物,明悟大道是为了锻炼世俗之人;乘着速度不快的车,长途跋涉在无穷远的大道上;驾驭外在身体之车辆,以回应十方世间的要求。这样使得玉滋润一山,冰结于一谷;眺望阆风仙人居所,感觉其威仪显赫,减少尘世的烦恼,济度众生。而且自从佛法大教向东流传到华夏大地,已经有四百多年了。虽然有藩王、居士经常奉持,但佛祖初说的教法、真谛,先前几代流传到目前为止,世俗之人很少有真正体悟的。虽然以佛法为乐,但他们也只是下士而已。

　　唯肃祖明皇帝,实天降德①,始钦斯道,手画如来之容,口味三昧之旨,戒行峻于岩隐②,玄祖畅乎无生③。大块既唱,万窍怒号④,贤哲君子靡不归宗。日月虽远,光景弥晖⑤,道业之隆,莫盛于今。岂所谓月光首寂,将生真土⑥,灵钵东迁,忽验于兹乎? 又闻三千得道,俱见南阳,明学开士⑦,陶演真言⑧。上考圣达之海,下测道行之验,深经并往,非斯而谁? 怀道迈训,舍兹孰降? 是以此方诸僧,咸有倾想,目欣金色之瑞,耳迟无上之藏,老幼等愿,道俗同怀,系咏之情,非常言也! 若庆云东祖⑨,摩尼回曜,一蹑七宝之座,暂视明誓之灯⑩,雨甘露于丰草,植栴檀于江湄,则如来之教,复崇于今日,玄波逸响⑪,重荡濯于一代矣! 不胜延豫,裁书致心,意之蕴积,曷云能畅。弟子襄阳习凿齿稽首和南。庚阐《乐贤堂颂序》亦云:"肃祖明皇帝,雅好佛道,手摹灵像。"

【注释】

　　①降德:赐予恩惠。

　　②岩隐:隐居山中之高士。

　　③玄祖:犹玄圣,或指老子。

④“大块”二句：《庄子·齐物论》：“夫大块噫气，其名为风。是唯无作，作则万窍怒号。”庄子形容，天地元气变成风以后，上万个孔窍一起怒吼，气势惊人。

⑤光景：日月之光。

⑥“岂所谓月光”二句：《月光童子经》云：“佛告阿难，我般涅槃千岁已后，经法且欲断绝，月光童子当出于秦国，作圣君，持我经法，兴隆道化。”

⑦开士：即菩萨。以菩萨明解一切真理，能开导众生悟入佛的知见，故有此尊称。《释氏要览》云：“经中多呼菩萨为开士，前秦符坚赐沙门有德解者，号开士。”可知开士也是高僧的尊号。

⑧真言：指以文字、言语表示之密咒，也包括法身佛之说法，此外，诸如峰峦松风、川流水音，无不是如来演说真如实相之法，也称真言。

⑨庆云：五色云，古人以为祥瑞之气。

⑩暂视：目疾视。明誓：明白的誓言。

⑪玄波：巨浪。晋葛洪《抱朴子·论仙》：“蹈炎飙而不灼，蹑玄波而轻步。”

【译文】

只有肃祖明帝（司马绍）是上天赐予的恩惠，他开始尊崇佛法之道，喜用用手画如来佛的容貌，用口品味三昧之旨，戒行比隐居山中的人还严格，对老子无生大道的领悟也很通畅。就像大块噫气变成风后，不断运动，就会导致只要有洞的地方就会发出声音，有了肃祖明帝的提倡，贤哲君子没有不皈依佛法的。日月虽远，其光芒也很灿烂；道业兴隆，没有比如今更旺盛的了。不正是经典里记载的月光童子作为圣君，兴隆道法，把灵钵带到东土汉地的事情，在这里得到验证吗？又听说三千得道之人，都到南阳来拜见，明学高僧，一起宣说真理之言。上考圣达之教诲，下测道行之证验，深入经典，遍及四方，不是您还有谁呢？胸怀大道,教化世人,除了您还有谁能做到?因此我们这里的僧人,都期待着眼睛能看见金色之祥瑞,耳朵倾听无上之佛藏;老人和幼童都有同一个愿望,修道者和在家俗人都有同一种情怀,这种挂念盼望之情,不是常言能表达的!就像五色云往东来,牟尼珠发出光芒,一登上七宝之座,很快就看到明誓之灯,降下甘露给茂密的草,种植栴檀于江岸,则如来之教,又将会在今日受到推崇,巨浪发出雄浑奔放的声音,重新在这一代荡濯了!内心非常犹豫,写信给您表达我的愿望,心意蕴积,很难畅快地表达清楚。弟子襄阳习凿齿稽首敬礼。庚阐《乐贤堂颂序》也说:"肃祖明皇帝,雅好佛道,亲手绘画描摹灵像。"

与张新安论孔释书

【题解】

在本篇中，东晋谯王司马承与张新安就佛教因果报应问题进行了讨论。谯王认为，自上古帝皇到文武周孔以来，经典训诰非常周备，却没有明确叙述三世因果报应的记录，因此表示怀疑。张新安认为，通晓佛理要依靠感应，达到明悟要依靠因缘，因此善于回答问题的老师，就像撞钟一样，轻轻叩击则钟声较小，重重叩击则钟声大响，启发开导学生，要在他努力想弄明白而不得和心里明白却不能表达出来的时候。华夏民族祖先在没有很明显的征验时，就不直接说明因果报应的要旨大义，所以他们的文章没有很具体的记载。

谯王书论孔释

佛教以罪福因果，有若影响；圣言明审①，令人寒心②。然自上古帝皇，文武周孔，典谟训诰③，靡不周备，未有明述三世，显叙报应者也。彼众圣皆穷理尽性④，照晓物缘，何得忍视陷溺⑤，莫肯授接？曾无一言示其津径，且钓而不纲，弋不射宿，博硕肥腯⑥，上帝是享。以此观之，盖所难了。想二三子扬攉而陈⑦，使划然有证⑧，祛其惑焉。

【注释】

①明审:明确周密,明察精细。

②寒心:因失望而痛心。

③训诰:《尚书》六体中训与诰的并称。训乃教导之词,诰则用于会同时的告诫。

④穷理尽性:穷究天地万物之理与性。

⑤陷溺:比喻深深陷入错误的泥淖而无法自拔。

⑥博硕肥腯(tú):出自《左传·桓公六年》:"故奉牲以告曰:'博硕肥腯。'"博硕,形状大。腯,肥壮。指六畜肥壮。

⑦扬攉(què):同"扬榷",略举大要,扼要论述。

⑧划然:犹豁然、开朗貌。

【译文】

佛教认为罪福因果报应,就像影子和回声一样感应迅捷;佛教之言明确周密地阐述这种思想,让人内心恐惧。然而自上古帝皇到文武周孔以来,经典训诰,内容记载无不周备详细,但是却没有明确叙述三世因果报应的思想。这些圣人都穷究天地万物之理与性,观照明晓万物的因缘,怎么会忍心看着陷入错误的泥淖而无法自拔的人们受苦,不肯救援接应他们呢? 竟然没有一句话显示通向因果报应的道路,而且强调不用带绳的大网捕鱼,不射在巢中歇宿的鸟,六畜肥壮,由神灵上帝享用。以此看来,确实很难理解。想和你们二三人简要论述,使我豁然开朗有所了解,解决内心的疑惑。

张新安答

仰复渊旨,匪迩伊教,俯惟未造,鞠躬泛对。窃以为遂通资感,涉悟籍缘,诚微良因,则河汉滋惑①。故待问拟乎撞钟②,启发俟于悱愤③。夫妙觉穷理,乃圣乃神,光景烛八维,兆仰观九有④。然而运值百龄,窅均万劫者⑤,岂非嘉缘未构,故革化莫孚哉⑥?是以圣灵辍轨,斯文莫载。靡得明征理归,指斥宗致⑦,只以微显婉成⑧,潜徙冥远。好生导三世之源,积善启报应之辙。纲宿昭仁,搜苗弘信⑨。既以渐渍习成⑩,吝滞日祛,然后道畅皇汉之朝,训敷永平之祀,物无辉荧,人斯草偃⑪。实知放华犹昏,文宣未旭⑫,非旨睽以异通,谅理均而俱踬者,附会玄远,孰夷冒言。谬犯不韪,轻率狂简。

【注释】

①河汉:银河,比喻浮夸而不可信的空话,转指不相信或忽视某人的话。

②待问拟乎撞钟:《礼记·学记》云:"善待问者如撞钟,叩之以小者则小鸣,叩之以大者则大鸣,待其从容,然后尽其声,不善答问者反此。"意思是说,善于回答问题的老师,就像撞钟一样,轻轻叩击则钟声较小,重重叩击则钟声大响,等钟声响起之后,让它的声音响完。不善于回答问题的与此相反。

③启发俟于悱愤:语出《论语·述而》:"不愤不启,不悱不发。举一隅,不以三隅反,则不复也。"意思是不到他努力想弄明白而不得的程度不要去开导他,不到他心里明白却不能完善表达出来的程度不要去启发他。如果他不能举一反三,就不要再反复地给他举例了。

④九有:佛教语,指众生轮回之三界九地。

⑤窅(yǎo):眼睛眍进去,喻深远。

⑥革化:改变。孚:为人所信服。

⑦宗致:宗旨,学说的要旨大义。

⑧微显:显现微妙。

⑨搜苗:春猎为搜,夏猎为苗,泛指狩猎。

⑩渐渍:浸润,引申为渍染、感化。

⑪草偃:《论语·颜渊》:"君子之德风,小人之德草,草上之风,必偃。"比喻在上者能以德化民,则民之向化,犹风吹草仆,相率从善。晋葛洪《抱朴子·用刑》:"明后御世,风向草偃,道洽化醇。"

⑫文宣:谥号。《逸周书·谥法解》曰:"经纬天地曰文。成其道,道德博厚曰文。学勤好问曰文。""圣善周闻曰宣。孔晁注:闻,谓所闻善事也。"获得文宣这一谥号的历史人物有孔子,其谥号为大成至圣文宣王。

【译文】

仰复您深远的旨趣,要不是您的教诲,我难以对大道有所理解,在此简单探讨一下这方面的问题。我认为通晓佛理要依靠感应,达到明悟要依靠因缘,如果没有这些因素,那么浮夸而不可信的空话会让人迷惑。因此善于回答问题的老师,就像撞钟一样,轻轻叩击则钟声较小,重重叩击则钟声大响,等钟声响起之后,让它的声音响完,启发开导学生,要在他努力想弄明白而不得和心里明白却不能表达出来的时候。美妙的觉性穷究天地万物之理,非常神圣,其光芒照亮宇宙,穿越众生轮回的三界九地。然而人生要经历长久的岁月,在千生万劫中轮回,岂不是嘉缘没有形成,因此各种变化不能为人所信服吗? 因此圣人在这方面没有注重,他们的文章没有记载。没有明显的征验,就不能直接说明学说的要旨大义,只显现微妙、潜在的变化。因此他们热爱生命,关心众生,导向大道之源头,积累善行,开启福报之道路。强调不用带绳的大网捕鱼,不射在巢中歇宿的鸟,昭示仁爱之心,春夏狩猎弘扬仁爱之意。感化慢慢形成习惯,客啬滞塞一天天去除,然后大道畅通在皇汉之朝,教化传扬在永平年间,万事万物全都光辉人们如风吹草仆一样接受教化，相率从善。因此确实知道尧舜时还很昏昧，孔子时还不明白，不是深入理解意旨，通达各种差异，领悟统一之理的人，很可能附会玄远之言，冒犯大道。我可能说错，显得轻率狂简，请见谅。

与禅师书论踞食

【题解】

　　本篇作者郑鲜之，字道子，荥阳开封（今河南开封）人，事宋文帝，官至尚书。所谓踞食，就是指坐在椅子上吃饭。中国古代吃饭都是盘坐在席子或跪坐在脚后跟上，僧人则遵循戒律"踞食"——坐在椅子上吃饭，很多人看着不习惯。在本篇中，郑鲜之认为僧人"踞食"的姿态不守礼法，因此他写信规劝他们要改正这种行为举止。郑道子其实是一位支持佛教的居士，但当佛教的一些行为不符合他们原来的观念的时候，他即要求外来的和尚行为举止按照中国传统的观念作调整。

　　夫圣人之训，修本祛末，即心为教，因事成用，未有反性违形，而笃大化者也①。虽复形与俗异，事高世表，至于拜敬之节，揖让之礼，由中所至，道俗不殊也。故斋讲肆业，则备其法服，礼拜有序，先后有伦，敬心内充而形肃乎外。稽首至地，不容企踞之礼；敛衽于拜②，事非偏坐所预。而以踞食为心用，遗仪为敛粗③，事理相违，未见其通者也。夫有为之教，义各有之。至若般舟④，苦行以存道，道亲而形疏，行之有理，用之有本。踞食之教，义无所弘，进非苦形，退贻慢易，见形而不及道者，失其恭肃之情，而启骇慢之言。岂圣人因事为教，章甫不适越之义耶⑤？原其所起，或出于殊方之性⑥，或于矫枉之中，指有所救。如病急则药速，非服御长久之法也。夫形教相称，事义有伦，既其制三服⑦，行礼拜，节以法鼓，列以次序，安得企踞其间，整慢相背者哉？在昔宜然，则适事所至，一日之用，不可为永年之训，理可知也。故问仁者众，而复礼为本。今禅念化心而守迹不变，在理既末，于用又粗。苟所未达，敢不布怀。郑君顿首。

【注释】

①大化：广远深入的教化，此处指佛的教化。

②敛衽：整理衣襟，表示恭敬。

③遗仪：前代的仪仗规制，前人留下来的法度准则。

④般舟：指般舟三昧，佛教定行的一种，要求三个月内不得坐卧休息睡眠，以期必克，因此成为佛法修行中最艰苦的一种。

⑤章甫不适越：《庄子·逍遥游》："宋人资章甫而适诸越，越人断发文身，无所用之。"宋国的商人把章甫冠贩到越地去卖，越地的男人不留长发，不盘发髻，赤裸身体，在皮肤上画花纹，所以根本用不到这种冠。章甫，殷代的冠，殷代男性成年，行冠礼，才可以戴上这种冠，作为成人的标志，宋国是殷人的后代，有戴冠的习俗。

⑥殊方：远方，异域，也借指不同的方法、方向或旨趣。

⑦三服：即三衣，佛陀反对苦行，也反对奢侈，所以规定僧人只能拥有三衣——安陀会、郁多罗僧和僧伽黎。安陀会是五条布缝成的中宿衣（下衣），郁多罗僧是七条布缝成的入众衣（上衣），僧伽黎是九条乃至二十五条布缝成的大衣。三衣之外加上僧只支（覆肩衣）和涅槃僧（裙子）则成五衣。

【译文】

圣人的教化,强调修正根本,去掉枝末,根据内心来教化,按照事实来行动,违反本性和事实是无法让教化广远深入的。虽然佛教僧人形貌礼节与世俗不同,超出世俗之外,但是至于拜敬之节,揖让之礼,不论出家人或在家人都是由内心散发出来的,僧人与俗人一致。因此斋讲肆业说法,则准备法服,礼拜有程序,先后有顺序,内在充满敬心,而外在表现严肃。稽首时头要至地,不容跷二郎腿;整理衣襟礼拜,不能偏坐。而将踞食视为内在虔敬之心的外在表现,将前人留下来的法度准则当作是粗鲁行为,事与理相违背,是说不通的。有为之教,各有不同的意义。至于般舟,通过苦行来体悟大道,与大道亲近而与形体疏远,行之有实理,用之有依据。踞食之教,义理难以服人,进一步来说并非苦行,退一步而言又流于散漫随便,心地若是不虔诚,必定会有外在不恭敬的行为,也会引发俗人惊怪轻慢的语言。难道这符合圣人根据事实来教化,就如同宋国的礼帽不适合越国人的意思吗?考虑这种习俗的源头,或许是出于异域的习性,或许是为了纠正偏邪,指望有所挽救。比如病情紧急,那么下药就很快,但这不是能够被长久使用的方法。佛教以形教相称,事义有伦理,既然定制三服,行礼拜,敲法鼓来控制行礼节奏,排列有先后次序,怎能坐在椅子上伸出小腿,怠慢无礼,与上述礼仪相违背呢?在以前可能合适,那是因为当时的特殊情况,一日的应用,不可作为永远的规定,从理上可知道。因此向孔子问仁的人很多,而孔子认为克己复礼是根本。现今以禅念净化心灵而又固守着以前的迹象不改变,既在理上说不通,在应用上也很粗俗。如果没表达清楚,请谅解。郑君顿首。

与王司徒诸人书论道人踞食

【题解】

　　本篇由魏晋南北朝时人范泰所撰，范泰字伯伦，为东晋末期至刘宋初年有名的大臣和学者，史学家范晔之父。"踞食"是印度僧人吃饭时的姿势，即坐在胡床（椅子）上吃饭，因当时南方僧人学印度僧人习惯，所坐方椅较矮小，故吃饭时的姿势就成了两腿叉开的"箕踞而坐"。中国礼仪始终认为这是不雅的举止。范伯伦等人对于"踞坐"大为不满，要求僧众放弃印度之法而一律"方坐"，随即发生了一场"踞食"之争，其本质是佛教的行为方式与传统行为习惯和文明间的冲突。值得说明的是，范伯伦发起的这场踞食之争，并不是出于反对佛教的目的，他们是站在中国文化的立场上反对这种不合中国礼仪的行为，并试图把佛教戒律纳于中国传统礼仪之中。

　　范泰敬白公卿诸贤。今之沙门，坐有二法，昔之祇洹[1]，似当不然。据今外国言语不同，用舍亦异，圣人随俗制法，因方弘教，尚不变其言，何必苦同其制？但一国不宜有二，一堂宁可不同？而今各信偏见，自是非彼，不寻制作之意，唯以雷同为美，镇之无主，遂至于此。无虚于受人，有用于必执，不求鱼、兔之实，竞攻筌、蹄之末，此风不革，难乎取道。树王六年以致正觉,始明玄宗,自敷高座,皆结跏趺坐,不偏踞也。坐禅取定,义不夷俟②,踞食之美,在乎食不求饱,此皆一国偏法,非天下通制。亦由寒乡无绨绤之礼③,日南绝毡裘之律④,不可见大禹解裳之初⑤,便谓无复章甫,请各两舍以付折中君子。范泰区区,正望今集一食之同,过此已往,未之或知。礼以和贵,僧法尚同,今升斋堂,对圣像,如神在。像中四双八辈⑥,义无云异,自矜之情,宁可试暂不我。释公往在襄阳,偏法已来,思而不变,当有其旨,是以投锡乘车,义存同众。近禅师道场天会,亦方其坐,岂非存大略小,理不兼举故耶? 方坐无时,而偏踞有时。自方以恒,适异为难。尝变取同为易,且主人降己敬宾,有自来矣。更谘义公,了不见酬。是以敬白同意,以求厥中。愿惠咳嚏之余,以蔽怯弱之情。

【注释】

①祇洹:即祇园,"祇树给孤独园"的简称,梵文的意译,印度佛教圣地之一。相传释迦牟尼成道后,憍萨罗国的给孤独长者用大量黄金购置舍卫城南祇陀太子园地,建筑精舍,请释迦说法。祇陀太子也奉献了园内的树木,故以二人名字命名。后用为佛寺的代称。

②义不夷俟:"夷俟"即伸两足箕踞而坐。《论语·宪问》记载:原壤夷俟,子曰:"幼而不逊悌,长而无述焉,老而不死,是为贼。"意思是原壤不注重礼节,又开双腿坐着等孔子,孔子说:"你小时候不知道尊敬别人,长大后德行无可称述,现在老了还赖着活在世上,这就叫害人虫。"

③绨绤(chīxì):葛布的统称。葛之细者曰绨,粗者曰绤,引申为葛服。

④毡裘：古代北方民族用毛制的衣服。

⑤大禹解裳：史书记载："禹之裸国，解衣而入，衣带而出，因之也。"
"裸国"在古之吴地，它地近东海，河流众多，天气炎热，当地人为
了经常从事水上活动的方便，就把头发剪短，只穿短袖衣裤，常
常还不穿上衣，甚至裸体，所以有"裸国"之称，夏禹在长江下游
治水时，到过"裸国"，很尊重"裸国"的风俗。

⑥四双八辈：即声闻乘的四向四果。声闻依其修行之浅深，而分四
阶之果位及其向道。即预流向、预流果、一来向、一来果、不还
向、不还果、阿罗汉向、阿罗汉果等四对八种。向与果合则为四
双，分则为八辈。

【译文】

我范泰怀着敬意告诉各位公卿大贤。今之沙门，坐有两种方法，以
前的寺院，好像不是这样。当然各个国家言语不同，用舍也不一样，圣
人随当地风俗制定法度，弘宣教义，尚且不改变其语言，何必要苦苦地
照搬他们的制度呢？但是一国不宜有两种制度，一堂之内又可以有不
同吗？而今各自执着偏见，认为自己对而别人不对，不追寻制作法度之
意，唯以雷同为美，导致没有统一的主张，以至于出现这种现象。不虚
心接受别人长处，而执着于形式，不追求鱼、兔这些确实存在的根本的
东西，竞相执着捕鱼篓、捕兔夹子这些枝末，这种风气不革除，很难接近
大道。佛陀在菩提树下用了六年达到正觉，开始明悟玄妙宗旨，他用的
是跏趺坐，两足脚背靠放在大腿上，这种不偏倚的坐姿是最理想的禅修
状态。坐禅修定，理当不应有孔子弟子原壤欠缺恭敬的坐姿，踞食这种
机动的坐姿是为了表示食不求饱，而非正式的坐姿，以方便行动，这些
都是一国的偏法，不是天下通制。就像寒冷的地方不穿轻薄的葛衣，日
南之地不用穿厚重的毡裘，不可因为见大禹脱下衣裳的事情，便认为不
要用冠礼了，请各自舍掉两种偏执，以成君子中道之美。我范泰期望现
在统一饮食时的姿势，以前的就不去管了。礼仪以和谐为贵，僧法崇尚

整齐一致，今升斋堂，面对圣像，如同神在眼前。佛教声闻乘依修行浅深，而分四阶之果位，其本质并没有什么不同，内心自矜傲慢之情，应当放下。释道安法师在襄阳，没有因外来风俗而改变自己的坐姿为偏踞，应当有其依据，因此投锡乘车，与大众的行为相同。近禅师在道场讲经时采取方坐姿势，岂不是存大道略小节，理不兼举的缘故吗？方坐没有时间限制，而偏踞有时间限制。自己采用方坐姿势已成习惯，难以适应不同的坐姿。尝试变化，统一采取容易的姿势，且主人降低身分遵从客人礼仪，由来很久了。曾经咨询慧义法师，没有得到回答。因此恭敬地告知同道，以求符合中道。愿惠赐高论之末节，以回答满足我内心怯弱之情。

答范伯伦书

【题解】

本篇作者释慧义（372—444），姓梁，北地人，晋宋间的僧人。依《高僧传》卷七本传所说："宋武加接尤重，迄乎践祚礼遇弥深。"宋永初元年（420）车骑将军范泰建立祇洹寺，释慧义随后入住该寺。在本篇中，释慧义反驳范泰，强调如来立戒，戒律是沙门之秘法，只可谨守而行，不容随意改动，自己不是国主不能干扰。他认为，范泰想让中土僧众改偏踞为方坐，是求不异之和。同时，他还说，佛告诉出家者，食物不得置于床上，所弃之食置于右足边，不得悬足累胫，这些都是偏食之明证。

祇洹寺释慧义等五十人，敬白诸檀越。夫沙门之法，政应谨守经律，以信顺为本。若欲违经反律，师心自是，此则大法之深患，秽道之首也。如来制戒，有开有闭；开则行之无疑，闭则莫之敢犯。戒防沙门不得身手触近女人，凡持戒之徒，见所亲漂溺深水^①，视其死亡，无敢救者，于是世人谓沙门无慈。此何道之有？是以如来为世讥嫌，开此一戒，有难听救。如来立戒，是画一之制，正可谨守而行，岂容以意专辄改作？俗儒犹尚谨守夏五^②，莫敢益其月者，将欲深防穿凿之徒,杜绝好新乐异之容。而况三达制戒③,岂敢妄有通塞? 范檀越欲令此众改偏从方,求不异之和,虽贪和之为美,然和不以道,则是求同,非求和也。祇洹自有众已来,至于法集④,未尝不有方偏二众。既无经律为证,而忽欲改易佛法,此非小事,实未敢高同。此寺受持《僧祇律》,为日已久,且律有明文,说偏食法凡八议。若元无偏食之制,则无二百五十矣。云食不得置于床上,所弃之食,置于右足边。又云不得悬足累胫,此岂非偏食之明证哉? 戒律是沙门之秘法,自非国主不得预闻⑤。今者檀越疑惑方偏,欲生兴废,贫道不得不权其轻重,略举数条,示其有本,甘受宣戒之罪。佛法通塞,继诸檀越,通则共获护法之功,塞必相与有灭法之罪。幸愿三思,令幽显无恨。

【注释】

①漂溺:冲没,漂没溺死。

②夏五:《春秋·桓公十四年》在"夏五"后无月字,杜预注:"不书月,阙文。"认为不合《春秋》体例,明系脱漏所致。后"夏五"成为古书文字错乱的专门用语,喻文字有残缺。此处指俗儒遵守经典旧例,不敢妄自增添变更。

③三达:佛教谓能知宿世为宿命明,知未来为天眼明,断尽烦恼为漏尽明,彻底通达三明谓之三达,用以指佛。

④法集:佛教徒讲解佛法的集会。

⑤预闻:参与其事并得知内情。

【译文】

祇洹寺释慧义等五十人,恭敬地告知各位居士。佛教沙门之法,应该谨慎地持守经律,以信顺为根本。如果想要违反经典戒律,固执己见，自以为是，那就是大法最大的患难，破坏佛道的开始。如来制定戒律，有开有闭，开则沙门行之无疑惑，闭则没有谁能够违犯。佛教中有一条戒律防止沙门以身手触近女人，所有持戒的人，看见自己的亲人漂没溺死在水中，看着其死亡，没有谁敢救，于是世人认为沙门无慈爱之心。这是什么道理呢？因此如来为了避免世人讥讽嫌弃，开此一戒，别人有难，听任其施以救助。如来立戒，是一种制度，应该谨守而行，岂能容忍一意孤行总是随意改变？俗儒尚且谨守夏五厥文，没有谁敢增添"月"字，用来防止牵强附会之徒，杜绝好新乐异的想法。而何况是如来佛祖制订的戒律，岂敢随便改变？范居士想要让寺院僧众改偏从方，要求没有差异的和谐，虽然贪求和谐之美，然而和不是以这样的方式能求到的，因为这样做只是求同而不是求和。祇洹寺自从有僧众已来，直到讲解佛法的集会，从来都有方坐与偏坐两类僧。既然没有经律为证，而忽然想要改变佛法，这不是小事，实在不敢苟同。我们这个寺院受持《僧祇律》，时间已经很久了，且戒律有明文规定，说偏食法共有八议之说。若原来无偏食之制，则无二百五十条戒律了。佛祖说食物不能够放在床上，所抛弃的食物置于右足边。又说不能把脚提起来两腿重叠在一起吃饭，这些岂不是偏食之明证吗？戒律是沙门的秘法，自非国主不得参与其事并得知内情。如今居士对方偏的吃饭礼仪表示疑惑，想要废弃偏坐之法，贫道不得不衡量轻重，略举几条看法，表明其根本，甘愿接受宣戒的罪过。佛法通畅与阻塞，依靠各位居士，通畅则共获护法之功，阻塞必然一起承担灭法的罪过。幸愿三思而行，令玄幽之道彰显，没有遗憾。

答义公

【题解】

在本篇中，针对释慧义强调如来立戒，只可谨守而行，不容随意改动的说法，范泰以"手食之戒，无用匙箸之文，何重偏坐而轻乎手食?"加以回应，按印度佛教僧人吃饭是用手的，到了中国，全都改用"匙箸"了，这不是"变"了吗? 所以他认为释慧义自相矛盾。

答曰：前论已包，此通上人意强气猛，弗之寻耳。戒以防非，无非何戒? 故愚惑之夫，其戒随俗变律。华夏本不偏企，则聚骨交胫之律，故可得而略。手食之戒，无用匙箸之文，何重偏坐而轻乎手食? 律不得手近女人，寻复许亲溺可援，是为凡夫之疑。果足以改圣人之律，益知二百五十非自然定法。如此则固守，不为全得师心，未足多怪。夏五阙文，固守不为疑，明慎所见苟了①，何得顾众而动②? 企之为义，意在宜进，欲速则事不得行，端坐则不安其居。时有倨傲之夫，故非礼法所许。一堂两制，上人之同，泯焉莫逆，弟子之和，了然单独。何敢当五十大阵? 是用畏敌而默，庶乎上善之救。

【注释】

①明慎:明察审慎。

②何得:怎能,怎会。

【译文】

回答说:前论已收到,这次上人意强气猛,无人可比。戒是用来防过失的,无过错何来戒律? 因此愚惑的人随着习俗而改变戒律。华夏本来不偏坐垂脚,则两腿交叠之戒律,因此可以忽略。印度有用手吃东西、不用汤匙和筷子的戒律,到了中国都变为用汤匙和筷子,为何这么重视偏坐的戒律而轻视手食的戒律? 戒律上说不得用手接近女人,又认可亲人溺水可援救,这些都自相矛盾,为凡夫所怀疑。如果足以改圣人之戒律,更加可以知道二百五十戒律不是自然定法。如此顽固坚守,完全是自以为是,未足多怪。对于有残缺的文章,固守不怀疑,对所见的明察审慎,怎能随俗众的意见而动摇? 企字的意义,是踮起脚跟往前走,欲速则事不能成功,端坐则不安其居。时有高傲自大的人,因此不为礼法所许可。一堂两制,上人同意,大家赞同没有抵触,弟子我求和之论,只是一人孤论。哪里敢抵挡五十人的大阵? 因此畏敌而沉默不语,也许是上善自救之策。

与生观二法师书

【题解】

在本篇中，范泰写信给生、观二法师，他指出，外国风俗与中国不同，外国律法也非定法，认为沙门不必苦守偏法，其言铿锵有力。

外国风俗，还自不同。提婆始来①，义观之徒莫不沐浴钻仰②，此盖小乘法耳，便谓理之所极，谓无生方等之经，皆是魔书。提婆末后说经，乃不登高座。法显后至，泥洹始唱，便谓常住之言，众理之最，般若宗极，皆出其下。以此推之，便是无主于内，有闻辄变。譬之于射，后破夺先，则知外国之律，非定法也。

偏坐之家，无时而正；高座说法，亦复企踞。外国之食多用于手，诚无匙箸，慧义之徒知而不改，至于偏坐，永为不惭同，自为矛盾。其谁能解弟子意？常谓与人同，失贤于自伐。其是推心乐同，非敢许以求直。今之奉法白衣，决不可作外国被服，沙门何必苦守偏法？

【注释】

①提婆:印度大乘佛教哲学中观派的奠基人之一。意译圣天。

②钻仰:深入研求。出自《论语·子罕》:"仰之弥高,钻之弥坚。"邢昺疏:"言夫子之道高坚,不可穷尽……故仰而求之则益高,钻研求之则益坚。"

【译文】

外国风俗,本来与中国就不同。提婆的思想刚开始来到中土的时候,义观之徒没有不重视钻研的,而这只是小乘法门,他们却认为代表了理的最高境界,认为大乘无生方等经,皆是魔书。提婆后来演说经法,再也不登高座。法显后来从印度回到中土,涅槃的经典才开始倡导,便认为常住的理论,是众理之中最高深的,般若宗极,皆出自其下。以此推论,便是佛教内部没有主导,一听到不同的东西就不断变化。就比如射箭,后射者往往比先射者更容易占据有利位置,则知外国之律法,不是定法。

偏坐之家,没有什么时候是正的;高座说法,也还是企踞的姿势。外国吃饭多用手,没有用汤匙和筷子,而中国的僧人改变了印度的做法,都使用汤匙、筷子,慧义之徒都知道这个道理而不改变他们的看法,至于偏坐,永远不同意改变,这就自相矛盾了。有谁能理解弟子的意思呢?常认为自己的想法与别人是相同的,却被人认为是自以为是。我只是诚心诚意地推广统一的姿势,不敢强迫一致。当今奉持佛法的白衣居士,决不可用外国的衣服,出家沙门何必苦守偏法呢?

论沙门踞食表三首

【题解】

在本篇中,范泰向皇帝上书,意图让皇帝下诏统一"方食"。他指出,僧人踞食,在一堂之内与社会风俗不同,不与太平之世融和,自己感到耻辱。他认为此事,只是一国偏法,不是经典上永远不变的制度,圣人因事制戒,随俗变法,通达大道就不必拘泥这种戒律。范泰为了改变僧众的"踞食"之法,可谓不遗余力,不仅与释慧义法师论战,而且先后向王司徒和晋成帝上书,想借助政治力量给予制止,但结果非但没有将僧人"踞食"这一"胡习"改正,反而在民众中普及开来。

臣言:陛下体达佛理,将究其致,远心遐期,研精入微,但恨起予非昔①,对扬未易②。臣少信大法,积习善性,颇闻余论,仿佛玄宗。往者侍座,过蒙眷诱,意猥辞讷,不能有所运通,此之为恨,毕世无已。臣近难慧义踞食,盖区区乐同之意,不敢求长于人。侧餐下风,已达天听。

臣请此事,自一国偏法,非经通永制。外国风俗不同,言语亦异,圣人不变其言,何独苦改其用? 言以宣意,意达言忘,仪以存敬,敬立形废。是以圣人因事制戒,随俗变法。

达道乃可无律，思夫其防弥繁，用舍有时，通塞惟理。胶柱守株③，不以疏乎？今之沙门，匠之善诱，道无长一，各信所见，鲜能虚受。乃至竞异于一堂之内，不和于时雍之世，臣窃耻之。况于异臣者乎？司徒弘达，悟有理中，不以臣言为非。

今之令望④，信道未笃，意无前定，以两顺为美，不断为大。俟此而制，河可清矣。慧严道生，本自不企，慧观似悔，始位伏度。圣心已当有在。今不望明诏孤发，但令圣旨粗达，宰相则下观而化，孰曰不允？皇风方当远畅，文轨将就大同。小异虽微，渐不可长，青青不伐，将寻斧柯。故宜自迩及远，令无思不服。江左中兴，高座来游，爱乐华夏，不言此制。释公信道最笃，不苦其节，思而不改，容有其旨；罗什卓荦不羁，不正可测，落发而不偏据。如复可寻禅师初至，诣阙求通，欲以故林入据，理不可开，故不许其进。后东安众集，果不偏食。此即先朝旧事，臣所亲见者也。谨启。

【注释】

①起予：启发自己或他人之意。《论语·八佾》："子曰：'起予者，商也，始可与言《诗》已矣。'"何晏《集解》引包咸曰："孔子言子夏能发明我意，可与共言《诗》。"

②对扬：答谢、颂扬。

③胶柱：胶住瑟上的弦柱，以致不能调节音的高低。比喻固执拘泥，不知变通。三国魏邯郸淳《笑林》："齐人就赵人学瑟，因之先调，胶柱而归，三年不成一曲。"

④令望：有美好名声的人。

【译文】

臣言：陛下体悟通达佛理，探究其根本，弘扬佛法大道，深入研究达到精微之境界，但恨我自己蒙昧，不像从前那样精进，感觉领悟佛法不容易。臣从小就信仰佛法，积习善性，经常听闻您的大论，接近于玄妙之宗。以往侍座，蒙受您的教诲，但我领悟慢，表达木讷，不能有所通达和运用，一辈子都感到遗憾。臣近来诘难释慧义法师踞食的姿势，其实只是自己的一点看法，不敢求别人赞同。然而处于下位之人的这种辩论，已达圣上那里。

臣认为此事，只是一国偏法，不是经典上永远不变的制度。外国风俗不同，言语也有差异，圣人不变其言，何独苦苦改变其用？用语言来表达意义，意义表达清楚了言语就可以忘掉了，用礼仪来保存恭敬，恭敬确立了，礼仪的形式就可以废弃了。因此圣人随着实事制定戒律，随着风俗改变法令。通达大道就不必拘泥这种戒律，越防备越繁杂，用与舍根据时机，畅通与堵塞只有根据道理。胶住瑟上的弦柱，守株待兔，不知变通，难道不是固执拘泥吗？今之出家沙门，仅学习师门善诱之道，道法没有统一主张，只相信自己见到的，很少能虚心接受。以至于在一堂之内与社会风俗不同，不与太平之世融和，臣实在感到耻辱。何况其他人呢？司徒王弘通达佛理，内心中正谦和，也不认为臣的话不对。

如今有美好名声的人，信道不笃实，没有坚定的原则，以两顺为美，不决断为大。依靠这些来制定法度，则可以使天下太平。慧严、道生法师，本来不采用偏食之礼，慧观法师好像悔恨，才开始改变法度。圣心已经有所决断。如今不期望明诏单独发出，只希望圣旨粗粗下达，宰相以下百官士庶都由此奉行，谁说不合理呢？当皇风远远畅通，文化仪轨将会大同。小异虽然微小，不可渐渐滋长，青青小树苗不尽早修剪，一旦长大将要寻找斧柯来砍。因此应该自近及远，令风俗统一无思不服。江左中兴之时，很多高僧大德来游，喜欢华夏，没有谈论此制，所以说这种"踞食"之法在前朝东晋是没有的。释道安法师信道最笃实,不执着礼仪末节,他不改变姿势,应该是有所依据的;鸠摩罗什法师非常卓越,其道行深不可测,他落发而不偏踞,仍然正坐。如果再追溯禅师刚到的时候,赶赴皇宫请求接见,因其坚持采用偏坐姿势,众大臣认为不合法理,故不许其进入。后来东安众僧集会,果然不再偏食。这是先朝旧事,臣亲自见到。谨启。

　　臣言:陛下近游祇洹,臣固请碑赞,如忆仿佛有许。法驾既旋,臣辄仰刊碑上曰:"皇帝赞。"正此三字而已。专辄之罪,思臣所甘。至于"记福冥中,未知攸济,若赐神笔"数字,臣死且不朽,以之弘奖风尚,有益而无损。万几朕有未暇[1],圣旨自可援之。左史侍卫之臣,宁无自效之心? 禅谌世叔,何远之有? 可不劳圣虑,亦冕旒之意也[2]。臣事久谢,生涂已尽,区区在心,唯来世而已。臣受恩深重,禄赐有余,自度终无报于圣世已矣。盖首并结草之诚,愿陛下哀而弗责臣言。

　　诏:知与慧义论踞食,近亦粗闻,率意不异来旨。但不看佛经,无缘制以所见耳。不知慧严云何道生便是悬同慧观? 似未肯悔其始位也。比自可与诸道人更求其中耶? 祇洹碑赞,乃不忆相许,既非所习,加以无暇,不获相酬,甚以为恨。

【注释】

　　①万几:指帝王日常处理的纷繁政务。晋葛洪《抱朴子·论仙》:"(帝王)思劳于万几,神驰于宇宙。"

②冕旒：古代帝王的礼冠和礼冠前后的玉串，也用作皇帝的代称。

【译文】

臣言：陛下最近游览祇洹寺，臣坚持请您书写碑赞，回忆起来有几次请求。皇上圣驾既已回还，臣仰刊碑上说："皇帝赞。"正是这三字而已。专断之罪，臣甘愿承受。至于"记福冥中，未知攸济，若赐神笔"数字，臣死且不朽，用这弘扬奖励风尚，有增益而没有损伤。皇上您处理纷繁政务，没有闲暇，圣旨自然可以援引。左史侍卫之臣，怎么会没有自效之心呢？禅谋草创而世叔修改完善，这种事情有多远呢？可不劳烦圣上考虑，也是皇帝的意思。臣已经年老，所剩日子不多，区区在心，唯来世而已。臣受恩深重，禄赐有余，自己遗憾没有什么报答圣上。只是怀着受人大恩，死后也要报答的真诚，愿陛下可怜臣下而不要责备臣言。

诏书：知道你与慧义法师辩论踞食，最近也粗略听到，大致意思与来信差不多。但不看佛经，就不能看到经典上的制度。不知道慧严为何说道生便是遥相附和慧观？似乎未肯后悔，对自己的观点有所保留。你自己可不可以与诸道人求取中道？祇洹寺的碑赞，只是当时的想法，这既不是我的长处，又加以时间不够，不值得赞扬，很以为遗憾。

重表

臣言：奉被明诏，悚惧屏营①，管穴偏见，不足陈闻。直以事已上达，不宁寝默。今敕又令更求其中，是用猖狂，复申本怀。臣谓理之所在，幸可不以文害意。五帝不相袭礼，三王不沿其乐，革命随时，其义并大。庄周以今古譬舟车②，孟轲以专信书不如无书，是故证羊非直闻③。斯两用大道之行，天下为家，臣之区区，一堂之同。而况异俗偏制，本非中庸之教，义生观得象。弘接圣旨，脱有下问，望其依理上酬，不敢以多自助，取长于人。慧观答臣，都无理据，唯褒臣以过言，贬臣以于非。推此疑其必悔，未便有反善怙辞。臣弘亦谓为然。慧义弘阵已崩，走伏路绝，恃此为救，难乎自免。况复司契在上，道辞知穷。臣近难慧观，辄复上呈如左。臣以愚鄙，将智而耄，岂惟言之不中，深惧不觉其悟。侍卫之臣，实时之望，既不能矜臣此意，又不能诲臣不逮，此皆臣自招之，自咎而已。伏愿陛下录其一往之至，不以知拙为罪，复敦冒昧于秽，窃恃古典不加刑之年。

【注释】

①屏营：作谦词用于信札中，意为惶恐。

②庄周以今古譬舟车：《庄子·天运》："夫水行莫如用舟，而陆行莫如用车。以舟之可行于水也，而求推之于陆，则没世不行寻常。古今非水陆与？周鲁非舟车与？"意思是，水上行走，没有比船更便利的，陆上行走，没有比车更方便的。由于船可行于水而想把它推到陆地上，那就终生行不了几尺。这说明任何事物都有其赖以生存和发挥作用的环境，环境变了，事物也得跟着转换形态，以便在新环境中发挥功用。

③证羊非直：见《论语·子路》：叶公语孔子曰："吾党有直躬者，其父攘羊，而子证之。"孔子曰："吾党之直者异于是。父为子隐，子为父隐，直在其中矣。"意思是，叶公对孔子说："我的家乡有个自身正直的人，他父亲偷羊，他告发了父亲。"孔子说："我家乡正直的人和你讲的不一样。父亲为儿子隐瞒，儿子为父亲隐瞒，正直就在其中了。"

【译文】

臣言：奉持领受皇上明诏，非常惶恐，我的小小偏见，不应该让您听到。只是因为事已上达，不能沉默不语。现在您命令我改变想法求取中道，我再次猖狂，表达自己的意思。臣认为理之所在，实在不可以文害意。五帝没有相互沿袭礼制，三王不沿袭其乐，变革天命顺应不同时间，其意义很重要。庄周用舟车之比喻来说明古今的变化，孟轲强调尽信书不如无书，因此正如孔子所说证羊非直。这样大道之行有两种方式，天下为家，臣之区区管见，只是认为一堂进食，礼俗应该相同。而何况异俗偏制，本非中庸之教，只是慧义、道生、慧观等法师的偏见。承蒙弘接圣旨，皇上过问，希望他们依照道理行事，不敢以多自助，与人家争长短。慧观法师回答臣，没有多少理据，只是用过多的词语褒扬臣下，贬臣的话比较少。依此推测他有所后悔，也许有回心向善的意思。臣下王弘也这样认为。慧义弘大的阵势已崩塌，逃匿之路已断绝，依靠这挽救，很难自免。何况有掌管法规的皇帝在上，他们无法再强辩。臣最近诘难慧观的文章，已经呈上给您看。臣愚鄙，又年老多病，也许说得不中肯，诚惶诚恐。侍卫皇上的臣子应该为皇上分忧，而我这样做，既不能让皇上体谅臣的心意，又不能让皇上不断教诲臣子，这都是臣自己招致的，是自己的错误。伏愿陛下像以往一样，不把我的笨拙作为罪过，我仗着古典不加刑的年龄冒昧上奏。

奏沙门不应尽敬

【题解】

本篇为东晋何充（292—346）所撰。东晋成康之世（326—344），大臣庾冰辅政，从维护皇帝的绝对权威出发，提出沙门应该向皇帝跪拜致敬，这一建议遭到尚书令何充等人的反对，经过往返讨论，未有结果。在本文中，何充等主张沙门不应尽敬的主要理由是："宜遵承先帝故事，于义为长。"

　　晋咸康六年，成帝幼冲①，庾冰辅政，谓沙门应尽敬王者。尚书令何充等议不应敬。下礼官详议，博士议与充同②。门下承冰旨为驳③，尚书令何充及仆射褚翌、诸葛恢，尚书冯怀、谢广等奏，沙门不应尽敬。

【注释】

　　①幼冲：谓年龄幼小。

　　②博士：古代学官名。六国时有博士，秦因之，诸子、诗赋、术数、方伎皆立博士。汉文帝置一经博士，武帝时置"五经"博士，职责是教授、课试，或奉使、议政。晋置国子博士。唐有太学博士、太常博士、太医博士、律学博士、书学博士、算学博士等，皆教授官。

　　明清仍之，稍有不同。

　③门下：指门下省，东晋设置的中央政治机构，有审核封驳臣下奏
　　议的权力。

【译文】

　　咸康六年(339)，晋成帝尚年龄幼小，由庾冰辅佐王政，庾冰主张沙门应当完全敬拜君王。尚书令何充等人则主张僧侣不应当敬拜君王。下礼官详细讨论，博士们讨论的结果观点与何充相同。门下省官员秉承庾冰的旨意予以封驳，尚书令何充以及仆射褚翌、诸葛恢，尚书冯怀、谢广等人因此再次上奏，主张沙门不应当竭尽诚敬而礼拜君王。

　　尚书令冠军抚军都乡侯臣充，散骑常侍左仆射长平伯臣翌，散骑常侍右仆射建安伯臣恢，尚书关中侯臣怀，守尚书昌安子臣广等言："世祖武皇帝以盛明革命①，肃祖明皇帝聪圣玄览②，岂于时沙门，不易屈膝？顾以不变其修善之法，所以通天下之志也。愚谓宜遵承先帝故事，于义为长。"

【注释】

　①世祖武皇帝：晋武帝司马炎(236—290)，字安世，晋朝的开国君
　　主，庙号世祖，谥号武皇帝。

　②肃祖明皇帝：晋明帝司马绍(301—325)，字道畿，东晋的第二代
　　皇帝，晋元帝之子，庙号肃祖，谥号明皇帝。

【译文】

　　尚书令冠军抚军都乡侯臣何充，散骑常侍左仆射长平伯臣褚翌，散骑常侍右仆射建安伯臣诸葛恢，尚书关中侯臣冯怀，守尚书昌安子臣谢广等人在奏书中说："我世祖武皇帝，圣明有德，禀受天命成为晋朝的开国之君，我肃祖明皇帝，更是聪明睿智，二位先帝在世之时，不要求沙门

跪拜君王。难道那个时候的佛教徒,不能弯曲膝盖吗?不过正是因为没有改变佛教原本的修行致善的戒律仪轨,所以能够畅达天下人的情志。愚臣认为应当遵守秉承先帝旧日的制度,坚持以义理为先。"

代晋成帝沙门不应尽敬诏

【题解】

本篇为东晋大臣庾冰（296—344）所撰。东晋成康之世（326—344），庾冰辅政，从维护皇帝的绝对权威出发，提出沙门应该向皇帝跪拜致敬，针对何充等人的"宜遵承先帝故事"的理由，庾冰代成帝下诏，举出沙门应该尽敬的三个理由。一是是否有佛？二是"名教有由来，百代所不废"。三是信佛的人都是"晋民""常人"，理当尽敬。

夫万方殊俗，神道难辩①，有自来矣。达观傍通，诚当无怪，况跪拜之礼，何必尚然？当复原先王所以尚之之意。岂直好此屈折②，而坐遘盘辟哉③？固不然矣。因父子之敬，建君臣之序，制法度，崇礼秩，岂徒然哉？良有以矣。既其有以，将何以易之？然则名礼之设，其无情乎？且今果有佛耶？将无佛耶？有佛耶，其道固弘；无佛耶，义将何取？继其信然，将是方外之事。方外之事，岂方内所体？而当矫形骸，违常务，易礼典，弃名教？是吾所甚疑也。

【注释】

①神道:神妙之道,即佛道。

②直:单单,单独。

③坐遘(gòu):即端坐与行走。盘辟:盘旋。

【译文】

天下各方习俗不同,神妙之道难以辨别,这种情况是有其根源来由的。学问广博通达的人,诚然不会大惊小怪。更何况是跪拜之礼,为什么一定要崇尚呢? 要回答这些问题,就应当回到先王之所以崇尚跪拜之礼的本来目的。难道是单单喜好这些屈腰折膝、进退盘旋的礼仪吗? 肯定不是这样啊。因顺父子之间的恭敬,建立君臣之间的尊卑,订制法律制度,推崇礼仪秩序,难道是平白无故的吗? 确实是有根据的呀。既然这些都是有根据的,将凭什么而轻易改变呢? 既然这样,那么这些名教礼仪的设置,难道是没有相应的事实么? 再说,是果真有佛呢? 还是没有佛呢? 如果果真有佛的话,那佛道确实弘大;若没有佛,这些义理不都是一些无根之谈吗? 如果相信是真的有佛,那也在世俗之外。世俗之外的事情,哪里是世俗之内的人所能够体认的呢? 而又为何要矫揉身体,违背常规世俗,改易礼仪经典,毁弃名分教化呢? 这是我感到特别疑惑的地方啊!

名教有由来,百代所不废,昧旦丕显①,后世犹殆。殆之为弊,其故难寻;而今当远慕芒昧②,依悕未分③,弃礼于一朝,废教于当世,使夫凡流傲逸宪度④,又是吾之所甚疑也。纵其信然,纵其有之,吾将通之于神明,得之于胸怀耳。轨宪宏模⑤,固不可废之于正朝矣⑥。凡此等类,皆晋民也,论其才智,又常人也。而当因所说之难辩,假服饰以凌度,抗殊俗之傲礼,直形骸于万乘,又是吾所弗取也。诸君并国器也,悟言则当测幽微,论治则当重国典,苟其不然,吾将何述焉!

【注释】

①昧旦:天将明未明之时,破晓。《诗经·郑风·女曰鸡鸣》:"女曰鸡鸣,士曰昧旦。"

②芒昧:模糊不清,难以辨识。芒,同"茫"。

③依俙:即"依稀"。含糊不清,不明确。

④凡流:平凡之人,庸俗之辈。

⑤轨宪宏模:指国家治理的法度,社会运行的规范。

⑥正朝:君主受臣下朝见的地方。一曰:治朝,视朝。此处当指君臣交往。

【译文】

儒家主张的名教是有由来的,因此百代以来,都不曾废除。它从黎明前的黑暗中大显光明,但传到后世却有所松懈。一旦松懈就会产生流弊,最后导致名教的本源都难寻了;而今都远慕那些模糊难辨、依稀未分、真伪无证的所谓神道,进而抛弃千古相传的礼仪,废除立身治世的名教,致使那些凡夫俗子高傲放纵,无视国家宪章法度,这样天下还有什么规矩可言呢?这又是我所感到特别疑惑的地方啊。就算佛道是可信的,就算果真有佛的存在,那我也将只是在精神和智慧的层面来会通它,只是在胸怀中感悟体会它而已,绝不会把它当做实际的事物存在来顶礼膜拜。礼法名教,乃是国家治理的最重要的法度,社会运行的最基本的规范,本就不可能在君臣之间废除。再说,这些信奉佛教的人,都是我晋朝普通的民众,论才智,也都是平常人。若说因为他们信奉的那套高深玄妙而又无从证实的理论,就可以假借不同的服饰来凌驾于法度之上,以不同的习俗来傲视对抗固有的礼仪,甚至想要在君王面前直立身躯而不礼拜,这不是很荒唐吗?这又是我所不能接受的。诸位贤才都是国家的栋梁,发表言论应当抵达事物最幽深精微之处,讨论国家治理应当重视国家本有的法度礼仪,如果你们都不这样,我还有什么好说的呢?

尚书令何充等重表

【题解】

  在本文中,尚书令何充等人认为,探寻佛祖遗文,钻研其要旨,五戒之禁确实有助王化,尤其是佛教经历三代,人更贤明智慧,不用跪拜之礼仪限制佛教,不会损亏王法,而幽冥玄奥之格,不会被阻隔、堵塞,因此主张沙门不应尽敬。

  尚书令冠军抚军都乡侯臣充,散骑常侍左仆射长平伯臣翌,散骑常侍右仆射建安伯臣恢,尚书关中侯臣怀,守尚书安昌子臣广等言:"诏书如右,臣等暗短①,不足以赞扬圣旨,宣畅大义。伏省明诏,震惧屏营,辄共寻详,有佛无佛,固非臣等所能定也。然寻其遗文,钻其要旨,五戒之禁实助王化,贱昭昭之名行,贵冥冥之潜操,行德在于忘身,抱一心之情妙。且兴自汉世,迄于今日,虽法有隆衰,而弊无妖妄,神道经久,未有比也。夫诅有损也,咒必有益。臣之愚诚②,实愿尘露之微,增润嵩海,区区之咒,上俾皇极。今一令其拜,遂坏其法,令修善之俗,废于圣世。习实生常,必致愁惧隐之。臣心窃所未安。臣虽蒙蔽,岂敢以偏见疑误圣听?

直谓世经三代，人更明圣，今不为之制，无亏王法，而幽冥之格，可无壅滞，是以复陈愚诚，乞垂省察。谨启。"

【注释】

①暗短：愚昧浅陋，多用为谦辞。

②愚诚：谦指己之诚意、衷情。

【译文】

尚书令冠军抚军都乡侯臣何充，散骑常侍左仆射长平伯臣褚翌，散骑常侍右仆射建安伯臣诸葛恢，尚书关中侯臣冯怀，守尚书昌安子臣谢广等人在奏书中说："诏书如右，臣等愚昧浅陋，不足以赞扬圣旨，宣扬大义。伏省明诏，诚惶诚恐，一起研究探讨，有佛无佛的问题，本来就不是臣等所能确定的。然而探寻佛祖的遗文，钻研其要旨，五戒之禁确实有助王化，不看重外在明显的声名，看重内在冥冥玄妙的操守，行德在于忘我之身，抱一心求佛之情妙。且佛教从汉朝开始兴盛，一直到今日，虽然佛法有兴隆衰退的时候，但没有妖妄的弊害，神道经历这么长时间，没有什么可比。诅有损害，咒必有益处。臣等愚诚，实愿微小的尘露，增润高山大海，区区之咒，有利于皇帝。如今如果命令沙门拜王者，遂破坏其法，令修善之习俗，在太平盛世被废除。习俗生常，必定带来忧愁恐惧。臣等内心确实不安。臣等虽然蒙蔽，岂敢用偏见疑误圣听？实在认为佛教经历三代，人更贤明智慧，今不用跪拜之礼仪限制佛教，不会损亏王法，而幽冥玄奥之格，不会被阻隔堵塞，因此再次表白愚诚，乞垂省察。谨启。"

成帝重诏

【题解】

　　在本篇中，成帝重新颁布诏书，指出礼重，敬大，这是治理社会的纲领，万乘之君不是喜好被尊敬，区域之民不是喜好自卑，圣王教化不得不统一礼制，不统一就会乱套，因此坚持沙门应该向皇帝跪拜致敬。

　　省所陈具情旨，幽昧之事，诚非寓言所尽。然其较略及大，人神常度，粗复有分例耳。大都百王制法，虽质文随时，然未有以殊俗参治，恢诞杂化者也①。岂曩圣之不达，来圣之宏通哉？且五戒之才，善粗拟似人伦，而更于世主，略其礼敬耶？礼重矣，敬大矣，为治之纲尽于此矣。万乘之君非好尊也，区域之民非好卑也，而卑尊不陈，王教不得不一，二之则乱，斯曩圣所以宪章体国，所宜不惑也。通才博采，往往备其事，修之家可矣，修之国及朝则不可。斯岂不远也？省所陈，果亦未能了有之与无矣。纵其了，犹谓不可以参治，而况都无而当以两行耶？

【注释】

①恢诞：浮夸怪诞。

【译文】

　　省察你们所陈具的情旨，幽昧之事，确实不是依靠语言所能穷尽的。然而这件事意义重大，大家都很关注，人与神之间的常规法度，应该有所区分。大凡百王制法，虽然实质内容与外在形式都依据不同时势来确定，然而没有让不同的习俗参与治理，浮夸怪诞杂化在其中。难道是以往的圣人不通达，未来的圣人心胸开阔、通达事理吗？况且佛教五戒，体现了人伦之理，而对于世主，难道能够省略其礼敬吗？礼重，敬大，治理社会的纲领尽在这里了。万乘之君不是喜好被尊敬，区域之民不是喜好低下，而卑尊不陈，圣王教化不得统一，不统一则混乱，那些以前的圣人所以明著宪章治理国家，这些是应该做的，不用疑惑。才学通达知识广博之士，往往备其事，在自己家族内修习是可以的，修之国及朝则不可。这些难道不远吗？省察你们所陈的奏章，确实也未能明白有之与无的道理。纵然你们明白，我还是认为一国之内不可以有两种礼制，而何况这两种制度都还没有真正建立，就有人以行为不一致来彼此攻击呢？

尚书令何充等三奏不应敬事

【题解】

在本篇中,尚书令何充、仆射褚翌等第三次上奏,认为沙门不应该向皇帝跪拜致敬,其理由:一是从汉魏到晋,没有听到对沙门不敬拜王者有异议,而尊卑等典章制度,没有亏缺;二是不令沙门致拜王者,不但于世间法无亏,遵照它还有很多益处,使贤愚之人不敢不用情,则上有天覆地载之施舍,下有守一修善之人。

臣等虽诚暗蔽,不通远旨,至于乾乾夙夜,思修王度,宁苟执偏管,而乱大伦? 直以汉魏逮晋,不闻异议,尊卑宪章①,无或暂亏也。今沙门之慎戒专专然,及为其礼,一而已矣。至于守戒之笃者,亡身不吝,何敢以形骸而慢礼敬哉? 每见烧香咒愿,必先国家,欲福佑之隆,情无极已。奉上崇顺,出于自然;礼仪之简,盖是专一守法。是以先圣御世,因而弗革也。天网恢恢,疏而不失,臣等偻偻②,以为不令致拜,于法无亏,因其所利而惠之,使贤愚莫敢不用情,则上有天覆地载之施,下有守一修善之人。谨复陈其愚浅,愿蒙省察。谨启。(注:"于时庚冰议寝,竟不施敬。")

【注释】

①宪章：典章制度。

②偻（lóu）偻：勤恳貌，恭谨貌。

【译文】

臣等虽然确实愚昧浅陋，不通深远的意旨，但日夜努力，想要修明王朝法度，怎么能随便执着片面之礼仪，而扰乱大伦？只是从汉魏到晋，没有听到对沙门不敬拜王者有异议，而尊卑等典章制度，没有亏缺一点。如今沙门戒律精严，及为其礼，与世俗没有不同。至于守戒笃实的人，不吝惜自己的身体，岂敢以形骸而怠慢礼敬呢？每见他们烧香咒愿，必先祈福国家，想要福佑国家之兴隆，其感情无人能比。奉上崇顺，出于自然之情；礼仪之简，确实是专一守法。因此先圣管理世间，接受佛法礼仪，不去刻意变革。天网恢恢，疏而不失，臣等恭谨，认为不令沙门致拜王者，不但于世间法无亏，遵照它还有很多益处，使贤愚之人不敢不用情，则上有天覆地载之施舍，下有守一修善之人。谨再次愚蠢肤浅地陈述我们的想法，愿蒙省察。谨启。

（注："当时庾冰的提议没有得到实行，最终沙门不施敬王者。"）

与八座书论道人敬事

【题解】

　　本篇由晋代桓玄所撰。"八座",指朝廷中八位大臣。桓玄给当时八座写信,认为君王与天地并列,其作用在于"资生通运",万物的生存与成长,依靠着王侯的功德滋润,外来的佛教传入中国,并迅速发展,也是仰赖着帝王的恩惠。于是,佛门敬拜帝王,就是天经地义的了。另外他指出,佛教徒也讲"敬",但他们所敬的是"诞以茫浩"、"视听之外"的神,而对提供他们"生生资存"的现实帝王反而不敬,这实在说不过去。显而易见,桓玄的理由比庾冰更不充分,他以世俗王权为神器,态度更近于蛮横、独断,因此遭到僧俗两众的有力反驳,最后不了了之。

　　玄再拜白,顿首,八日垂至。旧诸沙门皆不敬王者,何、庾虽已论之,而并率所见,未是以理相屈也。庾意在尊主,而理据未尽;何出于偏信,遂沦名体。夫佛之为化,虽诞以茫浩,推于视听之外,然以敬为本,此处不异;盖所期者,殊非敬恭宜废也。老子同王侯于三大①,原其所重,皆在于资生通运②,岂独以圣人在位,而比称二仪哉③?将以天地之大德曰生,通生理物,存乎王者。故尊其神器而礼实惟隆,岂是虚相崇重，义存君御而已哉？沙门之所以生生资存，亦日用于理命，岂有受其德而遗其礼，沾其惠而废其敬哉！既理所不容，亦情所不安，一代之大事，宜共求其衷想，复相与研尽之，比八日令得详定也。桓玄再拜顿首。敬谓。

【注释】

①三大：指道、天、地。《老子》第二十五章："故道大、天大、地大，王亦大。域中有四大，而王居其一焉。""王"有版本作"人"。

②资生：万物资地而生。

③二仪：指天地。三国魏曹植《惟汉行》："太极定二仪，清浊始以形。"

【译文】

桓玄再拜白，顿首，八日垂至。以前的所有沙门皆不敬王者，何充、庾冰虽然已讨论过，而考察其大致意思，没有用道理来让人信服。庾冰意在尊主，而没有足够的理据；何充出于偏信，于是沉沦名体之份。佛之为化，虽然在茫浩之中产生，推于视听之外，然而以敬为本，和这里没有不同。所以所期望的，绝不是要废止敬恭之根本。老子认为王侯与道、天、地三大相同，万物的生存与成长，依靠着王侯的功德滋润，难道佛门可以因圣人佛祖在位，与王者并称为"二仪"，居然可以不敬王者吗？将把天地之大德叫做生，通达生命，治理事物，存于王者。因此尊其神器而礼仪兴隆，岂是虚假崇重，义存君御而已呢？沙门之所以能够生存，也是因为有王者的帮助，岂有接受其德而遗弃其礼，领受其恩惠而废止其敬呢？既是理所不容，在感情上也不安，一代之大事，应该共求衷想，互相研究探讨，希望大家八日内确定意见。桓玄再拜顿首。敬谓。

八座答

【题解】

本篇由晋代桓谦等八座官员所撰。他们认为，佛法与尧孔礼教正相反，应当理解神明没有固定之法，也不限制视听之外的事情。他们指出，王者奉持佛法是出于敬信其理，而改变礼仪让沙门敬拜王者，那感情上说不通，如果包容，那是在弘扬宽宏大量的美德。

中军将军尚书令宜阳开国侯桓谦等，惶恐死罪。奉诲使沙门致敬王者，何、庚虽论，竟未究尽，此是大事，宜使允中，实如雅论。然佛法与尧孔殊趣，礼教正乖。人以发肤为重，而髡削不疑，出家弃亲，不以色养为孝。土木形骸，绝欲止竞，不期一生，要福万劫。世之所贵，已皆落之；礼教所重，意悉绝之。资父事君，天属之至，犹离其亲爱，岂得致礼万乘？势自应废。弥历三代，置其绝羁，当以神明无方，亦不以涯检视听之外①。或别有理，今便使其致恭，恐应革者多，非惟拜起。又王者奉法，出于敬信其理，而变其仪，复是情所未了。即而容之，乃是在宥之弘。王令以别答公难，孔国张敞在彼，想已面谙所怀。道、宝诸道人并足酬对高旨，下官等不识佛理，率情以言，愧不足览。谦等惶恐死罪。

【注释】

①涯检：限制，管束。

【译文】

中军将军尚书令宜阳开国侯桓谦等，惶恐死罪。奉持您的教诲，使沙门致敬王者，何、庾虽曾讨论过，最终没有结果，这是大事，应该公允合道，实如雅论。然而佛法与尧孔不同，佛教仪轨与尧孔礼教正相反。一般人以发肤为重，而僧人剃去须发不怀疑；出家弃亲，不以物质奉养为孝。把形骸看做土木，止息欲望消除浮躁，不期望一生的功名，而追求万劫的功德。世俗所看重的，已经都放下了；礼教所重视的，认为不值一提。资父事君，天生的亲戚感情，犹离其亲爱，岂得向万乘之主致敬？按照当前大势，自然应该废止。已经经历三代，放下其羁绊，应当理解神明没有固定之法，也不限制视听之外的事情。或许有其他的理由，如今即使让僧人敬拜致恭，恐怕应该改变的还有很多，不仅仅是拜起。而且王者奉持佛法是出于敬信其理，如果改变其礼仪，那在感情上说不通。如果包容，那是在弘扬宽宏大量的美德。大王命令别人回答诘难，孔国、张敞在那里，想来已经当面咨询问题。道、宝诸道人一起足以应对高远之意旨，下官等不识佛理，直率说话，惭愧不已，不值得阅览。桓谦等惶恐死罪。

与王中令书论道人应敬王事

【题解】

在本篇中,桓玄给部下中令王谧写信,认为出家沙门不敬拜王者,抗礼至尊,正是情所不安,说不过去,这是一代大事,希望大家一起讨论解决这个问题。

沙门抗礼至尊,正自是情所不安。一代大事,宜共论尽之。今与八座书,向已送都,今付此信。君是宜任此理者,迟闻德音①。

【注释】

①德音:合乎仁德的言语、教令。

【译文】

出家沙门不敬拜王者,与至尊帝王分庭抗礼,感情上很不安,道理上也说不过去。这是一代大事,大家应该一起讨论解决这个问题。今与八座书信,前面应该已经送到都城,今奉上此信。您应该考虑这个道理,希望听到合乎仁德的言语。

王中令答桓书

　　本篇由晋代王谧所撰。王谧(360—408),字稚远,琅邪临沂(今山东临沂)人。东晋末年重要官员,东晋建威将军王劭子。王谧曾经在桓玄建立的桓楚朝廷中担任中书令。在本文中,王谧从求"道"的角度反驳桓玄的敬王主张。他认为,佛教所行者殊方异俗,不能以中国之礼规范;虽形式不同,但礼敬之意甚深。而且外国之君对沙门均示敬礼,这是因为沙门信仰的佛道贵重,并非沙门本身贵重。佛教传入中国,已历汉、魏、晋三代四百余年,渐趋稳定,这表明它适应了社会需要,与世教同样贵重。

　　领军将军吏部尚书中书令武刚男王谧,惶恐死罪奉诲。及道人抗礼至尊,并见与八座书,具承高旨,容音之唱,辞理兼至。近者亦粗闻公道,未获究尽,寻何、庾二旨,亦恨不悉。以为二论,漏于偏见无晓,然厌心处真如雅诲①。夫佛法之兴,出自天竺,宗本幽遐,难以言辩,既涉乎教,故可略而言耳。意以为殊方异俗,虽所安每乖,至于君御之理,莫不必同。今沙门虽意深于敬,不以形屈为礼,迹充率土而趣超方内者矣。是以外国之君，莫不降礼，良以道在则贵，不以人为轻重也。寻大法宣流，为日谅久，年逾四百，历代有三。虽风移政易，而弘之不异，岂不以独绝之化，有日用于陶渐，清约之风，无害于隆平者乎？故王者拱己[②]，不恨恨于缺户[③]，沙门保真，不自疑于诞世者也。承以通生理物，存乎王者，考诸理归，实如嘉论。三复德音，不能已已，虽欲奉酬，言将无寄。犹以为功高者不赏，惠深者忘谢，虽复一拜一起，亦岂足答济通之德哉？公眷昒未遗，猥见逮问，辄率陈愚管，不致嫌于所奉耳。愿不以人废言。临白反侧，谧惶恐死罪。

【注释】

①厌心：心服。

②拱己：垂拱，谓无为而治。

③恨恨（liàng）：悲恨的样子。

【译文】

　　领军将军吏部尚书中书令武刚男王谧，惶恐死罪，敬奉您的教诲。已经收到道人抗礼至尊一书，并见与八座书，两者都蕴含高远旨意，都是容音之唱，语辞和道理很完美。近来也粗闻您的大道，未获究尽，探究何、庾二旨，也遗憾不是很明悉。我以为他们二人的辩论，问题在于都有偏见，不能明白大道，而要想让人真正心服口服，应该有雅正的教诲。佛法之兴，出自天竺，宗旨本来就僻远深幽，难以用语言辨析，既然涉及教义，因此可简单说说。我以为佛教来自不同的地方，有不同的习俗，虽然与儒家礼教相反，至于君御之理，没有不完全相同的。如今沙门在心意上有很深的敬意，不把形屈跪拜作为礼，其事迹在很多地方都可看到，而志趣超过方内之人。所以外国之君，没有不降礼的，实在是因为僧人信仰的佛道贵重，不是因为人重要。其实佛教大法宣扬流传于中土，有很长时间，超过四百年，经历了三代了。虽然风俗变化，政治改变，而大家都一样弘扬佛法，难道不是因为佛法独绝之化，能够陶冶人们的日常生活，清约之风，不会对君主有危害吗？因此王者无为而治，不因管辖民户减少而悲伤恼恨，沙门保全纯真的本性，不被外在物欲所污染。确实通生理物，关键在于王者，考察各种道理，实如您的高论所说。好几次承蒙您回复德音，我感激不已，虽然想报答，但不知怎么说。我以为功高者不必赏赐，惠深者不用酬谢，虽然是一拜一起，难道足以报答济通之德吗？公眷顾我，没有遗忘，不耻下问，我直率陈述我的意思，希望不嫌弃，不以人废言。写信时内心忐忑，王谧惶恐死罪。

难王中令

【题解】

在本篇中，桓玄诘难王谧的观点，认为以前晋人很少奉持佛法，沙门徒众，都是胡人，并且君王不与他们接触，因此可放任其沿袭方俗，不加以限制，如今主上奉持佛法，亲接法事，情况与以前不同，因此应该使僧人礼仪符合朝廷日常生活，敬拜王者。

来示云："沙门虽意深于敬，而不以形屈为礼。"

难曰："沙门之敬，岂皆略形存心，忏悔礼拜，亦笃于事哉？爱暨之师，逮于上座，与世人揖跪，但为小异其制耳。既不能忘形于彼，何为忽仪于此？且师之为理，以资悟为德，君道通生，则理宜在本，在三之义①，岂非情理之极哉？"

来示云："外国之君，莫不降礼，良以道在则贵，不以人为轻重也。"

难曰："外国之君，非所宜喻，而佛教之兴，亦其旨可知，岂不以六夷骄强，非常教所化，故大设灵奇，使其畏服？既畏服之，然后顺轨，此盖是大惧鬼神福报之事，岂是宗玄妙之道耶？道在则贵，将异于雅旨。岂得被其法服，便道在其中？若以道在然后为贵，就如君言，圣人之道，道之极也！君臣之敬，愈敦于礼，如此则沙门不敬，岂得以道为贵哉？"

【注释】

①在三：表示礼敬君、父、师的典故。《国语·晋语一》："'民生于三，事之如一。'父生之，师教之，君食之。非父不生，非食不长，非教不知，生之族也，故壹事之，唯其所在，则致死焉。"韦昭注："三，君、父、师也。"

【译文】

寄来的书信说："如今沙门在心意上有很深的敬意，不把形屈跪拜作为礼仪。"

诘难说："沙门之敬，岂能都省略外在形式，只存敬意在心中，忏悔礼拜，不也在形式上体现笃实吗？至于佛教法师，坐在上座，受世人作揖跪拜，只是稍微不同于礼制。既然在那个方面不能忘形，为何在这个方面忽略礼仪？况且师傅的存在，以帮助徒弟开悟为德，君道能够通生万物，那么按理应该在根本上受到尊敬，礼敬君、父、师之道义，难道这不是情理之极吗？"

寄来的书信说："外国之君，没有不对佛教降礼相待的，实在是因为僧人信仰的佛道贵重，不是因为人重要。"

诘难说："外国之君，不是适宜的比喻。佛教之兴，其宗旨可知，难道不是六夷骄强，不是常教所能教化，因此大设灵奇教化，使其畏服？蛮夷之人畏服后，然后他们才顺应教化，这是大惧鬼神福报之事，岂是效法玄妙之道呢？只要道存在就珍贵，将与雅旨不同，难道是穿上他们的法服，道就在其中了吗？如果认为道在然后为贵，就如君言，圣人之道，是道的终极！君臣之敬，通过礼仪来体现，所以说沙门不敬王者，难道是崇尚大道的行为吗？"

来示云:"历年四百,历代有三,而弘之不异,岂不以独绝之化,有日用于陶渐;清约之风,无害于隆平者乎?"

难曰:"历代不革,非所以为证也。曩者晋人略无奉佛,沙门徒众,皆是诸胡。且王者与之不接,故可任其方俗,不为之检耳。今主上奉佛,亲接法事,事异于昔,何可不使其礼有准日用,清约有助于教? 皆如君言,此盖是佛法之功,非沙门傲诞言之所益也①。今笃以祗敬,将无弥浓其助哉?"

来示云:"功高者不赏,惠深者忘谢,虽复一拜一起,岂足答济通之恩?"

难曰:"夫理至无酬,诚如来示。然情在罔极,则敬自从之。此圣人之所以缘情制礼,而各通其寄也。若以功深惠重,必略其谢,则释迦之德,为是深耶? 为是浅耶? 若浅耶,不宜以小道而乱大伦;若深耶,岂得彼肃其恭而此绝其敬哉?"

【注释】

①傲诞:骄傲放诞。

【译文】

寄来的书信说:"其实佛教大法宣扬流传于中土,有很长时间,超过四百年,经历的朝代有三个。虽然风俗变化,政治改变,而大家都一样弘扬佛法,难道不是因为佛法独绝之化,能够陶冶人们的日常生活,提升清净简约之风,不会对君主有危害吗?"

诘难说:"历代不改变,不能作为证据。以前晋人很少奉持佛法,沙门徒众,皆是诸胡人。并且王者与之不接触,因此可放任其方俗,不加以限制。如今主上奉持佛法,亲自参与法事,情况与以前不同,为何不使其礼仪符合日常生活,使其清约有助于教化? 都如你所说,这只是佛法之功,不是沙门骄傲放诞说话的作用。如今让沙门敬重王者,难道不更能有助于教化吗?"

寄来的书信说:"功高者不必赏赐,惠深者不用酬谢,虽然是一拜一起,难道足以报答济通生存之德吗?"

诘难说:"理到了极点就没有报答,确实如你所说。然而感情无穷无尽,那么敬自从之。这是圣人之所以根据情感来制定礼仪,而各通其寄的原因。如果因为功深惠重,必定忽略其酬谢,那么释迦之德,是深? 还是浅呢? 若浅,不适宜以礼敬小道而乱大伦;若深,岂能对释迦牟尼恭敬有礼而对王者不尊敬呢?"

答桓太尉书

【题解】

本篇由王谧所撰。在文章中,王谧回答桓玄的诘难。王谧认为,沙门对释迦的瞻仰和对师长的致敬属于佛教的功德,它出自内心深处,关系到因果报应,与世俗君臣之敬出自名教不同,这种致敬并非仅仅是为了酬谢释迦或师长的恩惠。而沙门对于王者,虽无跪拜之礼,但内心所存敬意,决非跪拜所能酬报。

难曰:"沙门之敬,岂皆略形存心,忏悔礼拜亦笃于事哉?"

答曰:"夫沙门之道,自以敬为主;但津涂既殊,义无降屈①,故虽天属之重形,礼都尽也。沙门所以推宗师长,自相崇敬者,良以宗致既同,则长幼咸序;资通有系,则事与心应。原佛法虽旷,而不遗小善,一分之功,报亦应之。积毫成山,义斯著矣。"

难曰:"君道通生,则理应在本,在三之义,岂非情理之极哉。"

答曰:"夫君道通生,则理同造化,夫陶铸敷气,功则弘矣。而未有谢惠于所禀，厝感于理本者何？良以冥本幽绝，非物象之所举，运通理妙，岂粗迹之能酬？是以夫子云：'可使由之，不可使知之。'此之谓也。"

难曰："外国之君，非所应喻。佛教之兴，亦其旨可知，岂不以六夷骄强，非常教所化，故大设灵奇，使其畏服？"

答曰：夫神道设教，诚难以言辨。意以为大设灵奇，示以报应，此最影响之实理，佛教之根要。今若谓三世为虚诞，罪福为畏惧，则释迦之所明，殆将无寄矣。常以为周、孔之化，救其甚弊，故言迹尽乎一生，而不开万劫之涂。然远探其旨，亦往往可寻，孝悌仁义，明不谋而自同；四时之生杀，则矜慈之心见。又属抑仲由之问，亦似有深旨。但教体既殊，故此处常昧耳。静而求之，殆将然乎？殆将然乎？"

【注释】

①降屈：降身屈节。

【译文】

诘难说："沙门之敬，岂能都略形存心，忏悔礼拜，不也在事上体现笃实吗？"

回答说："沙门之道，自以敬为主，但是所走的路与世俗既然不同，在道义上不会降身屈节，因此即使是面对天生的亲属关系，都不行敬拜礼仪。沙门之所以推崇尊重师长，自相崇敬，是因为宗旨既同，则长幼有序；万物资长通生，有各种联系，那么事与心应。佛法虽然宽旷，却不遗漏小善，一分之功，报亦应之。积毫成山，道义就在这里。"

诘难说："君道能够通生万物，那么按理说君主应该在根本上受到尊崇，礼敬君、父、师之道义，难道不是情理之极吗？"

回答说："君道通生万物，那么理同天地造化，陶铸锻炼万物，功劳已经弘扬。而为何没有感谢赐予生命的天地,报答根本之理呢？实在是因为根本大道玄奥幽绝,不是物象之所举；运通之理奥妙无比,岂是用外在物质所能报答的？因此孔夫子说：'大道可使由之,不可使知之。'说的正是这样的事情啊！"

诘难说："外国之君,不是适宜的比喻。佛教之兴,其宗旨可知,难道不是六夷骄强,不是常教所能教化,因此大设灵奇,使其畏服？"

回答说："神道设教,实在难以言辨。我以为大设灵奇,示以报应,这是最具有影响的实理,是佛教的根本要点。如今如果认为三世为虚诞,罪福为畏惧而设,那么释迦之所明悟的大道,最终将无寄托了。我常常认为周、孔的教化,重点在于挽救社会的严重弊害,因此他们的语言事迹只能穷尽一生,而不能展开万劫之途的情况。然而远探周孔的宗旨,也往往可寻,孝悌仁义,与佛教不谋自同是很明显的；顺应四时之生杀,则矜慈之心可以见到。又比如孔子不回答弟子仲由有关生死之问,也似有深远旨意。但教化体系既然不同,因此在这个方面不明显。静而求之,难道不是这样吗？难道不是这样吗？"

难曰："君臣之敬,愈敦于礼,如此则沙门不敬,岂得以道在为贵哉？"

答曰："重寻高论,以为君道运通,理同三大,是以前条已粗言。意以为君人之道,窃同高旨；至于君臣之敬,则理尽名教。今沙门既不臣王侯,故敬与之废耳。"

难曰："历代不革,非所以为证也。曩者晋人略无奉佛,沙门徒众,皆是诸胡。且王者与之不接,故可任其方俗,不为之检耳。"

答曰："前所以云历有年代者,政以容养之道,要当有以故耳,非谓已然之事,无可改之理也。此盖言势之所至,非画然所据也①，故人不接王者，又如高唱，前代之不论，或在于此耶？”

难曰：“此盖是佛法之功，非沙门傲诞之所益。今笃以祗敬，将无弥浓其助哉！”

答曰：“敬寻来论，是不诬佛理也。但傲诞之迹，有亏大化，诚如来诲，诚如来诲。意谓沙门之道，可得称异而非傲诞。今若千载之末，淳风转薄，横服之徒，多非其人者，敢不怀愧？今但谓自理而默，差可遗人而言道耳②。前答云：‘不以人为轻重。’微意在此矣。”

难曰：“若以功深惠重，必略其谢，则释迦之德，为是深耶？为是浅耶？若浅耶，不宜以小道而乱大伦；若深耶，岂得彼肃其恭而此弛其敬哉？”

答曰：“以为释迦之道，深则深矣，而瞻仰之徒，弥笃其敬者；此盖造道之伦，必资行功，行功之美，莫尚于此。如斯乃积行之所因，来世之关键也。且致敬师长，功犹难抑，况拟心宗极，而可替其礼哉？故虽俯仰累劫，而非谢惠之谓也。”

【注释】

①画然：明察貌，分明貌；犹言一下子，表示短暂的时间。

②差可：勉强可以。

【译文】

诘难说：“君臣之敬，通过礼仪来体现，这样的话，那么沙门不敬，难道还能以道在为贵吗？”

回答说：“重新探究高论，您以为君道运通，理同三大，因此前面已大致说到。我以为君人之道，窃同高旨；至于君臣之敬，则理尽儒家名教。如今沙门既然不对王侯称臣，因此敬拜之礼仪应该废止。"

诘难说："历代不改变，不能作为证据。以前晋人很少奉持佛法，沙门徒众，皆是诸胡人。并且王者与之不接触，因此可放任其方俗，不加以限制。"

回答说："前面之所以说佛教已经历很长年代，是因为政治应该以包容养育之道对待万事万物，不是认为已经存在的事物，不可改变。这确实是说大势之所至，不是明显的根据，因此以前的沙门不接触王者，又如您的高唱，前代人不论，或许就是这个原因？"

诘难说："这只是佛法之功，不是沙门骄傲放诞所增益的。如今让沙门敬重王者，难道不更能有助于教化吗？"

回答说："恭敬考察来论，确实没有违背佛理。但骄傲放诞的表现，有损佛法大化，正如您所教诲的，正如您所教诲的。我认为沙门之道，可以称异而不能放诞。如今千载之末，淳厚风气变得浮薄，穿着僧衣的人，多非其人者，岂敢不心怀惭愧？今但认为自理而默，勉强可以遗人而言道。我前面的回答说：'不以人为轻重。'大致意思在这里了。"

诘难说："如果因为功深惠重，必定忽略其酬谢，那么释迦之德，是深？还是浅呢？若浅，不适宜以小道而乱大伦；若深，岂能对释迦牟尼恭敬有礼而对王者不尊敬呢？"

回答说："我认为释迦之道，确实很深邃，而瞻仰之徒，非常敬重。这是修道之伦理，有助于修行之功，修行功德之美，没有不崇尚这点的。像这样是积累善行的因素，来世获福报的关键。而且致敬师长，功犹难抑，何况追求无上终极之道，难道可以用礼仪替代吗？因此正是所谓虽然累劫俯仰，但不是酬谢恩惠。"

与王中令书

【题解】

本篇由桓玄所撰。在文章中,桓玄再次诘难王谧。他认为,敬体现了理,君臣之敬,皆是自然之所生,理笃于情本,不只是名教之事,因此僧人既然入于有情之环境,那么不可无敬拜之礼仪。

省示。犹复未释所疑,因来告复粗有其难。夫情敬之理,岂容有二? 皆是自内以及外耳。既入于有情之境,则不可得无也。若如来言:"王者同之造化,未有谢惠于所禀,厝感于理本。"是为功玄理深,莫此之大也。则佛之为化,复何以过兹? 而来论云:"津涂既殊,则义无降屈,宗致既同,则长幼咸序。资通有系,则事与心应。"若理在己本,德深居极,岂得云津涂之异,而云降屈耶? 宗致为是何耶? 若以学业为宗致者,则学之所学,故是发其自然之性耳。苟自然有在,所由而禀,则自然之本,居可知矣。资通之悟,更是发莹其末耳①。事与心应,何得在此而不在彼?

【注释】

①发莹：阐发之使显扬。

【译文】

省示。您的文章还没有解释好我所怀疑的地方，因此我再次诘难。情敬之理，岂容有两种方式？皆是自内以及外。既入于有情之环境，那么不可无敬拜之礼仪。若如您所说："王者同于天地造化，不用感谢赐予生命的天地，报答根本之理。"是认为功玄理深，没有比这更大的了，那么佛之教化，为何超过这个呢？而来论说："但是所走的路与世俗既然不同，在道义上不会降身屈节，因此即使是面对天生的亲属关系，都不用敬拜礼仪。沙门之所以推崇尊重师长，自相崇敬，是因为宗旨既同，则长幼有序；万物资长通生，有各种联系，那么事与心应。"如果领悟根本大道，品德高尚，岂能说所走的路与世俗不同，在道义上不会降身屈节？宗旨是什么呢？若以学业为宗旨，则所学的东西，是发其自然之性。如果顺应自然，其所经历和禀承的可以知道，则自然之本，就一定可以知晓。资通悟解之途，更是阐发使其显扬。事与心应，为何只在佛教而不在君臣礼敬这方面呢？

又云："周孔之化，救其甚弊，故尽于一生而不开万劫之涂。"夫以神奇为化，则其教易行，异于督以仁义，尽于人事也。是以黄巾妖惑之徒，皆赴者如云。若此为实理，行之又易，圣人何缘舍所易之实道，而为难行之末事哉？其不然也，亦以明矣！将以化教殊俗，理在权济，恢诞之谈①，其趣可知。又云："君臣之敬，理尽名教。今沙门既不臣王侯，故敬与之废。"何为其然？夫敬之为理，上纸言之详矣。君臣之敬，皆是自然之所生，理笃于情本，岂是名教之事耶？前论已云："天地之大德曰生，通生理存乎王者。"苟所通在斯，何得非自然之所重哉？又云："造道之伦，必资功行，积行之所因，来世之关键也。拟心宗极不可替其敬，虽俯仰累劫，而非谢惠之谓。"请复就来旨，而借以为难。如来告，是敬为行首，是敦敬之重也。功行者，当计其为功之劳耳。何得直以珍仰释迦，而云莫尚于此耶？惠无所谢，达者所不惑。但理根深极，情敬不可得无耳！臣之敬君，岂谢惠者耶？

【注释】

①恢诞：浮夸荒诞。

【译文】

您又说："周孔的教化，挽救社会的弊害，因此只能穷尽一生而不开万劫之途。"以神奇事迹推行教化，则其教化易行，不同于以仁义督促，只能止于人事。因此黄巾妖惑之徒，跟随信服的人很多。如果这种是实理，行之又易，圣人为何舍弃容易的实道，而做那些难行之末事呢？很明显不是这样的！将以佛化与儒家礼教殊俗，理据在于权衡变通，浮夸荒诞之谈，其趋势可知。又说："君臣之敬，理尽名教。今沙门既不称臣于王侯，因此敬拜王侯的礼仪应该废止。"为什么是这样呢？敬之为理，前面已经说得很详细了。君臣之敬，皆是自然之所生，理笃于情本，岂只是名教之事呢？前论已说："天地之大德曰生，通生理存于王者。"如果所通在这里，为何不是自然之所重呢？又说："造道之伦，必资功行，积行之所因，是获福来世之关键。拟心宗极，不可替其敬。虽俯仰累劫，而非谢惠之谓。"就根据您的来旨，借以为诘难。正如您来信所告知，敬为行首，是敦敬之重。修习实践，应当计算他的功劳。为何只珍仰释迦，而说不崇尚敬拜王者呢？对于恩惠无所报答，达观者不迷惑。但是理根深极，情敬不可无！臣子敬拜君主，难道是报答恩惠吗？

重答桓太尉

【题解】

本篇由王谧所撰。在文章中,王谧再次回答桓玄的诘难。王谧认为,佛道宽广,事数繁杂,要想成功练神成道,要做的不只是一件事,而礼拜佛祖,珍仰宗极,便是行功之一。而针对桓玄认为礼拜王者是自然而然的表现,王谧指出,三皇五帝之世,很少听到外在形式方面的敬拜礼仪,外在形体之敬与内在心意之间不是像如影随形,如响随声一样对应,直到各种名声荣誉生起,各种礼仪才兴起,这些是后面圣人所制作的,不是自然而然的表现。

奉告并垂难,具承高旨。此理微缅,至难厝言。又一代大事,应时详尽,下官才非拔幽,特乏研析,且妙难精诣,益增茫惑;但高音既臻,不敢默已。辄复率其短见,妄酬来旨。无以启发容致,只用反侧①,愿复询诸道人通才,蠲其不逮②。

【注释】

①反侧:惶恐不安。

②蠲(juān):除去,免除;显示,昭明。

【译文】

　　敬奉来告及赐予问难的文章，都蕴含高远旨意。此理精微深奥，很难用语言表达。而且一代大事，应详尽讨论。下官才能不出众，又缺乏深入研究，且精妙旨意难以理解，越发迷惑茫然，但高音既然下达，不敢默默不语。这样我就直率陈述我的粗浅意见，妄酬您来论所问。无法对您有所启发，下官惶恐不安，但愿您再询问其他各位道人通才，消除我错误的念头。

　　公云：宗致为是何耶？若以学业为宗致者，则学之所学，故是发其自然之性耳。苟自然有在，所由而禀，则自然之本居可知矣。今以为宗致者，是所趣之至道，学业者日用之筌蹄。今将欲趣彼至极，不得不假筌蹄以自运耳。故知所假之功，未是其绝处也。夫积学以之极者，必阶粗以及妙；鱼获而筌废，理斯见矣。

　　公以为神奇之化易，仁义之功难，圣人何缘舍所易之实道，而为难行之末事哉？其不然也！亦以明矣。意以为佛之为教，与内圣永殊，既云其殊，理则无并。今论佛理，故当依其宗而立言也，然后通塞之涂，可得而详矣。前答所以云，仁善之行，不杀之旨，其若似可同者，故引以就此耳。至于发言抗论，律经所归，固难得而一矣。然愚意所见，乃更以佛教为难也。何以言之？今内圣所明，以为出其言善，应若影响。如其不善，千里违之，如此则善恶应于俄顷，祸福交于目前。且为仁由己，弘之则是，而犹有弃正而即邪，背道而从欲者矣。况佛教喻一生于弹指，期要终于永劫[①]，语灵异之无位，设报应于未兆，取之能信，不亦难乎？是以化暨中国,悟之者鲜。故《本起经》云:"正言似反。"此之谓矣。

【注释】

①期要:约定的时日。

【译文】

公说:宗旨是什么呢? 若以学业为宗旨,则所学的东西,自然是发其自然之性。如果顺应自然,其所禀受的内容可以知晓,则自然之本,很容易就可知道。如今认为宗旨,是所趣向的至道,学习者日用的进修方法。如今将想要趣向那终极真道,不得不依靠各种工具来帮助自己前进。因此知道所依靠之功,不是那终极真道。积学以达到终极,必定一步步从粗到细以致最终达到精微美妙的境界;抓到鱼就可以扔掉竹篓,道理从这里就可见到。

公认为神奇之化容易,仁义之功难,说圣人为何舍所易之实道,而做难行之末事? 很容易明白不是这样。我以为佛之为教,与儒教内圣大有差异,既然说到其差异,理则不同。现在谈论佛理,因此应当依其宗旨而立言,然后通塞的路途,可以清楚详细知道。前面我的回答所以说,仁善之行与不杀之旨,好似大致相同,因此引用在这里。至于那些发言辩论,律经所归,固然难得一致了。然而愚意所见,我更认为佛教修行难度大。为什么这么说呢? 当今儒教内圣所阐明的思想,认为出其善言,感应会像如影随形,如响随声一样快速。如其不善,千里违背,如此则善恶报应于很短的时间,祸福在目前就会出现。且为仁由己,弘扬仁义即是正确的,但是还有很多弃正而即邪,背道而从欲的人。况佛教把一生比喻成弹指,约定的时日终于永劫,谈论灵异,认为没有具体方位,设立报应于没有预兆的时候,要想能领悟相信这些道理,不是很难吗? 因此佛法传播到中国,能够开悟的人很少。所以《本起经》说:"正言似反。"说的就是这种情况啊!

公云：行功者当计其为功之劳，何得直以珍仰释迦，而云莫尚于此耶？

请试言曰，以为佛道弘旷，事数弥繁，可以练神成道，非唯一事也。至于在心无倦，于事能劳，珍仰宗极，便是行功之一耳。前答所以云"莫尚于此者"，自谓拟心宗辙，其理难尚。非谓礼拜之事，便为无取也。但既在未尽之域，不得不有心于希通，虽一分之轻微，必终期之所须也。

公云：君臣之敬，皆是自然之所生，理笃于情本，岂是名教之事耶？

敬戢高论，不容间然。是以前答云，君人之道，窃同高旨者，意在此也。至于君臣之敬，事尽揖拜，故以此为名教耳，非谓相与之际，尽于形迹也。请复重申以尽微意。夫太上之世[①]，君臣已位，自然情爱，则义著化本。于斯时也，则形敬蔑闻。君道虚运，故相忘之理泰；臣道冥陶，故事尽于知足。因此而推形敬不与心为影响，殆将明矣。及亲誉既生[②]，兹礼乃兴，岂非后圣之制作，事与时应者乎？此理虚邈，良难为辩。如其未允，请俟高尚。

【注释】

①太上：犹太古，上古。《礼记·曲礼上》："太上贵德。"郑玄注："太上，帝皇之世。"陆德明释文："太上，谓三皇五帝之世。"

②亲誉：慈爱的心和美好的名声。

【译文】

公说：行功者应当计算他的功劳，怎能只珍仰释迦，而不崇尚敬拜王者呢？

请试着说说，我以为佛道宽广，事数繁杂，要想成功练神成道，要做的不只是一件事。至于制心一处，忍辱负重，勤于事业，珍仰宗极，便是行功之一。前答所以说"莫尚于此"，我认为追求终极目标，其理很难达到，不是认为礼拜之事不重要就不取用。但既然处在追求没有尽头的终极大道领域，不得不用心努力，希望通达终极境界，虽然是轻微的一份工夫，必然是终期成功所必须的。

公说：君臣之间的敬重，皆是自然而然生起，是道理根本原则在感情方面的表现，岂是儒家名教之事呢？

恭敬地倾听高论，不容反驳。因此前面的回答说，君人之道，我认为与您的高远意旨相同，意义就在这里。至于君臣之敬，表现在作揖跪拜方面，因此把它称作名教，不是认为君臣大义止于外在形迹。请让我再次探讨以尽微意。比如三皇五帝之世，君臣位置名分已确定，自然情爱，则道义存在于教化根本。在那个时候，很少听到外在形式方面的敬拜礼仪。君主之道注重虚静无为，因此相忘之理通达无碍；臣子之道注重暗中相知契合，因此事尽于知足。因此而推论，外在形体之敬与内在心意之间不是像如影随形，如响随声一样对应，就很清楚了。直到各种慈爱名声荣誉生起，各种礼仪也兴起，这些难道不是后面圣人所制作，事情与时代相应吗？此理虚邈，实在难以辩论。如果我说得不适合，请等待高明的人来解说。

桓重书

【题解】

本篇由桓玄所撰。在文章中，桓玄指出，自己命令施行敬事尊主之道，使天下之人都敬拜王者。

来难手笔甚佳，殊为斐然。可以为释疑处，殊是未至也，遂相攻难，未见其已。今复料要明在三之理①，以辩对轻重，则敬否之理可知，想研微之功，必在苦折耳。八日已及今，与右仆射书，便令施行敬事尊主之道，使天下莫不敬。虽复佛道无以加其尊，岂不尽善耶？事虽已行，无豫所论宜究也。想诸人或更精析耳，可以示仲文。

【注释】

①在三：《国语·晋语一》：“‘民生于三，事之如一。’父生之，师教之，君食之。非父不生，非食不长，非教不知，生之族也，故壹事之，唯其所在，则致死焉。”韦昭注：“三，君、父、师也。”后以“在三”为礼敬君、父、师的典故。

【译文】

所送来的文章，手笔甚佳，文采斐然。我认为我们的文章，用来解释疑问的地方，大概没有达到沟通的效果，这样导致互相诘难，不能停止。现在我认为如果明白礼敬君、父、师的道理，来辩对轻重，那么是否应该礼敬君王之理就可知道，精细严谨研究的工夫就会存在。八日期限现在已经到了，送给右仆射书信，命令施行敬事尊主之道，使天下之人没有不敬拜王者的。虽然佛道无以加其尊，难道不是尽善尽美吗？事情虽已实行，不像预想那样。各位或许会有更加精当的分析，可以把自己的想法告诉殷仲文。

重难

【题解】

本篇由桓玄所撰。在文章中,桓玄又一次诘难。他认为,师傅的功用,在于帮助徒弟开悟,就像未经雕琢的璞玉,要通过磨拭才能光洁,如果资质不是美玉,琢磨也没有用处。而如果自己怀玉,又通过雕琢形成玉器,但是如果没有君主则无法实现目标,因此君、父、师中,君主为重而师为末,因此沙门应该敬拜君主。

比获来示,并诸人所论,并未有以释其所疑。就而为难,殆以流迁,今复重申前意而委曲之。想足下有以顿白马之辔,知辩制之有耳。夫佛教之所重,全以神为贵,是故师徒相宗,莫二其伦。凡神之明暗,各有本分,分之所资,禀之有本。师之为功,在于发悟,譬犹荆璞而莹拂之耳①。若质非美玉,琢磨何益?是为美恶存乎自然,深德在于资始,拂莹之功实已末焉。既怀玉自中,又匠以成器,非君道则无以申遂此生,而通其为道者也。是为在三之重而师为之末。何以言之?君道兼师,而师不兼君,教以弘之,法以齐之,君之道也。岂不然乎?岂可以在理之轻,而夺宜尊之敬?三复其理,愈所疑骇,制作之旨,将在彼而不在此,错而用之,其弊弥甚。想复领其趣而贵其事,得之濠上耳②。

【注释】

①莹拂:磨拭使光洁。比喻阐明事理,去惑显真。晋孙绰《兰亭集后序》:"聊于暧昧之中,期乎莹拂之道。"

②濠上:濠水之上。《庄子·秋水》记庄子与惠子游于濠梁之上,见鲦鱼出游从容,因辩论鱼知乐否。后多用"濠上"比喻别有会心、自得其乐之地。唐贾岛《寄令狐绹相公》诗:"不无濠上思,唯食圃中蔬。"濠上,又指代庄子。

【译文】

近期已经看到你的文章,及其他人的论文,都没有很好解释疑问。这个问题有难度,大家见解不同,现在我再次表达前面的意思,统一大家的意见。我想足下能够顾全大局,遵守制度。佛教之所重,全以神契为贵,因此师徒以心传心,没有两样。凡神之明暗,各有本分,本分之所资,承受时有所依据。师傅的功用,在于帮助徒弟开悟,就像楚人卞和从荆山得到的未经雕琢的璞玉,要通过磨拭才能使其光洁。如果资质不是美玉,琢磨有什么用处呢?因为美恶存于自然,深德在于最初的资质,磨拭之功实在是排在后面。既然自己怀藏璞玉,又通过雕琢以成玉器,但是没有君主则无法实现人生目标,无法通达大道。因此君、父、师中,君主为重而师为末。为何这么说?君道兼具师傅化育开导功能,而师不兼君,弘扬教化,以法治民,这是为君之道。难道不是这样吗?岂能以在理之轻,而忽略对君主应尽的礼敬?三次陈述道理,越加怀疑惊骇,制作礼乐之旨,将在彼而不在此,如果错用,弊害很大。我想再次引领这种趋势,让大家重视这件事,这是一件快乐开心的事。

公重答

【题解】

本篇由王谧所撰。在文章中，王谧表示听从桓玄的命令。

重亏嘉诲云：“佛之为教，以神为贵。神之明暗，各有本分。师之为理，在于发悟，至于君道，则可以申遂此生，通其为道者也。”尔为师无该通之美，君有兼师之德，弘崇主之大礼，折在三之深浅，实如高论！实如高论！下官近所以脱言鄙见，至于往反者，缘顾问既萃，不容有隐。乃更成别辩一理，非但习常之惑也。既重研妙旨，理实恢邈，旷若发蒙，于是乎在。承已命庾桓，施行其事至敬，时定公私，幸甚。下官瞻仰所悟，义在击节①。至于濠上之诲，不敢当命也。

【注释】

① 击节：形容十分赞赏。

【译文】

又一次领受您的教诲：“佛家的教化，以神为贵。神之明暗，各有本分。师傅的功用，在于帮助徒弟开悟，至于君主，则可以让人实现人生目标，通达大道。"您认为师傅没有博通之美，君主则兼具师傅启发开导之德，弘扬尊崇君主的大礼，辨析致敬君、父、师礼义之深浅，确实如高论！确实如高论！下官最近之所以表达鄙陋见解，往返几次，是因为您的谘商询问既然提出，不容我隐藏自己的见解。于是粗浅地辩解讨论，不能解决疑问。既然重新研究高妙旨意，您所论之理实在高远神妙，就好像启蒙一样，确实如此。知道您已经命令庾桓，极为恭敬地施行这事，根据形势确定公私行为界限，很好啊！下官瞻仰所悟，非常赞赏。至于濠上之诲，不敢承当此殊荣。

桓玄书与远法师

【题解】

本篇由桓玄所撰。在文章中,桓玄对慧远法师说,沙门不礼敬跪拜帝王,既从感情上说不过去,在道理上也说不明白,这是当朝大事,不可让体制不适当,因此希望慧远法师论述沙门不敬拜帝王的理由。

沙门不敬王者,既是情所不了,于理又是所未谕①。一代大事,不可令其体不允近。八座书今示君,君可述所以不敬意也。此便当行之事,一二令详遣想,君必有以释其所疑耳。王领军大有任此意,近亦同游谢中,面共谘之,所据理殊,未释所疑也。令郭江州取君答,可旨付之。

【注释】

①谕:明白。

【译文】

沙门不礼敬跪拜帝王,既从感情上说不过去,在道理上也说不明白。这是当朝大事,不可让体制不适当。近来有写给八座官员的一篇文章,今天送给您,您可以论述沙门所以不礼敬帝王的理由。这篇文章写得很简单,希望您读后,认真考虑一下,想您一定有消除我的疑问的理由。王领军也有这种理由，近来他与我同游谢中，共同商议此事，他与我意见不一，但不能消除我的疑问。我让郭江州取您的回文，您可交付于他。

远法师答桓太尉书

【题解】

本篇由晋代慧远法师所撰。在文章中，慧远法师回答桓玄的问题，认为出家沙门能够启发世俗蒙昧之人，使他们走上觉悟之路，因此沙门是教化普天下众人的人，而且，佛典中明确规定，在俗信徒应该敬亲尊君，恪守礼法名教，这与世法并无矛盾，至于出家信众则走的是另一条敬亲尊君道路，沙门穿的袈裟不是朝宗之服，沙门用的钵盂也不是廊庙之器，沙门是尘世之外的人，所以他们不应该跪拜帝王。

详省别告及八座书，问沙门所以不敬王者意。义在尊主崇上，远存名体。征引老氏，同王侯于三大，以资生运通之道，故宜重其神器。若推其本以寻其源，咸禀气于两仪，受形于父母，则以生生通运之道为弘，资存日用之理为大，故不宜受其德而遗其礼，沾其惠而废其敬。此檀越立意之所据，贫道亦不异于高怀。求之于佛教，以寻沙门之道，理则不然。

何者？佛经所明，凡有二科。一者处俗弘教，二者出家修道。处俗则奉上之礼，尊亲之敬；忠孝之义，表于经文；在三之训,彰于圣典;斯与王制同命,有若符契①。此一条全是檀越所明,理不容异也。出家则是方外之宾,迹绝于物。其为教也,达患累缘于有身,不存身以息患;知生生由于禀化,不顺化以求宗。求宗不由于顺化,故不重运通之资;息患不由于存身,故不贵厚生之益。此理之与世乖,道之与俗反者也。是故凡在出家,皆隐居以求其志,变俗以达其道;变俗则服章,不得与世典同礼;隐居则宜高尚其迹。夫然,故能拯溺俗于沈流②,拔幽根于重劫;远通三乘之津,广开人天之路。是故内乖天属之重,而不违其孝;外阙奉主之恭,而不失其敬。若斯人者,自誓始于落簪,立志成于暮岁,如令一夫全德,则道洽六亲,泽流天下。虽不处王侯之位,固已协契皇极,大庇生民矣。如此岂坐受其德,虚沾其惠,与夫尸禄之贤,同其素餐者哉?

【注释】

①符契:符券契约一类文书的统称。

②沈流:沉入水流。语出《楚辞·九章·惜往日》:"临沅湘之玄渊兮,遂自忍而沉流。"此处借指佛教徒所说的世俗生死轮回之流。

【译文】

详读您寄来的书函和八座书,询问沙门所以不礼敬跪拜帝王的理由。来文的意义在尊主崇上,强调保存名分体制。援引老子的话,认为王侯与道、天、地"三大"一样,能资助万物生存发展,所以要尊重王侯的权威。如果推其根本以寻其来源,众人都禀气于阴阳,受胎于父母,都要以家族繁衍之道为重,以家庭日用伦理为大,因此不能受王侯之德而不礼敬,得父母恩惠而不孝敬。这是施主来函立意的根据,贫道我也有这样的情怀。但如果求之于佛教,探寻沙门修行之道,道理则与上面有所不同。

为什么呢？佛经上说得很明白，信佛者有两类。第一种是在家居士，弘扬教理，第二种是出家僧人修道。俗家居士，则遵守皇上规定的礼制，对父母尊敬，实行忠孝之义，这都记载于佛经之上；"在三之训"明确记载于经典；在家居士遵守礼法名教，与王制好像符契一样吻合。这些道理，全是施主所阐明的，理所应当。出家沙门是世外之人，他们超俗绝物。他们的教义认为，众生因为有生命形体而有烦恼痛苦，因此主张不顺应情欲繁衍，知道众生流转于生死之流乃是由于禀承俗化，因此不顺从世俗教化探求宗旨。不顺应民俗去追求终极根本大道，所以不重视经营、财物和金钱。为了消除烦恼，不执着于生命和形体，所以不重视养生的利益。这个道理与世风相背，与习俗相反。故凡出家人，都隐居山林追求自己的志向，改变生活的习俗，以走向成佛之路。改变生活习俗，则服装礼俗都不与世俗的规定相同；隐居修行，则使自己的心迹高尚。这样才能挽救那些沉迷于世俗事务不能自拔的人，拔业根于无重劫难之中；远通佛教三乘之津渡，广开人天之道路。所以虽背离亲情而不背离孝道，虽缺少对王者的跪拜之恭，却不失去敬意。这样的人，自誓信佛始于剃发，立志修行成就于暮年，如果一个沙门成就了功德，就会给六亲乃至天下都带来好处。可见，沙门虽不在王者之位，却协助配合了王者之治，庇护了民众的利益。由此可见，沙门岂是坐受王者之恩德，虚受王者的惠利，与那些食禄而不尽职，不劳而食的人是一样的吗？

檀越顷者以有其服而无其人，故澄清简练，容而不杂。此命既宣，皆人百其诚，遂之弥深，非言所喻。若复开出处之迹，以弘方外之道，则虚衿者挹其遗风，漱流者味其余津矣[①]。若澄简之后，犹不允情，其中或真伪相冒，泾渭未分，则可以道废人，固不应以人废道。以道废人，则宜去其服；以人废道，则宜存其礼。礼存则制教之旨可寻，迹废则遂志之欢莫由。何以明其然？夫沙门服章法用，虽非六代之典，自是道家之殊制，俗表之名器。名器相涉则事乖其本，事乖其本则礼失其用，是故爱夫礼者必不亏其名器，得之不可亏，亦有自来矣。夫远遵古典者，犹存告朔之饩羊②，饩羊犹可以存礼，岂况如来之法服耶？推此而言，虽无其道，必宜存其礼，礼存则法可弘，法可弘则道可寻，此古今所同，不易之大法也。

又袈裟非朝宗之服，钵盂非廊庙之器，军国异容，戎华不杂。剃发毁形之人，忽厕诸夏之礼，则是异类相涉之象，亦窃所未安。檀越奇韵挺于弱年，风流迈于季俗，犹参究时贤以求其中。此而推之，必不以人废言。贫道西垂之年，假日月以待尽。情之所惜，岂存一己？苟吝所执，盖欲令三宝中兴于命世之运，明德流芳于百代之下耳！若一旦行此，佛教长沦，如来大法，于兹泯灭，天人感叹，道俗革心矣，贫道幽诚所期，复将安寄？缘眷遇之隆，故坦其所怀，执笔悲懑，不觉涕泗横流。

【注释】

①漱流：谓以流水漱口，形容隐居生活。

②饩(xì)羊：古代用为祭品的羊，比喻礼仪，又比喻徒具之形式。

【译文】

施主近来因沙门袒服问题而清理淘汰佛教沙门，澄清真假教徒，允许存在但不准混杂。此令宣布，众人皆知其诚意，符合大家的心愿，不是语言所能表达的。若我们重新探讨入世与隐居之事,以弘扬方外佛道,则虚怀若谷者留存遗风,漱流隐居者余味无穷。若沙门经清理之后,仍不符合实情,其中有真有伪,有假冒者,泾渭不明,则可以佛道废假僧,不应以假僧废佛道。以道废人,则剥夺假僧人的服章;以人废道,则应当存其礼仪。礼仪存在,则礼制教化的宗旨可以探寻;废除佛家礼制,则追求佛法的心愿无从实现。何以知其然? 佛教的服章法规,虽然不在中华六代之典籍上,但也是佛教的特殊礼仪,是世俗之外的一种礼仪名器。礼仪相违,则行事背离根本,行事背离根本,则礼制失去功用。所以爱护礼制者,必然不毁坏外来的名号服制,得到了不去毁坏,这种做法由来已久。遵守古典的人,都知道保存告朔祭祖用的饩羊,孔子认为饩羊犹可保存周礼,而况如来之服章礼仪呢? 由此而论,虽道不存,仍应保存其礼。礼仪在,则法理可弘扬。法理可弘扬,则道可探寻。这是古往今来,永恒不变的法则。

沙门袈裟不同于朝廷和宗族的服式,钵盂不是朝廷庙堂的器物,军队与国人穿戴不同,边疆异族与汉人不混杂。剃头发而自毁形貌的沙门,忽然穿起世俗的礼服,这是异类相涉的迹象,使我非常的不安。施主年轻且文才出众,风流超俗,且广听时贤意见,以求得立论行事准确无误。由此而推之,必定不会因人废言。贫道垂暮之年,所余岁月将尽;发自肺腑之言,决非是为了自己。是希望三宝能兴盛于世,明德能流芳百代。若一旦强制沙门礼敬王者,使佛教长久沦丧,如来大法泯灭,则天人感叹,佛俗皆人心大变,贫道的诚心期待又将到哪里去寄托呢? 由于知遇之情隆盛,故尽其所怀而畅所欲言,执笔时我忧伤烦闷,不知不觉竟然泪涕横流。

答慧远法师

【题解】

　　本篇由晋代桓玄所撰。在文章中，桓玄认为，执着在于内心滞塞，不是因为外在的形体敬拜，形敬是心之所用，是寄托情感的礼仪，因此敬拜君主是应该的。

　　知以方外遗形^①，故不贵为生之益。求宗不由顺化，故不重运通之资。又云内乖天属之重，而不违其孝；外阙奉主之恭，而不失其敬。若如来言，理本无重，则无缘有致孝之情；事非资通，不应复有致恭之义。君亲之情，许其未尽，则情之所寄，何为绝之？夫累著在于心滞，不由形敬，形敬盖是心之所用耳。若乃在其本而纵以形敬，此复所未之谕。又云佛教两弘，亦有处俗之教，或泽流天下，道洽六亲，固以协赞皇极^②，而不虚沾其德矣。夫佛教存行，各以事应，因缘有本，必至无差者也，如此则为道者亦何能违之哉？是故释迦之道，不能超白净于津梁^③。虽未获须陀^④，故是同国人所蒙耳。就如来言，此自有道，深德之功，固非今之所谓宜教者所可拟议也。来示未能共求其理，便使大致慨然，故是未之谕也。想不惑留常之滞，而谬情理之用耳。

【注释】

①遗形：超脱形骸，精神进入忘我境界。

②皇极：帝王统治天下的准则，即所谓大中至正之道。

③津梁：渡口和桥梁，多比喻起引导、过渡作用的事物或方法。

④须陀：梵语的音译，指甘露。《法苑珠林》卷六："四天王天并食须陀味。朝食一撮，暮食一撮。食入体，已转成身。是须陀味园林池苑并自然生。"《大方便佛报恩经·优波离品》："天须陀食自然百味，百千伎乐以自娱乐。"唐玄应《一切经音义》卷四："须陀食，或云修陀，此天食也。修陀，此译云白也。"

【译文】

知道方外修道之人追求超脱形骸，精神忘我的境界，因此不看重世俗人生的利益。追求终极根本大道，不顺应民俗，因此不重视经营和资财等事务。您又说虽然违背亲属的感情，而不违背其孝道；外在礼仪虽然缺少敬奉国主的恭敬，而内心不失其敬意。如果按照您的话，理本来就无所谓重要，那么不应该有致孝之情；不是有关经营资财的事务，那么不应该再有表达恭敬之义。对于君主亲人的感情，允许他们没有尽到，那么寄托情感的礼仪，为何要禁绝呢？劳累执着在于内心滞塞，不是因为形散，形散是心之所用。如果重视根本，却又忽略形体上的敬拜，这是没有说清楚的。您又说，佛教弘法有两种途径，有处俗居士之教，让恩泽流行天下，学说和教义普及六亲，用来协助、辅佐君主，而不虚沾其德。佛教修行之道，各以事应，因缘各有其本，必然没有差别，这样的话那么修道的人为何却违背这点呢？因此释迦之道，不能离开世俗社会。没有获得甘露之味，所以容易被蒙蔽。就如您的来信，这自然有深德之功，本来就不是今天的所谓宣教者所可考虑的。您的来信未能共同探求其理，只是大致谈论，因此不能让我很明白。希望不要迷惑恒常之道，而误解情理之用。

许道人不致礼诏

【题解】

在本篇中,桓玄同意僧人不用敬拜王者。桓玄在当上皇帝后,态度大变,几次下诏给臣子,指出僧人不用敬拜王者。

门下。佛法宏诞,所不能了,推其笃至之情,故宁与其敬耳。今事既在己,苟所不了,且当宁从其略,诸人勿复使礼也,便皆使闻知。十二月三日。

侍中臣卞嗣之、给事黄门侍中臣袁恪之言:诏书如右。神道冥昧,圣诏幽远,陛下所弘者大,爰逮道人奉佛者耳。率土之民,莫非王臣,而以向化法服,便抗礼万乘之主,愚情所未安。拜起之礼,岂亏其道?尊卑大伦,不宜都废。若许其名教之外,阙其拜敬之仪者,请一断引见①,启可纪识②。谨启。

【注释】

①一断:谓完全取决。

②纪识:记住,记载。纪,通“记”。王充《论衡·正说》:“传文纪识恐忘。”

【译文】

门下省。佛法宏大虚妄，很难理解，考虑到其笃至之情，因此宁可对沙门表达敬重。今事既由本王决断，如果一时难办，且当同意他们简略礼仪，僧人不要再跪拜君主，让大家都知道。十二月三日。

侍中臣卞嗣之、给事黄门侍中臣袁恪之说：诏书如右。神道玄冥昏昧，圣诏意旨幽远，陛下宽宏大量，延及奉佛的道人。率土之民，莫非王臣，而因为他们穿着追求佛化的法服，便不跪拜王者，与万乘之主分庭抗礼，我们内心不安。拜起之礼，难道亏损他们的道？尊卑伦理大节，不宜都废止。如果允许僧人在名教之外，缺失拜敬之仪，陛下决定实行不用礼拜的礼仪后，请立即记载下来。谨启。

桓玄诏：何缘尔？便宜奉诏。

太亨二年十二月四日，门下通事令史臣马范、侍中臣嗣之言：启事重被明诏，崇冲挹之至[1]，履谦光之道[2]。愚情眷眷，窃有未安。治道虽殊，理至同归。尊亲尊亲，法教不乖。老子称四大者，其尊一也。沙门所乘虽异，迹不超世，岂得不同乎天民？陛下诚欲弘之于上，然卑高之礼，经治之典，愚谓宜俯顺群心，永为来式。请如前所启。谨启。

【注释】

①冲挹：谦抑，谦退。《晋书·恭帝纪》："而雅尚冲挹，四门弗辟，诚合大雅谦虚之道，实违急贤赞世之务。"

②谦光：同谦尊而光，谓尊者谦虚而显示其光明美德；谦虚。语本《周易·谦》："谦，尊而光，卑而不可逾。"孔颖达疏："尊者有谦而更光明盛大，卑谦而不可逾越。"

【译文】

桓玄诏：是什么原因呢？你们应该奉诏。

太亨二年十二月四日，门下通事令史臣马范、侍中臣卞嗣之说：启事再次接奉明诏，崇尚谦退之至，履行谦虚之道。臣等愚情眷眷，心中不安。治理国家方法虽有不同，最终却是殊途同归。尊亲尊亲，法教不能违背。老子称四大，君王是一大。沙门所乘虽然不同，但他们的足迹不超世，岂得不同于天民？陛下诚欲弘之于上，但是上下尊卑之礼，经治之典，我们认为应该俯顺群心，永为后来之典范。请如前所启。谨启。

诏：置之使自已，亦是兼爱九流，各遂其道也。

侍中祭酒臣嗣之言：重被诏如右。陛下至德圆虚，使吹万自已[1]，九流各徇其美，显昧并极其致。灵泽幽流[2]，无思不怀，群方所以资通，天人所以交畅。臣闻佛教以神慧为本，导达为功，自斯已还，盖是敛粗之用耳。神理缅邈，求之于自形而上者，虔肃拜起，无亏于持戒。若行道不失其为恭，王法齐敬于率土，道宪兼隆，内外咸得矣。臣前受外任，听承疏短，乃不知去春已有明论。近在直被诏，便率其愚情，不惧允合。还此方见斯事屡经神笔，宗致悠邈，理析微远，非臣驽钝所能击赞。沙门抗礼，已行之前代，今大明既升，道化无外。经国大伦，不可有阙，请如先所启，摄外施行。谨启。

【注释】

①吹万：谓风吹万窍，发出各种音响。吹，指风而言；万，万窍。《庄子·齐物论》：“夫吹万不同，而使其自已也。”成玄英疏：“风唯一体，窍则万殊。”比喻恩泽广被天下。

②灵泽：滋润万物的雨水，亦喻君王的恩德。

【译文】

诏：留下这个问题让佛教徒自己解决，这也是兼爱九流，各遂其道的办法。

侍中祭酒臣卞嗣之说：再次奉诏如右。陛下至德圆虚，恩泽广被天下，九流各领受其美，显昧各自追寻其极致。滋润万物的雨水幽幽流淌，没有不归附的，群方因此资通，天人因此交畅。臣闻佛教以神慧为本，导人开悟为功，从此以下，是敛粗之用。神理缅邈，求之于超出具体物象的思维探究，虔肃拜起，没有亏于持戒。如果行道不失其为恭，王法在国境内被忠实遵守，大道与圣法共同兴盛，内外臣民都能各得其所。臣前面接受外任，听到消息比较晚，不知去年春天已有明论。近在朝房轮值时接诏，便表达自己的愚蠢之情，不惧允合。回来后方见这事屡经陛下神笔，宗旨悠邈，理析微远，不是臣驽钝所能击赞。沙门抗礼，前代就已经出现，如今圣上既然已登大位，大道教化不再有内外之分，治国大法，不可有缺失，请如先所启，摄外施行。谨启。

桓玄诏：自有内外兼弘者，何其于用前代理？卿区区惜此，更非赞其道也。

侍中祭酒臣嗣之言：重奉诏自有内外兼弘者。圣旨渊通，道冠百王，伏读仰叹，非愚浅所逮。尊主只法臣下之节，是以拳拳频执所守。明诏超邈，远略常均，臣暗短不达，追用愧悚。辄奉诏，付外宣摄遵承。谨启。

元治元年十二月二十四日上。

【译文】

桓玄诏：佛法既然是内外皆可弘扬，为什么其形式上要不同于前朝？你如果仅仅执着于此小节，更不是赞扬佛法之道。

　　侍中祭酒臣卞嗣之说：臣接到陛下"自有内外兼弘者"的诏书。圣旨清远通达，道义超过百世贤王，臣伏读钦佩赞叹，实在不是愚浅之辈所能企及。尊礼主上只是臣子们当守的节操，所以我们屡屡坚持沙门应该礼敬君王。您的诏书意图超群，远过常人所想。臣等以往愚昧不能理解，十分惶恐。臣等即刻奉诏，命令外朝臣民一起遵行。谨启。

　　元治元年十二月二十四日呈上。

桓玄辅政欲沙汰众僧与僚属教

【题解】

本篇由桓玄所撰。桓玄在他的沙门敬王者论受到了抵制后,便提出了沙汰、整顿佛教,强令佛教徒还俗的问题。他指责佛教与中国孔孟儒学相违背,削弱了儒学在中国传统文化及统治思想中的独尊与主宰的地位。他说,佛教界正在和社会争夺世俗利益,和王朝争夺税源与人力,弊病丛生,因此应该整顿、淘汰僧人。

夫神道茫昧,圣人之所不言,然惟其制作所弘,如将可见。佛所贵无为,殷勤在于绝欲。而比者陵迟①,遂失斯道。京师竞其奢淫,荣观纷于朝市,天府以之倾匮,名器为之秽黩,避役钟于百里,逋逃盈于寺庙②。乃至一县数千,猥成屯落;邑聚游食之群,境积不羁之众。其所以伤治害政,尘滓佛教,固已彼此俱弊,实污风轨矣。便可严下在所诸沙门,有能申述经诰,畅说义理者;或禁行修整,奉戒无亏,恒为阿练者;或山居养志,不营流俗者,皆足以宣寄大化,亦所以示物以道,弘训作范,幸兼内外。其有违于此者,皆悉罢遣,所在领其户籍,严为之制。速申下之,并列上也。唯庐山道德所居,不在搜简之例。

【注释】

①陵迟:即"陵夷",衰颓,高低不平。

②逋(bū):逃亡,拖欠。

【译文】

神道深远,茫然不清,圣人因此不谈论,只制作礼仪,弘扬仁义,如已经见到的经典中所记载的。佛所重视的是无为,殷勤追求的在于绝欲。而僧人道德衰颓,素质高低不一,不能体悟佛理。他们在京城攀比奢侈过度,在朝廷集市追求荣名;国家府库减少了税金,名位被他们弄得污浊;平民到寺院里逃避徭役,逃亡者充斥寺庙。乃至一县数千寺院,几乎成了屯落,城市聚集着一些游食之群,国家积聚着一些不服管理的人。他们伤害政治,让佛教蒙羞,已经带来很大弊害,实在污染风俗仪轨。因此要严格审查所有沙门,只允许以下沙门存在,那些能申述经诰,畅说义理的沙门;或禁行修整,奉戒无亏,恒为阿练的沙门;或山居养志,不营流俗的沙门,他们足以宣寄佛法大化,也可以示物以道,弘训作范,幸兼内外。其他违背这些标准的不合格僧人,皆悉罢遣,所在领其户籍,严格查检核定。快速把命令传达下去,并尽早报上具体情况。只有庐山是有道德的人所居住的地方,不在搜简之中。

与桓太尉论料简沙门书

【题解】

　　本篇由慧远法师所撰。他在文中,承认桓玄整顿寺庙,淘汰佛徒中的败类是必要的,但是,他强调整顿佛教必须仔细区分良莠,要讲政策,不能借整顿佛徒之中的不良分子,良莠不分一概斥逐,而使佛教界伤筋动骨。慧远指出,有三类僧人不属淘汰之列:或有兴福之人,内不毁禁而迹非阿练者;或多诵经,讽咏不绝,而不能畅说义理者;或年已宿长,虽无三科可记,而体性贞正,不犯大非者。慧远对桓玄的排佛思想进行有理有节的抗争,使得桓玄也折服几分。

　　佛教凌迟,秽杂日久,每一寻思,愤慨盈怀。常恐运出非意,混然沦湑①,此所以夙宵叹惧,忘寝与食者也。见檀越《澄清诸道人教》,实应其本心。夫泾以渭分,则清浊殊流;枉以正直,则不仁自远。推此而言,符命既行,必二理斯得。然令饰伪取容者,自绝于假通之路;信道怀真者,无复负俗之嫌。如此则道世交兴,三宝复隆于兹矣。

【注释】

①沦湑:沦灭,沉没。

【译文】

佛教衰败,掺杂进很多秽物,已经很久了,每一想到此事,我都愤慨满怀。常常担心那些不好的东西在我意料之外出现,使佛教沦灭,所以整夜忧愁叹惧,废寝忘食。见施主您的《澄清诸道人教》,确实符合我的内心。我私下里看那些高洁的僧人,言行都是出自本心,泾水和渭水因水质不同,一清一浊;如果把邪恶变成正直,不仁之心就会消失。由此推论,您的命令既已实行,必定能治理好佛门,就可以断绝那些饰伪的人的假通之路,真正的僧人就不会因为那些假僧人的所作所为而受世人讥讽。这样可使佛门和世俗礼教都能够兴盛,可使佛宝、法宝、僧宝恢复兴隆。

　　贫道所以寄命江南,欲托有道以存至业。业之隆替,实由乎人。值檀越当年,则是贫道中兴之运,幽情所托,已冥之在昔。是以前后书疏,辄以凭寄为先,每寻告慰,眷怀不忘。但恐年与时乖,不尽檀越盛隆之化耳。今故谘白数条,如别疏。经教所开,凡有三科:一者禅思入微,二者讽味遗典,三者兴建福业。三科诚异,皆以律行为本。檀越近制,似大同于此,因此不疑。或有兴福之人,内不毁禁而迹非阿练者;或多诵经,讽咏不绝,而不能畅说义理者;或年已宿长,虽无三科可记,而体性贞正,不犯大非者;凡如此辈,皆是所疑。今寻檀越所遣之例,不应问此。

　　而外物惶惑,莫敢自宁,故以别白。夫形迹易察,而真伪难辩,自非远鉴,得之信难。若是都邑沙门经檀越视听者,固无所疑;若边局远司,识不及远,则未达教旨,或因符命,滥及善人,此最其深忧。若所在执法之官,意所未详,又时无宿望沙门①,可以求中得,令送至大府,以经高览者,则于理为弘想。檀越神虑已得之于心,直是贫道常近之情,故不能不及耳。若有族姓子弟,本非役门②,或世奉大法,或弱而天悟,欲弃俗入道,求作沙门,推例寻意,似不塞其清涂。然要须谘定,使洗心向味者,无复自疑之情。昔外国诸王,多参怀圣典,亦有因时助弘大化,扶危救弊,信有自来矣。檀越每期情古人,故复略叙所闻。

【注释】

① 宿望:素负重望的人。

② 役门:犹役户,指承担赋役的寻常百姓家。

【译文】

贫道之所以把生命寄托在江南庐山,是想要寄托大道以存佛法至业。事业之兴盛衰败,实在取决于人才。正值施主执政,那么正是贫道中兴佛教的大运,幽情所托,已冥冥中在此应验了。因此前后多次与您书信来往,就以凭寄为先,每寻告慰,不忘您的关怀。只是担心年与时违背,不能尽施主盛隆之化。现在因此提出数条,如另外起草一份奏疏。经教所开,凡有三科:一者禅思入微,二者讽味遗典,三者兴建福业。三科确有差异,皆以律行为根本。施主您近来的要求,似大同于此,因此我不怀疑。或有热心营造塔庙佛像,内不毁禁而迹非阿练若苦行的人;或多诵经,讽咏不绝,而不能畅说义理的人;或年已宿长,虽无三科可记,而体性贞正,不犯大错的人,凡如这样的人,都是我所担心会受到错误对待的。现在建议施主所遣送出教之例,不应包括这些。

而外在的事情容易让人惶恐困惑,我不敢只顾自己安宁,因此专门谈论这些问题。形迹容易观察,而真伪难以辨别,自己若不是具有深远洞察力,要弄清楚确实难。如果是都城沙门,经檀越您亲自审察的,固然不用担心;如果是边局远司地方官吏,见识不够深远,未能领会您的教旨,或许会借此命令粗暴整顿,滥及善人,这是我最担忧的。如果所在地方的执法之官,对政策不是很了解,而当时又没有素负重望的沙门,可以求得中肯的评判,可以把他们送至大府,以请有高明洞察力的人亲自考察,那么最理想。施主您神虑已得之于心,只是贫道常近之情,因此不能不说这些。若有王族大姓子弟,本不是寻常百姓家,或许家里世代敬奉大法,或许很小就已经天生开悟,想要弃俗入道,求作沙门,仔细考虑,似乎没必要阻塞他的清净道途。当然要问清楚,使净化心灵向往佛味的人,不再有自疑之情。从前外国诸王,多参怀圣典,也有人时机成熟出家帮助弘扬佛法,扶危救弊,确实有这种情况。施主您常常期望上比古人,因此略叙所闻。

与桓玄论州符求沙门名籍书

【题解】

　　本篇据题名由晋代支道林法师所撰，实际作者为何人尚存疑问。桓玄当政期间，在境内沙汰沙门，地方官员行文四方，索求僧籍名册纳于官府，且逼迫甚急，支道林针对这种现象上书给桓玄，请求他善待下面的僧人，使怀道之人获得帮助，有志者都能实现理想。支道林指出，沙门在世间，就好像虚舟漂浮在大海上，不因为具体事情而来，退亦乘闲四海之内，最终没有固定住所，国家混乱则振锡孤游，大道融洽则欣然俱萃，自古以来就是这样，这种现象有深刻原因，因此对待出家僧人应该根据实际情况，不能一概严厉处置。

　　隆安三年四月五日，京邑沙门等顿首白：夫标极有宗，则仰之者至；理契神冥，则沐浴弥深。故尼父素室，颜氏流涟①，岂不以道隆德盛，直往忘反者哉？贫道等虽人凡行薄，奉修三宝，爱自天至，信不待习，但日损功德，抚心增忾②。赖圣主哲王，复躬弘其道，得使山居者骋业，城傍者闲通。缘皇泽旷洒，朽干蒙荣。然沙门之于世也，犹虚舟之寄大壑耳。其来不以事，退亦乘闲四海之内，竟自无宅。邦乱则振锡孤游，道洽则欣然俱萃，所以自远而至，良有以也。将振宏纲于季世③，展诚心于百代，而顷频被州符求抄名籍，煎切甚急，未悟高旨。野人易惧，抱忧实深，遂使禅人失静，勤士废行，丧精绝气，达旦不寐，索然不知何以自安？伏愿明公扇唐风于上位，待白足于其下④，使怀道获济，有志俱全，则身亡体尽，毕命此矣。天听殊邈⑤，或未具简。谨以上闻，伏追悚息⑥。

【注释】

①流涟：同"流连"，依恋而舍不得离去。

②忾(xì)：叹息。

③季世：指的是末代，一个历史时代的末段。

④白足：僧人。后秦鸠摩罗什弟子昙始，足白于面，虽跣涉泥淖而未尝污湿，时称"白足和尚"。后亦用以指高僧。南朝梁慧皎《高僧传·神异下·昙始》："释昙始，关中人。自出家以后，多有异迹……始足白于面，虽跣涉泥水，未尝沾涅，天下咸称白足和尚。"

⑤殊邈：很遥远，邈远。

⑥悚息：谓因惶惧而屏息，用为书信中的套语，犹惶恐。

【译文】

隆安三年四月五日，京城沙门等顿首陈述：对大道通达顿悟，那么信仰的人会来到；契合大道神妙幽深之理，那么众人就会深受润泽。因此仲尼道德高尚，颜回依恋而舍不得离去，难道不是因为道德隆盛，才让仰慕者舍不得离去吗？贫道等虽然平凡，行为浅薄，奉修佛法僧三宝，对佛法的热爱来自天生，信奉不用练习，但每日都减损功德，感叹万分。有幸依靠圣主哲王，再次亲自推动弘扬佛道，使得住在山里的人振兴修行事业,依傍在城市的人通达佛法。因为皇上恩泽遍洒人间,枯朽树干都蒙受恩泽而变得茂盛。然而沙门在世间,就好像虚舟漂浮在大海上。他们不因为具体事情而来,离开时亦悠闲云游四海之内,最终没有固定住所。国家混乱则挂着锡杖孤游四方,大道融洽则欣然会聚一处,所以自远而至,这种现象实在是有深刻原因的。正将要在末世振兴佛法大纲,展诚心于百代,而顷刻地方官员行文四方,索求僧籍名册纳于官府,逼迫很急,他们没有理解您的高远旨意。粗野之人容易害怕,担忧很深,于是使禅人失去宁静心境,勤士放弃努力,因担忧受迫害而精气衰弱,通宵达旦不能入睡,索然不知怎样才能心安?但愿明公您在上位扇吹仁慈的唐风,善待下面的优异僧人,使怀道之人获得帮助,有志者都能实现理想,那么我们感恩至极。陛下天听遥远,这封信也许您看不到。谨以上闻,非常惶恐。

启齐武皇帝论检试僧事

【题解】

本篇由南齐天保寺释道盛法师所撰。南齐时期,齐武帝萧赜检试僧事,释道盛法师表示赞同。他认为,释迦兴世,说四谛六度,制诸戒威仪,舍利弗等,皆得罗汉,因此知道佛教大法不是无用之宗,但自那时以来,人的根机变得愚钝,离道玄远,妄习疑惑缠心,因此出现了很多冒牌僧人,他希望齐武皇帝根据实际情况,依律治理处罚违法之人。

天保寺释道盛启。昔者仲尼养徒三千,学天文者则戴圆冠,学地理者则履方履。楚庄周诣哀公曰:盖闻此国有知天文地理者不少,请试之。哀公即宣令国内,知天文者着圆冠,知地理者着方履,来诣门。唯有孔丘一人,到门无不对,故知余者皆为窃服矣。释迦兴世,说四谛六度,制诸戒威仪,舍利弗等,皆得罗汉。故知大法非为无宗。但自尔已来,人根转钝,去道玄远,习惑缠心。若能隔意,则合律科,不尔皆是窃服者。伏愿陛下圣明,深恕此理。弗就凡夫求圣人之道。昔郑子产称曰:大贤尚不能收失,为申徒嘉所讥①。况今末法比丘,宁能收失?若不收失,必起恶心,寺之三官，何以堪命？国有典刑，愿赦在所，依罪治戮，幸可不乱圣听。盛虽老病，远慕榜木②，敢以陈闻，伏纸流汗。谨启。

【注释】

①申徒嘉：庄子寓言中人物，见《庄子·德充符》：郑国有个得道人叫伯昏无人，当时郑国的国相子产就是他的学生，同时拜伯昏无人为师的还有一个人叫申徒嘉，没有腿，走路要靠双手或屁股往前挪。子产瞧不起申徒嘉，申徒嘉说："过去人们笑话我没有腿，对此，我总是勃然大怒。自从到了老师这里后，我出现了相反的表现，不是愤怒而是十分平静。你不知道是老师用善洗去了我心中的不快吗？我与老师学习了十九年，而老师好像根本不知道我是个没有腿的人。现在你与我都是和老师学习向内求法的人，而你的眼里只注意到我的形体，这是不是太肤浅了呢？"子产很惭愧。

②榜木：相传舜在交通要道立木牌，让百姓在上面写谏言。指广开言路，听取各方意见。见《淮南子·主术训》："故尧置敢谏之鼓，舜立诽谤之木。"《后汉书·杨震传》："臣闻尧舜之世，谏鼓谤木，立之于朝。"

【译文】

天保寺释道盛启。从前仲尼养徒三千，学天文者则戴圆冠，学地理者则穿着方履。楚国庄子对鲁哀公说：听说您的国家有很多知晓天文地理的人，请试验一下。鲁哀公即宣令国内，知天文者戴着圆冠，知地理者穿着方履，来到宫门请求接受考察。唯有孔丘一人，来到门口无所不对，因此知道其他人都是假的。释迦兴起于世，说四谛六度，制诸戒威仪，舍利弗等弟子，皆得罗汉，因此知佛教大法不是无用之宗。但自那时以来，人的根机变得愚钝，离道玄远，妄习疑惑缠心。如果能通晓佛理，则合乎律科，不是这样就都是窃服者。但愿陛下圣明，深深体谅这个道理，成全凡夫追求圣人之道的愿望。以前郑国国相子产称说：大贤人尚不能收束散乱放逸之心，为申徒嘉所讥笑。何况现在的末法比丘，哪能收拢散失放纵的人心？若不收摄放纵之心，必起恶心，寺之三官，怎么能忍受呢？国家有典刑，但愿根据实际情况，依罪治理处罚，希望不扰乱圣听。我释道盛虽然老病，远慕舜帝设立榜木纳谏之事，敢以陈闻，伏纸流汗。谨启。

卷第十三

奉法要

【题解】

本篇由晋代郗超所作。"奉法要",意为信奉佛法的要点。本篇以简短的文字阐明了东晋达官名士对佛教基本教义、教规的认识,介绍了在家佛教徒应当奉持的佛教道德信条、戒规、斋法,以及佛教的善恶报应、修行解脱等。并且其中亦透露出对世教风习与人心流俗之针砭,而深蕴超越名士主流的平等观点。至于文中以证空成佛为究竟的理论,则显然是受到僧师支遁所启发的般若学影响。值得注意的是,郗超把修持斋戒与传统的儒家伦理的孝道结合起来论述,体现了佛教中国化的特色。

三自归者:归佛,归十二部经①,归比丘僧,过去、现在、当来三世十方佛,三世十方经法,三世十方僧。每礼拜、忏悔,皆当至心归命,并慈念一切众生,愿令悉得度脱。外国音称"南无",汉曰"归命";佛者,汉音曰"觉";僧者,汉音曰"众"。五戒:一者不杀,不得教人杀,常当坚持尽形寿。二者不盗,不得教人盗,常当坚持尽形寿。三者不淫,不得教人淫,常当坚持尽形寿。四者不欺,不得教人欺,常当坚持尽形寿。五者不饮酒，不得以酒为惠施，常当坚持尽形寿。若以酒为药，当权其轻重，要于不可致醉。醉有三十六失，经教以为深诫。不杀则长寿，不盗则常泰，不淫则清净，不欺则人常敬信，不醉则神理明治。

已行五戒，便修岁三月六斋。岁三斋者，正月一日至十五日，五月一日至十五日，九月一日至十五日。月六斋者，月八日、十四日、十五日、二十三日、二十九日、三十日。凡斋日，皆当鱼肉不御，迎中而食，既中之后，甘香美味一不得尝。洗心念道，归命三尊，悔过自责，行四等心②，远离房室，不着六欲，不得鞭挞骂詈，乘驾牛马，带持兵仗。妇人则兼去香花脂粉之饰，端心正意，务存柔顺。斋者，普为先亡见在，知识亲属，并及一切众生，皆当因此至诚，各相发心。心既感发，则终免罪苦。是以忠孝之士，务加勉励，良以兼拯之功，非徒在己故也。斋日唯得专惟玄观，讲颂法言。若不能行空，当习六思念。

【注释】

①十二部经：佛教术语，一切经教的内容分为十二类，叫做十二部经，也叫做十二分教。

②四等心：佛教四种广大的利他心，即为令无量众生离苦得乐，而起的慈（Maitrī）、悲（Karu 瘟坰 ā）、喜（Muditā）、舍（Upek ṣā）四种心，或入慈、悲、喜、舍四种禅观。又称四无量、四等、四梵住、四梵行、无量心解脱。

【译文】

三自归依是指：归依佛，归依十二部经，归依比丘僧人，过去、现在、当来三世十方佛，三世十方经法，三世十方僧。每次礼拜、忏悔，都应该虔诚至心归命，并且以慈心念一切众生，希望让所有众生都得到度化解脱。外国音称"南无"，汉语翻译为"归命"；佛者，汉语翻译为"觉"；僧者，汉语翻译为"众"。五戒：一者不杀，不得教人杀，常当坚持，从现在开始，尽此一生。二者不盗，不得教人盗，常当坚持，从现在开始，尽此一生。三者不淫，不得教人淫，常当坚持，直到有形的生命完尽。四者不欺，不得教人欺，常当坚持，直到有形的生命完尽。五者不饮酒，不得以酒为恩惠施舍，常当坚持，直到有形的生命完尽。如以酒为药，应该推测病之轻重，要紧之处在于不可致醉。醉有三十六种过失，经教以为深诫。不杀则长寿，不盗则常泰，不淫则清净，不欺则人常敬信，不醉则神识清明，理念坚定。

已行五戒，便修岁三月六斋。岁三斋者，正月一日至十五日，五月一日至十五日，九月一日至十五日。月六斋者，月八日、十四日、十五日、二十三日、二十九日、三十日。凡斋日，都应该不吃鱼肉，到了中午饮食，中午之后，甘香美味都不能品尝。洗心念道，归命三尊，悔过自责，行慈悲喜舍四等心，远离房室爱欲，不执着六欲，不得鞭挞骂詈下人，不得乘驾牛马，不得带兵打仗。妇人则还应去掉香花脂粉的修饰，端心正意，务存柔顺。吃斋的日子，应该认为先亡之人好像还活着一样，朋友亲属，并及一切众生，皆当因此至诚，各相发心。心既然感应发起，则最终会免除罪苦。因此忠孝之士，务加勉励，实在是兼拯之功，不仅仅只在自己的原因。斋日唯得专惟玄观，讲颂法言。若不能行空观，当修习六思念。

六思念者，念佛、念经、念僧、念施、念戒、念天。何谓念天？十善四等，为应天行。又要当称力所及，勉济众生。十善者，身不犯杀、盗、淫，意不嫉、恚、痴，口不妄言、绮语、两舌、恶口。何谓不杀？常当矜愍一切蠕动之类，虽在困急，终不害彼。凡众生厄难，皆当尽心营救，随其水陆，各令得所。疑有为己杀者，皆不当受。何谓为盗？凡取非己有，不问小大，及苞苴不清，皆谓之盗。何谓为淫？一切诸著，普谓之淫。施之色欲，非正匹偶，皆不得犯。又私窃不公，亦兼盗罪。所谓嫉者，谓妒忌也。见人之善，见人有德，皆当代之欢喜，不得有争竞憎嫉之心。所谓恚者，心怀忿恨，藏结于内。所谓痴者，不信大法，疑昧经道。何谓妄言？以无为有，虚造无端。何谓绮语？文饰巧言，华而不实。何谓两舌？背向异辞，对此说彼。何谓恶口？谓骂詈也①。或云口说不善之事，令人承以为罪，亦为恶口。凡此十事，皆不得暂起心念，是为十善，亦谓十戒。五戒检形，十善防心，事有疏密，故报有轻重。

凡在有方之境，总谓三界。三界之内，凡有五道：一曰天，二曰人，三曰畜生，四曰饿鬼，五曰地狱。全五戒则人相备，具十善则生天堂。全一戒者，则亦得为人。人有高卑，或寿夭不同，皆由戒有多少。反十善者，谓之十恶，十恶毕犯，则入地狱。抵捍强梁②，不受忠谏，及毒心内盛，殉私欺绐③，则或堕畜生，或生蛇虺④。悭贪专利，常苦不足，则堕饿鬼。其罪若转少而多阴私，情不公亮，皆堕鬼神，虽受微福，不免苦痛。此谓三涂，亦谓三恶道。

色、痛痒、思想、生死、识，谓之五阴。凡一切外物，有形可见者为色。失之则忧恼，为痛；得则欢喜，为痒。未至逆念，为思；过去追忆，为想。心念始起，为生；想过意识灭，为死。曾关于心，戢而不忘，为识。识者，经历累劫，犹萌之于怀，虽昧其所由，而滞于根。潜结始自毫厘，终成渊岳，是以学者务慎所习。

【注释】

①骂詈(lì)：责骂。直面对斥为骂，侧击旁及为詈。

②抵摵：抵触搪突。

③欺绐：欺骗。

④蛇虺(huī)：泛指蛇类，亦用以比喻凶残狠毒的人。

【译文】

六思念，指念佛、念经、念僧、念施、念戒、念天。何谓念天？十善四等，是顺应天行。又要当随自己能力所及，勉济众生。十善，指身不犯杀、盗、淫，意不嫉、恚、痴，口不妄言、绮语、两舌、恶口。什么叫不杀？常常应当怜爱一切蠕动之类物体，即使在困急的时候，最终也不残害它们。凡众生遭遇苦厄困难，皆当尽心营救，随其水陆生活习性，各令得所。疑有为招待自己而杀的动物，皆不当食用其肉。什么叫盗？凡取非己有，不问小大，及当官管理事情不清楚，都叫做盗。什么叫淫？一切执着，普遍都叫做淫。施之色欲，不是正式的配偶，皆不得非礼侵犯。又私窃不公，同时也犯了盗罪。所谓嫉者，谓妒忌。见人之善，见人有德，应当替他欢喜，不得有争竞憎嫉之心。所谓恚者，心怀忿恨，藏结于内。所谓痴者，不信大法，怀疑佛经正道。何谓妄言？以无为有，虚构编造。何谓绮语？文饰巧言，华而不实。何谓两舌？背向异辞，人前人后说长道短。何谓恶口？就是侮辱责骂别人。或云口说不善之事，令人含屈认罪，也为恶口。凡此十事，皆不得暂起心念，是为十善，也称作十戒。五戒预防检点行为，十善防止心起恶念，事有疏密，因此报有轻重。

凡在有方之境，总谓三界。三界之内，总共有五道：一曰天，二曰人，三曰畜生，四曰饿鬼，五曰地狱。全五戒就可生于人道善地，具十善则可往生天堂。全一戒者，则亦得为人。人有地位的高卑，或寿夭不同,都由戒有多少。反十善者,谓之十恶,十恶都犯,则入地狱。抵触搪突,强梁害人,不接受忠言劝谏,以及毒心内盛,殉私欺骗,则或者堕入畜生道,或者生为蛇类。悭吝贪婪,功利性太强,常苦不足,则堕为饿鬼。其罪若变少而多阴暗私心,情不公亮,皆堕鬼神,虽受微福,不免遭受苦痛。这些叫做三涂,也叫做三恶道。

色、痛痒、思想、生死、识,谓之五阴。凡一切外物,有形可见者为色。失之则忧恼,为痛;得则欢喜,为痒。未至逆念,为思;过去追忆,为想。心念始起,为生;想过意识灭,为死。曾经牵挂于心,忆念而不忘记,为识。识者,经历累劫,犹萌之于怀,虽不明白其所由来,而滞于六根。潜结从毫厘开始,终成深渊山岳,因此学者应该慎重对待所做的事情。

五盖,一曰贪淫,二曰瞋恚,三曰愚痴,四曰邪见,五曰调戏。别而言之,求欲为贪,耽着为淫;外发为瞋,内结为恚;系于缚着,触理倒惑为愚痴。生死因缘痴为本,一切诸着,皆始于痴。地狱苦酷,多由于恚。经云:"卒斗杀人,其罪尚轻,怀毒阴谋,则累劫弥结,无解脱之期。"

六情,一名六衰,亦曰六欲。谓目受色,耳受声,鼻受香,舌受味,身受细滑,心受识。识者,即上所谓识阴者也。五阴六欲,盖生死之原本,罪苦之所由,消御之方,皆具载众经,经云:"心作天,心作人,心作地狱,心作畜生,乃至得道者,亦心也。"凡虑发乎心,皆念念受报。虽事未及形,而幽对冥构。夫情念圆速,倏忽无间,机动毫端,遂充宇宙。罪福形道,靡不由之;吉凶悔吝,定于俄顷。

是以行道之人,必慎独于心,防微虑始,以至理为城池。

常领本以御末，不以事形未著，而轻起心念。岂唯言出乎室，千里应之，莫见乎隐，所慎在形哉？《异出十二门经》云："人有善，恒当掩之；有恶，宜令彰露。"夫君子之心，无适无莫①，过而无悔。当不自得，宜其任行藏于所遇，岂有心于隐显？然则教之所施，其在常近乎？原夫天理之于罪福，外泄则愈轻，内结则弥重，既迹着于人事，必有损于冥应。且伐善施劳②，有生之大情，匪非文过，品物之所同，善著则迹彰，迹彰则誉集。苟情系沮劝③，而誉集于外，藏吝之心，必盈乎内。且人之君子，犹天之小人。况乎仁德未至，而名浮于实？获戾幽冥，固必然矣。夫苟非备德，必有不周，坦而公之，则与事而散。若乃负理之心，铭之怀抱，而外修情貌以免人，尤收集俗誉，大诬天理，自然之衅，得不愈重乎？

【注释】

①无适（dí）无莫：对人没有什么亲疏厚薄。适，厚。莫，薄。《论语·里仁》："君子之于天下也，无适也，无莫也，义之与比。"

②伐善施劳：夸耀自己的长处，表白自己的功劳。

③沮劝：阻止恶行，勉励善事。

【译文】

五盖，一曰贪淫，二曰瞋恚，三曰愚痴，四曰邪见，五曰调戏。分别来说，求欲为贪，耽着为淫；外发为瞋，内结为恚；系于缚着；触理倒惑为愚痴，生死因缘以痴为根本，一切着相犯戒，都始于痴。地狱情状苦酷，多由于恚。经上说："卒斗杀人，其罪尚轻，怀毒阴谋，则累劫弥结，无解脱之期。"

六情，一名六衰，也叫六欲。谓目受色，耳受声，鼻受香，舌受味，身受细滑，心受识。识者，即上文所谓识阴。五阴六欲，大约就是生死之根本，罪苦之所由来，消御之方，都记载在众经上。经上说："心作天，心作人，心作地狱，心作畜生，乃至得道者，也是心。"凡是念头都是从心发起，皆念念受报。虽事未及此身形体，而业报却在暗中积累。情绪念头非常快速，倏忽无间，机动毫端，于是充斥宇宙。罪福形道，没有不缘于念头的；吉凶悔恨，定于一刹那。

因此行道之人，必须慎独于心，防微虑始，以至理为防备犯错的城池。常依据原则以戒慎小节，不以事形未生起，而轻起心念。岂是只有言出乎室，千里应之？哪里是在最隐蔽的言行上能够看出一个人的思想，在最细微的事情上能够显示一个人的品质呢？《异出十二门经》说："人有善，恒当掩之；有恶，宜令彰露。"君子之心，对人没有什么亲疏厚薄，对于过去了的事情，也不会再为之后悔不已。当君子不得志时，宜其任随遇合因缘而决定去留，岂有心于隐显？然而教之所施，其在常近吗？天理之于罪福，外面泄漏则愈轻，内心烦恼则弥重，既报应显明于人事，必有损于冥应。而且夸耀自己的长处，表白自己的功劳，是众生之大情，隐匿错误，掩饰过失，也是众生具有的共同特点，善行显著则受关注，关注多赞美奉承就汇集。如果坚持阻止恶行，勉励善事，而誉集于外，后悔而想掩藏的情结，一定充满内心。且人们眼中的君子，尚且是天之小人。何况仁德未至，而名浮于实？获罪于幽冥世界，是肯定的了。如果不具有完备的品德，必有不周到的地方，坦白而公开，则随事而散。如果真实意愿违背善行，心中念念不忘，而外修情貌以免人，尤收集俗人赞誉，大诬天理，违背自然，罪过难道不是很严重吗？

是以庄生云："为不善于幽昧之中，鬼神得而诛之。"且人之情也，不愧于理，而愧乎物。愆著则毁至，毁至而耻生，情存近复，则弊不至积；恃其不彰，则终莫悛革①。加以天衅内充，而惧其外显，则幽虑万端，巧防弥密，穷年所存，唯此之务。天殃物累，终必顿集，盖由不防萌谋始，而匿非扬善故也。

《正斋经》云："但得说人百善，不得说人一恶。"说人之善，善心便生；说人之恶，便起忿意。意始虽微，渐相资积，是以一善生巨亿万善，一恶生巨亿万恶。古人云："兵家之兴，不过三世。"陈平亦云："我多阴谋，子孙不昌。"引以为教，诚足以有弘。然齐、楚享遗嗣于累叶②，颜、冉靡显报于后昆③，既已著之于事验，不俟推理而后明也。且鲧殛禹兴，鲧鲋异形，四罪不及④。百代通典，哲王御世，犹无淫滥，况乎自然玄应，不以情者，而令罪福错受，善恶无章？其诬理也，固亦深矣。且秦制收孥之刑，犹以犯者为主，主婴其罚，然后责及其余。若衅不当身，而殃延亲属，以兹制法，岂唯圣典之所不容？固亦申、韩之所必去矣！

是以《泥洹经》云："父作不善，子不代受；子作不善，父亦不受。善自获福，恶自受殃。"至矣哉斯言！允心应理。然原夫世教之兴，岂不以情受所存，不止乎己？所及弥广，则诚惧愈深。是以韬理实于韫椟⑤，每申近以敛粗，进无亏于惩劝，而有适于物宜。有怀之流，宜略其事而喻，深领幽旨。若乃守文而不通其变，殉教而不达教情，以之处心循理，不亦外乎？

【注释】

①悛革：悔改。

②遗嗣：指死后留下的子孙。亦泛指后裔，后代。累叶：累世。

③显报：佛教语，显明的因果报应。

④四罪：指共工、三苗、鲧和驩兜。流四罪即流共工于幽州，放驩兜
　于崇山，迁三苗于三危，殛鲧于羽山。四罪古书有记载，且与五
　帝之中的舜有关，舜的功绩之一就是平四罪。

⑤韫椟（yùndú）：亦作"韫匵"，怀藏。

【译文】

因此庄子说："在昏暗不明之中做不善的事情，鬼神会惩罚。"而且
人的感情，不愧于理，而愧于物。有了过失则导致毁坏，毁至而耻辱会
生起。如果能忏悔改正，则弊害不至于不断积累；如果自以为是，隐瞒
不让别人知道，最终就会没有悔改。加上内心充满自我冲突，而害怕被
别人知道，则心中有过多的担忧，总是防备别人知道，长时间都这样。
上天降下的祸殃，和执着外物导致的灾祸，最终必然会一下子出现，实
在是因为平时不防微杜渐，而只是隐匿过错彰显自己的善行。

《正斋经》说："但得说人百善，不得说人一恶。"说人之善，善心便
生；说人之恶，便起忿怒意。意念开始虽然微弱，但会慢慢积累，因此一
善会生巨亿万善，一恶会生巨亿万恶。古人说："兵家的兴旺，不过三
世。"陈平也说："我多阴谋，子孙不会昌盛。"引以为教训，实在值得弘
扬。然而齐、楚国君让后代累世享福，颜回、冉求让后代有显明的因果
报应，既已有事情验明，不用推理就很清楚了。且夏鲧被诛杀后，他的
儿子大禹兴起，舒鲋异形，当年"四罪"之臣所受惩罚不延及后代。百代
通典记载，有智慧的圣王管理世间，没有过度的刑罚，何况自然玄应，难
道不根据事情的实情，而让罪和福错误承受，善与恶没有章法？这是违
背常理，本来就很深刻。而且秦朝制收孥之刑，以犯法者为主，主犯接
受惩罚，然后责及其余。如果罪过不由当事人承受，而祸殃延及亲属，
这样来制定律法，岂只是圣典之所不容许？也是申、韩法家必定不允许
的了！

因此《泥洹经》说："父作不善，子不代受；子作不善，父也不受。作善
自己获福，作恶自己受殃。"这些话实在说得很对！符合道理。然而世俗

之教的兴起，岂不是因为世情的存在？人犯过错，不仅仅是让自己受惩罚吗？涉及面越广，那么人们越不敢干坏事。因此他们隐藏实际道理，不深入考虑因果报应的道理，用连坐等残酷的手段来惩罚邪恶，劝勉向善，这样并不很奏效。聪明正直的人，应该放下这些观念，深刻领悟大道幽旨。如果只是空守文句而不通晓其变化，有为宗教信仰献身的精神却不通达实际情况，这样存心，依照这种道理办事，不是很不适当吗？

夫罪福之于逆顺，固必应而无差者也。苟昧斯道，则邪正无位，寄心无准矣。至于考之当年，信漫而少征。理无愆违，而事不恒著，岂得不归诸宿缘，推之来世耶？是以有心于理者，审影响之难诬，废事证而冥寄，达天网之宏疏，故期之于靡漏。悟运往之无间，混万劫于一朝；括三世而玄同，要终归于必至。岂以显昧改心，淹速革虑哉？此最始信之根至，而业心所深期也。

《十二门经》云：“有时自计，我端正好，便当自念身中无所有，但有肝肠胃肺骨血屎溺，有何等好？复观他人身中，恶露皆如是①。”若悭贪意起，当念财物珍宝，生不持来，死不俱去，而流迁变化，朝夕难保。身不久存，物无常主，宜及当年施恩行惠，赡乏以财，救疾以药，终日欣欣，务存营济。若瞋恚意起，当深生平等，兼护十戒差。《摩竭》云：“菩萨所行，忍辱为大。”若骂詈者，默而不报；若挝捶者，受而不校；若瞋怒者，慈心向之；若谤毁者，不念其恶。《法句》又云：“受辱心如地，行忍如门阃②。”地及门阃，盖取其藏垢纳污，终日受践也。《成具经》曰：“彼以四过加己，则觉知口之失也。报以善言和语，至诚不饰。”四过者，上之所谓两舌、恶口、妄言、绮语也。夫彼以恶来，我以善应，苟心非木石，理无不感，但患处之不恒，弘之不积耳，苟能每事思忍，则悔吝消于见世，福报显于将来。

【注释】

①恶露：佛教谓身上不净之津液。中医特指妇女产后胞宫内遗留的余血和浊液。

②门阃（kǔn）：亦作"门梱"，门槛。

【译文】

其实人的罪福对应人的行为，逆行获罪，顺行得福，本来就没有差错。如果不彰显这种道理，那么邪正无法定位，考察心意没有标准。至于考察以前的时代，可能记录因果报应的书籍比较少，难以查证。不违背道理，则外在事情不会犯错，因此各种报应岂能不归于宿缘，推之来世呢？因此有心于领悟佛理的人，应该明白因果报应如影随形，如响随音一样难以诬蔑，不必用外在事实来证明，而冥冥之中确实存在，正所谓天网恢恢，疏而不漏。悟通万物之间没有间隔，浑然一体，混同万劫时间于一朝；总括过去、现在、未来三世而玄同，最终归于空明境界。岂能因为外物的显昧而改变想法，因时间的快慢而改变信念呢？因果报应思想是佛教的根本，是最应该铭记的信念。

《十二门经》说："有时自己念想，我相貌端正美好，便当自念身中无所有，但有肝肠胃肺骨血屎溺，有什么好的呢？又观想他人身中，不净之津液皆如是。"若悭贪意起，当念财物珍宝，生不带来，死不一起带去，而流迁变化，朝夕难保。身不久存，物无常主，应当及时施行恩惠，用财物赡养老人，用药物救济病人，终日欣欣，务存周济困苦之心。若瞋恚意起，当深生平等之心，兼护十戒差。《摩竭》云："菩萨所行，忍辱为大。"若有人责骂自己，默而不报；若挝捶者，忍受而不计较；若瞋怒者，要用慈爱之心对他；若谤毁者，不念其恶。《法句》又云："受辱心如地，行忍如门阃。"地及门槛，是取其藏垢纳污，终日受践踏的精神。《成具经》曰："彼以四过加己，则觉知口之失也。报以善言和语，至诚不饰。"所谓四过，是上面所说的两舌、恶口、妄言、绮语。别人以恶来，我以善应，其实心不是木石，佛理没有不感应的，只是担心不能持之以恒地实行，弘扬佛法之行为不能积累，如果能每事都考虑容忍，那么悔吝在未来会慢慢消失，福报在将来会显现。

《贤者德经》云："心所不安，未常加物。即近而言，则忠恕之道；推而极之，四等之义。"四等者何？慈、悲、喜、护也。何谓为慈？愍伤众生，等一物我，推己恕彼，愿令普安，爱及昆虫，情无同异。何谓为悲？博爱兼拯，雨泪恻心，要令实功潜著，不直有心而已。何谓为喜？欢悦柔软，施而无悔。何谓为爱护？随其方便，触类善救，津梁会通，务存弘济。能行四等，三界极尊，但未能冥心无兆，则有数必终。是以《本起经》云："诸天虽乐，福尽亦丧；贵极而天道与地狱对门。"《成具》又云："福者，有苦、有尽、有烦劳、有往还。"《泥洹经》曰："五道无安，唯无为快。"称经行道者，先当舍世八事，利衰毁誉，称讥苦乐，闻善不喜，闻恶不惧。信心天固，沮劝无以动其志[1]；埋根于中，外物不能干其虑。且当年所遇，必由宿缘，宿缘玄运，信同四时。其来不可御，其去不能止，固当顺而安之，悦而毕之。勤增道习，期诸妄心，形报既废，乃获大安耳。夫理本于心，而报彰于事。犹形正则影直，声和而响顺，此自然玄应，孰有为之者哉？然则契心神道，固宜期之通理，务存远大，虚中正己。而无希外助，不可接以卑渎，要以情求。此乃厝怀之关键[2]，学者所宜思也。

或谓心念必报，理同影响，但当求己而已，固无事于幽冥。原经教之设，盖所以悟夫求己。然求己之方，非教莫悟。悟因乎教，则功由神道。欣感发中，必形于事，亦由咏歌不足，系以手舞。然则奉而尊之，盖理所不必须，而情所不能废。宜纵己深体教旨，忘怀欣想，将以己引物，自同乎众，所以固新涉之志，而令寄怀有拟。

【注释】

①沮劝：谓阻止恶行，勉励善事。

②厝（cuò）怀：关心，注意。厝，安置。

【译文】

《贤者德经》说："心所不安，未常加物。即近而言，则忠恕之道；推而极之，四等之义。"什么是四等？慈、悲、喜、护。何谓为慈？怜悯众生，物我同一，推己恕彼，愿令普天之下的生灵都安宁，爱心同样施及昆虫，情无同异。何谓为悲？博爱众生，拯救一切，雨泪恻心，要令实功潜着，不只有心而已。何谓为喜？心念欢悦柔软，施而无悔。何谓为爱护？随其方便，触类善救，津梁会通，务存弘济。能行四等之心，是三界的极尊，但还未能达到冥心无我，超越一切二元对立的境界，那么还是受到限制。因此《本起经》云："诸天虽乐，福尽亦丧；贵极而无道，与地狱对门。"《成具》又云："福者，有苦、有尽、有烦劳、有往还。"《泥洹经》曰："五道无安，唯无为快。"称经行道的人，先应当舍弃八种情绪，利衰毁誉，称讥苦乐，闻善不喜，闻恶不惧。信心天生稳固，别人的阻止和鼓励无法动摇他的志向；埋善良之根于心中，外物不能干扰他的思虑。而且认为当前所遇到的事情，必定是由于宿缘，宿缘秘密运行，实际就和自然界四季循环一样。其来不可抵御，其去不能阻止，固当顺而安之，悦而毕之。勤奋修习，消灭妄心，当形体之报消除后，就能达到心灵大安的境界。其实理以心为根本，而报应在事情上彰显。就好像形正则影直，声和而响顺，这些是自然玄应的，岂是人刻意有为能做到的呢？然而契心神道，确实应该通晓佛理，务存远大志向，虚心修炼端正自身，而不要希求外助，不可轻慢，要从实修中参悟。这是需要注意的关键，学习者所应该深思的地方。或者认为心念必报，理同影响，但当求己而已，所以不用考虑幽冥之事。原来经教的设立，确实是为了领悟认识自己。然而要认识自己，如果没有经典教化的熏陶，很难达到顿悟自心的境界。悟依靠经典教化的熏陶，那么功由神道。快乐在心中感应发出，必定表现在外在的事情上，也由于咏歌不足，系以手舞。然则奉持而信仰，则不一定需要理论，而情感则不能废止。应该让自己深刻体悟佛教宗旨，忘记一切杂念，让自己与万物同一，坚定悟道的信心，而精进修行。

经云："生苦、老苦、病苦、死苦、怨憎会苦、恩爱别离苦、所求不得苦。"遇此诸苦，则宜深惟缘对，兼觉魔伪，开以达观，弘以等心。且区区一生，有同过隙，所遇虽殊，终归枯朽。得失少多，固不足计，该以数涂，则此心自息。又，苟未入道，则休戚迭用，聚散去来，贤愚同致。是以经云："安则有危，得则有丧，合会有离，生则有死。"盖自然之常势，必至之定期。推而安之，则无往不夷。

《维摩诘》云："一切诸法，从意生形。"然则兆动于始，事应乎末；念起而有，虑息则无。意之所安，则触遇而夷；情之所碍，则无往不滞。因此而言，通滞之所由，在我而不在物也。若乃惧生于心，则衅乘于外，外衅既乘，内惧愈结，苟患失之，无所不至矣。是以经称："丈夫畏时，非人得其便。"诚能住心以理，天关内固①，则人鬼罔间，缘对自息，万有无以婴,众邪不能袭。

四非常:一曰无常,二曰苦,三曰空,四曰非身。少长殊形,陵谷易处,谓之无常。盛衰相袭,欣极必悲,谓之为苦。一切万有,终归于无,谓之为空。神无常宅,迁化靡停,谓之非身。《经》称:"处或乐之地,觉必苦之对。"盖推代谢于往复,审乐往则哀来,故居安虑危,夕惕荣观②。若夫深于苦者,谓之见谛达。有心则有滞,有滞则苦存。虽贵极人天,位兼崇高,所乘愈重,矜着弥深。情之所乐,于理愈苦。故经云:"三界皆苦,无可乐者。"又云:"五道众生,共在一大狱中。"苟心系乎有,则罪福同贯,故总谓三界为一大狱。佛问诸弟子:"何谓无常?"一人曰:"一日不可保,是为无常。"佛言:"非佛弟子。"一人曰:"食顷不可保,是为无常。"佛言:"非佛弟子。"一人曰:"出息不报,便就后世,是为无常。"佛言:"真佛弟子。"夫无常显证,日陈于前,而万代同归,终莫之悟。无瞬息之安,保永世之计。惧不在交,则每事殆懈;以之进德,则功无覆篑③;以之治心,则惰其所习。是以有道之士,指寸阴而惜逝,恒自强于鞭后。业兴时竞,惟日不足,则乱念无因而生,缘对靡由而起。

【注释】

① 天关:犹天门。

② 夕惕:谓至夜晚仍怀忧惧,工作不懈。

③ 覆篑:倒一筐土。谓积小成大,积少成多。《论语·子罕》:"譬如为山,未成一篑,止,吾止也;譬如平地,虽覆一篑,进,吾往也。"

【译文】

经上说："生苦、老苦、病苦、死苦、怨憎会苦、恩爱别离苦、所求不得苦。"遇到这些苦，应该深入思维，领悟其缘由，并觉察到其虚假不实，以平等达观之心对待。且区区一生，如同白驹过隙，所遭遇的虽然不同，最终归于枯朽。得少失多，本来就用不着考虑，完全放下得失观念，那么此心自然宁静下来。而且如果没有入道，那么喜乐和忧虑叠加作用，聚散去来，贤人愚人都一样。因此经上说："安则有危，得则有丧，合会有离，生则有死。"这些是自然之常势，必至之定期。推而安之，那么到哪里都心平气和。

《维摩诘经》说："一切诸法，从意念生出形体。"然则预兆从开始就出现，事情到了结束才显现出来；念起而有，虑息则无。意念安定，那么遇到任何事都平和；感情上有挂碍，那么到哪里都心不通。因此可以说，畅通和拘滞的原因，在我而不在物。比如恐惧在心中生起，那么外在的不顺就会出现，外在不顺困扰袭来，内心忧惧更会凝结，如果总是担心得失，那么到哪里都内心不安。因此经称："丈夫畏时，非人得其便。"如果能心中有理，内在的天门稳固，那么人鬼没有隔阂，不良的因缘自然停止，万有都无法纠缠，众邪都不能袭击。

四非常是：一曰无常，二曰苦，三曰空，四曰非身。年少长大，形体改变，山陵和峡谷不断改变，叫做无常。盛衰相袭，欣极必悲，谓之为苦。一切万有，终归于无，谓之为空。神明没有常驻的载体，不断变化，没有停止，谓之非身。《经》称："处或乐之地，觉必苦之对。"确实是可以看到新陈代谢，不断往复，乐往哀来，因此居安思危，在繁荣昌盛的时候也心怀忧惧，工作不懈。如果深刻领悟苦难的本质，谓之见谛达。有心则有滞，有滞则苦存。虽然贵极人天，位兼崇高，所乘愈重，执着越深。在感情上越快乐，于理来说愈苦。故经说："三界皆苦，无可乐者。"又云："五道众生，共在一大狱中。"只要心执着万有，则罪福同时存在，因此认为三界为一大狱。佛问诸弟子："何谓无常？"一人曰："一日不可保,是为无常。"佛言:"非佛弟子。"一人曰:"食顷不可保,是为无常。"佛言:"非佛弟子。"一人曰:"出息不报,便就后世,是为无常。"佛言:"真佛弟子。"无常的明显证据,每天都出现在人们的眼前,千秋万代都一样,而很少有人能领悟到。没有瞬息之安,能够保永世之计。内心恐惧变化,则每件事懈怠;以之进德,那么就没有覆篑积累之功;以之治心,则对所练习的事情懒惰。因此有道之士,珍惜时间,自强不息,持之以恒。与时间比赛,只担心时间不够,那么混乱的念头没有什么原因生起,缘对没有理由生起。

六度:一曰施,二曰戒,三曰忍辱,四曰精进,五曰一心,六曰智慧。积而能散,润济众生,施也。谨守十善,闭邪以诚,诚也。犯而不校,常善下己,忍辱也。勤行所习,夙夜匪懈,精进也。专心守意,以约敛众,一心也。凡此五事,行以有心,谓之俗度;领以兼忘,谓之道慧。《本起经》云:"九十六种道术,各信所事,皆乐安生,孰知其惑?"夫欣得恶失,乐存哀亡,盖弱丧之常滞,有生所感同。然冥力潜谢,非务恋所留,对至而应,岂智用所制?是以学者必归心化本,领观玄宗,玩之珍之,则众念自废。废则有忘,有忘则缘绝。缘报既绝,然后入于无生。既不受生,故能不死。是以《普耀经》云:"无所从生,靡所不生。于诸所生,而无所生。"《泥洹经》云:"心识静休,则不死不生。"心为种本,行为其地,报为结实。犹如种殖,各以其类,时至而生,不可遏也。种十恶戒善,则受生之报具于上章。加种禅等四空,则贵极天道。四空及禅数,经具载其义。从第一天至二十八天,随其事行,福转倍增。种非常禅谛,背有着无,则得罗汉泥洹。不忌有为，不系空观，遇理而冥，无执无寄，为无所种。既无所种，故不受报；廓然玄废，则佛之泥洹。泥洹者，汉曰无为，亦曰灭度。《维摩诘》曰："彼六师者，说倚为道。"从是师者，为住诸见，为堕边际，为归八难，不得离生死道也。虽玄心屡习，而介然微动，犹均彼六师，同滞一有。况贪生倚想，报我捍化？虽复福逾山河，贵极三界，倚伏旋还，终坠罪苦。岂获宁神大造，泊然玄夷哉①？

　　夫生必有情，天势率至，不定于善，必在于恶。是以始行道者，要必有寄，寄之所因，必因乎有，有之所资，必资乎烦。是以经云："欲于空中造立宫室，终不能成。"取佛国者，非于空也。然则五度四等，未始可废，但当即其事用，而去其忮心②。归于佛则无解于佛，归于戒，则无功于戒。则禅谛与五阴俱冥，末用与本观同尽。虽复众行兼陈，固是空中行空耳。或以为空则无行，行则非空，既已有行，无乃失空乎？夫空者，忘怀之称③，非府宅之谓也。无诚无矣，存无则滞封；有诚有矣，两忘则玄解。然则有无由乎方寸，而无系于外物。器象虽陈于事用，感绝则理冥，岂灭有而后无，阶损以至尽哉？由此言之，有固非滞，滞有则背宗。反流归根，任本则自畅。是以开士深行，统以一贯。达万像之常冥，乘所寓而玄领，知来理之先空，恒得之于同致。悟四色之无映，顺本际而偕废④，审众观之自然，故虽行而靡迹。《方等深经》："每泯一三世。"而未尝谓见在为有，则空中行空，旨斯见矣。

【注释】

①玄夷：与道同而无形。

②伎心：嫉恨之心；妒忌之心。

③忘怀：忘记，不放在心上。

④本际：佛教术语。指根本究竟之边际，即绝对平等之理体，多指涅槃而言，又作真际、真如、实际；指过去、以前之状态，与"前际"同义；指真理之根源、万物之根本。

【译文】

六度：一曰施，二曰戒，三曰忍辱，四曰精进，五曰一心，六曰智慧。积而能散，润济众生，是施。谨守十善，闭邪以诚，是诚。别人冒犯而不报复，常善下人，是忍辱。勤行所习，白天黑夜都不松懈，是精进。专心守意，以精要统驭繁多，是一心。凡此五事，行以有心，叫做俗度；领以兼忘，称作道慧。《本起经》上说："九十六种道术，各信所事，皆乐生安，谁知其中的迷惑？"欣得恶失，乐存哀亡，实在是那些忘记精神故乡的人们迷滞的表现，是众生共同的感情。然而在冥冥之力的作用下，事物不断凋谢，不是人的爱恋所能挽留的，一切都对应，岂是人的智力功用所能控制？因此学者应该回归心灵之根本，领观佛教玄理，玩之珍之，那么众念自然停止。废则有忘，有忘则万缘都放下。放下了万缘报应，然后入于无生。既不受生，故能不死。因此《普耀经》说："无所从生，无所不生。于诸所生，而无所生。"《泥洹经》说："心识宁静，则不死不生。"心为种本，行为其地，报为结实。犹如种植种子，各以其类，时至而生，不可阻止。种下十恶戒善，受生的报应在上面已经详细谈到了。加上种下禅等四空，那么贵极天道。四空及禅数，经上详细记载了其意义。从第一天至二十八天，随其事情行为，福报倍增。种下非常禅谛，背离俗世烦恼，归向空无之道，则得罗汉无为的境界。不忌讳有为，不执着空观，遇理而冥，无执着无排斥，为无所种。既无所种，因此不受报，廓然玄废，那么就是佛之泥洹。泥洹，汉译为无为，也译为灭度。《维摩诘经》曰:"彼六师者,说邪法为道。"这些外道论师,执着诸见,堕落边际,归于八难,不能够远离生死苦海。即使不断修炼玄妙之法,而外在稍微有所变动,内心就不安,内心都执着一个东西,何况贪恋生命,心行邪念,固执不化? 即使福分超过山河,贵极三界,倚伏旋还,最终会坠落罪苦之中,岂能获得心神安宁,淡泊自然,与道同一的境界呢?

　　人生来就有情感,天生率直,不行善事,必行恶事。因此刚开始行道者,必须有依靠的根据,寄之所因,必因乎有,有之所资,必资乎烦。因此经上说:"想要在空中造立宫室,终不能成。"取佛国者,不在于空。然则五度四等,从开始修道时不可废除,但应当即其事用,而去掉妒忌之心。归于佛则无解于佛,归于戒则无功于戒。那么禅谛与五阴俱消隐,末用与本观同尽。虽然众行兼陈,实在是空中行空。有的人以为空就没有行动了,一行动就不是空,既然已经有行动,难道失去空了吗?其实所谓空,是指不放在心上,不是府宅的称呼。无确实是无,执着无则滞封;有确实是有,两者都忘掉则能领悟事物的奥秘。然而有无由于方寸之心,而不是系于外物。器象即使在事用中陈列,只要超越二元对立就能进入深奥的空境,岂是消灭事物之有而后无,一点点减少以至穷尽呢? 由此言之,有本来就不是滞,认为事物之有是滞塞则背离了佛法之宗。反流回归根本,任本则自畅。因此开明之士的行动,一以贯之。通达万像之常冥,乘所寓而领悟玄妙之理,知晓佛理之空,理解根源的同一性。体悟四色之无映,顺应根本究竟之边际而废止一切妄念,明白众观之自然,因此虽然不断做事而心中不留下一丝痕迹,真正达到无为自然的境界。《方等深经》:"每泯一三世。"而未尝认为看见的东西为有,知道凡所有相皆是虚妄,那么就是在空中行空,可以说真正领悟到佛法的宗旨了。

庭诰二章

【题解】

本篇由南朝宋代颜延之所撰写。主要谈论治心的方法,并比较了佛道二教的长处与短处。颜延之认为,修道的人,以修炼形体以求超脱成仙为主;崇尚佛法的人,以治理心念为主。二者各有长处,但是那些虚伪的人学习佛道之后,具有很多弊害,当然如果对佛教、道教真正的贡献惘然无知,却只责怪其弊害,是不对的,这是没有用心平等观照的原因。

达见同善,通辩异科①,一曰言道、二曰论心、三曰校理。言道者,本之于天;论心者,议之于人;校理者,取之于物。从而别之,由涂参陈;要而会之,终致可一。若夫玄神之经,穷明之说,义兼三端,至无二极,但语出戎方,故见猜世学②;事起殊伦,故获非恒情。天之赋道,非差胡华③;人之禀灵,岂限外内? 一以此思,可无臆裁。

【注释】

①通辩:疏通辨析。

②世学：犹家学，世代相传的学问。

③胡华：少数民族和汉族。

【译文】

　　从通达的见解来看，一切都是以善为终极目标，疏通辨析万事万物，可分为不同的科目，一是言道，二是论心，三是论理。论道，以天为本；论心，主要是议论人；论理，主要是研究事物。分别来看，是三个方面；把它们综合起来，最终是要达到一个目标。佛教那些玄妙穷神的经典，穷尽光明境界的理论，意思兼顾上面所说的三个方面，达到至高无二境界，只是，这些语言出自西方戎族，因此被世代相传的传统儒家学者猜疑；谈论的事情与一般世俗伦理不同，故而一般常情不能容纳。上天给我们的大道，对汉族和少数民族来说都相差无几；人获得的先天灵性，岂限于内外不同的地方？一旦像这样思考，就不会再对事物主观随意判断了。

　　为道者，盖流出于仙法，故以练形为上。崇佛者，本在于神教，故以治心为先。练形之家，必就深旷，反飞灵，糇丹石①，粒芝精，所以还年却老②，延华驻彩，欲使体合缥霞③，轨遍天海，此其所长。及伪者为之，则忌灾祟、课粗愿、混士女、乱妖正，此其巨蠹也④。治心之术，必辞亲偶，闭身性，师净觉，信缘命，所以反一无生，克成圣业。智邈大明⑤，志狭恒劫，此其所贵。及诡者为之，则藉髡落，狎菁华，傍荣声，谋利论，此其甚诬也。物有不然，事无终弊，衡石日陈，犹患差忒⑥，况神道不形，固众端之所假。未能体神，而不疑神无者，以为灵性密微⑦，可以积理知，洪变欻恍⑧，可以大顺待，照若镜天，肃若窥渊。能以理顺为人者，可与言有神矣。若乃罔其真而责其弊，是未加心照耳。

【注释】

①糇(hóu)丹石：指服用丹砂炼制的丹药。糇，干粮，此处引申为
　　动词。

②还年却老：恢复年轻，不再老去。与成语"还年驻色"同义，表示
　　恢复年轻永葆青春。南朝梁刘孝标《山栖志》："金盐重于素璧，
　　玉豉贵于明珠，可以养性销痾，还年驻色。"

③纁(xūn)：浅红色。

④巨蠹(dù)：大蛀虫，比喻大奸或大害。

⑤智邈大明：邈，高远超卓。大明，太阳，《礼记·礼器》："大明生
　　于东。"

⑥差忒(tè)：差错，误差。

⑦灵性密微：灵魂邃密微妙。

⑧洪变欻(xū)恍：大量的积累可以导致突然觉悟。

【译文】

　　修道的人，学习的是修炼成仙的方法，所以，以修炼形体以求超脱
成仙为主。崇尚佛法的，根本在于神灵之教，所以，以治理心态为主。
修炼形体的，必定在深广的地方，回返飞灵，吃丹砂炼制的丹药，吸收芝
精，用这些方法来延年益寿，所以恢复年轻，永葆青春，不再老去，使形
体和红霞融合，轨迹遍及浩渺的天空，这是它的长处。而虚伪的人修
道，避讳灾难，占卜未来的事情，男女混乱，引起祸乱邪恶，这是它的大
害。修养自身心性的方法，一定要辞别亲人眷偶，静下心来闭关修身，
纯净自己的欲望，相信缘命，这就回归真我，达到无生无灭的境界，成就
神圣的事业。智慧像太阳一样高远超卓，志向像永恒之劫一样长远，这
就是它的可贵之处。但是那些诡异的人假装学习佛法，只是把头发剃
掉，就认为自己领悟了佛教的精华，追逐俗誉，谋求私利，这是它很容易
被人指责的方面。物质总有不合理的，事情不会全都是坏处，称重量的
器物每天都摆在那里，还是担心有差错，何况神圣之道无形无相，需要

依靠事物的各个方面来理解。那些没有体悟到神灵而不怀疑神灵不存在的人,认为灵性邃密微妙,可以凭借它来积累智慧,大量的积累之后会导致突然恍然大悟,可以凭借它自然地超越二元对待,心灵如明镜一样观照,如窥探深渊一样湛然。能够以道理顺当待人接物处事的人,可以与他谈论神。如果对佛教、道教真正的贡献惘然无知,却只责怪其弊害,这是没有用心平等观照的原因。

日烛

【题解】

本篇由晋代王该所撰写。王该认为,佛教主要在说明生死根源以及因果善恶报应皎然不虚的道理等等,恐一般人不明白,所以写这篇文章来"助天扬光",因此这篇文章命名为"日烛",意思是佛法明亮如太阳的火炬照亮世间。

寻夫至道之典①,畅生死之源,标善恶之报,启凌化之津,训戒明白②,缕罗备矣。然信言不美③,文繁辞宕,累冥绝昧,重渊隔浪,是以学者未得其门,或未之留意。聊采《咸池》之远音④,适为里巷之近曲。假小通大,傥可接俗,助天扬光,号曰日烛。

【注释】

①至道:佛、道谓极精深微妙的道理或道术。《庄子·在宥》:"来!吾语女至道。至道之精,窈窈冥冥;至道之极,昏昏默默。"

②训戒:教导和劝诫。

③信言不美:《老子》第八十一章:"信言不美,美言不信。善者不辩,辩者不善。"

④《咸池》：古乐曲名。相传为尧乐。一说为黄帝之乐，尧增修沿
　　用。《礼记·乐记》："《咸池》，备矣。"郑玄注："黄帝所作乐名也，
　　尧增修而用之。"

【译文】

　　探寻那些极精深微妙的道理的根本，发现它们都体现在通晓生死
的根源，标明善恶的报应，指点人心纷扰迷茫的迷津，这些教导和劝诫
都很清楚明白，需要了解与学习的理论已经很完备。然而诚信的话不
一定美妙，文辞生涩难懂，让人感觉就像隔着层层的黑暗深渊和险恶激
浪，因此学习的人不能找到合适的门路，或者根本就不留意。我希望通
过这篇文章，将远方如《咸池》古乐的美妙之音，变为小巷里近处飘来的
歌曲。通过借着细微之处疏通理解大道理，倘若可以让佛经向通俗的
理解靠近，那么就是帮助上天弘扬佛光，所以这篇文章称为"日烛"，意
思是亮如太阳的火炬。

　　陶先觉之宏诰①，启玄管于灵门②，周太虚以游眺③，究
潆荡而无垠④。履地势于方局，冠圆天于覆盆，缅三界之寥
廓⑤，遘二气之烟煴⑥。寻大造之冥本⑦，测化育之幽根⑧，形
假四大而泡散⑨，神妙万物而常存⑩，彼良民之达分⑪，故哀
生而怡魂⑫。

【注释】

　①先觉：觉悟早于常人的人。

　②玄管：同"玄关"，在佛教中称为入道之门。灵门：灵府之门，心室
　　之门。喻指智慧之门。《云笈七签》卷二九："结气不纯，节滞盘
　　固，镇塞灵门。"

　③太虚：谓宇宙。

④潒荡,又作荡潒,广阔无边貌。

⑤寥廓:空旷深远。

⑥遘:通"构",构成,造成。二气:最早出自《周易》,一般指阴阳二气或者混沌二气。煴(yùn):无焰之火,微火。

⑦大造:指天地,大自然。南朝宋谢灵运《宋武帝诔》:"业盛曩代,惠侔大造,泽及四海,功格八表。"

⑧化育:化生长育。《礼记·中庸》:"能尽物之性,则可以赞天地之化育,可以赞天地之化育,则可以与天地参矣。"

⑨四大:佛教术语。指地、水、火、风为四种构成物质的基本元素。又名四界。界,是种类的意思,谓地、水、火、风四种物体均能保持各自的形态,不相紊乱。

⑩神妙万物:《周易·说卦》:"神也者,妙万物而为言者也。"意思是说,神这个东西,是指天地(乾坤)造化万物的奇妙莫测的功能而言。

⑪达分:明白应尽的职分。

⑫怡魂:使精神愉快。

【译文】

继承那些觉悟早于常人之人的深远劝诫,开启智慧玄关的入道之门,向整个宇宙眺望,探究广阔无边的深邃宇宙。走在如方局般的大地,顶戴着圆天,就像覆盖的脸盆,缅想众生所居的天地人三界的空旷深远,想象阴阳二气如烟火一样相互纠缠搏斗。探寻大自然深奥的本源,感悟天人化生长育的奥妙,形体借助地、水、火、风四种构成物质的基本元素而形成,死亡时会如泡沫一样消散,精神让万物美妙无比而能永恒长存,这些是善良民众所应该明白的道理,他们怜爱万物之生而精神愉快。

夫含气之伦①,其神无方②;蠢尔之类③,其质无常。寄若水势,托若火光;随行缱绻④,迭枯迭芳;往来出没,冥冥茫茫⑤;洪海环流⑥,大变轮回⑦;乘波远漂,济来曷阶?宛转三涂之中⑧,沈滞八难之围⑨,愍企窍之无期⑩,悼客作之有归⑪。

【注释】

①含气:含藏元气。《淮南子·本经训》:"阴阳者承天地之和,形万殊之体,含气化物,以成坯类。"

②无方:没有方向、处所的限制。

③蠢尔:无知蠢动貌。《诗经·小雅·采芑》:"蠢尔蛮荆,大邦为仇。"

④缱绻(qiǎnquǎn):牢结,不离散。

⑤冥冥茫茫:苍茫无际,虚空,渺茫。

⑥环流:谓循环往复。

⑦轮回:也称"六道轮回"。佛教认为一切有生命的东西,如不寻求"解脱",就永远在"六道"(天、人、阿修罗、畜生、饿鬼、地狱)中生死相续,无有止息。

⑧宛转:辗转。三涂:又作"三途"。即火涂、刀涂、血涂,义同三恶道之地狱、饿鬼、畜生,乃因身、口、意诸恶业所引生之处。

⑨沈滞:亦作"沉滞",积滞,停滞,耽搁。八难:指不得遇佛、无法听闻教法的八种障难,又称八难处。即地狱、畜生、饿鬼、长寿天、边地、盲聋喑哑、世智辩聪、佛前佛后。

⑩愍(mǐn):怜悯;哀怜。窍:比喻事情的关键或要害。

⑪悼:悲伤,哀念。

【译文】

那些含藏元气之类的东西,它们的灵魂精神是无所不至的;那些无知蠢动之类的东西,它们的形体没有固定形态。如同水势和火光一样寄托;随行牢固不分离,不断兴盛与衰败;往来出没于冥茫虚空之中;像大海的水循环往复流动,在六道轮回中不断改变;踏乘着波浪漂向远方,如何才能渡过大海? 辗转在地狱、恶鬼、畜生三途当中,沉滞在不得遇佛、无法听闻教法的八种障难之中,怜悯他们开启解脱之关窍的漫漫无期,悲伤他们受到各种报应的结局。

　　瞻崇德之可速,鉴聚凶之宜迟,斯成务之易睹①,匪先见之动微②。五福起于履是③,六极构于蹈非④,理感自然,冥对玄凝⑤,福兮谁造? 祸兮孰兴? 水运钟卑,人道恶矜,衅因丰积,祉缘谦升。僮孺正而鬼退,丈夫邪而魅凌。览形声之两偶,考休咎之双征⑥,理投思而合契,迹望目而相应,若圆转之抱规,犹直桷之附绳⑦。

【注释】

①成务:成就事业。

②先见:预见。动微:洞察精微。

③五福:《尚书·洪范》:“一曰寿,二曰富,三曰康宁,四曰攸好德,五曰考终命。”

④六极:《尚书·洪范》:“一曰凶短折,二曰疾,三曰忧,四曰贫,五曰恶,六曰弱。”

⑤玄凝:凝神默想。

⑥休咎:吉凶,善恶。

⑦桷(jué):方形的椽子。

【译文】

仰慕高尚品德,加强自我修养,洞察各种祸事,让其减少,这样成就事业显而易见,洞察精微更好预见未来。五福开始于踏出正确的步子,六极祸事是由于一开始就踏错了步子所导致的,道理感应自然,冥理对应凝神默想,是谁造成了福事? 是什么原因引起祸事? 时运不济,人世险恶,不顺是由于恶因不断积累,福祉缘于恭谦不断升华。小孩子因为心正无邪所以妖魔鬼怪会退散,成年男性心术不正才导致鬼怪迫近。观察形式工整声韵和谐的对偶,考究吉凶善恶的相互证明,理智与思想相互投合就会默契,足迹与目光所相向对应,就好像圆规画圆一样自然,如同方形椽子拉线一样直接。

　　苍犬出于帝父①,黄熊咨于圣子②,聿征化而不救,奚天属之云恃③? 谅求福之在躬,信为人之在己,咨吹吸其靡常,知忽往其何止。彼非人之什发④,岂无气之所始? 悲婉姿之夭徂⑤,还托生于象冢⑥。昔鞠育而怀抱⑦,今屠剖以为礼⑧,神居妙而恒我,形受变而易体,未一旬而相忘,可长叹而流涕。夫阐愚其皆然,匪伊人之独尔⑨。察寡孕于嘉类,悟繁产于虫豸⑩,喻零霖其犹希,若翻囊之倒米,为嚣嚣以日日⑪,谁识伏而达倚?

【注释】

①苍犬出于帝父:指刘邦之子赵王如意被吕后毒死,后化为苍犬报仇事。《史记·吕后本纪》:“三月中,吕后祓,还过轵道,见物如苍犬,据高后掖,忽弗复见。卜之,云赵王如意为祟。高后遂病掖伤。”

②黄熊咨于圣子:《左传·昭公七年》:“昔尧殛鲧于羽山,其神化为黄熊,以入于羽渊,实为夏郊,三代祀之。”

③天属:天性相连。后因称父子、兄弟、姊妹等有血缘关系之亲属为天属。

④什发:不详。

⑤婉娈:年少美貌,借指美女;犹言亲爱、深挚。《诗经·齐风·甫田》:"婉兮娈兮,总角丱兮。"郑玄笺:"婉娈,少好貌。"徂:古同"殂",死亡。

⑥托生:有生命之物死后灵魂转生世间。

⑦鞠育:抚养,养育。《诗经·小雅·蓼莪》:"父兮生我,母兮鞠我,拊我畜我,长我育我。"毛传:"鞠,养也。"郑玄笺:"育,覆育也。"

⑧屠刽:屠杀。

⑨伊人:此人,这个人。指意中所指的人。

⑩虫豸:小虫的统称。

⑪嚣嚣(áo):自得无欲的样子。日日:一天一天地。

【译文】

化为苍犬的如意出自其父高帝刘邦,鲧被杀后化为黄熊问道于圣子大禹,遇到危难却又得不到施救,岂能说父子亲属是天性相连?祈求福祉看自己的修为,为人所信任也是看自己的表现,就像呼吸一样无常,知道忽然兴起却不知道何时终止。这些都是不可捉摸的。那些不是人类的什发,怎么会没有气的源头?悲哀最亲近的人年轻夭折死亡,死后会投身于猪象这些动物。以前曾经抚养怀抱,今日却被杀来作为款待客人的菜肴,精神始终是一,而形体不断发生改变,可是,死后不到一旬就忘记了以前的恩爱,真是令人长叹流泪,为之悲哀。像这种愚昧情形众生皆然,不只是一部分人才出现的事情。大家可以看,那些优秀的物种一次孕育的后代很少,而昆虫动物繁殖后代一次却有很多,就好像缺少了才去珍惜,而多的时候就像一布袋米,不觉得其多,直接倒入米桶,当日得意骄傲,有谁能知道日后会因失去而珍惜呢?

　　匪余情之能测,谬闻之以如是①。若夫倒置之族②,蒙蒙徒生③,兵风既至,忽然潜征。神道虽昧,鬼法尤明,徘徊中阴④,徂彼铁城⑤,霄绝望舒⑥,昼无曜灵。身造笮莩之槛⑦,

足蹈炎炭之庭，刀岳霜铓以积刃⑧，剑林翘锋而啸精，陶铜汪洋以海涌，巨镬波沸而雷鸣⑨。阎王领阅，卒傍执钗，三扐一奋⑩，百千累罗，鸱鸺利嘴，煌煌火车，锐钉櫰枪⑪，狡狗拟牙。淫徒燋于幻柱⑫，饥囚枯于尘沙，资轻妙之灵质，益痛戮之易加，永烦冤以弥劫⑬，安斯酷之可过？三六峻纲，不可列缕，千条殊剧，万端异苦。靡喘息而不经，俄聿来而忘宇，予略一朝以言之，将终年而震楚。

【注释】

①如是：像这样。

②倒置之族：指人之本性因沉沦物欲而迷失。《庄子·缮性》：“丧己于物，失性于俗者，谓之倒置之民。”

③蒙蒙：模糊不清。徒生：凭空而生。

④徘徊中阴：佛教认为人死后尚未投胎之前，有一个由微细物质形成的化生身来维持生命，此化生身即是中阴身。此中阴身在最初的四十九天中，每七天一生死，经过七番生死，等待业缘安排，而去投生。

⑤徂彼铁城：据《铁城泥犁经》记载，若人不孝顺父母，不敬事沙门道人，不畏禁戒，不畏今世后世，死后将堕铁城地狱。

⑥望舒：月亮。汉张衡《归田赋》：“于时曜灵俄景，继以望舒，极盘游之至乐，虽日夕而忘劬。”

⑦笔萼：山名。相传山本在太湖中，禹治水移于陆地上。在《吴地记》作“在吴县西十二里，吴王僚葬此山中”。

⑧铓：刀剑等的尖端的芒。

⑨镬（huò）：古代的大锅。

⑩扐（lè）：此处指手指之间。

⑪檀(chán)：檀木别名。

⑫燋(qiáo)：通"憔"，憔悴。

⑬劫：就世之相续迁变言之，即所谓劫。

【译文】

不是仅凭我的情感就能够揣测人死后所遭遇的情景，大致听到景象应该是这样的。那些沉溺在世俗物质世界，迷失了自己本性的人，在昏昏沉沉中白白生存，当死亡的兵风吹到时，一切忽然在暗中实现因果报应。神圣之道虽然昏暗，鬼法却很明显，中阴身每七天经历一生死，徘徊七次后，前世作恶的将入地狱，晚上天空没有月亮，白天亦无太阳。身体化作筚荜的门槛，脚踩着如火炭一样炽热的中庭，刀锋凝聚着寒意，林立的长剑剑锋翘挺，感受到剑魂呼啸，熔化的铜水像大海一样涌现出来，巨大的锅里沸腾的热水在轰隆作响。阎王开始查阅，差役陪在左右，手执铁叉，三个手指一扬起，成百上千的喽啰，个个张开像鸱一样毒的尖嘴，用熊熊燃烧的火车，尖锐的钉锤，檀木做的枪折磨罪鬼，狡猾的狗咬牙切齿撕咬罪徒。淫徒被烧死在因淫念而生的幻柱上，饥饿的囚徒枯死在尘沙中，越是轻妙之灵质，越增加痛苦的杀戮，永远沉浸在烦恼冤屈中，以致经受很多劫数，难道还要比这更惨酷的吗？如此多的严苛的纲要法律，不可完全列出来，千条特别难受，万端异常痛苦。还没有经过喘息，一切因果报应突然到来，其中的道理，我只是简单地谈论，要详细叙说那需要很长时间。

爰有五德无玷，十淑道全，夕阳造逝，庆升九天。宝殿晃昱①，高构虚悬，琼房兼百，瑶户摩千。金门焕水精之朗，玉巷耀琉璃之鲜，珠树列于路侧，鸾凤鸣于条间，芳华神秀而粲藻，香风灵飘而飞烟，想衣斐崋以被躯，念食芬芳以盈前。彼羲和之长迈②，永一日而万年，无事为以干性，常从容于自然;映光蕊之烁烁,眇轻腾之翩翩,究妙音之至乐,穷有生之遐延;舍陋世而上济,伴超伦之高迁。然夫飨兹旧德,日用玉食,厥土不毛,罔施稼穑,积畜虽多,焉有不竭?龄祚虽修,终焉归灭。三灾起而宫宇散③,七证至而天禄绝④。会大秋以考落⑤,混椿菌之无别⑥。

是以如来大圣三达洞照⑦,哀我困蒙,晓了道要,善权洒落,或粗或妙;如溟海之运流⑧,若天日之垂曜。上士虚怀忘其言,中才贞志执其教。教无定方,适物所由,宜陆以车,应水以舟,敷设云云,广术悠悠。骈未塞乎三百⑨,要指在乎一幽,握累玄之纲领,遣毛目于罔裒⑩。宏笼大训,展我智分,治无不均,质有利钝,虚往实归,各足方寸,愚黠并诱,龙鬼俱化,万涂丛归,一由般若。

【注释】

① 晃昱:明亮,辉煌。

② 羲和:羲氏和和氏的并称。传说尧曾命羲仲、羲叔、和仲、和叔两对兄弟分驻四方,以观天象,并制历法。《尚书·尧典》:"乃命羲和,钦若昊天,历象日月星辰,敬授人时。"

③ 三灾:佛教谓劫末所起的三种灾害。刀兵、疫疠、饥馑为小三灾,起于住劫中减劫之末;火、风、水为大三灾,起于坏劫之末。

④ 七证:比丘受具足戒时,戒场中必须具足之戒师人数。又作十师、十僧。三师即:(一)戒和尚,指正授戒律之和尚。乃比丘得戒之根本及其归投处,故必至诚三请之。凡担任戒和尚者,其戒腊须在十年以上,并严守戒法,具足智慧,堪能教授弟子。(二)羯磨师,即读羯磨文之阿阇梨,主持白四羯磨授戒仪式。羯磨师为诸比丘受戒之正缘,若无羯磨师秉承圣法,则法界善法无从生

起。担任此职者,其戒腊须在五年以上。(三)教授师,即教授威仪作法,为众人引导开解者。其戒腊亦须在五年以上。七证师则指证明受戒之七位莅会比丘。凡此十师均须于受戒前恭请之。

⑤考落:建成,落成。

⑥混椿菌之无别:《庄子·逍遥游》:"小知不及大知,小年不及大年。奚以知其然也? 朝菌不知晦朔,蟪蛄不知春秋,此小年也。楚之南有冥灵者,以五百岁为春,五百岁为秋;上古有大椿者,以八千岁为春,八千岁为秋。"

⑦如来:梵语曰多陀阿伽陀 Tathāgata,译言如来,佛十号之一。如者真如也,乘真如之道从因来果而成正觉之故,名为如来。三达:天眼、宿命、漏尽。天眼能知未来生死的因果;宿命能知过去的生死因果;漏尽是知道现在烦恼的根源而尽断之。不但知道而且明了叫做明,不但明了而且通达叫做达,所以以上三事在罗汉只叫做三明,在佛却叫做三达。

⑧溟海:神话传说中的海名。

⑨駧(dòng):马快跑。

⑩毛目:指裘皮的毛与网的眼;细目。晋葛洪《抱朴子·君道》:"操纲领以整毛目,握道数以御众力。"《南齐书·高逸传·顾欢》:"臣闻举网提纲,振裘持领。纲领既理,毛目自张。"鬯(chàng):古代祭祀用的酒,用郁金草酿黑黍而成;同"畅"。

【译文】

如果有五德没有被玷污,保全善良道义的人,临近死亡,夕阳消失,就庆升到九天之外。他们会见到明亮晃眼的宝殿,高高的构架玄虚的吊着,琼房兼百,瑶户摩千。金色的大门焕然一新,如水精一样明朗,玉巷闪耀光芒,像琉璃一样鲜艳照耀,珠宝做的树整齐的排在路的两侧,鸾凤在小路间鸣唱,鲜花神奇秀丽而槃藻,香风灵动飘散而飞烟,一想

到衣服，五彩缤纷的服装就来到身体上，一想到食物，芬芳的菜肴就来
到面前。那羲和长迈，永远万年如一日，没有事情来干扰灵性，常在自
然中从容自在；光照映在花蕊上闪闪发光，看轻轻升腾翩翩起舞的姿
态，体验美妙音乐的极致快乐，穷尽有生的闲暇时间；舍弃鄙陋的世间
而上升，伴随天神族类而高迁。然而这样享受旧时的道德，每天享用玉
食，就如同不毛之地，不种植农作物，积聚的牲畜虽然多，哪有不枯竭的
时候？虽然有时做修补，然而终究是要毁灭的。三灾发生，宫宇就会被
毁坏，七证比丘师到来，上天给的福禄就要灭绝。在时间的无限长河
里，长寿的椿树与生存时间很短的细菌其实没有什么区别。

　　因此如来佛祖洞照众生，哀痛我等被困扰蒙蔽，让大家通晓解脱大
道要旨，用善巧方便法门教化，有的粗显有的美妙，就好像溟海水流激
荡，天空太阳低垂照耀。上士心如虚空，顿悟无我，忘掉其言论，中等水
平的才子志向贞洁，学习他的教诲。教化没有确定的方法，适合事物的
需要，陆地上适宜乘车，水上应该用船，各种方便等等，广大的教法无穷
无尽。马快跑一天也不会超过三百里，关键是要领悟大道，握住根本纲
领，放下表面裘毛。如来大圣的训教，展现了佛法大智慧，对世人心态
的治理没有不公正的，只是世人头脑有聪明有迟钝，因此对有的人用虚
的方法，有的用实的方法，各个掌握方寸，愚钝狡黠的一起诱导，龙鬼都
教化，所有方便路径都将用来教化众生，让他们全部回归内在心灵家
乡，一切归于般若大智慧。

　　譬彼济海^①，非船莫过，驱万动于道场^②，毕无为而息
驾^③。本夫三乘之始^④，同归一无。才照各异，致用参殊。应
真忘有而求空，遂耽空而恬愉，缘觉亮累于知微，爱迁玄而
不居。虽妙迹其再丧，犹有遣而未虚，开士解物于都尽，作
无存其焉除？悟之豁于鉴先，体之冥乎意初，理重深而绝

韵,畴克谅而业诸。

自古在昔,先民有遇,堂堂荫映⑤,躬受圣喻,喁喁群黎⑥,耳目仰注,或发蒙于一咳,或革面于一哺,并因言而后化,未有人而不度。善逝迄今,道运转衰,大教虽存,味之者希。栴檀与蓼苏同芬⑦,夜光与熠耀齐晖,于氏超世,综体玄指,嘉遁山泽,仁感虎兕;护公证寂,道德渊美,微吟穿谷,枯泉渐水;阙叟登霄,卫度系轨,咸淡泊于无生,俱脱骸而不死。今则支子特秀,领握玄标,大业冲粹,神风清萧,一言发则蕴滞披,三番着则重冥昭,见之足以洗鄙吝,闻之可以落衿骄。逊濯流以逸契⑧,咏遂初于东皋⑨,何深味以栖素,轻大宝于秋毫。道风之所扇荡,深达之所逍遥,才不难则贤不贵,愚不笑则圣不高⑩,远声见陋于近耳,孰能忘味于闻韶哉⑪?奚适非道,何之无神?

理有精粗,物有彦真,大居细君,小为硕臣,羽族隶乎金翅,甲属属乎须伦⑫,两仪宗于太极,众星系于北辰。是以九十六种,枝条繁张,轻遗重根,躁废静王,俱曰与圣,各擅一方。或移山而住流,或倏忽于存亡。命天衣之采粲⑬,啸灵厨之芬芳,曜振旅之凶暴,化砾石之琳琅,竭变幻之崛奇,惜有待之无长,斯乃数内之甘醇,不如至道之糟糠者也⑭。逮乎列仙之流,练形之匹,熊经鸟伸⑮,呼吸太一⑯,夕餐榆阴与素月,朝挹阳霞与朱日⑰,赤斧长生于服丹⑱,涓子翻飞于饵术⑲,安期久视于松毫,丰人轻举于柏实。彼和液之所深⑳,足支年而住质,中不夷而外猗㉑,徒登云而殒卒。俱括囊以坚卵㉒,固同门而共出,理未升于颜堂,永封望乎孔室。贵乎能飞则蛾蝶高翥⑳，奇乎难老则龟蛇修考。伊逆旅之游气，唯心玄之可宝。存形者不足与论神，狎俗者未可与言道。道乎奚言？无问无对。

【注释】

①譬彼：好像。

②道场：释道二教称诵经礼拜的场所。

③无为：无所作为。

④三乘：三种交通工具，比喻运载众生渡越生死到涅槃彼岸之三种法门。

⑤堂堂：盛大的样子。

⑥喁喁（yóngyóng）：众人景仰的样子。

⑦栴（zhān）檀：檀香，常绿小乔木。蓼（liǎo）苏：植物名。为一年生或多年生草本。

⑧逸契：超逸不俗的交情。

⑨遂初：遂其初愿。谓去官隐居。《晋书·孙绰传》：“（孙绰）少与高阳许询俱有高尚之志。居于会稽，游放山水，十有余年，乃作《遂初赋》以致其意。”

⑩愚不笑则圣不高：《老子》第四十一章：“上士闻道勤而行之，中士闻道若存若亡，下士闻道大而笑之，不笑不足以为道。”

⑪忘味于闻韶：《论语·述而》：“子在齐，闻《韶》，三月不知肉味。”

⑫须伦：梵文 Asura，又作阿须罗。旧称阿修罗、阿须伦、阿苏罗、阿素罗。六道之一，华译为非天，因其有天之福而无天之德，似天而非天。又译作无端，因其容貌很丑陋。又译作无酒，言其国酿酒不成。性好斗，常与帝释战，国中男丑女美，宫殿在须弥山北，大海之下。

⑬天衣：泛指仙神所着之衣。唐司空图《云台三官堂文》：“尘蒙而

庙貌全隳,薜驳而天衣半褪。"粲:此处指色彩艳丽。

⑭糟糠:穷人用来充饥的酒渣、米糠等粗劣食物。

⑮熊经鸟伸:古代一种导引养生之法。状如熊之攀枝,鸟之伸脚。《庄子·刻意》:"吹呴呼吸,吐故纳新,熊经鸟申,为寿而已矣。"成玄英疏:"吹冷呼而吐故,呴暖吸而纳新,如熊攀树而自悬,类鸟飞空而伸脚。"

⑯太一:形成天地的元气

⑰挹(yì):牵,拉。引申为迎着。

⑱赤斧长生于服丹:《列仙传》下:"赤斧者,巴戎人也,为碧鸡祠主簿。能作水澒炼丹,与硝石服之,三十年反如童子,毛发生皆赤。后数十年,上华山,取禹余粮饵,卖之于苍梧、湘江间。累世传见之,手掌中有赤斧焉。赤斧颐真,发秀戎巴。寓迹神祠,澒炼丹砂。发虽朱蕤,颜晔丹葩。采药灵山,观化南遐。"

⑲涓子翻飞于饵术:《列仙传》:"涓子者齐人也,好饵术,接食其精。至三百年乃见于齐,著《天人经》四十八篇。后钓于菏泽。得鲤鱼腹中有符,隐于宕山,能致风雨。受伯阳《九仙法》。"

⑳和液:指人体中的元气和津液。

㉑猗:美好盛大的样子。

㉒括囊:结扎袋口,亦喻缄口不言;犹囊括,包罗。

㉓翬(huī):飞。

【译文】

好像渡海一样,没有船就不能通过,因此佛教驱使着他们走向修道的地方去,最终达到无为宁静自然的境界才停止。一开始就运用三乘法门,但是最终归于无所有之境界,因为世人才华和能力各不相同,导致法门的作用也显现出不同。应该真的忘记拥有的东西,而去追求空门佛道,但是不能沉溺于空寂之中安然自乐,因为觉悟之光要依靠觉知微妙之处来积聚,所以达到玄虚的境界却不能停留,即使不执著神奇的现象，仍然还有需要放下的东西，还没达到真正的虚静寂照的境界，所以开明之士应该完全放下所有障碍，一无所有，那么还有什么要解除呢？要想真正体悟，需要在心灵明镜朗照之先把握，需要感受思想念头刚刚产生之前的那幽冥之空，这种道理深远绝伦，很难用语言文字解释。

自古到今，先民一有机遇，就会在盛大的树荫下亲自接受最高智慧和道德的教化，众人景仰圣人，用耳朵听，用眼睛注视，有的因为圣人咳嗽而开悟，有的在吃饭时忽然洗心革面，都一起因为圣人的讲话而有身心的变化，没有人不超脱，没有人不得到度化。然而到了现在，大道气运转向衰弱，大教虽然还存在，体味其中道理的人却很少，栴檀和蓼苏一同飘出香气，夜明珠和熠耀之日月一同发光。于氏超脱于世，全然体悟玄妙之道，快乐地隐居于山泽之中，仁爱感动残暴的人；护公证悟寂静无为之境界，道德博大美妙，在深谷中轻声吟唱，干涸的小溪渐渐有了泉水，慢慢流入河中；高僧阙公则登上凌霄宝殿，其弟子卫士度谨守教法仪轨，全都心灵淡泊达到无生无灭境界，脱去外在形骸，身体死亡而精神超脱不死。如今支道林特别杰出，掌管着玄妙之道的标度，大业中和纯正，神风清正严明，他的一句话就能让心中蕴含的偏执消除，多听其开示就能消除人心中的黑暗变得光明，看见他本人就足以消除庸俗、悭吝，听到他的话就可以放下骄傲自满。谦让高尚之士来体现超逸不俗的交情，在田园、原野之上歌颂去官隐居，为何深深沉溺世俗之中，轻视佛法珍宝不当一回事？道风传播深远，深深领悟的人逍遥自在，有才华的人不遇到患难就显示不出珍贵，愚昧的人不取笑，则圣人之德不高明，远处的声音在见识浅近的耳朵听来很鄙陋，怎能听到《韶》乐就忘了肉味呢？哪里会不适合佛道，哪里没有神灵？

道理有精粹和粗糙之分，事物有真假之别，大的就高居君王的位置，小的就作为重臣，鸟类属于金翅，好战甲兵属于须伦，阴阳二仪都以太极为宗，众多星体都朝向北极星。因此在佛教之外有九十六种外道，像枝条一样繁茂伸张，轻遗重根，躁废静王，都称为圣人，各自擅长一个方面。有的移山而住流，有的倏忽在存亡之间。于是佛祖命仙人采用鲜花之美，啸集灵厨的香气，照耀着旅途的凶险，采用砾石的美好珍贵，穷尽变幻莫测的神奇，爱惜有待之无限的长度，这样尘世间最甘甜香醇的味道，还不如至道之糟糠的东西。至于道教神仙之流，操练形体的人，练导引养生之法，状如熊之攀枝，鸟之伸脚，呼吸天地的灵气，晚上以榆树荫和皎洁的月光为食物，早晨迎着朝霞与阳光，赤斧因为服了仙丹而长生不老，涓子运用饵术而上下翻飞，安期生久视于松毫，丰人轻举于柏实。他们身体中的元气和津液那么深远，足够长时间保存灵性本质，外在看起来很了不起，但心中并不平静，白白升于云端而死去。他们同师受业而一同毕业，对道理的领悟没达到颜回的水平，非常遗憾。如果以能飞为贵，那么飞蛾蝴蝶也能高飞，稀罕长寿，那么龟蛇也很长寿。人生就像住在旅店，身体如同浮动的云气，只有心灵玄镜才最可贵。认为只有物质身体的人不足以讨论神灵，迎合流俗的人不可以与之讨论佛道。大道如何论说呢？没有问题也没有答案。

　　谄者叩穷①，应者负内，默之斯通，语焉则匮。当于玄珠与讲道②，吾成罔象与无谓③。兀然寂泊④，玄酬有箴；宗钻浮响，莫悟冥音。希之弥错，搜之愈沈，郢人其逝⑤，为谁匠樻？设筌蹄乎渊荟⑥，俟鱼兔乎川林，悦得意于谈表，共目击而废心，无运睞候⑦，往矣斯复。忍立贤达，忽如涉宿，千师诞化，肇过一六，慈氏方隆⑧，仰期仁育，孰云数辽？瞥若旬目。灵镨虽迅⑨，缘枢靡穷；彼无本标，我有始终。

　　假步灼电之末，托息石飙之中⑩。知畏涂而惊寇⑪，迷尘欲之致戎；替远胜而婪近，谓赊俭而交丰。不防枯于未飙，既零落于劲风，思反蒂而更秀，结万悔其胡充。是以大誓之徒⑫,烧指穿石⑬,冥期无待,志与心积,浚智堑,崇慧壁,拔神剑,挥戒戟,想将萌而夷斩,情向兆而剪刺;扫六贼于胸中⑭,休五道之长役⑮;拱己内治,总持法忍⑯;三世都寂,一心豁尽;寄耳无明⑰,寓目莫准;尘随空落⑱,秒与虚陨;廓焉灵悟,因权作尹;普济安度⑲,大悲谁愍⑳?托蘧庐以和光㉑,常游居乎冥泯;任天行与物化,如蹈水之无轸。若乃妙变神奇,理不思议;大千举于指掌㉒,芥子含于须弥㉓;四海宅于毛孔㉔,七宝永于劫移㉕;可信而不可寻,可由而不可知;非谈咏之所宣,恶毫素之能披。善乎!优陀之言也㉖。使夫智者满于天下,人有百头,头有百舌,舌解百义,辩才锋逸,合兹人以赞道,犹万分而未一。唯觉觉之相叹,乃敷畅而彰悉。矧愚昧之固陋,托狂简而仰述,抗萤烛之炯炯,欲增晖以毗日者欤?

【注释】

①谘(zī):同"咨",征询,商议。

②玄珠:道家、佛教比喻道的实体,或教义的真谛。《庄子·天地》:"黄帝游乎赤水之北,登乎昆仑之丘而南望,还归,遗其玄珠。"陆德明释文:"玄珠,司马云:'道真也。'"

③罔象:道教名词,指虚无之象,在道教丹法中又指出神开天窗时,思维意识活动处于相对静止,达到忘我的状态。《性命圭旨》:"罔象者,忘形之谓也"。

④寂泊:恬静淡泊,不追求名利。

⑤郢人其逝:《庄子·徐无鬼》:"庄子送葬,过惠子之墓,顾谓从者曰:'郢人垩慢其鼻端,若蝇翼,使匠石斲之。匠石运斤成风,听而斲之,尽垩而鼻不伤,郢人立不失容。宋元君闻之,召匠石曰:

'尝试为寡人为之。'匠石曰：'臣则尝能斲之。虽然，臣之质死久矣。'自夫子之死也，吾无以为质矣！吾无与言之矣。'"意思是，庄子送葬，经过惠子的墓地，回过头来对跟随的人说："郢地有个人让白垩泥涂抹了他自己的鼻尖，像蚊蝇的翅膀那样大小，让匠石用斧子砍削掉这一小白点。匠石挥动斧子呼呼作响，漫不经心地砍削白点，鼻尖上的白泥完全除去而鼻子却一点也没有受伤，郢地的人站在那里也若无其事不失常态。宋元君知道了这件事，召见匠石说：'你为我也这么试试。'匠石说：'我确实曾经能够砍削掉鼻尖上的小白点。虽然如此，我可以搭配的伙伴已经死去很久了。'自从惠子离开了人世，我没有可以匹敌的对手了！我没有可以与之论辩的人了！"

⑥筌(quán)蹄：亦作"筌蹏"。《庄子·外物》："荃者所以在鱼，得鱼而忘荃；蹄者所以在兔，得兔而忘蹄。"荃，一本作"筌"，捕鱼竹器；蹄，捕兔网。后以"筌蹄"比喻达到目的的手段或工具。荟：草木繁盛的样子。《诗经·曹风·候人》："荟兮蔚兮，南山朝隮。"朱熹集传："荟，蔚，草木盛多之貌。"

⑦睒(shǎn)：迅速地看。

⑧慈氏：佛教菩萨名，即弥勒菩萨。弥勒，梵语 Maitreya，意译为"慈氏"，为将继承释迦佛位的未来佛。

⑨灵辔：神灵驾驭牲口的缰绳，借指神灵的车驾。

⑩托息：栖止，居留。

⑪畏涂：亦作"畏途"。艰险可怕的道路。《庄子·达生》："夫畏涂者，十杀一人，则父子兄弟相戒也，必盛卒徒而后敢出焉。"

⑫大誓：即"横超大誓愿"，指阿弥陀佛四十八愿之第十八愿。此愿为四十八愿中之最重要者，故又有愿王之称。弥陀誓愿摄受十方一切众生，由信者一念之愿力，即出生死海，而超证佛果。

⑬烧指：又称燃指。即燃烧手指，表示信仰之诚挚。佛教有以身体

供养佛者,烧指即属此类,称为烧指供养,或燃指供养。据《法华经·药王菩萨本事品》载,药王菩萨在过去世为一切众生喜见菩萨时,曾焚身以供养佛。故谓燃手指乃至一足趾供养佛塔,远胜以国城、妻子及三千大千国土、山林、河池、诸珍宝物供养者。

⑭六贼:色、声、香、味、触、法六尘,以眼、耳、鼻、舌、身、意六根为媒,自劫家宝,故喻之为贼。有道之士,眼不视色,耳不听声,鼻不嗅香,舌不味味,身离细滑,意不妄念,以避六贼。

⑮五道:佛教谓天、人、畜生、饿鬼、地狱五处轮回之所。

⑯法忍:谓对于诸经所说微妙幽深之法义能不惊怖,且能勤学读诵,而安住于教法之真理中。忍,忍耐、忍许、忍可、安忍,即指堪忍违逆之境而不起嗔心。无生法忍,简称无生忍,此语乃"无生无灭法忍"的简略,即确切地领会"一切法不生不灭"之理,把心安住在所悟不生不灭的中道实相上不动不退。

⑰无明:指不知意识心之虚幻,执为实不坏我,故令阿赖耶识起行支,依于末那之执我而执名色,遂至轮转生死。大乘佛法把无明分成两个部分:一念无明,无始无明。不能见到世间实相的根本力量,也是我们执取和贪嗔的根源。

⑱尘:世俗。宗教称俗世,隐者称仕途皆曰尘。如佛教称人间为尘,道家称一世为"一尘"。

⑲普济:普遍济助。晋陆机《演连珠》:"威以齐物为肃,德以普济为弘。"

⑳大悲:佛教语。救人苦难之心,谓之悲;佛菩萨悲心广大,故称大悲。常与大慈连用。《大智度论》卷二七:"大慈大悲者,四无量心中已分别,今当更略说:大慈与一切众生乐,大悲拔一切众生苦。"

㉑蘧庐:古代驿传中供人休息的房子。犹今言旅馆。《庄子·天运》:"仁义,先王之蘧庐也,止可以一宿,而不可久处。"郭象注:

"蘧庐,犹传舍。"

㉒大千:佛教说明世界组织的情形。每一小世界,其形式皆同,中央有须弥山,透过大海,矗立在地轮上,地轮之下为金轮,再下为火轮,再下为风轮,风轮之外便是虚空。须弥山上下皆大,中央独小,日月即在山腰,四王天居山腰四面,忉利天在山顶,在忉利天的上空有六欲天,再上则为色界十八天,及无色界四天。在须弥山的山根有七重金山,七重香水海,环绕之,每一重海,间一重山,在第七重金山外有碱海,碱海之外有大铁围山。在碱海四方有四大洲,即东胜身洲、南赡部洲、西牛货洲、北俱卢洲,叫做四天下,每洲旁各有两中洲,数百小洲而为眷属。如是九山、八海、一日月、四洲、六欲天,上覆以初禅三天,为一小世界。集一千小世界,上覆以二禅三天,为一小千世界。集一千小千世界,上覆以三禅三天,为一中千世界。集一千中千世界,上覆以四禅九天,及四空天,为一大千世界。因为这中间有三个千的倍数,所以大千世界,又名为三千大千世界。

㉓芥子:是芥菜的种子,有白、黄、黑之品种。比喻极其微小。须弥:梵文 Sumeru 音译,相传是古印度神话中的名山,同时这个须弥山在佛教中极具意义,它又称须弥楼、妙高山。

㉔四海宅于毛孔:见《维摩诘经·不思议品》。

㉕七宝:诸经所说的略有不同,《般若经》七宝是金、银、琉璃、珊瑚、琥珀、砗磲、玛瑙;《法华经》七宝是金、银、琉璃、砗磲、玛瑙、真珠、玫瑰;《阿弥陀经》七宝是金、银、琉璃、玻璃、砗磲、赤珠、玛瑙。劫:佛教名词。梵文 kalpa 的音译,"劫波"(或"劫簸")的略称。意为极久远的时节。古印度传说世界经历若干万年毁灭一次,重新再开始,这样一个周期叫做一"劫"。"劫"的时间长短,佛经有各种不同的说法。一"劫"包括"成"、"住"、"坏"、"空"四个时期,叫做"四劫"。到"坏劫"时,有水、火、风三灾出现,世界

归于毁灭。后人借指天灾人祸。

㉖优陀：十二部经（佛经之十二种体裁或形式）之一，旧译为无问自说经，乃指佛因自己感悟，不待人问而自然宣说之经典。

【译文】

询问大道的人不断出现，回答的人总是辜负所问，只有沉默不语，全然寂照，自然通达大道，而一旦说出来则显得空乏。当根据最高本体来讲述大道，成就虚无忘我之境界时来谈论无。独立自处，恬静淡泊，玄奥精微，实现讲究篇言戒律者的愿望；如果只是尊崇钻研表面，没有人能够悟出高远的深意。越是希望越有过错，越是寻找越是沉沦，郢人已经离世，匠人又以谁作为合作对象呢？在深潭放置捕鱼竹器，在草丛中放置捕兔网，在山川丛林中等待捕鱼捕兔，如果只是满足于谈论表象，用肉眼看到而不用心力，鱼和兔子一下子就过去了，达不到应有的目标。忍耐能够成就贤能通达之人，无数的老师诞生在世间教化，要过很长时间，弥勒菩萨才会兴盛，敬仰其过往以德育教化培育大众；谁说那已经是很久远的事情呢？也只是过去一瞥的时间罢了。神灵的车驾虽然跑得很快，但其本体却无穷无尽，不生不灭，不动不静；它们没有根本，我们则有始有终。

时间飞逝，如同行走在电光之末，栖息在狂风之中。感知到艰险可怕的道路从而变得惊慌失措，迷恋世俗的贪欲，从而导致战争的发生。不顾长远的胜利而只贪图眼前的小利，不节俭而奢侈浪费。在树木未凋零之前不去防护，等到已经被狂风吹得掉落殆尽了，才去考虑重新种植可能会更加秀美，谁知却已经结下了万千悔恨而难以补救。因此，立下大誓的信徒烧指穿石以表其虔诚，冥悟之期无需等待便会到来，内心积下志愿，通过充分挖掘智慧来疏通天堑，助长慧根，拔神识利剑，挥戒律宝戟，无所不用其极，念头将要生起就斩除，情欲将要产生就将它的刺全数剪断；清除心中的六贼，停止受五道轮回长期的羁绊，无为而内治，始终秉持无生法忍，安住于教法之真理中；无论过去、现在或是未来

都保持心志淡泊,豁达大度;世俗污秽都会随着虚无缥缈一起陨落;我
们需要豁达觉悟,根据轻重来做出适当的治理;全面地救助民众使其能
够安然度过困境,这又是谁在救人于苦难? 寄居于简陋的居室和光同
尘,长久闲居以获得高远的心境;任自然而行,任万物变幻,如同蹀水不
觉其痛一样豁达。至于万物奇妙变幻,其中的奥妙无法思议;大千世界
彰显于指掌之间,微小的芥子中能容纳巨大的须弥山;浩瀚的四海存在
于细微的小孔之中,无论劫难如何变幻,七宝永久存在;这些值得相信,
却无法追寻,值得奉行,却无法通晓,这不是称颂歌咏所能宣扬的,不是
书信文章所能彰显的。佛祖的言论多么美好啊! 假如智者遍布天下,
一个人有百个头,一个头脑就有百个舌头,一个舌头能阐述百种道理,
辩才无碍,所有这些人合起来赞美佛法大道,还不及万分之一。只有觉
悟无我无常之道的人,互相赞叹,才能广为传播,彰显无遗。何况那些
愚昧无知的人思想闭塞浅陋,志向高远而处事疏阔,抵制佛陀的光辉思
想,难道还想增添其思想的光辉而与太阳比高下吗?

　　嗟乎! 方外灵藏①,奢逴诞宕②,众妙渊玄,群奥无量,
小成不籍,大言横丧,坤德可厚,于何不有? 惊听洪壑,骇
目崇阜,夏典载其掌握,荒经列其户牖,周既达而未尽,信
《齐谐》之小丑③,见鹏鹍而标大④,而睹鸟王与鱼母⑤。吁
乎噫嘻! 奇杰之事,积籍眇漫,焉可称记? 伊《皇览》之普
综⑥,足探幽而体异,何近嫌于割玉,又硕诬乎火织⑦,况下
斯而束教,趣尧孔之权饵。常专专而守检,惧越蹈于所伺,
并废理以证言,莫触类以取意,徒宏博而繁构,更益猜而致
忌;悟饰智之愕物,故收翰而辍思。寄一隅于梗指,俟体信
于明识者乎?

【注释】

①方外：世外，指仙境或僧道的生活环境。《楚辞·远游》："览方外之荒忽兮，沛罔象而自浮。"

②诞宕：狂放不羁。

③齐谐：古时记载奇闻逸事的书籍。

④鹏：大鸟。《庄子·逍遥游》："齐谐者，志怪者也。谐之言曰：鹏之徙于南冥也，水击三千里，抟扶摇而上者九万里，去以六月息者也。"鹍：当作"鲲"。大鱼。《庄子·逍遥游》："北冥有鱼，其名为鲲。鲲之大，不知其几千里也；化而为鸟，其名为鹏。鹏之背，不知其几千里也；怒而飞，其翼若垂天之云。是鸟也，海运则将徙于南冥。"

⑤鸟王：古印度传说中的神鸟。即舍翅鸟神迦楼罗，为"天龙八部"中的护法神之一。中国古代则以凤凰为鸟王。《埤雅·释鸟》："凤，神鸟也，俗呼鸟王。"鱼母：弥陀佛以念力住持极乐国土，譬之鱼母之念持其子也。《净土论》："住持者，如黄鹤持子安千龄更起，鱼母念持子径枀不坏。"

⑥《皇览》：三国魏文帝时刘劭、王象、桓范、韦诞、缪袭等奉敕所撰，撰集经传，分门别类，共四十余部，约八百余万字。供皇帝阅读，故称为"皇览"。原书隋唐后已失传。

⑦火织：当指魏文帝不信世间有火浣布之事，见本书卷四《又释何衡阳》注。

【译文】

啊！世俗礼法之外的生活，自然玄妙，蕴藏灵气，遐想美妙，说话无拘无束，领悟深奥精微的道理，没有任何限制约束，小的成就不被记载，夸大的言辞消失殆尽，万物的功德厚重深远，还有什么是不存在的呢？听到深沟中的汹涌水声，看到一望无际的高丘山岭，不禁惊叹骇然，夏代的典籍记载了他们所能了解的事物，民间流传的经书上也列出了当时的流派，周朝已经达到却尚未完成，信奉《齐谐》书籍中的浅薄之徒，看见鹏和鲲，便标榜它们如此之大，却没有看到鸟王和鱼母的神威。唉呀！在辽远无际的典籍之中记载了很多奇怪杰出之事，这哪里能够一一记录下来呢？《皇览》是供皇帝阅读的书籍，里面撰集经传，分门别类，全面整合了各类典籍，值得深入探究，并体味其中不同的含义，何必平庸到避忌割玉之刀，不相信世间有火浣之布，这样下去，便会被教条所束缚，应当趋向尧帝和孔子的谋略。他们崇尚术有专攻，维持一贯的品行，犹恐违背所奉行的宗旨，并且不惜放下以前的思想从而证悟大道，不能遇事断章取义，白白地拥有广博的知识，却更加容易猜忌正确的思想；悟出了大道本质，于是放下言辞，停止思考。总是冥顽不化，难道要等待拥有高明见识的人来纠正吗？

卷第十四

檄太山文

【题解】

本篇由梁代僧人竺道爽所撰。在文中,竺道爽声讨谴责那些假借东岳天神名义蛊惑愚昧民众、残害生灵的妖魔鬼魅、山川精怪。他指出,邪恶不会永远压制正义,自己将清除污浊的东西,降服妖魔鬼怪,发扬光大圣明的道义。

沙门竺道爽①,敢告太山东岳神府及都录使者②:盖玄元创判③,二仪始分④,上置璇玑⑤,则助之以三光⑥,下设后土⑦,则镇之以五岳⑧。阴阳布化于八方⑨,万物诞生于其中,是以太山据青龙之域⑩,衡霍处诸阳之仪⑪,华阳显零班之境,恒茂列幽武之宾⑫,嵩崎皇川之中,镇四渎之所坟⑬。

【注释】

①沙门:又作沙门那、沙闻那、娑门、桑门、丧门。意译勤劳、功劳、劬劳、勤恳、静志、净志、息止、息心、息恶、勤息、修道、贫道、乏道。为出家者之总称,通于内、外二道。亦即指剃除须发,止息诸恶,善调身心,勤行诸善,期以行趣涅槃之出家修道者。竺道

爽：生平不详，仅知其曾活动于南朝梁代。

②太山东岳神府：太山，即是泰山，位于山东泰安，我国五岳之一。传说中专司招魂之太山府君所住之山。与佛教融合后，太山府君成为阎魔王之书记，专门记录人类善恶行为。因此泰山成为佛教、道教信仰的灵山。都录使者：职官名。

③玄元：天地未分时的混沌一体之气。

④二仪：天地。

⑤璇玑（xuánjī）：北斗前四星。《尚书·舜典》："在璇玑玉衡，以齐七政。"

⑥三光：日、月、星。

⑦后土：土神或地神。亦指祀土地神的社坛。《周礼·春官·大宗伯》："王大封，则先告后土。"郑玄注："后土，土神也。"

⑧五岳：我国五大名山的总称。中古以前指东岳泰山、南岳霍山、西岳华山、北岳恒山、中岳嵩山。隋以后衡山取代霍山成为南岳。《尔雅·释山》："泰山为东岳，华山为西岳，霍山为南岳，恒山为北岳，嵩高为中岳。"

⑨八方：四方和四隅。《汉书·司马相如传下》："是以六合之内，八方之外，浸浔衍溢。"颜师古注："四方四维谓之八方也。"

⑩青龙：属东方星宿，与东岳相应。

⑪衡霍：衡山与霍山，此衡霍当指与霍山同处今安徽西部之古衡山。

⑫莜（fá）：草叶茂盛的样子。

⑬四渎：长江、黄河、淮河、济水的合称。《尔雅·释水》："江、河、淮、济为四渎。四渎者，发原注海者也。"坟：堤岸，水边高地。

【译文】

僧人竺道爽，冒昧告知太山东岳神府及都录使者：当天地未分时的混沌一体之气开始分离时，阴阳二仪才开始分开，在天上面就添置了北斗，以日、月、星三光辅助，在下面就设置了大地，用五岳大山镇压在上面。阴阳布化到四面八方，万物在它中间诞生，所以太山占据在东部青龙之地，衡山处于向阳的南部，华山显现在西部，恒山列于幽深威武的北部，嵩山则高高屹立在中部，镇压在四条大河的堤岸上。

　　此皆禀气运实，无邪之秽，神道自然，崇正不伪。因天之覆，顺地之载，敦朴方直①，澹然玄净。进道四运之端②，退履五教之精③；内韬通微之资④，外朗道德之明。上达虚无，下育苍生⑤，含德潜通⑥，无退不彻，游步九崖⑦，翱翔玄阙⑧。故能形无正始，呼吸阴阳，握揽乾坤，推步八荒⑨。夫东岳者，龙春之初，清阳之气，育动萌生，王父之位。南箕北斗⑩，中星九天⑪，东王西母⑫，无极先君。乘气凤翔，去此幽玄⑬；澄于太素⑭，不在人间；荡消众秽，其道自然。

　　而何妖祥之鬼，魍魉之精⑮，假东岳之道，托山居之灵，因游魂之狂诈⑯，惑俗人之愚情？雕匠神典，伪立神形，本无所记，末无所经。外有害生之毒气，内则百鬼之流行，昼则谷饭成其势，夜则众邪处其庭，此皆狼蛇之群鬼，枭蟒之虚声。自三皇创基⑰，传载于今，历代所崇，未睹斯响也。

　　故《零征记》曰：“夫神正者，则潜曜幽昧⑱，上腾高象，下戏玄阙，逍遥云影，龙翔八极⑲，风兴雨施，化若雷电，行厨不设，百味自然，含慈秉素，泽润苍生，恩过二养，惠若朝阳，应天而食，不害众命，此乃灵翔之妙节，清虚之神道。若神不正者则干于万物，因时托响，传惑俗听，成妖散朴，激动人心，倾财极杀，断截众命，枉害中年，俎其骨肉，精神离迸，痛伤元气⑳。”东岳之神，岂此之谓也？故《枕中》诫曰：“含气蠢蠕,百虫勿婴;无食鸟卵,中有神灵。"天元受命,地庭有形,祖禀二仪,焉可害生? 此皆逆理,违道本经。群民含慈,顺天不杀,况害猪羊,而饮其血。以此推之,其非神也。

【注释】

① 敦朴:敦厚朴实。

② 四运:四时,四季。

③ 五教:指父义、母慈、兄友、弟恭、子孝五种伦理道德的教育。

④ 通微:通晓、洞察细微的事物。

⑤ 苍生:草木丛生之处。

⑥ 含德:怀藏道德。

⑦ 九崖:指高耸的山峰。

⑧ 玄阙:古代传说的北方极远之地。《淮南子·道应训》:"卢敖游乎北海,经乎太阴,入乎玄阙。"一说指天门。引申指天帝或神仙的住房。

⑨ 八荒:八方荒远的地方。

⑩ 南箕:星名。即箕宿。共四星,二星为踵,二星为舌。踵窄舌宽。夏秋之间见于南方,故称。古人观星象而附会人事,认为箕星主口舌,多以比喻谗佞。

⑪ 中星:二十八宿分布四方,按一定轨道运转,依次每月行至中天南方的星叫中星。观察中星可确定四时。九天:天之中央与八方。《楚辞·离骚》:"指九天以为正兮,夫唯灵修之故也。"王逸注:"九天谓中央八方也。"

⑫ 东王:东王公。神话中的仙人名,掌管男仙名籍。《神异经·东荒经》:"东荒山中有大石室,东王公居焉。长一丈,头发皓白,人形鸟面而虎尾,载一黑熊,左右顾望。"西母:西王母。中国古代神话中的女仙人。《山海经·西山经》:"西王母,其状如人,豹尾

⑬幽玄：幽深玄妙。

⑭太素：天地。

⑮魍魉（wángliǎng）：古代传说中的山川精灵鬼怪。

⑯游魂：游散的精气。古代哲学家认为人或其他动物的生命是由精气凝聚而成的。精气游散，则趋于死亡。《周易·系辞上》："精气为物，游魂为变。"王弼注："精气烟煴聚而成物，聚极则散，而游魂为变也。"

⑰三皇：传说中上古三帝王。所指说法不一。

⑱幽昧：昏暗不明。《楚辞·离骚》："惟夫党人之偷乐兮，路幽昧以险隘。"王逸注："幽昧，不明也。"

⑲八极：八方极远之地。《庄子·田子方》："夫至人者，上窥青天，下潜黄泉，挥斥八极，神气不变。"

⑳元气：人的精神，精气。

【译文】

这些都是天赋的本性，运道朴实，没有邪恶的秽气，都是神明所赐，道法自然，崇高正直不虚伪。凭借上天的包容，顺应大地的养育，敦朴方直，恬淡安静。进道则明四季的开端，退则践行五教的精神；在内隐藏通晓微小的事物，在外明朗道德的光辉；向上到达虚无之境，向下养育苍生，涵养大德，通晓大道，秘密通行，没有到不了的地方，游步在高耸的山峰，翱翔在北方极远之处。所以能够做到形体没有开始，却可以吞吐阴阳，掌握天地玄机，移步在八荒大地。东岳在龙春开始时，发出清新温和的气息，养育滋润各种生物，是王父所处的位置。南箕北斗星，九天上的中星，东王公西王母，是无极先君。他们乘着气像凤凰一样飞翔，离开幽深玄妙的地方，在天上游览，不在人间，驱荡各种污秽之气，法度自然。

而为什么那些妖魔鬼怪，山川精怪，则假借东岳天神的名头，托名山居的幽灵，凭借游魂的狂妄奸诈，蛊惑愚昧的世民？他们雕凿有关神灵的典籍,虚构伪造神灵的形像,而经典上根本没有记录这些事情。在外有残害生灵的毒气,在内则有各种鬼怪横行,白天黑夜各种邪神就住在东岳山上,这些都是狼蛇鬼怪,徒有虚名的枭妖蟒精。自从三皇创造天地基业,传承到今,历代人民所崇拜的神仙,都没见过这么大张旗鼓的。

所以《零征记》上说:"如果神明正派,就会潜藏光明于昏暗之中,在上凌驾于高远之象,在下游戏于天庭宫阙之间,在云影间悠游自得,在八方外翱翔飞舞,为大地施化风雨,化若雷电,不设定跟随的厨子,多种味道都是天然的,胸含慈念行为素雅,光辉滋润苍生,恩德大过父母,恩惠就像朝阳,顺应天意而食用,从来不伤害众生性命,这就是神灵的美好节操,清虚的神道。如果神明不正派,就会干扰万物,根据时期变化附托谣言惑语,到处传播、蛊惑凡人视听,妖气使人的朴实本性散灭,使人的心情冲动,倾尽钱财极尽杀取,残害阻断众人性命,冤枉祸害中年人,伤害他们的骨肉,使他们精神错乱分离,痛伤他们的元气。"东岳的神明难道是这样的吗? 所以《枕中》告诫说:"含气蠢蠕,百虫勿婴;无食鸟卵,中有神灵。"受命于上天,地庭培育形体,仙道禀承阴阳,怎么能残害苍生呢? 这些都是逆于道理的,违背大道根本。对人民心怀慈念,从来不杀,更何况杀害猪羊,而喝它们的血液。由此可以推论,他们并非神明。

又五岳真神①,则精之候,上法璇玑②,下承乾坤③,禀道清虚④,无音无响。敬之不以欢,慢之不以戚;千誉万毁,神无增损。而汝矫称,假托生人,因虚动气,杀害在口,顺之则赐恩,违之则有祸,进退诡伪,永无贤轨,毁辱真神,非其道也。故《黄罗子经·玄中记》曰:"夫自称山岳神者,必是蟒蛇;自称江海神者,必是鼋鼍鱼鳖;自称天地父母神者,必是猫狸野兽；自称将军神者，必是熊罴虎豹；自称仕人神者，必是猿猴狚玃⑤；自称宅舍神者，必是犬羊猪犊。"门户井灶⑥，破器之属，鬼魅假形⑦，皆称为神。惊恐万姓，淫鬼之气，此皆经之所载，传之明验也⑧。

自汝妖祥⑨，渐逾六载，招来四远，靡不响应。送疾而往者，如小水归海；获死而还者，哀呼盈路；重者先亡，便云算尽；轻者易降，自称其福。若使重患难济，则汝无恩，中容之疾，非汝所救，二者无效，焉可奉事⑩，乃令群民投心归命？既无良医善药，非散发之能降，经旬历月，曾无影报。以此推之，有何证验？

又国大元，桓王及封，锡六国之懿，节三台之辅，光赞皇家，黎无慈悦，天祸谬加，体婴微疾⑪；谓汝之祇，能感灵德⑫，故宣德信命，诣汝神殿，献荐三牲⑬，加赠珍异。若汝圣道，通乾致妙者，何不上启九皇⑭，下谘后土，参集百灵⑮，显彰妙术，使国良辅，消疾获安？既无响应，乃奄薨遐，验此虚妄，焉足奉哉！

【注释】

①五岳：东岳泰山、西岳华山、中岳嵩山、北岳恒山、南岳衡山。

②璇玑：又作旋机，泛指北斗、北极星。

③乾坤：八卦中的两爻，代表天地。

④清虚：清净虚无。《文子·自然》："老子曰：'清虚者天之明也，无为者治之常也。'"

⑤狚玃(jiājué)：大猴子。

⑥井灶：井与灶。亦借指家园、故居。《穀梁传·宣公十五年》："古

者公田为居,井灶葱韭尽取焉。"

⑦假形:托身,化身。《牟子理惑论》:"盖闻佛化之为状也,积累道德,数千亿载,不可纪记。然临得佛时,生于天竺,假形于白净王夫人。昼寝,梦乘白象,身有六牙,欣然悦之,遂感而孕。"

⑧明验:明显的证验或应验。

⑨妖祥:凶兆和吉兆。《周礼·春官·视祲》:"以观妖祥,辨吉凶。"郑玄注:"妖祥,善恶之征。"贾公彦疏:"祥是善之征,妖是恶之征。"

⑩奉事:信奉;供奉。

⑪婴:纠缠,羁绊。《韩非子·解老》:"祸害至则疾婴内。"

⑫灵德:神灵的恩德。《文选·班固〈东都赋〉》:"登祖庙兮享圣神,昭灵德兮弥亿年。"吕延济注:"言以此鼎升宗庙,享天地,以明神灵之德。"

⑬三牲:牛、羊、豕。俗谓大三牲。《孝经·纪孝行》:"虽日用三牲之养,犹为不孝也。"邢昺疏:"三牲,牛、羊、豕也。"

⑭九皇:传说中上古的九个帝王。《鹖冠子·天则》:"九皇之制,主不虚王,臣不虚贵阶级。"

⑮百灵:各种神灵。《文选·班固〈东都赋〉》:"礼神祇,怀百灵。"李善注:"《毛诗》曰:'怀柔百神。'"

【译文】

又五岳真神,神妙无比,向上效法璇玑北斗,向下承接乾坤之理,领受大道,清净虚无,没有声音和响动。受到敬仰不会快乐,受到怠慢不会悲哀,成千上万的人赞美或诽谤,神明都没有增加或减少。但是你却诈称,假托生人,因为虚无的事情动气,杀害生命,顺应他就赐予恩德,违背他就会有灾祸,进退都是谄媚作伪,永远没有好的法度,诽谤侮辱真神,不是真正的道。所以《黄罗子经·玄中记》说:"那些自称山岳神仙的,一定是蟒蛇;自称江海神仙的,一定是鼋鼍鱼鳖;自称天地父母神仙的，一定是狸猫野兽；自称将军神仙的，一定是熊罴虎豹；自称是仕人神仙的，一定是猿猴狙玃；自称宅舍神仙的，一定是犬羊猪犊。"家里面的井和灶，破器这一类的物品，被鬼怪托身，都称为神。恶魔鬼怪之气，惊吓百姓，这都是经书所记载的，在解经的传书中也得到明显的验证。

自从你显现出吉凶的预兆后，渐渐地过了六年，招来四方的人，没有不响应的。送一些得了疾病的人来求神，就像细小的水流入大海一样；被你指出注定死亡而回家的人，满路哀嚎；获重病先死亡的人，就说生命到了尽头；得病较轻的容易降服，就称是他的福分。假如让患重病的人不能恢复，那你也没有恩德，中等程度的疾病，不是你救治，两者都没有你的功劳，岂能被供奉让民众归顺你？没有良医和好的药品，不是依靠披头散发就可以治好疾病的，经过向你祈求数月，一点也没有疗效。依此推理，你的神通有什么验证？

又在国号大元的时候，桓王册封，赐给六国的赞美之词，赋予三台的辅助，称赞皇家，而百姓没有受到爱护，天灾接连降临，百姓的身体衰弱生病。说你的神通很大，能够感受到神灵的恩德，所以就宣扬恩德信奉命运，到你的神殿，奉上三牲，又赠上珍奇的异宝。假如你的道是圣洁的，通达乾坤达到玄妙，为什么不向上启奏九皇，向下征询大地，搜集各种神灵的意见，彰显奇妙的技艺，让国家得到良好的辅助，让人们消除疾病获得安全？既然没有响应，就掩盖死亡，很明显验证你这是虚幻妄为，哪里值得供奉啊！

又昔太山石立社移，神灵降象，遐声万代。此则乾坤之所感，显为时瑞①。汝托称其圣，既不能兴云致雨，以表神德；图妖邪以损真道。正使汝能因盘动箸，举杯尽酒，犹为鬼幻②，非为真正。况无其征，有何神也？

又太山者,则阎罗王之统③,其土幽昧④,与世异灵,都录使者,降同神行,定本命于皇记,察都籍于天曹⑤,群恶无细不舍,纤善小而无遗。总集魂灵,非生人应府矣。而何弊鬼诈称斯旨,横恣人间,欺殆万端?蓬林之树,乌鹊之野;翕动远近,列于祠典;聚会男女,树俗之心;秽气外衅,枭声远布;毒钟王境,为害滋甚。夫云雾蔽天,群邪翳正,自汝妖异,多所伤害。

吾虽末流,备阶三服,每览经传。而睹斯孽,推古验今,邪不处正,吾将荡秽,光扬圣道,告到严钩魅党,还游冢墓。餐果饮泉,足生之路,既令群民绝倾财之困,鸟兽无罗网之卒,若复顾恋,望餐不去者,吾将宣集毗沙神王祇罗子等⑥,授以金刚屯真师,勇武秋霜,陵动三千,威猛难当,曜戈明剑,拟则摧山,降龙伏魔,靡不稽颡⑦。汝是小鬼,敢触三光?鹄毛入炭,鱼行镬汤,倾江灭火,朝露见阳。吾念仁慈,愍汝所行,占此危殆,虑即伤心,速在吾前,复汝本形,长归万里,沧浪海边,勿复稽留,明顺奉行。

【注释】

①时瑞:祥瑞。

②鬼幻:形容神秘地隐去。晋陆机《漏刻赋》:“是故来象神造,去犹鬼幻。”

③阎罗王:梵语的略译,佛教称主管地狱的神。通称阎王。《百喻经·贫人作鸳鸯鸣喻》:“临命终时,方言今我欲得修善。狱卒将去付阎罗王,虽欲修善,亦无所及已。”

④幽昧:幽深昏暗。

　⑤天曹：道家所称天上的官署。

　⑥毗沙神王：又云多闻天。四天王中毗沙门天之王，在佛教中为护

　　法之天神，兼施福之神性。

　⑦稽颡(qǐsǎng)：古代一种跪拜礼，屈膝下拜，以额触地，表示极度

　　的虔诚。

【译文】

　　又在从前，泰山巨石耸立在祭祀土地神的地方，这是神灵降下的迹象，美好的声望流传万年。这是天地所感动的地方，显现为当时的祥瑞。你假托称自己为圣人，既不能兴起云产生雨，来彰显神明的品德；而只是想办法用邪恶的东西来损害真正的大道。即使你能凭借盘子挪动筷子，举起酒杯喝尽酒，也只是鬼神之变幻，并不是真正的道。何况没有这些征兆，又哪里有什么神呢？

　　又因为泰山是阎罗王所总管的，它的土地幽深昏暗，与人世间不同，都录使者与神灵同行，从天神簿录那里确定寿命，在天曹那里考察生死户籍，众多的恶行没有不舍弃的，细小的善行没有被抛弃遗失。聚合魂灵，不是活着的人所能响应的。为什么你要装神弄鬼欺诈谎称旨意，在人间蛮横放纵，产生万种欺骗？就像在蓬林中的树木，野外的喜鹊；远近聚合，列入庙堂的典籍；聚集会合的男男女女，播撒世俗之心；丑陋的习气在外散播，凶狠专横的名声传布很远；危害聚集帝王边境，带来的危害很严重。云雾遮蔽天空，众多邪恶的东西掩盖了正直的东西，自从你成为妖孽，造成很多伤害。

　　我虽是末流之才，但崇尚正义，经常阅览古代经典著作。而我目睹到这些邪恶的东西，从古代推算检验当今，认为邪恶不会永远压制正直，我将清除污浊的东西，发扬光大圣明的道义，告倒鬼魅之党，使其重新回到自己的坟墓，吃果实喝泉水，这些是足以能够生存下来的方法。既然已经使老百姓断绝倾尽家财的困苦，使鸟兽没有被网捕住的痛苦，如果还有眷恋，看见祭拜饭食不离开的人，我将要宣告聚集起毗沙神王

祇罗子等,授予金刚屯真师称号,勇猛威武像秋天的寒霜一样,威武勇猛难以抵挡,拿着明亮的长戈利剑,一挥舞就能摧毁大山,降伏龙魔,妖魔没有不屈膝下拜,表示极度虔诚的。你是小鬼,怎敢来冒犯三光?如果来冒犯,你就会像天鹅毛掉进炭火,鱼在有滚汤的锅里游行,倾尽江水扑灭大火,早晨的露水见到太阳一样消失。我念及我佛仁爱慈悲,怜悯你所做的事,估测揣度这危险,就很忧虑伤心,希望你速速在我的面前,还原你的本来形状,归向遥远的地方,到波涛汹涌的海里去,不要再停留,你应该明白此理并奉行。

檄魔文

【题解】

　　本篇由梁代僧人释智静所撰。降魔是佛教非常重要的修行法门，佛教弘扬这一观念的载体有多种，本篇借用中国本土的檄文文体样式，表述佛教的修行方法和义学观念。"魔"是梵文"魔罗"的简称，指夺取人生命或妨碍善事之恶鬼神。佛教把魔分成许多种类，有三魔、四魔、八魔、十魔等。最常见的是四魔，即烦恼魔、蕴（阴）魔、死魔、天魔。对不同种类的魔，佛教有不同的降服破除之法。在本文中，释智静声讨谴责各种烦恼之魔，指出佛法之王师克期兴举，群圣起舞，道斧在前方发出光芒，灵鼓在后队振响，神力如此了得，众魔王无法抵挡。文章还强调运用六度、八正道、六通、四禅等修行方法来灭除魔王，明显体现了禅学思想。

　　释智静顿首顿首①：明将军轮下②，相与玄涂殊津，人天一统，宗师虽异③，三界大同④。每规良会，申展曩积⑤，而标榜未冥⑥，所以致隔。今法王御世⑦，十方思顺⑧，灵网方申⑨，纮纲弥纽⑩，大通有期，高会在近，不任翘想，并书喻意耳。

【注释】

①释智静：南北朝梁代高僧，生平不详。顿首：磕头，旧时礼节之一。后为书简表奏用语，表示致敬。

②明将军：未详。

③宗师：指体得经、律、论三藏之宗旨，学德兼备，堪为万人师范之高僧，又称法师、经师、论师。

④三界：佛教指众生轮回的欲界、色界和无色界。

⑤申展：伸展。曩（nǎng）：先时，以前。

⑥标榜：界标。

⑦法王：佛之尊称。王有最胜、自在之义，佛为法门之主，能自在教化众生，故称法王。《无量寿经》卷下："佛为法王，尊超众圣，普为一切天人之师。"

⑧十方：十方位，即东、西、南、北、四维（东北、东南、西北、西南）、上、下。

⑨灵网：指佛法。

⑩紘（hóng）纲：网索，泛指网。

【译文】

释智静磕头：明将军轮下，一同探究玄妙之道，人界和天界统一，虽然宗师不同，但是欲界、色界和无色界大体相同。每次在大会上探讨，整合以前的思想，但是大家理解的标准不清楚，所以导致意见不合。现在佛祖统理世界，十方世界都归顺，佛法得到弘扬，世界大通有期可待，高会将近，忍不住思索并写下来，表明自己的观点。

夫时塞有通，否终则泰①，千圣相寻②，群师迭袭。昔我皇祖③，本原天王④，体化应符，龙飞初域。仗权形以附万邦，奋惠柯以覆六合⑤，威荡四邪⑥，扫清三有⑦。方当抗宏纲于八区⑧，组灵网于宇宙⑨，夷静七荒⑩，宁一九土⑪。而冥宗不吊,真容凝静,重明寝晖,虚舟覆浪。故令蚁邪番兴,枭见暴起;噎染真涂,尘惑清众⑫;虐钟苍生⑬,毒流万劫⑭。怀道有情,异心同忿⑮,我法王承运,应期理乱,上承高胄⑯,下托群心;秉天旗以笼三千⑰,握圣图以隆大业⑱,云起四宫,鸾翔天竺⑲。降神迦维⑳,为时城堑㉑,绥抚黎元㉒,善安卿士㉓,奖导群情,慰喻有疾;严慧柯于胸中,被神甲于身外㉔;愍十八之无辜㉕,哀三空之路绝㉖;志匡大荒,必平多难;百域千邦,高伏风化。

承君不忌,重迷自覆,深摄愚怀,故守伪见,狼据欲天,鸥鸣神阙㉗,叛涣疆场,抗距灵节㉘,谓大位可登,弘规可改㉙。览兹二三㉚,遂为叹息。昔大通统世㉛,群方影附㉜,有伪痴天魔㉝,不遵正节,干忏圣听㉞,陈扰神虑㉟,领卒塞虚,权形万变,精甲照曦㊱,霜戈拂域㊲,灵鼓竞兴㊳,响冲方外,矫步陆梁㊴,自谓强盛。王师一奋㊵,群邪殄丧㊶,众迷革心,望风影伏。况君单将骁然,介士无方,众不成旅,而欲违背,陵虐华邑,篡夺灵权,腾邈最胜,以为忝真,可不谬乎?

【注释】

①否(pǐ)终则泰:厄运终而好运至。天地交,万物通谓之"泰";不交闭塞谓之"否"。

②千圣:指前所出世之诸佛列祖。

③皇祖:君主的祖父或远祖。

④天王:欲界六天之最下天,在须弥山半腹之四方,有天王四人,谓之四天王:东曰持国天王,南曰增长天王,西曰广目天王,北曰多闻天王。

⑤六合:天地四方,整个宇宙的巨大空间。

⑥四邪:我痴、我慢、我见、我爱。

⑦三有:欲、色、无色。

⑧八区:八方,天下。

⑨绠(gèng):大绳,此处引申为动词,布置。

⑩七荒:七方田地。

⑪九土:佛教语,指众生轮回之三界九地。

⑫清众:指出家教团或于丛林修行之大众。

⑬苍生:指百姓。

⑭万劫:指极长久的时间。

⑮忿:愤怒,怨恨。

⑯高胄(zhòu):高门世家。

⑰天旗:《晋书·天文志》:"建星六星,在南斗北,亦曰天旗,天之都关也。"三千:即三千大千世界。

⑱圣图:天子的宏图。

⑲鸾翔:鸾鸟飞翔。天竺:国名,即今之印度。

⑳迦维:地名,迦维罗卫之略。即迦比罗,为传说中佛祖诞生之地。

㉑城堑(qiàn):护城河,城池。

㉒黎元:百姓。

㉓卿士:是中国古官名,又作卿史、卿事。泛指官吏。

㉔被(pī):后作"披",穿着。

㉕愍(mǐn):怜悯,哀怜。十八:指十八种有学之圣人,又作十八学人。即:随信行、随法行、信解、见至、身证、家家、一间、预流向、预流果、一来向、一来果、不还向、不还果、中般、生般、有行般、无行般、上流般。

㉖三空:指空、无相、无愿之三解脱,因此三者都是阐明空的道理,故名三空。

㉗鸱（chī）：古书上指鸱鹰。

㉘灵节：此处指作为正法凭证的符节。

㉙弘规：宏谟，宏谋。

㉚二三：约数，不定数。

㉛大通：又作大通众慧如来、大通慧如来。即出现于过去三千尘点劫以前，演说《法华经》之佛名。

㉜影附：谓如影附形。比喻依附，附随。

㉝天魔：佛教语，天子魔之略称，为欲界第六天主，常为修道设置障碍。

㉞圣听：圣明的听闻。

㉟神虑：指佛祖的心意，意图。

㊱精甲：精良的铠甲。曦（xī）：指太阳，阳光。

㊲霜戈：明亮锋利的戈戟。

㊳灵鼓：六面鼓。

㊴陆梁：横行无阻。

㊵王师：天子的军队，此处指护持佛法的军队。

㊶殄（tiǎn）：灭绝，绝尽。

【译文】

时机被堵塞，也会有通达的时候，困厄结束，好运就会到来，诸佛列祖共同探求，众多法师纷纷继承衣钵并努力弘扬。过去我的远祖，本来是天王，形体妙化符合预兆，像龙一样从初域之中升腾起来。凭借威势使得天下归附，发扬宽厚法则来庇护天下，威势震荡我痴、我慢、我见、我爱四邪，清除欲、色、无色三有。正当在天下播撒佛法大网之绳索，让佛网笼罩整个宇宙，安定七方田地，让在三界九地轮回的众生安宁统一。但是幽冥之宗不能深入人心，真理得不到弘扬，佛教光辉被隐藏，佛法之舟被浪涛颠覆。因此使得邪恶之徒不断兴起，凶残的恶法突然出现；熏染修道之人，污染迷惑修行大众；残害欺凌百姓，祸害长久扩散。胸存佛道者内心怜悯有情众生,对于邪恶很愤怒,我佛法之王接受上天的安排,出来治理乱世,上承高门世家,下顺群众的心愿;秉持天旗来控制三千大千世界,持执圣图来使伟大的功业兴盛,云雾从四宫中升起,鸢鸟在天竺飞翔。佛陀降生在天竺迦维,修筑城池,安抚百姓,亲善卿士,鼓励引导群众的情绪,慰抚开导有疾病的人;在心中拥有智慧法门,在身外穿着神奇的盔甲;怜悯十八种有学问之人的无辜,哀伤三空解脱的道路被阻绝;有志于挽救众生灾难,那么必定要平定许多困难;在宽广无垠的疆域地区的人们,都接受佛法的教育感化。

　　承君不忌讳告诉我,自己迷惑,持执己见,内心愚昧,所以执着虚假的看法,像狼一样贪求占据天下,鸱在天宫鸣叫,逃遁背叛战场,抗拒佛法灵节,认为君王之位可以登上,宏谋可以更改。我看到这些事,于是哀叹惋惜。过去如来统治世界,多方民众依附他,有奸伪愚痴天魔,不遵照正节,触犯圣明的听闻,搅扰神圣的心意,领魔卒袭扰佛陀修行,权巧形体有多种变化,精良的铠甲照着阳光,明亮锋利的戈戟拂过疆域,六面战鼓争相敲响,响声冲破方里之外,矫健的步伐横行无阻,自认为很强盛。圣人的军队一奋起,众多邪见全部灭绝消失,各种迷惑不清的人都改正错误思想。何况你只是一个勇猛的将领,武士没有训练法度,乌合之众不能成为一支军队,却想要反叛,凌驾残害中华各地,篡夺神圣的权力,凌驾最高远的地方,难道不是很荒谬吗?

　　今释迦统世,道隆先劫①;妙化荡荡,神罗远御②;智士雍雍③,云算盖世;武夫龙跳,控弦万队;协略应真,奇谋超拔。故命使持节前锋大将军阎浮都督归义侯萨陀④,独禀天奇,蒙尘玄镜⑤,神高须弥⑥,猛气笼世,善武经文,忠著皇阙⑦,领众四十万亿,扬镳首路。使持节威远大将军四天都督忉利公导师⑧,武胜标群,文超纮谋,妙思绝尘,心栖梦表,忧时忘身,志必匡世,领众百万亿,鸾飞天衢。使持节征魔大将军六天都督兜率王解脱月⑨,妙思虚玄,高步尘表,略并童真,功侔九地⑩,悼愍三涂⑪,忿若纵害⑫,援剑慷慨⑬,龙回思奋,领众四百万亿,云回天门。使持节通微大将军七天都督四禅王金刚藏,朗质映晖,金颜遏烛,恩过九锡⑭,力倾山海,右眄则蒙汜飞波⑮,左顾则扶桑落曜⑯,德无不照,威无不伏,领众七百万亿,虎眄须弥。

　　使持节镇域大将军九天都督八住王大维摩诘⑰,奇算不思,法柯远振⑱,体含神姿,权喻万变,呼吸则九服云从⑲,叱咤则十方风靡,哀彼下民,无辜酸楚,领众九百万亿,饮马虚津。使持节览后大将军十三天都督小千诸军事九住王大文殊⑳,承胄遐元㉑,形晖三界,胤自紫宫㉒,神高体大,应适千涂,玄算万计,群动感于一身,众虑静于一念,深抱慈悲,情兼四摄㉓,领众若尘,翱翔斯土。

【注释】

①劫(jié):佛教名词。"劫波"(或"劫簸")的略称。意为极久远的时节。古印度传说世界经历若干万年毁灭一次,重新再开始,这样一个周期叫做一"劫"。

②神罗:不详,或指佛经中的魔鬼。

③雍雍:和洽的样子。

④阎浮:亦称"阎浮提"、"南阎浮提",为须弥山四方的四洲之一。即位于南方的南赡部洲,上面生长许多南赡部树。"阎浮"即"赡部",树名。后泛指人间世界。萨陀:梵语 Sadâ – prarudita,萨陀

波伦菩萨。《般若经》所载之一位勤求般若波罗蜜多的在家菩
萨。意译常啼菩萨。

⑤蒙尘：蒙受风尘，表面上是美好的事物蒙上了灰尘的意思。暗指
皇帝被俘等皇权受到了损害的事，使皇帝、皇后蒙受风尘之苦。
玄镜：明镜。

⑥须弥：据佛教解释，我们所住的世界中心是一座大山，叫须弥山。
须弥的意思是"妙高"、"妙光"、"善积"等，因此须弥山有时又译
为"妙高山"等。相传山高八万四千由旬，山顶有善见城，为帝释
天所居之处。其周围四方各有八位天道，帝释天在山顶统领须
弥山周围的四方诸天，合起来共为三十三天，帝释天即为三十三
天主。

⑦阙（què）：皇宫门前两边的望楼，或墓道外的石牌坊。阙一般有
台基、阙身、屋顶三部分。

⑧四天：东方持国天王、南方增长天王、西方广目天王、北方多闻天
王。忉利：忉利天为帝释之住处，此信仰自古即盛行于印度。传
说佛陀之母摩耶夫人命终后生于此天，佛陀曾上升忉利为母说
法三个月。

⑨六天：欲界有六天：一、四王天，二、忉利天，三、夜摩天，四、兜率
天，五、乐变化天，六、他化自在天也。他化自在天王多具眷属，
为佛道之障碍，故称为第六天之魔王。兜率：天名。旧作兜率、
兜率陀、兜率哆、兜术等，新作都史多、睹史多、斗瑟哆、珊睹史多
等。译曰上足、妙足、知足、喜足等。欲界之天处，在夜摩天与乐
变化天之中间，下当第四重，分天处、内处之二，其内院为弥勒菩
萨之净土，外院则为天众之欲乐处。

⑩九地：佛教语。又称九有。有情居止之世界，可分为欲界、色界、
无色界等三界。谓众生轮回之三界。凡欲界一地，色界四地，无
色界四地。

⑪悼愍(mǐn)：哀悼。三涂：又作三途。即火涂、刀涂、血涂，义同三恶道之地狱、饿鬼、畜生，乃因身、口、意诸恶业所引生之处。关于三涂的"涂"字的意义，古来有两种解释：（一）取残害义；涂谓涂炭，如《尚书》曰"民坠涂炭"。（二）取所趣义；涂谓涂道，如《周易》云"同归而殊涂"。

⑫怂：心绪散乱。

⑬慷慨：充满正气，情绪激昂的样子。

⑭九锡：九种礼器。是天子赐给诸侯、大臣有殊勋者的九种器用之物，是最高礼遇的表示。

⑮眄(miǎn)：斜视的样子。蒙汜(méngsì)：古代神话中所指日落之处。

⑯扶桑：中国古代神话中的树木名，相传日出于扶桑之下，因用以指日出之所。曜：日光。

⑰维摩诘：菩萨名。略云维摩。意译为"无垢称"或"净名"，净者清净无垢之谓，名者名声远布之谓。

⑱柯：砍伐树木使用的斧头的木把。

⑲九服：王畿以外的九等地区，也指全国各地区。《周礼·夏官·职方氏》："乃辨九服之邦国：方千里曰王畿，其外方五百里曰侯服，又其外方五百里曰甸服，又其外方五百里曰男服，又其外方五百里曰采服，又其外方五百里曰卫服，又其外方五百里曰蛮服，又其外方五百里曰夷服，又其外方五百里曰镇服，又其外方五百里曰藩服。"

⑳文殊：文殊师利的简称，菩萨名，以大智著称，与普贤常侍于释迦如来的左右。

㉑胄(zhòu)：中国古代将士防护头部的装具。又称兜鍪、头鍪、盔等。由于它常与护体的铠甲配套使用，所以"甲胄"一词成为中国古代防护装具的统称。逴：遥远。

㉒胤(yìn)：后代，子孙。

㉓四摄：佛教用语，即四摄法，是菩萨在众生中进行弘教的方法。
摄的意义就是把握。第一是布施；第二是爱语，慈爱的言语和态
度；第三是利行，为大众利益服务；第四是同事，使自己在生活和
活动方面同于大众。菩萨为了利益众生，必须广学多闻。

【译文】

现在释迦牟尼的思想统治世间，佛道兴隆；佛法普照，恶魔远远逃
走；有智之士相处和乐融洽，都有盖世的神通功夫；有武艺的人操控上
万军队如龙跳跃般得心应手；人人认真对待事情，灵活运用奇妙计谋。
所以派遣持节前锋大将军阎浮都督归义侯萨陀波伦菩萨，他有独特气
质，像明镜一样，神情气质比须弥山更高远，勇猛的气势笼罩人间，擅长
文武，效忠皇权，统领四十亿万兵众，在前面策马扬镳开路而行。派遣
持节威远大将军四天都督忉利公导师，他武功力压群雄，文采谋略出
色，奇思妙想超凡脱俗，有独特眼光，忧心国事，志在纠正人世间的不
公，率领百亿万众人，像鸢鸟在天路上空盘旋。派遣征魔大将军六天都
督兜率王解脱月，他思想奇妙空灵玄虚，步调高远，超越凡尘，略带一些
童真之气，功德和九地齐高，哀悯三途之苦，看到魔鬼残害人们，充满正
气拔剑施以援手，犹如真龙腾空奋进，他率领四百万亿大众，如云彩一
般在天门来回巡逻。派遣持节通微大将军七天都督四禅王金刚藏，他
气质爽朗熠熠生辉，金色的面孔光辉盖过烛光，恩德超过九锡，力量能
翻山覆海，向右斜视则日落之处光波横飞，向左看则扶桑木上日出的光
辉衰落，功德照遍世界，神威没有不服从的，他率领七百万亿众人，像虎
的眼神一样威猛看着须弥世界。

派遣持节镇域大将军九天都督八住王大维摩诘，他思想计谋奇妙，
纲法威名远震四海，身体含有神姿，能千变万化，一呼一吸则全世界都
服从，一叱一咤则十面八方风靡服从，体谅贫苦的下层民众及无辜的酸
楚之人，他率领九百万亿众人，在虚空世界的渡口守卫。派遣持节览后

大将军十三天都督小千诸军事九住王大文殊，他披带甲胄，身体姿态光芒照耀三界，作为天神后嗣他神态体型高大，反应机敏，计谋多而玄妙，众生的动静都在他的一身一念之间，心中怀有慈悲，用四摄法布施众生，率领的众生多如尘土，翱翔在天地之间。

使持节匡教大将军录魔诸军事群邪校尉中千王观世音[①]，智略渊深，慧柯远振[②]，明达四通，朗鉴三固，或托迹群邪，曜奇锋起；或权形二九[③]，息彼涂炭；挥手则铁围摧岩，嘘气则浮云颓崿；能为万方不请之友，领众不思，仗戈虎啸。使持节布化大将军三界都督、补处王大慈氏，妙质纵网，天姿标杰，体逾金刚[④]，心笼尘表，猛气冲云，慧柯远奋；无生转于胸中[⑤]，权智应于事外；志有所规，无往不就；威恩双行，真俗并设[⑥]，领众八万四千，严警待命，勇出之徒，充溢大千[⑦]；金刚之士，弥塞八极；咸思助征，席卷六合，乘诸度之宝轩，守八正之修路[⑧]；跨六通之灵马[⑨]，控虚宗之神辔；弯四禅之劲弓[⑩]，放权见之利箭；鸣骥桓桓，轻步矫矫；奉命圣庭，曾无有阙。

贵郎导师，胜子五百，幽鉴天命[⑪]，来投王化。圣上开衿，感气归顺，皆授名爵，封赏列土，功侔旧臣，声盖万域。而君何心横生异计？偃蹇荒边，规固常位，毒害勃于苍生，灾祸流于永劫，可不哀哉？可不谬哉？君昔因时为物所惑，狂迷君心，投危外审，百行一愆，贤达常失。久谓君觉知返愚，归罪象魏，束身抽簪，同游群俊，以道自欢，荣名终始。如何摄愚守谬，偷安邪位？托痴山以自高，恃见林以游息，耽六欲之秽尘[⑫]，玩邪迷以怡性，建憍慢之高幢，引无

明之凶阵;阔步荒涂,轻弄神器,盗篡天宫,抗衡日月。恐
不果哉!

【注释】

①观世音:佛教菩萨名,梵文 Avalokitesvara 的意译,被尊为"大慈大
　悲救苦救难观世音"菩萨,为中国佛教"四大菩萨"之一。

②慧:指通达事理,决断疑念,取得决断性认识的精神活动。

③二九:指九地九界,九地指佛教以欲地为一地,色界及无色界各
　分为四地,共为九地。九界指"十法界"中除了佛界之外的地狱、
　饿鬼、畜生、阿修罗、人、天、声闻、缘觉、菩萨。九界相对佛界而
　言,为迷界。

④金刚:金中最刚之意,用以譬喻佛法坚故,锐利,能摧毁一切之
　意。又指执金刚杵的护法天神。

⑤无生:不生不灭的状态。

⑥真俗:真为真实无妄,为出世间,俗相对真而言,为入世间。

⑦大千:三千大千世界简称"大千世界",以须弥山为中心,七山八
　海交绕之,更以铁围山为外郭,是谓一小世界,合一千个小世界
　为中千世界,合一千个中千世界为大千世界,总称三千大千
　世界。

⑧八正:指正见,正思维,正语,正业,正命,正精进,正念,正定,为
　佛教徒的修持原则。

⑨六通:指六种神通力,包括神境智证通(也称神足通),天眼智证
　通(也称天眼通),天耳智证通(也称天耳通),他心智证通(也称
　他心通),宿住随念智证通(即宿命智证通,也称宿命通),漏尽智
　证通(也称漏尽通)。

⑩四禅:译为"四禅定""四静虑""四定静虑""四色界定"。佛教用
　以对治妄感,生诸功德的四种基本禅定,被确定为四种不同的发

展阶梯。

⑪天命：指上天的意志，也指上天主宰之下人们的命运。

⑫六欲：指眼、耳、鼻、舌、身等五官及意（心法）所产生之欲望。

【译文】

　　派遣持节匡教大将军录魔诸军事群邪校尉中干王观世音，他谋略渊博而高深，智慧震动远方，明智通达使四方通晓，有时化身在众魔之中，像兵器般锐利地出现，有时候化身于九地九界中，停息众生的涂炭之苦，挥手就摧毁铁围山，一嘘气就使漂云下坠，能够成为宇宙各地不用请求即来到的朋友，率领的众人其数目不可思议，拿着戈像虎一样啸叫。派遣持节布化大将军都督补处王大慈氏，他美好的品质像网一样纵贯，天赋杰出，神姿超群，体型超过金刚，本心笼罩着尘世的表面，猛气冲贯云间，不生不灭的本性藏于心中，运用权变智谋应付外事，没有想去而不能到的地方；威严和慈恩一并施行，出世和入世之法共同采用，统领众人八万四千，严肃警惕等待命令；勇敢的人充满三千大千世界，金刚一样的勇士遍满八方极远之地；他们都想要辅助征讨，使之像卷起席子一样并包天下，乘坐各种度化的车马，遵守八正道的修行之路；跨坐具有六种神通力的灵马，掌控虚宗的神鞭，弯起四禅的猛劲弓箭，放射权见的锐利之箭；骏马威武鸣叫，轻巧的步子英勇威武和不同凡响，大将军奉命于神圣的宫廷，不曾有过错。

　　贵郎导师，胜子五百，能够领悟上天发出的召唤，奉持佛法的教化。佛祖开恩，对于归顺的人，都授之以名爵之位，分别赏赐列土，功劳相同于旧臣，声誉远播万国。然而你因何突然产生偏斜的异心？在边荒之地骄横傲慢，不用法规稳定局势，反而毒害苍生，使灾难祸害永远存在，这些难道不是很悲哀吗？难道不荒谬吗？你以前被外物所迷惑，它们疯狂地迷惑你的心，使你的心追逐外物，行为有很多过失，失去了贤能豁达的本心。我一直认为你应该觉悟，放下愚昧，回归本心向佛祖谢罪，束起衣服，抽出发簪，和众位才俊同游，以道来娱乐，始终保持荣耀的名声。为何你这么愚笨而总是坚持过错，还妄图苟且安于邪位呢？你的愚痴如高山，却自以为高上，沉迷六欲于尘世污秽中，着迷不正当的东西来培养性情，建立骄傲怠慢的高幢，引来无明的凶恶阵势；你大步走于荒凉的道路，轻视玩弄神器，私下谋取天宫，与日月抗衡，恐怕是没有好结果的！

举手而映三光①，把土以填巨海，虽拟心虚标，事之难就。将军殖福玄津②，原承弥远，华貌炜然，群情属目，望胄之基易登，由来之功可惜。君可反往修来③，翻然归顺，谢过朱门，以道齐好，家国并存，君臣同显，身名获安，晓目达观，眷属晏然，可不美哉？今王师克举，十方翘譬④，手提法罗，齐舞群圣，道柯曜于前驱，灵鼓振于后队。神钟一叩，十方倾覆，海浪飞波，陆原涌沸。于斯之时，须弥笼于一尘⑤，天地回于一车，无动安于左衿，妙乐曜于右手⑥，神力若斯，岂可当也？

我法王体道仁慈，不忍便袭，权停诸军，暂壹灵譬⑦，临路遣书，庶回迷驾。君可早定良图，面缚归阙⑧，委命皇庭，逍遥玄境⑨，隆名内晖，游形外寄。上方即任，非君而谁？夫惠尚识机⑩，明贵免祸，穷而知反，君子所美。斯乃转祸之高秋，取功之良节。昔夏桀无道，殷王致伐，商纣首乱，周武建师，此即古今之著龟，将军之明诫。相与虽乖于当年，风流宜同于道味⑪。人天崎岖，何足致隔？想便霍然⑫，随书致命，所以窃痛其辞，委曲往文者⑬，不欲令兰芳夏凋⑭，修柯摧颖。深致思言，善自量算，无使君身倾筐三趣⑮，莫令六天鞠生稊稗⑯，造颖眄目⑰，助怀惕然。临路遣书⑱，诸情多愤⑲，言不藉意⑳。

【注释】

①三光：指日、月、星。

②玄津：指佛法。

③反往修来：改正以往过错以求将来之功。

④十方：指东、西、南、北、东南、西南、东北、西北、上、下。

⑤一尘：道家称一世为一尘，这里指的是一粒微物。

⑥妙乐：奇妙的音乐。此处也借指能演奏美妙法乐的器物。

⑦辔（pèi）：驾驶牲口的嚼子和缰绳。

⑧面缚：双手反绑于背而面向前。古代用以表示投降。《左传·襄公十八年》："乃弛弓而自后缚之。其右具丙亦舍兵而缚郭最，皆衿甲面缚，坐于中军之鼓下。"杨伯峻注："面缚，即自后缚之。"

⑨玄境：本为道教术语，此处借指佛法深奥微密之境界。

⑩识机：亦作"识几"。谓知晓事物发生变化的几微迹象。

⑪风流：才华出众，自成一派，不拘泥于礼。道味：超凡出世的情志；佛道教义之真意。

⑫霍然：突然。

⑬委曲：屈身折节。

⑭兰芳：兰花的芳香。常用以比喻贤人。

⑮倾筐：斜口的盛草筐。《诗经·周南·卷耳》："采采卷耳，不盈顷筐，嗟我怀人，寘彼周行。"毛传："顷筐，畚属，易盈之器也。"陆德明释文："《韩诗》云：'顷筐，欹筐也。'……何休云：'草器也。'"

⑯六天：佛经有欲界六天：四天王天、忉利天、须焰摩天（又称夜摩天）、兜率陀天、乐变化天、他化自在天。见《楞严经》卷八。稗：一年生草本植物，长在稻田里或低湿的地方，形状像稻，是稻田的害草。果实可酿酒、做饲料。

⑰眄（miàn）：斜着眼睛看。

⑱遗书：发信。

⑲愦：昏乱，糊涂。

⑳藉：抚慰。

【译文】

举手而映照日月星三光，用泥土来填埋深阔的大海，虽然计划实现远大的目标，但是这样的目标很难达成。将军殖福佛法，原先的传承就很久远，才华横溢，光明正大，深受群众的爱戴，皇位之基容易登上，由来的功绩很值得爱惜。你可以回归当下，修正以往过失，追求将来的成就，完全归附投城，谢过于佛门，以道齐好，国与家并存，君与臣也同样有显赫的权利与声势，并且身名获得安定，达观世间，家庭亲属快乐，这难道不是美妙的事吗？如今佛法之王师克期兴举，四面八方各都举起驾驶战马的嚼子和缰绳，手上都提着法锣，群圣一齐起舞，开道斧在前方发出耀眼光芒，灵鼓在后队振响。一旦神钟响起，四面八方倾荡，大海击起风波大浪，陆地便汹涌澎湃起来。在这个时候，须弥之山瞬间就凝聚成一粒微物，天地回归于一车，无动安放在左边系衣裳的带子上，佛法妙乐宝器就在右手中照耀，像这样如此了得的神力，怎么能够抵挡得了呢？

我佛法之王体悟大道，宽厚仁慈，不忍立即开始袭击，暂且止住诸军，暂时撤掉他们驾驶战马的嚼子和缰绳，然后在路上临时发信，希望在迷途中的人返回。你应该早就确定好自己的计划，投降回归朝廷，接受朝廷的任命，然后逍遥于玄妙境界之中，隆重声名扬于国内，自身逍遥遨游于方外。上方即要任命，不是你难道还会有谁？有智慧知晓事物发生的细微迹象，明白大道避免祸害的发生，如果达到了极点又懂得返回，这就是君子赞扬的美德。这就是转化祸害的最好时节，取得功德的最佳时机。以前的夏桀暴虐没有德政，殷王征伐，商纣暴乱，周武便开始建立军队，这些就是古今的借鉴，对当前人们明白的告诫。虽然相

与交往违背了当年意愿,但是风流意蕴应该与道味相同。人间与上天
的道路本来就崎岖不平,为何彼此要产生隔绝呢?想到这便恍然大悟,
于是顺便写下书信,所以私自痛陈言辞,屈身寄送文章,只是不希望那
美好的兰花在夏天凋谢,因此修好斧头的柄,砍掉其枝末。希望你深刻
的思考这些话,好好计划,不要让自己趋向畜生、恶鬼、地狱三途,别让
欲界六天生出稗草,一旦生起就要注视着,身心保持警惕。于是我在修
行的道路上发出这封书信,许多情怀让人昏乱糊涂,语言不能完全表达
我的心意。

破魔露布文

【题解】

本篇由梁代僧人释宝林所撰。破除心魔是佛教非常重要的修行法门,佛教弘扬这一观念的载体有多种,本篇借用中国本土的露布文文体样式,表述佛教的理论和修行方法。"魔"是梵文"魔罗"的简称,指夺取人生命或妨碍善事的凶恶鬼神。对不同种类的魔,佛教有不同的降服破除之法。在本文中,释宝林借用各种隐喻,形象生动地探讨了降服心魔的各种方法,强调宣扬佛祖的教导,劝导刚刚归附的人,用空同之宅来安顿他们,用八解之流来充实心灵,用持戒的礼数来防备心魔,学习六度之风超越妄想。

贤劫大千微尘年①,五浊鼎沸朔②,现寿百龄日,使持节都督、恒沙世界诸军事征魔大将军净州刺史、十地王臣金刚藏③,使持节都督八万波罗蜜诸军事破结将军、领魔蛮校尉大司马、梵州刺史、八地公臣解脱月等④,稽首和南上圣朝尚书。

谨案:夫六合同曜灵之鉴⑤,群流归百谷之王,万化均于空玄⑥,众奇宗于一智,斯盖理有宗极之统,物无殊趣之会。

是以如来越重昏而孤兴⑦，蔚勤功于旷劫⑧，曜三涂之高明⑨，拔洪痴于始造，穷圣德之区奥，究无生之虚致，览物化之枢机⑩，握宏德之统纽。至若英姿挺特，神光赫奕⑪，虽复千晖并照，固已绝矣，身殊万状而非众，体合至妙而不一，应出五道而非生⑫，示入形止而非灭，希夷恍惚⑬，无名无像⑭，莫测其深，靡知其广。应群感而不劳，周万动而常静，历恒沙以倏忽，抚八荒于俄倾⑮；两仪颓陷而不夷⑯，力负潜移而不易；吸大火而不燋，怀洪流而不溺；乾坤不足以语其德，文玄不足以明其道；巨包六合，不可以称其大；妙入无间，不可以名其小。尔乃亭毒苍生⑰，化兼始母，无欲无为⑱，而无不为。翱翔于应变之涂⑲，逍遥于有无之表，挺达群圣之端，恬澹涅槃之域⑳。二乘韬思于重忘之致㉑，十住息虑于动静之机㉒。

【注释】

①贤劫大千：贤，梵语 bhadra（跋陀），又译作善；劫，梵语 kalpa（劫波）之略称，又译作时分。即千佛贤圣出世之时分。全称现在贤劫。过去的大劫叫庄严劫，未来的大劫叫星宿劫，贤劫即现在的大劫，因在此贤劫中，有一千尊佛出世，故称为贤劫，又名善劫。

②五浊：命浊、众生浊、烦恼浊、见浊、劫浊。命浊是众生因烦恼丛集，心身交瘁，寿命短促；众生浊是世人每多弊恶，心身不净，不达义理；烦恼浊是世人贪于爱欲，嗔怒诤斗，虚诳不已；见浊是世人知见不正，不奉正道，异说纷纭，莫衷一是；劫浊是生当末世，饥馑疾疫刀兵等相继而起，生灵涂炭，永无宁日。

③恒沙：恒河是印度大河，两岸多细沙，佛说法时，每以恒河之细沙喻最多之数。刺史：古代官名。原为朝廷所派督察地方之官，后

沿为地方官职名称。十地：指声闻乘十地，即受三皈地、信地、信法地、内凡夫地、学信戒地、八人地、须陀洹地、斯陀含地、阿那含地、阿罗汉地。金刚藏：金刚藏王，密教胎藏界曼荼罗虚空藏院中最右端之菩萨。全称一百八臂金刚藏王。略称金刚藏。此尊形像身呈青黑色，作十六面（或作二十二面，其中一面为佛面），有一〇八臂，表示对治百八烦恼，手持一〇八种破除烦恼之武器，如独股杵、轮、索、剑、钩、梵箧、棒、花形杵等，坐于宝莲花中。

④波罗蜜：又作波罗蜜多，播哕弭多。译言究竟，到彼岸，度无极，又单译曰度。以名菩萨之大行者，菩萨之大行，能究竟一切自行化他之事，故名事究竟，乘此大行能由生死之此岸到涅槃之彼岸，故名到彼岸。

⑤六合：常用于指上下和四方，泛指天地或宇宙。

⑥空玄：幻想。

⑦如来：佛尊号之一，意思是"如者本性，应所从来"，翻译成现代汉语就是说"我们的本性在我们面前的显示"。

⑧旷劫：佛教语。久远之劫，指过去的极长时间。

⑨三涂：又作《三途》。即火涂、刀涂、血涂，义同三恶道之地狱、饿鬼、畜生，乃因身口意诸恶业所引生之处。

⑩物化：事物的变化。《庄子·齐物论》："昔者庄周梦为胡蝶，栩栩然胡蝶也；自喻适志与！不知周也。俄然觉，则蘧蘧然周也。不知周之梦为胡蝶与，胡蝶之梦为周与？周与胡蝶，则必有分矣。此之谓物化。"成玄英疏："夫新新变化，物物迁流，譬彼穷指，方兹交臂。"

⑪神光：指精神。

⑫五道：五道乃是佛教轮回转世体系，为有情往来之所，故曰道。有五处：一地狱道，二饿鬼道，三畜生道，四人道，五天道。

⑬希夷：《老子》第十四章："视之不见名曰夷，听之不闻名曰希。"河

上公注：“无色曰夷，无声曰希。”后因以“希夷”指虚寂玄妙。

⑭无名无像：佛本无名、无相，佛法却真实存在，无处不在。无名：道教教义。道教对宇宙生成和处世的基本态度。认为治理天下要顺乎自然，处世修身要追求清静无为，顺应自然物化的规律，戒除强作有为。

⑮八荒：八荒也叫八方，指东、西、南、北、东南、东北、西南、西北等八面方向，指离中原极远的地方。

⑯两仪：指天地。不夷：不消失。

⑰亭毒：《老子》第五十一章：“长之育之，亭之毒之，养之覆之。”一本作“成之熟之”。高亨正诂：“‘亭’当读为‘成’，‘毒’当读为‘熟’，皆音同通用。”后引申为养育，化育。

⑱无为：是《道德经》中的重要概念。无为，并不是什么都不做，而是指按照大道去行动，顺应自然，不妄作为。

⑲涂：同“途”。

⑳恬澹：亦作“恬憺”。清静淡泊。涅槃：灭度、寂灭、圆寂、大寂定等，是超越时空的真如境界，也是不生不灭的意思。

㉑二乘：乘为运载之意。运载众生度生死海之法，有二种之别，故称二乘。（一）指大乘与小乘。佛陀一代所说之教法可大别为大、小二乘。佛为声闻、缘觉所说之法称小乘，佛为菩萨所说成佛之法称大乘。（二）声闻乘和缘觉乘。凡属修四谛法门而悟道的人，总称为声闻乘；凡属修十二因缘而悟道的人，总称为缘觉乘。以上二乘又分为愚法二乘和不愚法二乘两种，愚法二乘是声闻缘觉二小乘，迷执自法，而愚于大乘法空之妙理；不愚法二乘是与愚法二乘相反，他们善知理法，进入大乘的境界。

㉒十住：菩萨五十二位修行中，第二个十位名十住，因信心既立，能住佛地也。又因发起大心，趣入妙道，故又名十发趣。一、发心住。以真方便，假十信之用，圆成一心，名发心住。二、治地住。

以前妙心，履以成地，则一切皆治，名治地住。三、修行住。心所涉知，俱得明了，遍修诸行，皆无留碍，名修行住。四、生贵住。冥契妙理，行与佛同，气分感通，成如来种，名生贵住。五、方便具足住。自利利他，方便具足，名方便具足住。六、正心住。心念同佛，惟得其正，名正心住。七、不退住。身心增长，无有退缺，名不退住。八、童真住。佛之十身灵相，一时具足，如童真之可贵，名童真住。九、法王子住。长养圣胎，绍隆佛种，堪作法王之子，名法王子住。十、灌顶住。菩萨既为佛子，佛以智水灌顶，藉表成人，名灌顶住。

【译文】

在贤劫大千佛出世的年代，五浊恶世鼎沸，现寿百龄日，使持节都督、恒沙世界诸军事征魔大将军净州刺史、十地王臣金刚藏，使持节都督八万波罗蜜诸军事破结将军、领魔蛮校尉大司马、梵州刺史、八地公臣解脱月等，一起稽首敬礼圣朝尚书。

谨案：天地同在在太阳的照耀下，群流归向百谷之王，万化都是空幻之相，许多奇事都来自一种智慧，理是统领宇宙的终极根源，万物没有不同的性质，所以，如来佛性超越昏昧而独自兴盛，在久远之劫发挥功德，照耀畜生、恶鬼、地狱之三途，拔除众生对事物的痴迷，穷究德行的奥妙和不生不灭的境界，理解事物变化的关键，把握伟大德行的主旨。而且佛性灵光独耀，虽然众多太阳的光辉一起朗照，也比不上它，其身形不同于万物形状，体态非常巧妙而不单一，应化出于五道轮回转世而不是出生，展示形体停止而不是死亡，虚寂玄妙，恍恍惚惚，无名无相，却真实存在，无处不在，无法推测他的深度，不知道他的广度。应对大众感应而不觉得辛劳，周流变动而恒常安静，一刹那就能历经恒沙时间，穿越八方之域。天地两仪突然倾陷而不会消失，力量在无形中变化而不会改变；吸取大火而不会烧焦，在洪流中而不溺亡；乾坤不足够表达他的德行，玄妙文章不足以表明他的规律；囊括天地四方，不可以描述他的大；巧妙进入没有缝隙的地方，不可以说他的小。你养育百姓，化兼始母，无欲无为而无不为。你飞翔在适应时事变化的道路，逍遥在有无之表面，挺立在群圣之端，清静淡泊在涅槃之域。声闻和缘觉二乘在重忘之致停止心头的思虑，大乘菩萨在动静之时机消除杂念。

梵王咨嗟以归德[①]，帝释伏膺而厌位[②]，其为圣也，亦已极矣。于是应定光之遐记[③]，验大通之图录[④]，出五道而龙兴[⑤]，超帝皇以命世，道王三界，德被十方；畿甸恒沙[⑥]，都邑大千；偃九定之闲室，登七觉之云观，濯八解之清池，游总持之广苑。尔乃居慈悲之殿，处空同之坐，衮龙众好[⑦]，天冠顶相，左辅弥勒之流[⑧]，右弼文殊之匹[⑨]。前歌大方之雅颂[⑩]，后舞四摄之銮拂[⑪]。卫以八住体虚之士，侍以四果卓落通仙[⑫]，三台唯圣[⑬]，六府唯贤[⑭]。尔乃宣教姬、孔，宰守虞、唐，扬威汤、武，州牧三皇。其为化也，坦八正之平衢[⑮]，开三乘之通津[⑯]，列无为之妙宅，济大苦于劳尘，杜三恶之奸路，启欢乐于天人。爵以果任之位[⑰]，禄以甘露之餐[⑱]，功巨者赏以净土之封，勋小者指以化城之安[⑲]，此乃超百王之洪业，太平之至始也。五趣宦身之清朝[⑳]，四生士位之宗极[㉑]。

而群迷遇桀[㉒]，背真弥旷，欣濡沫之近足[㉓]，忘江湖于远全。故魔王波旬[㉔]，植愚根于旷始，积迷心于妄境，泛三染之洪波，入邪见之稠林。至乃窃弄神器，假伪冒真，夸王天宫，分列岳土，制命六天，纵肆偏威，内以三公诸毒[㉕]，卿相九结，外以军将六师，戎卒四兵。内行跋扈，不忌皇宪，竛萤光[㉖]，争晖天照。故乃顷者抗行神威，扬兵道树，震雷公霹雳之声，列担山吐火之众。又持世致惑于静室，波仑悲号于都肆,期皆痴狂纵暴,亏于圣节,作乱中夏,为日久矣。

【注释】

①梵王:大梵天为初禅天之王,故曰大梵天王,略曰大梵王,亦曰梵王。

②伏膺:伏通"服",服膺,铭记在心,衷心信奉。《礼记·中庸》:"得一善,则拳拳服膺而弗失之矣。"

③定光:锭光佛,或称然灯佛。释迦佛尝称为儒童菩萨。此佛出世之时,买五茎之莲奉佛。因而得未来成佛之记别。《智度论》:"昔者定光佛兴时,我为菩萨,名曰儒童。乃至买华奉定光佛,散华供养,华住空中。佛知其意,而赞叹言:汝无数劫所学清净。因记之曰:汝自是后九十一劫,劫号为贤,汝当作佛,名释迦文。"

④大通:三千尘点劫昔出世之如来名。此佛在世时,有十六王子,出家为沙弥,从佛闻《法华经》,佛入定后,十六沙弥各升法座,为大众覆讲《法华经》。其第九沙弥,今已成佛,为阿弥陀。第十六沙弥成佛为今之释迦如来。而其闻第十六沙弥之说法者。为今之一座大众云:盖今之大众在大通智胜佛时,于第十六沙弥结缘,故在今日释迦如来之下,闻法华而入证得果也。

⑤五道:佛教谓天、人、畜生、饿鬼、地狱五种轮回之所。

⑥畿(jī)甸:泛指京城郊外的地方。恒沙:佛教语。形容数量多至无法计算。

⑦衮龙:朝服上的龙。借指衮龙袍。

⑧弥勒:梵语 Maitreya 音译,意译"慈氏"。菩萨名,现住在兜率天内院,是一生补处菩萨,将来当于住劫中的第十小劫,人寿减至八万岁时,下生此界,继释迦牟尼佛之后,为贤劫之第五尊佛。

⑨文殊:佛教菩萨名。文殊师利或曼殊室利的省称,以大智著称,与普贤常侍于释迦如来的左右。

⑩大方：又名大方等，方是方正的意思，广是广大的意思，是诸大乘经的通名。

⑪四摄：一布施摄。谓若有众生乐财则布施财，若乐法则布施法，使因是生亲爱之心，依我受道也。二爱语摄。谓随众生根性而善言慰喻，使因是生亲爱之心，依附我受道也。三利行摄。谓起身口意善行利益众生，使由此生亲爱之心而受道也。四同事摄。谓以法眼见众生根性，随其所乐而分形示现，使同其所作沾利益，由是受道也。

⑫四果：佛教语。声闻乘圣果有四，旧译依梵语称为须陀洹果、斯陀含果、阿那含果、阿罗汉果。新译将前三果译为预流果、一来果、不还果，阿罗汉果仍其旧。

⑬三台：古代天子有灵台、时台、囿台，合称三台。《初学记》卷二四引汉许慎《五经异义》："天子有三台，灵台以观天文，时台以观四时施化，囿台以观鸟兽鱼鳖。"

⑭六府：古以水、火、金、木、土、谷为"六府"。《左传·文公七年》："六府、三事，谓之九功。水、火、金、木、土、谷，谓之六府。"

⑮八正：又名八圣道、八正道，即八条圣者的道法。一、正见，即正确的知见。二、正思惟，即正确的思考。三、正语，即正当的言语。四、正业，即正当的行为。五、正命，即正当的职业。六、正精进，即正当的努力。七、正念，即正确的观念。八、正定，即正确的禅定。修此八正道，可证得阿罗汉果。

⑯三乘：声闻乘、缘觉乘、菩萨乘。声闻乘又名小乘，其行人速则三生，迟则六十劫间，修空法，终于闻如来声教，悟四谛之理，断见思惑，可证阿罗汉果；缘觉乘又名中乘，其行人速则四生，迟则百劫间，破无明，终于悟十二因缘之理，可证辟支佛果；菩萨乘又名大乘，其行人于无数劫间，修六度行，更于百劫间，值三十二相福因，可证无上佛果。

⑰果任：佛教名词。谓修行得道已证正果之位，与"因位"对言。

⑱甘露：佛教语。喻佛法等。

⑲化城：指佛寺。唐王维《登辨觉寺》诗："竹径从初地，莲峰出化城。"

⑳五趣：五恶趣。佛教谓地狱、饿鬼、畜生、人、天五种轮回处所。相对于西方极乐世界而言，均为不良之趣所。

㉑四生：佛教分世界众生为四大类：一、胎生，如人畜；二、卵生，如禽鸟鱼鳖；三、湿生，如某些昆虫；四、化生，无所依托，唯借业力而忽然出现者，如诸天与地狱及劫初众生。

㉒棨（qǐ）：古代用木头做的一种通行证，略似戟形。

㉓濡沫：用唾沫来湿润。比喻同处困境，相互救助。语出《庄子·天运》："泉涸，鱼相与处于陆，相呴以湿，相濡以沫。"

㉔波旬：断除人之生命与善根之恶魔。为释迦在世时之魔王名。

㉕三公：古代中央三种最高官衔的合称。

㉖绋（fú）：古同"绋"。

【译文】

大梵天王赞叹而归向佛教道德，帝释天衷心信服佛法而知足，他们都是圣人，也已经达到极限境界了。于是应验定光佛那久远的记载，和大通佛的图画记录，出离五道而像龙一样兴起，超过帝皇而闻名于世，道在三界统领一切，德覆盖十方世界，京城以外许许多多的地方，大千世界满是信佛都邑；仰卧在九定的闲屋，攀登七觉的云观，洗涤八解的清澈池水，游览总持的宽广园林。你住在慈悲的殿堂，处在虚无浑茫的座位，穿着龙服，带着天冠，左有弥勒辅佐，右有文殊帮助。前面歌唱大方广经的雅颂，后面在跳四摄的舞蹈。用达到八住虚空境界的人保卫，以获得四果地位的卓越大仙侍奉，三台只有圣人，六府只有贤人。你于是宣扬姬、孔的教化，传播舜、唐的道德，宣扬威严的汤、武。所谓的教化，开通八正道的大路，打通三乘的四通八达津渡，排列无为的漂亮房子,救济劳苦的大众,杜绝三恶的不良道路,开拓欢乐给天人。授以果任的位置,奖赏佛法甘露的餐食,功大的人给他赏赐净土的封地,功勋小的分给他们佛寺的住处,这是赶超百王的伟大功绩,太平盛世的开始。五趣轮回的清正开端,四生官位的宗极。

　　而人们无明迷惑,背离真理很远,满足于近处的濡沫,忽视长久的安宁。所以魔王波旬,从无始以来种植愚蠢的种子,在妄境中累积迷惑的心,让烦恼的洪波三度泛滥,进入邪见的密林。乃至于窃取摆弄神器,用假的冒充真的,在天宫称王,分列岳土,制命六天,放纵臣子,在里面凭借三公诸毒,卿相九结,在外凭借军将六师,戎卒四兵。在内横行霸道,不畏惧皇帝立法,以萤光来与太阳争辉。因此经常抗拒神威,砍伐大道之树,用雷公的霹雳声音来震慑平民,喷出山火来吓唬群众。又有持世菩萨在静室迷惑不解,波仑菩萨悲伤地在城市中哭嚎,人们都痴狂纵暴,毁坏圣节,将中国弄得乌烟瘴气,这种日子已经很久了。

　　圣皇悼昏俗之聋瞽,悲弱丧以增怀,将总群邪以齐见,会九流而同津[①]。于是命将大势之徒[②],简卒金刚之类,茹金嚼铁之夫,冲冰蹈火之士,勇卒尘沙,骁雄亿万,星流风发,龙腾魔境,置军万全之策,逼寇必死之野。而魔贼不祗,敢执蛮荆之蠢尔[③],抗宗绲之逋傲[④];建魔于自恃之地,结固于云迷之险;傍唐重复,侠叠鳞次。且其形势也[⑤],则痴山曹敖固其前,爱水浩汗张于后[⑥],邪林蔚荟蒙其左[⑦],痴涧渊玄带其右[⑧]。尘劳之卒,豸视于交境;六师之将,虎步于长逵;望若云起蔽天,雾塞六合;其为盛也,开辟罕有。

　　臣等于是承圣朝之遐威,出超图之奇略,盖以高算之笼,弥以玄策之围;精骑千重,步卒万匝,游师翳野,屯塞要害。使前将军檀那望悭麾以直进[⑨],后军毗耶蹴懈卒于其后⑩，禅那略游骑于其左⑪，尸罗防密奸于其右⑫，外军沤和浪骑队于平原之上，走短兵于诘屈之下。陈虎旅而高骧，设危机于幽伏，中军般若握玄枢之妙鉴，把战胜之奇术，控亿兆之雄将，拥尘沙之劲卒。于是众军响应，万涂竞进，感动六合，声震天地。雄夫奋威浪奔，白刃之光夺于曦曜，法鼓之音乱于雷震⑬，勤马趁趣以腾掷⑭，迅象飞控以驰驱；禅弓烟举而云兴，慧箭雨洒以流虚；鞭以假名之策，蹴入无有之原⑮；研以师子之吼，刺以苦空之音⑯；挥干将而乱斩，动戈矛而竞捷；横尘尸以被野，流劳血于长川；崩痴山之磋峨；竭爱水之洪流；穷僭于诸见之窟⑰，挫高于七慢之樔⑱。

　　于是魔贼进无抗鳞之用，退无悕脱之隐，虑尽路穷，回遑靡据。魔王面缚于麾庭，群将送命于军门，诸天电卷以归化，迷徒风驰于初晖。皇威扫荡，其犹太阳之扑晨，霜注洪流，以灭爝火⑲。故使万世之逋寇，土崩于崇朝⑳；中华之昔难，肃清于俄顷。

【注释】

①九流：儒家、道家、阴阳家、法家、名家、墨家、纵横家、杂家、农家。

②命将大势之徒：大势至，西方三圣之一。《观无寿量经》："以智慧光，普照一切，令离三涂，得无上力，是故号此菩萨名大势至。"

③蛮荆蠢尔：《诗经·小雅·采芑》："蠢尔蛮荆，大邦为仇。"

④抗宗绁之逋傲：不详。

⑤形势：地势，地理状况。

⑥浩汗：水盛大的样子。

⑦邪林：邪见之多如林也。蔚荟：云雾弥漫，草木繁盛貌。

⑧渊玄:深邃,深奥。

⑨檀那:施主。施与僧众衣食,或出资举行法会等之信众。

⑩毗耶:常随魔,障碍神。人身象鼻,常随侍人为障难之恶鬼神。

⑪禅那:静虑。与禅定相同,不具欲界之心,离欲界之烦恼,乃可
　　得之。

⑫尸罗:又云尸怛罗,正译曰清凉,傍译曰戒。身口意三业之罪恶,
　　能使行人焚烧热恼,戒能消息其热恼,故名清凉。

⑬法鼓:佛教用语,譬喻语,佛陀所说的法,能令众生折伏如魔军般
　　的烦恼,恰如两军作战,击鼓以令军士进击敌阵,故将法喻为鼓。

⑭趒趚(cāntán):驱走貌。

⑮无有:佛教用语,与有我相对,表示无限的,找不出边缘与起
　　点的。

⑯苦空:佛教用语,有漏之果报,具有三苦八苦之性,故称为苦;男
　　女一异等皆因缘所生灭,而无固定不变之实相,故称为空。

⑰诸见:佛教用语,即种种邪见,共计六十二种,系古代印度外道之
　　妄执。

⑱七慢:佛教用语,谓慢,过慢,慢过慢,我慢,增上慢,卑慢,邪慢。
　　櫟(cháo):指未有房屋前人在树上的住处。此处指巢穴。

⑲爝(jué)火:火炬,小火。

⑳崇朝:终朝。从天亮到早饭时。有时喻时间短暂,犹言一个
　　早晨。

【译文】

佛祖圣皇哀悼昏庸糊涂、耳聋目瞎的人,悲悯弱小孤苦丧失亲人的
人,使他们胸怀变得宽广,率领众多心邪不正之人,使他们见解统一,召
集三教九流使他们同心协力。于是命令大势至菩萨的这类人,挑选士
卒金刚战士之类,吞金嚼铁之勇夫,冲冰踏火之壮士,这样英勇的士兵
如尘沙一样多,骁勇善战的英雄有亿万之众,他们如流星一般飞速跑

过,意气风发,就像蛟龙一样在魔障之境腾飞,他们为军队谋划了万无一失的计策,把贼寇逼到了必死无疑的荒野。但魔贼并不恭敬顺从,他们竟敢坚持像愚蠢蛮夫一样制造动乱,抵抗佛法正义之师的追捕;在自认为安全的地方建立部队,在云雾缭绕的地方安营扎寨,他们在遥远的地方依着大路扎营,远远望去排列就像鱼鳞一样。他们所处之地的地理位置是:前方竖立着巍峨险峻的愚痴之山,后方环绕着浩瀚磅礴的爱欲之水,左面覆盖着草木繁盛的邪见之林,右面连接着深邃幽静的痴妄峡谷。如尘土一样多的士兵,像豺狼一样注视着交界之地,六个部队的将领,像老虎一样在长路上巡逻,远远望去就像云雾升起遮蔽了天空,雾气填满了宇宙,那样的盛大的场面,自盘古开天地以来都很少出现。

臣等因此秉承着圣朝久远的威严,谋划出超乎人想象的新奇策略,用精妙计算过的笼子盖住他们,用以玄机妙策制成的大网来包围他们,数千精锐的骑兵,上万骁勇的步兵在遥远的荒郊巡逻,在要害之地扎寨。命令将军檀那在前方监视着散漫的士兵让他们勇往直前,将军毗耶在后方督促懈怠的小卒前进,禅那在左面骑马巡逻,尸罗在右面防止敌人偷袭,外将军汹和浪率领骑兵在平原之上行进,让持有短兵器的士兵在崎岖小路上前进。他们情绪高涨地在敌人面前排列英勇的军队,在十分重要的地方设立埋伏,中军般若手握玄虚枢纽的宝镜,施展能制胜的奇门妙术,控制了亿兆的英雄将领,拥有了如尘沙一样多的精锐士兵。于是所有的士兵都回应他,从千万条道路上争相跑进,气势撼动了宇宙,声音震动了天地。勇猛的武士像浪花一样英勇狂奔,利刃的光芒比太阳还要夺目,战鼓的声音比雷鸣还要响亮,骏马飞奔跃起,鬃毛像水波一样随风飘扬,战象动作敏捷得就像飞奔起来了一般。禅弓像烟雾一样被举起,云烟升起,薄雾缥缈,慧箭像雨一样的被射出;用假名之策鞭打,踏入无所有之平原;用狮子的吼声来使敌军害怕,用苦空无我之音冲击敌军;挥着干将剑四处斩杀,舞着长戈短矛争相杀敌,横在路上的尸体覆盖了整个野地,流下的血液汇成了长河,使巍峨的愚痴高山崩裂,浩瀚的爱欲之水枯竭;摧毁邪见之洞窟,挫败七慢之巢穴。

于是魔贼进没有抵抗的能力,后退没有考虑好逃脱的地方,没有计策也没有退路,他们惶恐而缓慢的停下来。魔王被反绑着双手送到军营前,他的将士都在军门前送命,天上的电闪雷鸣都已经平息,云雾消散,微风荡漾,阳光乍现。皇威浩荡,就像早晨的太阳,冰霜洪水,浇灭了火焰。于是万世以来潜逃的贼寇,在一瞬间就像土堆一样瓦解,中华先前的灾难,片刻间就被完全清除。

斯诚圣皇神会之奇功,旷代著世之休烈①。虽昔殷汤建云功于夏郊,周武扫清氛于商野,斯乃上古之雄奇,岂以得齐于圣勋? 臣辄奉宣皇猷,绥慰初附,安以空同之宅②,充以八解之流③,防以戒善之礼,习以六度之风④。耆年者,悟其即真于新唱,弱丧者,始闻归与之音。夫应天顺罚,春秋之道,兴功定乱,先王所美。元恶以宾衹从圣宪⑤,六合同明,廓清宇内;玄风遄扇,率土怀庆,朝有康哉之歌,野有乐郊之咏。功高道大,非见所表;圣虑幽深,非言能宣。粗条皇威奇算之方,又列众军龙骧之势⑥,电驿星驰,谨露布以闻。臣等诚惶以抃⑦。

余以讲业之暇,聊复永日,寓言假事,庶明大道。冀好迷之流不远而复。经云:“涅槃无生,而无不生;至智无照,而无不照。”其唯如来乎? 战胜不以干戈之功,略地不以兵强天下,皇王非处一之尊,霸臣非桓文之贵⑧。丘旦之教⑨,于斯远矣,聃周之言似而非当⑩,故知宗极存乎俗见之表,至尊王于真鉴之里;中人踌躇于无有之间,下愚惊笑于常迷之境。令庶览者舍河伯秋水之自多⑪,远游于海若之渊门⑫,不束情于近教，而骇神于荒唐之说也。

【注释】

①休烈：盛美的事业。

②空同：虚无浑茫。《关尹子·九药》："昔之论道者，或曰凝寂，或曰邃深，或曰澄澈，或曰空同。"

③八解：八种背弃舍除三界烦恼的系缚的禅定。一、内有色想观外色解脱，谓心中若有色（物质）的想念，就会引起贪心来，应该观想外面种种的不清净，以使贪心无从生起，故叫解脱。二、内无色想观外色解脱，即心中虽然没有想念色的贪心，但是要使不起贪心的想念更加坚定，就还要观想外面种种的不清净，以使贪心永远无从生起，所以叫解脱。三、净解脱身作证具足住，一心观想光明、清净、奇妙、珍宝的色，叫净解脱，观想这种净色的时候，能够不起贪心，则可以证明其心性，已是解脱，所以叫身作证，又他的观想，已经完全圆满，能够安住于定之中了，所以叫具足住。四、空无边处解脱。五、识无边处解脱。六、无所有处解脱。七、非想非非想处解脱。八、灭受想定身作证具足住，灭受想定又名灭尽定，谓人若有眼耳鼻舌身之五根，就会领受色声香味触之五尘，领受五尘，就会生出种种的妄想来，若有灭除受想的定功，则一切皆可灭除，所以叫灭尽定。

④六度：六种行之可以从生死苦恼此岸得度到涅槃安乐彼岸的法门，即布施、持戒、忍辱、精进、禅定、般若。布施能度悭贪，持戒能度毁犯，忍辱能度嗔恚，精进能度懈怠，禅定能度散乱，般若能度愚痴。

⑤宾祇：宾祇耶，是婆罗门之名。

⑥骧：奔腾。

⑦抃（biàn）：鼓掌。

⑧桓文：春秋五霸中的齐桓公与晋文公。《孟子·梁惠王上》："仲尼之徒，无道桓文之事者，是以后世无传焉。"

⑨丘旦：孔丘、姬旦。晋葛洪《抱朴子·勖学》："日就月将，则德立道备，乃可以正梦乎丘旦。"

⑩聃周：老聃、庄周。晋刘琨《答卢谌诗序》："然后知聃周之为虚诞，嗣宗之为妄作也。"

⑪河伯秋水：《庄子·秋水》："秋水时至，百川灌河。泾流之大，两涘渚崖之间，不辩牛马。于是焉河伯欣然自喜，以天下之美为尽在己。顺流而东行，至于北海，东面而视，不见水端。于是焉河伯始旋其面目，望洋向若而叹曰：'野语有之曰："闻道百，以为莫己若"者，我之谓也。且夫我尝闻少仲尼之闻，而轻伯夷之义者，始吾弗信。今我睹子之难穷也，吾非至于子之门，则殆矣。吾长见笑于大方之家。'"

⑫海若：《楚辞·远游》："使湘灵鼓瑟兮，令海若舞冯夷。"王逸注："海若，海神名也。"洪兴祖补注："海若，庄子所称北海若也。"

【译文】

上面这些事情确实体现了佛祖圣皇神灵感应的奇伟功业，是永垂不朽、旷代闻名于世的盛美事业。虽然以前殷汤在夏桀城外建立了很大的功绩，周武王在商朝牧野扫除恶气使社会太平，这些上古时代的雄奇伟业，岂能等同佛祖圣皇的功业？我奉持宣扬佛祖的教导，劝导刚刚归附的人，用空同之宅来安顿他们，用八解之流来充实，用持戒的礼数来设防，学习六度的风气。老年人，在刚刚大声念的时候就领悟到了它的本质，离开本性故乡的人，开始听到回归之音。顺应天意的惩罚是春秋之道，建立功业平定祸乱是上代君王所看重的事情。像宾祇一样的恶人也能听从佛祖的法令，天地四方共同明亮，天下广阔安定，玄风在远处吹起，人们共同庆祝，朝廷有太平之歌，郊外有乐郊之咏。功绩显贵道义宏大，不是可以用语言见解能表达的；圣人的考虑幽远深刻，不是言语可以宣扬的。粗略的列出佛祖圣皇奇妙的方法，又布列军队的腾龙之势，有如闪电奔走，星星驰骋，谨慎地做一篇露布文章让大家听到。我等实在诚惶诚恐。

　　我在讲授佛法的空闲时间，写下这些内容，希望借助语言文字，让人们明悟光明大道。希望迷路的人不要走得太远而及时回归。经典里说："涅槃无生，而无不生；至智无照，而无不照。"难道只是说如来吗？不用一盾一戈之功就能打胜仗，不用天下最强的士兵就能夺取土地，皇王不是占据一地的至尊，霸臣不是齐桓公晋文公一类的显贵。孔子周公之教，离这个很远，老庄的言论类似但不恰当，所以知道宗极存在于世俗看法的表面，至尊在真理的里面统领，中等人在有无之间踌躇，下等的愚人在平常的迷乱环境中惊笑。希望看到这篇文章的人舍弃秋水河伯的自作多情，去更辽阔的大海深门远游，不要被浅显的教化束缚情怀，而面对荒唐之说惊骇神伤。

弘明集后序

【题解】

本篇是《弘明集》对全书宗旨和性质的简要概括。在后序中僧祐再次说明自己编撰《弘明集》的目的是为破除世人之疑惑，即：疑经说迂诞，大而无征。疑人死神灭，无有三世。疑莫见真佛，无益国治。疑古无法教，近出汉世。疑教在戎方，化非华俗。疑汉魏法微，晋代始盛。僧祐谓世人"以此六疑，信心不树，将溺宜拯，故较而论之"。

余所集《弘明》，为法御侮。通人雅论[①]，胜士妙说[②]，摧邪破惑之冲[③]，弘道护法之堑[④]，亦已备矣。然智者不迷，迷者乖智。若导以深法，终于莫领；故复撮举世典，指事取征。言非荣华，理归质实，庶迷涂之人，不远而复。总释众疑，故曰"弘明论"。云：夫二谛差别[⑤]，道俗斯分。道法空寂，包三界以等观；俗教封滞，执一国以限心。心限一国，则耳目之外皆疑；等观三界，则神化之理常照；执疑以迷照，群生所以永沦者也。详检俗教，并宪章五经[⑥]，所尊唯天，所法唯圣，然莫测天形，莫窥圣心，虽敬而信之，犹矇矇弗了。况乃佛尊于天，法妙于圣，化出域中，理绝系表，肩吾犹惊怖于河汉⑦,俗士安得不疑骇于觉海哉！既骇觉海,则惊同河汉,一疑经说迂诞,大而无征;二疑人死神灭,无有三世;三疑莫见真佛,无益国治;四疑古无法教,近出汉世;五疑教在戎方,化非华俗;六疑汉魏法微,晋代始盛。以此六疑,信心不树。将溺宜拯,故较而论之。

【注释】

①通人:学识渊博,贯通古今的人。

②胜士:佛教语。对持戒者的尊称。也指佳士,才识过人的人士。

③冲:交通要道,大路。

④堑:防御用的壕沟。

⑤二谛:佛教语。指真谛和俗谛。凡随顺世俗,说现象之幻有,为俗谛。凡开示佛法,说理性之真空,为真谛。二谛互相联系,为大乘佛教基本原则之一。

⑥宪章:效法之意。

⑦肩吾:传说中神人之名。《庄子》中多次出现其名,有人认为他是一位古代得道之士。《庄子·逍遥游》:"肩吾问于连叔曰:'吾闻言于接舆,大而无当,往而不返。吾惊怖其言犹河汉而无极也,大有径庭,不近人情焉。'"

【译文】

我所编纂的《弘明集》,旨在使佛法不受诋毁。作为摧毁邪见破除迷惑的要冲,以及弘扬正道护持佛法的战壕,各位学识渊博、贯通古今之人的高深言论,诸位高僧大德意旨精微的言论,都收集完备了。然而,面对这些高深玄妙的理论,智慧之人自然不会被迷惑,可愚昧之人则会乖离智慧。如果一味宣扬艰深的理论,则愚昧之人始终难以领会,所以收集列举世俗典籍中的许多资料,以事实取得征信。不说那些虚幻华丽的言语,而是晓以平实易懂之理,以便使迷途之人,不是远离佛法而能迷途知返。为此,特撰写后序一篇,以便集中地解释众人心中的疑惑,所以称之为"弘明"。有经论说:用对待二谛之差别,就可以分出道、俗二界的差别。佛法虚空净寂,包涵三界而又视三界平等如一;而俗教(即儒教)有封界滞留,执着于一国而把心限制在俗世的范围内。于是对视听之外的东西都取怀疑的态度。而佛教提倡对三界平等而观,因此神道变化之理,湛然常照。执着于疑惑,迷困于常照,群生所以永远沉沦于生死轮回之中。考诸世俗的教化,可知它效法五经,所尊崇的无非是"天",所崇尚的无非是"圣"。但是,天之形高深莫测,圣之心也无从窥见,虽然敬而信之,仍是朦朦胧胧,不甚明了。而佛教中的"佛"比"天"更尊贵,佛法比圣人也更微妙。佛教之化,超出世俗,越过形相,高深无比。像肩吾那样的神人尚且对银河的广袤大为感叹,凡夫俗子怎能不对佛教觉悟的大海感到十分惊奇呀。因此,世俗中有些人对于佛经所说颇持怀疑态度,可以分为六类,具体列举如下:第一是怀疑佛经上讲的道理和事物太神奇荒诞而又不可用事实验证;第二是怀疑佛教所说的人死而神不灭,认为三世报应之说靠不住;第三是怀疑从来无人看见佛陀,认为佛教无益于国家治理;其四怀疑古代并没有佛教,佛教是到了汉代才出现的;第五怀疑佛教产生于印度,其教化只适合愚昧残忍的人群,不一定适合于华夏;第六认为汉魏时期佛教已经衰颓,到了晋代才逐渐流行开来。人们受此六个疑惑的影响,因而难以树立对佛教的坚定信心,这样将会是人心沉溺于苦海,应当及时拯救,所以有必要对历史上各种教化进行了详细的比较和论述,方能解除人们心中的众多疑惑。

　　若疑经说迂诞、大而无征者,盖以积劫不极①,世界无边也。今世咸知百年之外必至万岁,而不信积万之变至于旷劫②,是限心以量造化也。咸知赤县之表必有四极③,而不信积极之远复有世界，是执见以判太虚也。昔汤问革曰："上下八方，有极乎？"革曰："无极之外，复无极，无尽之中，复无尽，朕是以知其无极无尽也。"上古大贤，据理训圣，千载符契，悬与经合。井识之徒，何智得异！夫以方寸之心，谋己身而致谬；圆分之眸，隔墙壁而弗见。而欲侮尊经、背圣说、诬积劫、罔世界，可为愍伤者一也④。

【注释】

①积劫：亦作"积刦"。积久的劫难。

②旷劫：佛教语。久远之劫；过去的极长时间。

③赤县：赤县神州之略称，指中国。四极：四方极远之地。

④愍伤：哀伤。

【译文】

如果有人怀疑佛典上所说的荒诞不经，广大而不可征信，大概是因为世界无边，时间无限。今之世人都知道百世之外还可达到万岁，但不相信有无数个万年，乃可至于无限的久远，这是以有限之心量去揣度无穷的造化。大家都知道赤县之外，必有四方极远之地，而不信极远之外，还另有世界，这是执着于有限的经验而不信有无垠之太虚。过去商汤曾问革："上下八方有极限吗？"革答道："无极之外，还有无极；无尽之中，复有无尽，所以我知道世界是无穷无尽的。"上古之大贤者，据理以答圣，这与佛经所说的遥相符契。然而那些井底之蛙怎么能够知道这些差别呢？如果只是用自己的方寸之心来谋划自己的身体及身边的事物，则必然会对大千世界产生错误的认识，仅靠肉眼，就连墙外的东西也看不见。因此而诋侮佛经，违背圣说，不信旷劫久远、世界无边之说，这是让人哀伤的原因之一啊。

若疑人死神灭，无有三世，是自诬其性灵，而蔑弃其祖祢也①。然则周、孔制典，昌言鬼神。《易》曰："游魂为变，是以知鬼神之情状。"既情且状，其无形乎？《诗》云："三后在天②，王配于京。"升灵上旻③，岂曰灭乎？《礼》云："夏尊命，事鬼敬神。"大禹所祗④，宁虚诞乎？《书》称周公代武，云能事鬼神。姬旦祷亲，可虚罔乎？苟亡而有灵，则三世如镜，变化轮回，孰知其极？俗士执礼，而背叛五经，非直诬佛，亦侮圣也。若信鬼于五经，而疑神于佛说，斯固聋瞽之徒，非议所及，可为哀矜者二也。

【注释】

①祖祢（zǔmí）：先祖和先父，亦泛指祖先。

②三后：三后指三个帝王，此指太王、王季和文王。

③上旻（mín）：指上天。旻，天，天空；又特指秋季的天空。

④祗（zhī）：恭敬之意。

【译文】

如果怀疑人死而精神也消灭了，认为没有三世，这实际上自侮其性灵，更是蔑视遗弃自己的祖先。周公、孔子制定礼典，都明言有鬼神，《易经》上也说："游散的精气善于变化，所以知道鬼神之情状。"既有情状，难道无形吗？《诗经》上也说："三后在天，王配于京。"大王、王季和文王的灵魂既然已经上升于天界，难道能说其灵魂散灭了吗？《礼》云："夏尊命，事鬼敬神。"大禹所恭敬祭祀的，难道也是荒诞不经的不成？《尚书》上也说周公代武王请寿，称能服侍鬼神。周公旦为亲人请祷于神，难道也是虚幻骗人的吗？如果死后真有灵魂，三世报应就如同明镜照影那样清楚，变化和轮回之道，谁知道它的尽头呢？一些俗士愚夫，声称遵从儒家礼教，实际上背叛《五经》，这不但是在诬蔑佛法，也是在侮辱圣人。如果相信《五经》中所说的鬼为真，却又怀疑佛经中所说的不灭之神，这乃是聋子盲人，却非要去议论他们所不能见不能听的东西啊。这是让人哀伤的第二个方面啊。

若疑莫见真佛，无益国治，则禋祀望祗①，亦宜废弃。何者？苍苍积空，谁见上帝之貌；茫茫累块，安识后祇之形？民自躬稼，社神何力？人造墉畷②，蜡鬼奚功③？然犹盛其牺牲之费，繁其岁时之祀者，莫不以幽灵宜尊，而教民美报耶？况佛智周空界，神凝域表。上帝成天，缘其陶铸之慈；圣王为人，依其亭育之戒④。崇法则六天咸喜⑤，废道则万神斯怒。今人莫见天形，而称郊祀有福，不睹金容，而谓敬事无报，轻本重末，可为震惧者三也。

【注释】

① 禋祀望祗(zhī)：禋祀，古代烧柴升烟以祭天。望祗，遥祭，指古代帝王祭祀山川、日月、星辰。

② 墉畷(yōngzhuì)：城墙和田间小道。

③ 蜡鬼：传说中的鬼。如初生婴儿大小的圆球，不是人形的，只是个球。从表面看来，这球就像石蜡做的，只是呈鲜艳的肉红色。传闻他们会滚，会跳，但是不会发出声音，也不会变成人样站起来。

④ 亭育：又作"亭毒"。《老子》第五十一章："长之育之，亭之毒之，养之覆之。"高亨正诂："'亭'当读为'成'，'毒'当读为'熟'，皆音同通用。"后引申为养育，化育。

⑤ 六天：汉代纬书，附会五帝传说和《史记·天官书》太微宫内有五星曰五帝座之文，谓天帝有六，即天皇大帝与五方之帝，是谓"六

天"。又，佛经（见《楞严经》卷八）有欲界六天：四天王天、切利天、须焰摩天（又称夜摩天）、兜率陀天、乐变化天、他化自在天。道教中也有六天之说，《云笈七签》卷八："六天者，赤虚天、泰玄都天、清皓天、泰玄天、泰玄仓天、泰清天。"

【译文】

如果怀疑从来无人看见佛陀，就认为佛教无益于国家治理，按照这种逻辑，那么，对于祖先和天地山川的各种祭祀，也应一并废除。为什么这么说？苍苍太空，谁看见了上帝容貌？茫茫大地，哪里能看见神祇的身形？老百姓自己耕作，社神有什么用处？人们自造庸畷，蜡鬼何功之有？但是，人们却用丰盛的牺牲来频繁的祭祀他们，这难道不是认为这些幽灵值得尊敬，教育民众获得美好的回报吗？何况佛教的智慧可以周遍虚空之境，神识可以凝照宇宙。上帝成就天地，乃是凭借他陶冶万物的慈悲心怀，圣王治理天下，乃是依靠他养育百姓的责任意识。所以，人们如果尊崇佛法，则天皇大帝与五方之帝都会感到高兴，若是废除正道则天地万神都会震怒。世人看不见天的形状，但又认为祭祀天帝可得福报；同样是看不到佛陀，却声称敬信佛法不会产生好报，这是典型的轻视事物之根本，反而注重事物之枝末，这就是让人感到震惊担心的第三个方面啊！

　　若疑古无佛教，近出汉世者，夫神化隐显，孰测始终哉？寻羲皇缅邈，政绩犹湮，彼有法教，亦安得闻之？昔佛图澄，知临淄伏石有旧像露盘[①]，捷陀勒见盘鸥山中[②]，有古寺基堧；众人试掘，并如其言。此万代之遗征，晋世之显验，谁判上古必无佛乎？《列子》称周穆王时，西极有化人来[③]，入水火、贯金石、反山川、移城邑，乘虚不坠，触实不碍，千变万化，不可穷极，既能变人之形，又且易人之虑。穆王敬之若神,事之若君,观其灵迹,乃开士之化④。大法萌兆,已见周初,感应之渐,非起汉世,而封执一时,为叹息者四也。

【注释】

①"知临淄伏石"句:《高僧传》卷九记载:"虎(后赵王石虎)于临漳修治旧塔少承露盘。澄曰:'临淄城内有古阿育王塔,地中有承露盘及佛像;其上,林木茂盛,可掘取之。'即画图与使,依言掘取,果得盘像。"

②捷陀勒:亦作"犍陀勒",《高僧传》卷十记载:"本西域人,来至洛阳积年。众虽敬其风操,而终莫能测。后谓众僧曰:'洛东南有盘鸱山,山有古寺庙处,基墌犹存,可共修立。'众未之信,试逐检视。入山到一处,四面平坦,勒示云:'此即寺基也。'即掘之,果得寺下石基。后示讲堂僧房处,如言皆验,众咸惊叹。"

③化人:有幻术的人。《列子·周穆王》:"周穆王时,西极之国有化人来,入水火,贯金石;反山川,移城邑;乘虚不坠,触实不碍。"张湛注:"化幻人也。"

④开士:指开正道以引导众生,即菩萨。

【译文】

如果是怀疑古代并没有佛教,直至汉代才出现,这一点也是不足为据的。神道变化本是时隐时显的,又有谁能预测其始终呢? 远古时代的伏羲、神农,其为政事迹悠远而罕有记载,即使有法度教化,又怎么能听闻得到呢? 晋代之佛图澄,知道临淄城内有古阿育王塔,地中有旧的佛像和承露盘;捷陀勒见盘鸱山中,有古寺遗迹,众人发掘,皆如其言。这些都是万代遗留下来的证物,直到晋代才显灵,谁说上古必定无佛?《列子》称在周穆王时,从西边极远的地方来了一位有幻术的人。此人能出入水火,贯穿金石,翻转山川,移动城邑,乘在虚空中不会坠落,触碰实物感觉不到阻碍,可谓千变万化,找不到他的极限;既能变人之形,又能改变人的思想，周穆王敬仰他像神一样，服侍他像自己的君王，仔细看他的神通变化，实乃菩萨大士所化。可见，佛法早在周初已有征兆，感应之端，并非从汉代才开始，而世俗有些人却执着于一时之见，这就是让人叹惜感慨的第四个方面啊。

　　若疑教在戎方①，化非华夏者，则是前圣执地以定教，非设教以移俗也。昔三皇无为，五帝德化，三王礼刑，七国权势②，地当诸夏，而世教九变。今反以至道之源，镜以大智之训，感而遂通，何往不被？夫禹出西羌，舜生东夷，孰云地贱而弃其圣？丘欲居夷，聃适西戎，道之所在，宁选于地？夫以俗圣设教，犹不系于华夷，况佛统大千，岂限化于西域哉？案《礼·王制》云："四海之内，方三千里。"中夏所据，亦已不旷。伊洛本夏③，而鞠为戎墟④；吴楚本夷，而翻成华邑。道有运流，而地无恒化矣。且夫厚载无疆，寰域异统，北辰西北⑤，故知天竺居中。今以区区中土称华，以距正法，虽欲距塞，而神化常通，可为悲凉者五也。

【注释】

①戎方：西戎、鬼方。此处指天竺或古印度。

②"三皇"四句：三皇：伏羲氏、神农氏、轩辕氏。五帝：少昊、颛顼、帝喾、尧帝（唐尧）、舜帝。三王：夏禹、商汤、周文王。七国：指战国时期秦、齐、楚、燕、韩、赵、魏七个大国。

③伊洛：伊水与洛水。两水汇流，多连称。亦指伊洛流域。《国语·周语上》："昔伊洛竭而夏亡，河竭而商亡。"韦昭注："伊出熊耳，洛出冢岭。禹都阳城，伊洛所近。"

④鞠：弯曲。

⑤北辰：即北极星。

【译文】

如果有人怀疑佛教乃产生于印度，并非华夏本土的教化，这样的人是以地域来确定教化的本质，而不是从转化风俗的目的来设立教化之道。过去三皇主无为，五帝倡德化，三王讲礼形，七国重权势，就地域说，都属华夏，而世俗教化多次改变。现在回到至道的本源所在，以大智慧为镜观照天下，将会感应万方而畅通万物，又有什么地方是它不能影响感化的呢？过去大禹出自西羌，而舜生于东夷，又有谁因他们出生地的卑贱而否认他的圣德呢？孔丘曾经打算到夷地居住，而老子晚年则出关去了西戎，道的运行，难道还会选择地域吗？事实上，应当以世俗和神圣为区别来设立教化之道，而并非固执于是华夏还是夷狄，更何况佛法统摄三千大千世界，怎能限制它只在西域施行教化呢？根据《礼记·王制》所说："四海之内，方三千里。"华夏所在的中原，地域本来就不是很广大。伊洛地区本来曾经属于华夏，但后来却变为戎族的城墟，吴楚本来属于东夷，而后来却变为华夏。道可以四处流行、传布，而一个地区的教化却不是一成不变的。实际上，天地无限，而且寰宇之中各有不同的统治，北极星位于西北面，故知天竺（即印度）才是天下之正中。中土自称华夏，借远离佛法诞生地为由，拒绝接受佛法，但大法常通，能阻拦得了吗？这就是我甚感悲凉的第五个方面啊。

　　若疑汉魏法微，晋代始盛者，道运崇替①，未可致诘也。寻沙门之修释教，何异孔氏之述唐虞乎？孔修五经，垂范百王。然春秋诸侯，莫肯遵用，战伐蔑之，将坠于地。爰至秦皇，复加燔烬②。岂仲尼之不肖，而《诗》《书》之浅鄙哉？迩及汉武，始显儒教，举明经之相，崇孔圣之术。宁可以见轻七国，而遂废于后代乎？案汉元之世，刘向序仙云：七十四人出在佛经。故知经流中夏，其来已久。逮明帝感梦，而傅毅称佛，于是秦景东使，而摄腾西至。乃图像于关阳之观，藏经于兰台之室③。不讲深文，莫识奥义。是以楚王修仁洁之祠④，孝桓建华盖之祭⑤。法相未融，唯神之而已。至魏武英鉴⑥，书述妙化；孙权雄略⑦，造立塔寺。晋武之初⑧，机缘渐深。耆域耀神通之迹⑨，竺护集法宝之藏⑩。所以百辟搢绅⑪，洗心以进德；万邦黎宪，刻意而迁善。暨晋明睿悟⑫，秉一栖神，手画宝像，表观乐览。既而安上弘经于山东⑬，什公宣法于关右⑭，精义既敷，实相弥照。英才硕智，并验理而伏膺矣。故知法云始于触石，慧水流于滥觞，教必有渐，神化之常，感应因时，非缘如何？故儒术非愚于秦而智于汉，用与不用耳；佛法非浅于汉而深于晋，明与不明耳。故知五经恒善，而崇替随运，佛化常炽，而通塞在缘。一以此思，可无深惑，而执疑莫悟，可为痛悼者六也。

【注释】

①崇替：兴废，盛衰。

②燔（fán）烬：火烧成灰烬。

③"逮明帝感梦"以下六句：公元 64 年的某一天，汉明帝做了一个梦：一位金身之人在他的皇宫中游戏飞行，并发出耀眼的光芒。第二天，汉明帝让王公大臣圆梦。其中一位消息灵通、知识丰富的大臣奏道：西方有一种人人拜敬的佛，不知陛下所梦之物是否就是佛像。汉明帝听了以后，深觉有理，于是即派十八人前往西方求经。三年后，他们在今阿富汗北部遇到东来传教的印度佛僧迦叶摩腾和竺法兰，于是就一起将佛像经卷用白马驮至洛阳。

汉明帝见了佛像以及佛教典籍，并听了两位佛僧的说教后，心中十分高兴，便专门为两位佛僧建了"白马寺"（即今河南洛阳的白马寺）。迦叶摩腾、竺法兰在寺中逗留了很长时间，并将小乘佛教的经典《四十二章经》译成汉文。摄摩腾，即是迦叶摩腾。

④楚王修仁洁之祠：《后汉书·楚王英传》记载，楚王刘英晚年"更喜黄老，学为浮屠斋戒祭祀"。永平八年（65）明帝下诏天下有死罪者可以用缣赎罪，刘英派人到国相（中央派驻封国主持政务者）献黄缣白纨赎罪。明帝得知，立即下诏："楚王诵黄老之微言，尚浮屠之仁祠，洁斋三月，与神为誓，何嫌何疑，当有悔吝？其还赎，以助伊蒲塞（按，男居士）、桑门（按，沙门）之盛馔。"是说刘英既信奉黄老，读诵黄老之言，又祭祠佛陀，并且按照佛教的规定定期持戒吃素，对于他派人上缴黄缣白纨赎罪的做法表示谅解，示意他无罪，勿须心怀不安，并退回缣纨让他作供养居士、僧人之用。刘英奉佛的例子表明，在东汉初期佛教已经被作为黄老方术的一种在社会上层部分人中流传。

⑤孝桓建华盖之祭：《后汉书·孝桓帝纪》："论曰：前史称桓帝好音乐，善琴笙。饰芳林而考濯龙之宫，设华盖以祠浮图、老子，斯将所谓'听于神'乎！"

⑥魏武：即三国时魏武帝曹操。刘宋陆澄《法论目录》载有魏武帝致孔文举书。而陆序有曰："魏祖答孔，是知英人开尊道之情。"（《祐录》十二）曹孟德原书已佚，详情与真伪均不可考。但魏武书中，称述佛教，或真有其事。（见汤用彤《汉魏两晋南北朝佛教史》）

⑦孙权：三国时吴国君。《高僧传》谓吴主孙权拜支谦为博士，使与韦昭等共辅东宫（《祐录》未言及韦昭）。又谓康僧会至建业（谓在赤乌十年，而《广弘明集》引韦昭《吴书》言在赤乌四年），权初不信佛，打试舍利，具显神异，遂大嗟服，并为建塔，号建初寺。

江南有佛寺始此。（见汤用彤《汉魏两晋南北朝佛教史》）

⑧晋武：即西晋武帝司马炎。据唐法琳《辩证论·十代奉佛》，从晋武帝司马炎开始，"大弘佛事，广树伽蓝"，才改变了汉魏以来只有西域僧人可以立寺的规定。据《魏书·释老志》，西晋时期的佛寺总共180所，东晋共建佛寺1768所。

⑨耆域：为西晋时代之咒法僧。天竺人。于晋惠帝末年，抵达洛阳，时有衡阳太守滕永文，因病寄居满水寺，经年不愈，两脚弯曲，不能起行。耆域即以杨柳拂净水，以手搦起永文两足，即时病愈，复得步行。其余应病与药，或以咒愿治病，或令枯树回生等灵异不计其数。后还西域，不知所终。（见《高僧传》卷九、《法苑珠林》卷六十一）

⑩竺护：即竺法护，又称昙摩罗刹（梵 Dharmaraksa，意为法护），月氏国人，世居敦煌郡，八岁出家，礼印度高僧为师，随师姓"竺"，具有过目不忘的能力，读经能日诵万言。为了立志求学，不辞辛劳，万里寻师，不但精通六经，且涉猎百家之说。晋武帝泰始年间（265—274），寺院、图像、佛像等，普遍受到崇敬，然《般若经》等方部的经典还在西域，尚未能传布于中国。竺法护发愤立志弘法，随师游历西域诸国。据载，他能通达西域三十六国语言，熟谙印度、西域各国的字体、发音等，具备这样的能力，奠定了他翻译经典的基础。法护的译本有《般若》经类，有《华严》经类，有《宝积》经类。有《大集》经类，有《涅槃》《法华》经类，有大乘经集类，有大乘律类，有本生经类，又有西方撰述类等，种类繁多，几乎具备了当时西域流行的要籍，这就为大乘佛教在中国的弘传打开了广阔的局面。

⑪百辟："辟"即君，"百辟"指诸侯。搢绅：也作"缙绅"。原指古代高级官员之装束，后多指儒生、士大夫。

⑫晋明：即东晋明帝司马绍。《历代名画记》卷五：明帝司马绍，字

道几,晋元帝长子。幼异,有对日之奇。及长,善书画,有识鉴,最善画佛像。蔡谟集云:"帝画佛于乐贤堂,经历寇乱而堂独存。显宗效著,作为颂。"太宁四年崩,年二十七,谥曰"明"。帝庙号肃祖。

⑬安上:即东晋高僧道安(312或314—385),姓卫,晋常山扶柳(今河北冀县)人。家世宿儒。自幼丧父母,由外兄孔氏抚养。从晋哀帝兴宁三年(365)至建元十五年(379),释道安在襄阳15年,是他弘扬佛教的辉煌时期。道安之前,对佛经的翻译、注释错误甚多,不利于佛教的传播。道安在经过"穷览经典,钩深致远"的认真研究后,对佛经进行注释,"析疑甄解","序致渊富,妙尽深旨",使佛经"条贯既序",讲经者依之讲经"文理会通,经义克明"。这既有利于佛教的广泛传播,又为以后佛经的注释作出了范例,为深入研究佛经创造了条件。有人认为注经之作,"自安始"。山东,金代以前为地理概念,多见于秦汉时期,泛指崤山、华山或太行山以东的广大黄河流域地区。

⑭什公:即鸠摩罗什。原籍天竺,生于西域龟兹国(今新疆库车)。幼年出家,初学小乘,后遍习大乘,尤善般若,并精通汉语文,曾游学天竺诸国,遍访名师大德,深究妙义。在东晋后秦弘始三年(401),姚兴派人迎至长安(今陕西西安)从事译经,成为我国一大译经家。率弟子僧肇等八百余人,译出《摩诃般若》、《妙法莲华》、《维摩诘》、《阿弥陀》、《金刚》等经和《中》、《百》、《十二门》和《大智度》等论,共七十四部,三百八十四卷。由于译文非常简洁晓畅,妙义自然诠显无碍,所以深受众人的喜爱,而广为流传,对于佛教的发展,有很大贡献。所介绍之中观宗学说,为后世三论宗之渊源。佛教成实师、天台宗,均由其所译经论而创立。著名弟子有道生、僧肇、道融、僧叡,时称"四圣"。关右:指潼关以西。在地理上古人以西为右。

【译文】

如果有人以汉、魏之际佛法衰微，至晋代才开始兴盛而怀疑佛教，那是不懂得道运也是常常有盛衰兴替的，而且到底何时兴盛何时衰微又无从究问。沙门修习佛教，如同孔子学习唐虞。孔子修订《五经》可以为后世百王的典范，但春秋的各个诸侯，都不肯遵循采用，只顾竞相战伐，对孔子主张的仁政王道毫不重视。其道几乎被湮没。到了秦始皇时，更是一把火烧成灰烬，这难道是孔子本人没有贤德，或是诗书所蕴藏的道本身的浅鄙吗？至汉武帝时，才开始弘扬儒家，明《五经》，崇儒术。难道可以因战国时儒学的消沉，而在后代就应该废弃孔子之学吗？何况在汉代元帝时，刘向序仙时，曾提到其中有七十四人出自佛经，可见佛经之流传华夏，由来已久。至汉明帝感梦，而傅毅称明帝所梦乃是佛，遂有秦景西行求佛之举，之后更有迦叶摩腾来到东土。进而有关阳的佛像，兰台所藏的《四十二章经》。但佛法东传之初，因人们不识佛法的深奥义理，所以才有楚王刘英修浮屠之仁祠，洁斋三月，孝桓帝建华盖以祭祀佛、老。这是因为佛法的真谛实相尚未被完全理解，故只能把它当作神明来对待。魏武帝英明智慧，著书称述佛经，孙权有雄才大略，在江左开始建造佛寺。从晋武帝司马炎开始，大弘佛事，广建寺庙，佛法也就逐渐流传开来。于是有咒法僧耆域到中原炫耀神通，高僧竺法护大量翻译编集佛教经藏。从此许多王侯士大夫，洗脱凡心以精进功德；万邦百姓，也都弃恶而迁善。到了晋明帝时，明帝聪睿对佛理有深悟，曾亲手在乐贤堂画佛像，以供自己日日观览。随后而有道安法师弘经于崤山以东，罗什宣法于关中长安，佛法的奥旨深义才开始得到阐发。许多贤者智士，竞相服膺。由此可见，佛法的传布有一个过程，此中之关键，是机缘的成熟与否。所以不能说秦时的儒家学说不高明而汉代的儒家学说高明，差别仅在于用与不用而已。也不是汉代的佛法肤浅而晋时的佛法深邃，主要在于是否被人们所认识。所以说《五经》常善而兴盛与衰微跟随时运，佛法常照而通达与阻塞取决于机缘。

如果能够这样去看问题，则许多疑团都可以迎刃而解。如果继续执迷不悟，无疑是十分可悲的。

　　夫信顺福基，迷谤祸门。而况曚曚之徒，多不量力，以己所不知，而诬先觉之遍知；以其所不见，而罔至人之明见。鉴达三世，反号邪僻；专拘目前，自谓明智。于是迷疑塞胸，谤黩盈口，轻议以市重苦，显诽以贾幽罚，言无锱铢之功，虑无毫厘之益。逝川若飞，藏山如电，一息不还，奄然后世，报随影至，悔其可追？夫神化茫茫，幽明代运，五道变化①，于何不之？天宫显验，赵简、秦穆之锡是也②；鬼道交报，杜伯、彭生之见是也③。修德福应，殷戊、宋景之验是也④；多杀祸及，白起、程普之证是也⑤。现世幽微，备详典籍；来生冥应，布在尊经。但缘感理奥，因果义微，微奥难领，故略而不陈。前哲所辩，关键已正，轻率鄙怀，继之于末。虽文匪珪璋⑥，而事足鉴鉴⑦。惟恺悌君子⑧，自求多福焉。

【注释】

①五道：佛教谓天、人、畜生、饿鬼、地狱五处轮回之所。见《菩萨处胎经》。道教亦承袭此说。见《云笈七签》卷十。

②赵简、秦穆之锡：穆公在岐山有一个王室牧场，饲养着各式各样的名马，一天三百多农民在野外把名马吃掉了几匹，要判死刑。结果穆公不仅免除了这三百农人死刑，还赐给他们美酒以免马肉伤身。几年后，秦穆公与晋惠公交战，眼看快被晋军消灭，从前接受赏赐的三百农人战退晋军，使秦穆公得救了。

③杜伯、彭生之见：《左传》记载了很多鬼神占卜的事情。有一则记录的是有关公子彭生枉死显灵的故事。据说，齐襄公有一次到

贝丘打猎，见到一只大猪，左右随从皆说是公子彭生。齐襄公即
以弓箭射牠，这只大猪忽然像人一样地站立起来而发出啼叫的
声音。齐襄公惊慌过度从车上摔了下来，摔伤了脚，他慌张得连
鞋子都来不及穿上便逃跑了。这件事情的起因是当初齐襄公与
鲁桓公的夫人文姜私通，被鲁桓公发现，齐襄公便派公子彭生杀
害了鲁桓公，后来鲁国来责难，齐襄公就杀了公子彭生。墨子说
了一个类似于齐襄公打猎的故事。据说，周宣王无辜地杀害了
下臣杜伯。一次，周天子与众诸侯于圃这个地方进行打猎。这
次打猎的规模很庞大，马车有数百辆、随从有数千人。在日中的
时候，在众目睽睽下，杜伯驾着白马素车、穿着红色的衣冠、手执
着红色的弓和箭，追赶着周宣王的马车。杜伯射出他的红箭正
中周宣王，宣王不久便去世。

④殷戊、宋景之验：《后汉书·杨震列传》："殷戊、宋景，其事甚明。"
李贤注："殷王太戊时，桑谷共生于朝，修德而桑谷死。景公时，
荧惑守心，修德而星退舍。并见史记。"这个典故是为了说明人
君修德可以感动天地神灵。详见《史记·殷本纪》：殷帝太戊时，
"亳有祥桑谷共生于朝，一暮大拱。帝太戊惧，问伊陟。伊陟曰：
'臣闻妖不胜德，帝之政其有阙与？帝其修德。'太戊从之，而祥
桑枯死而去。"以及《史记·宋世家》："荧惑守心。心，宋之分野
也。景公忧之，司星子韦曰：'可移于相。'景公曰：'相，吾之股
肱。'曰：'可移于民。'公曰：'君者待民。'曰：'可移于岁。'公曰：
'岁饥民困，吾谁为君。'子韦曰：'天高听卑，君有君人之言三，荧
惑宜有动。'于是候之，果徙三度。"

⑤白起、程普之证：白起，战国时秦国名将。《史记》卷七十三《白起
王翦列传》：公元前260年，秦国名将白起在长平之战中，俘获赵
卒四十余万，仅留其年少者二百四十人归赵，其余全部坑杀。后
秦昭王派遣使者赐剑令其自杀，白起死前曾懊悔杀降过激，认为

这是自己的报应。程普，东汉末年东吴的武将。《吴书》记载：程普曾杀背叛者数百人，投尸于火中，程普即日得病甚重，百余日后病卒。

⑥珪璋："珪"与"璋"原均指美玉，此处指上等好文章。

⑦鞶(pán)鉴：即借鉴的意思。"鞶"指束衣之革带，"鉴"指铜镜。

⑧恺悌(kǎitì)：亦作"恺弟"、"凯弟"。指宽和而平易近人的意思。

【译文】

信顺佛法是福报的基础，迷惑于世情、诽谤正道乃是祸殃的根源。那些愚昧之徒，大多不自量力，自己不知道，反过来诬蔑先觉的智慧遍知不可能；自己未看见，却诬蔑至人的明见不可能。佛陀鉴达三世，反被他们指斥为邪僻；自己只着眼于目前，却自夸为明智。于是迷惑塞胸，诽谤盈口，这样的信口胡说只能招来苦报，肆意诽谤定要遭受惩罚，说话没有点滴的功德，思想没有丝毫的利益。时光流转有如东去之流水，一转眼就是后世，而业之报应，如影随形，若不醒悟，到时追悔莫及呀。再说，神道变化茫茫无极，幽暗明显交替运行，五道轮回变化，本是世间的常则。譬如，天宫是可以显示灵验的，赵简子、秦穆公受福报与恩赐即是明证；鬼道的报应无爽，杜伯、彭生的故事可为佐证。修德之人必定能够得福，殷王太戊和宋景公就是最好的例子；多杀必祸至，白起、程普就是明证。现世的事，儒家的典籍中有很详尽的记载；来生的报应，这在佛经中比比皆是。只是因为缘化感应的道理十分玄奥，因果报应的义理极是幽微，故略而未谈。在前哲先贤的著述中，对于很多关键性的问题已都有所阐发，我这里不过是狗尾续貂，姑且说说自己的看法。虽然我的文字并非有珪璋之美，但所言及的事情确实足以作为借鉴。诚如《诗经》上所说：只有那些宽和平易的有德君子，才可以自求多福啊！

中华经典名著
全本全注全译丛书
（已出书目）

周易	晏子春秋
尚书	穆天子传
诗经	战国策
周礼	史记
仪礼	吴越春秋
礼记	越绝书
左传	华阳国志
韩诗外传	水经注
春秋公羊传	洛阳伽蓝记
春秋穀梁传	大唐西域记
孝经·忠经	史通
论语·大学·中庸	贞观政要
尔雅	营造法式
孟子	东京梦华录
春秋繁露	唐才子传
说文解字	大明律
释名	廉吏传
国语	徐霞客游记

读通鉴论	新书
宋论	淮南子
文史通义	九章算术（附海岛算经）
老子	新序
道德经	说苑
帛书老子	列仙传
鹖冠子	盐铁论
黄帝四经·关尹子·尸子	法言
孙子兵法	方言
墨子	白虎通义
管子	论衡
孔子家语	潜夫论
吴子·司马法	政论·昌言
商君书	风俗通义
慎子·太白阴经	申鉴·中论
列子	太平经
鬼谷子	伤寒论
庄子	周易参同契
公孙龙子（外三种）	人物志
荀子	博物志
六韬	抱朴子内篇
吕氏春秋	抱朴子外篇
韩非子	西京杂记
山海经	神仙传
黄帝内经	搜神记
素书	拾遗记

世说新语	了凡四训
弘明集	龙文鞭影
齐民要术	长物志
刘子	智囊全集
颜氏家训	天工开物
中说	溪山琴况·琴声十六法
帝范·臣轨·庭训格言	温疫论
坛经	明夷待访录·破邪论
大慈恩寺三藏法师传	陶庵梦忆
长短经	西湖梦寻
蒙求·童蒙须知	幼学琼林
茶经·续茶经	笠翁对韵
玄怪录·续玄怪录	声律启蒙
酉阳杂俎	老老恒言
历代名画记	随园食单
化书·无能子	阅微草堂笔记
梦溪笔谈	格言联璧
北山酒经(外二种)	曾国藩家书
容斋随笔	曾国藩家训
近思录	劝学篇
洗冤集录	楚辞
传习录	文心雕龙
焚书	文选
菜根谭	玉台新咏
增广贤文	二十四诗品·续诗品
呻吟语	词品

闲情偶寄

古文观止

聊斋志异

唐宋八大家文钞

浮生六记

三字经·百家姓·千字文·弟子规·千家诗

经史百家杂钞